제 2 판

D.B.Info

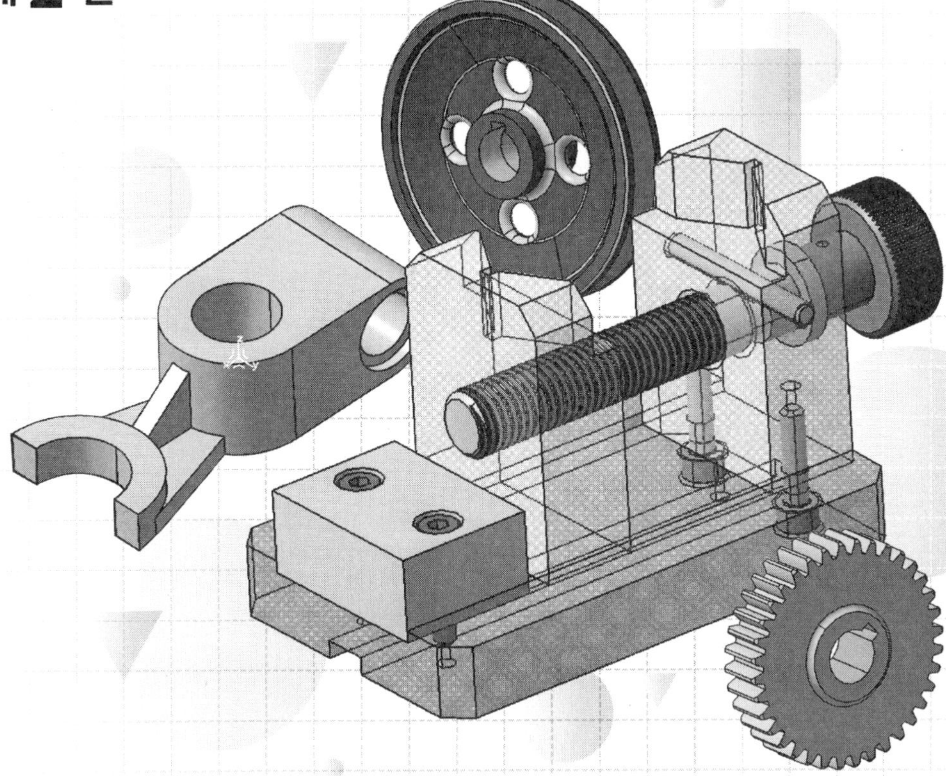

NCS : 1501020113_16v3

CATIA V5 R21/20xx

3D 형상 모델링 작업

공저

이현재 · 백영창

Preface

CATIA란 Computer Aided Tree-dimensional Interactive Application의 머리글자를 딴 약어로 항공기 및 자동차의 부품(Part)설계와 검증에 전 세계적으로 많이 활용하는 통합 Application이라고 할 수 있다.

CATIA는 V4 까지는 일반 PC가 아닌 워크스테이션급에 Unix 등의 운영체제에서 구동되어 일반 사용자들이 활용하기에는 쉽지 않았으나 컴퓨터의 비약적인 발전과 성능의 향상으로 윈도우 운영체제에서 구동되는 V5-6 Version을 활발하게 사용하게 되었다.

이 책의 집필자는 CATIA의 기능에 매우 매료되어 20년 이상 강단에서 Auto CAD, CATIA V5, CNC 가공장비 등의 실습과 이론을 강의하면서 얻은 지식과 경험을 바탕으로 수년 동안 정리한 내용으로 쉽고 빠르게 작업하는 방법으로 집필하였다.

이 책은 국가직무능력표준(NCS, National Competency Standards) 학습모듈교재 3D형상모델링 작업(LM1501020113_16v3)의 내용에서 CATIA로 작업하는 내용을 자세하게 보충 구성하였으며 실제 학습에 적용한 결과 1학기 16주를 주당 4시간씩 학습하는 내용으로 적절하게 편성하였다.

이 책의 구성내용은 다음과 같다.

제1장 3D형상모델링 작업 준비하기
- CATIA 환경설정 및 옵션 설정

제2장 3D형상모델링 작업하기
- 스케쳐, Part 모델링, 서피스 모델링, 조립품 모델링, 도면 등

제3장 Digital Mockup, DMU Kinematics로 시뮬레이션
별도도면
평가문제(작업장 평가)

부록 국가직무능력표준(NCS, National Competency Standards) : 3D형상모델링작업 (1501020113_16v3)

끝으로 이 책의 내용은 따라하기로 구성하였으니 3D형상모델링작업을 쉽고 빠르게 이해하여 국가기술자격 취득 및 기계설계에 도움이 되길 기대하며, 더불어 편집과 교정 및 출판까지 노력해주신 복두출판사 관계자 분들께 고마운 마음을 전한다.

저자 씀

Contents

제1장 3D형상모델링 작업 준비하기 ······ 7

1-1 Part Design 시작하기, 화면 구성 ······ 9

1-2 환경설정, 작업 준비 ······ 15

제2장 3D형상모델링 작업하기 ······ 25

2-1 Pad, Pocket, Edge Fillet, Hole, Rectangular Pattern 작업 ······ 27

2-2 Shaft, Pocket, Circular pattern, 도면(기본) ······ 38

2-3 Shaft, Pocket, Groove, Hole, 도면(단면도) ······ 53

2-4 Rib, Pocket, Elongated Hole, 도면(보조투상) ······ 68

2-5 Rib, Pocket, Elongated Hole, 도면(보조투상) ······ 83

2-6 Rib, Cylindrical Elongated Hole, 도면(계단단면) ······ 95

2-7 Cylindrical Elongated Hole(원통 모양의 연장된 홀), 도면(계단단면) ······ 103

2-8 Combine(결합), Stiffner(보강재), 3D Projection, 배열된 섹션 뷰 작성 ······ 118

2-9 Draft Angle(면 기울기), Stiffner(보강재), Multi-sections Solid(다중 단면 솔리드), Remove face(면 제거) ······ 131

2-10 주철제 V벨트풀리(KS B 1400), 도면(국부투상, 상세도) ······ 146

2-11 Super Gear, 도면(국부투상) ······ 163

2-12 Shaft(축과 평행키:KSB1311) 모델링 ······ 178

2-13 복합곡면 모델링 ······ 187

2-14 Part에서 Base 모델링 ······ 208

2-15 조립품에서 각 부품 모델링 ······ 224

제3장 Digital Mockup, DMU Kinematics로 시뮬레이션하기 ············ 273

부록 (NCS : National Competency Standards) ············ 287

별도도면 ············ 289

평가문제(작업장 평가) ············ 303

NCS(National Competency Standards) : 3D형상모델링작업(1501020113_16v3) ······ 308

1 3D형상모델링 작업 준비하기

1-1 Part Design 시작하기, 화면 구성

(1) CATIA V5를 실행하면 프로덕트1(Product1)이 실행된다. 프로덕트는 어셈블리 디자인이므로 Part 모델링에서 시작하려면 메뉴 => 시작 => 기계디자인 => Part Design을 실행한다.

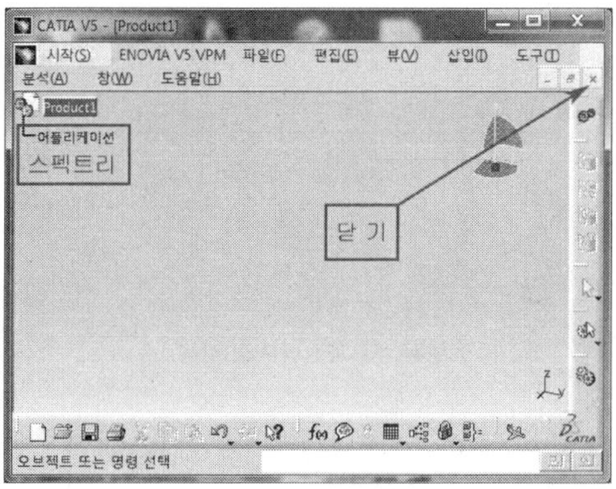

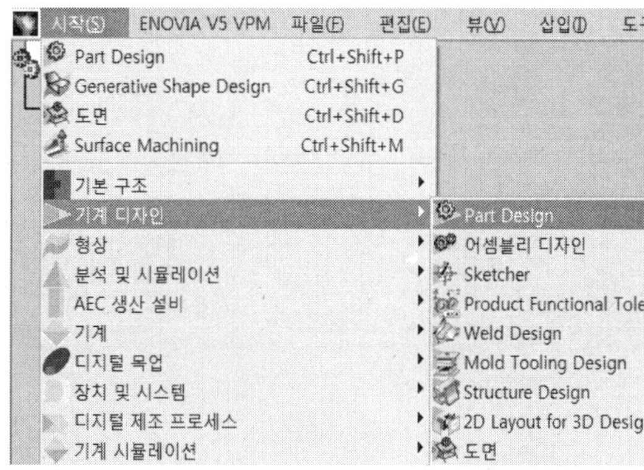

(2) 새 파트 대화상자에서 **이기종 디자인 사용 가능**과 **지오메트리 세트 작성**에 체크하고 확인한다. 새 파트 대화상자가 나타나지 않으면 다음 단계에서 설명한다.

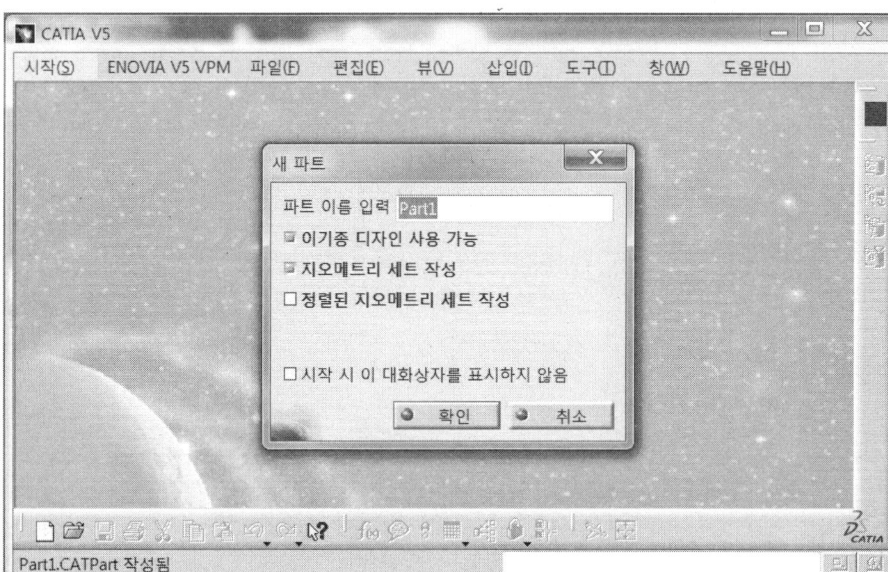

□ 이기종 디자인 사용 가능(Enable Hybrid Design) : Geometrical Set에 작성된 Sketch를 PartBody에서 공유
□ 지오메트리 세트 작성(Create a Geometrical Set) : 해제하면 PartBody에서 스케치 작업

(3) 이기종 디자인 사용 가능(Enable Hybrid Design)의 보기(국내 H자동차 등은 2D 스케치, 곡면들을 지오메트리 세트에 놓고 설계함).

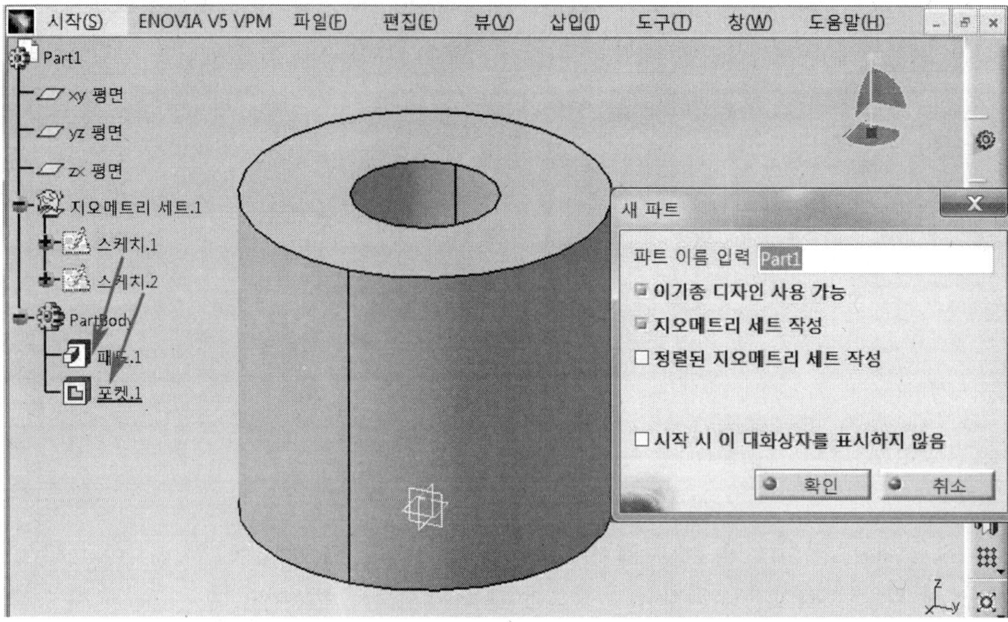

(4) 이기종 디자인 사용 가능 해제 & 지오메트리 세트 작성 (Create a Geometrical Set) : 지오메트리 세트 작성은 하지만 스케치를 PartBody에서 공유하지 않는다.

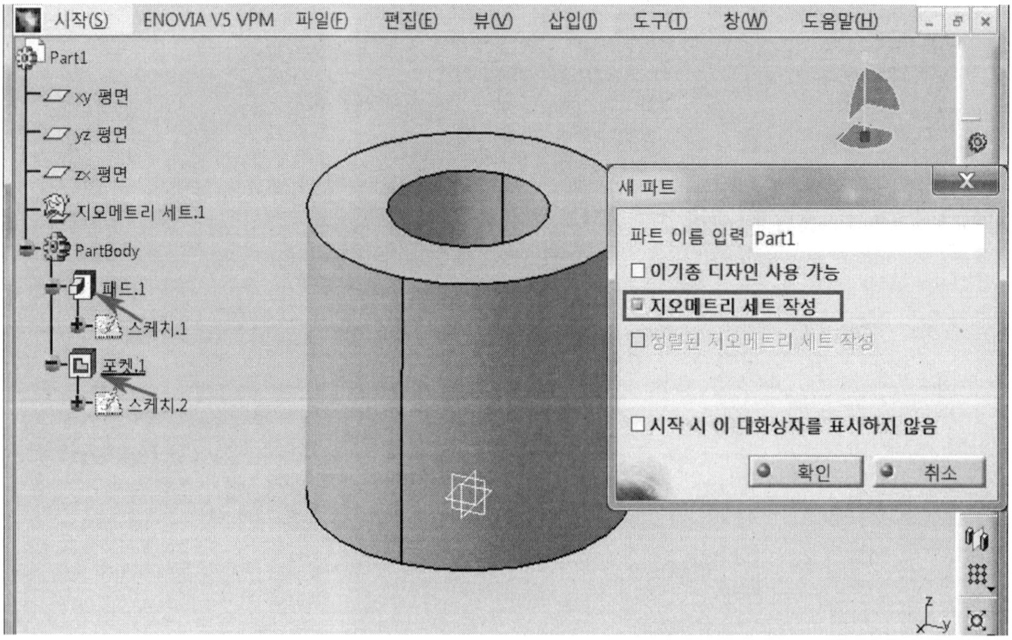

(5) 지오메트리 세트 : 2D 스케치, Surface, 작업평면 등을 포함할 수 있으며 지오메트리 세트.1에 밑줄이 있으면 이 위치에서 작업한다.

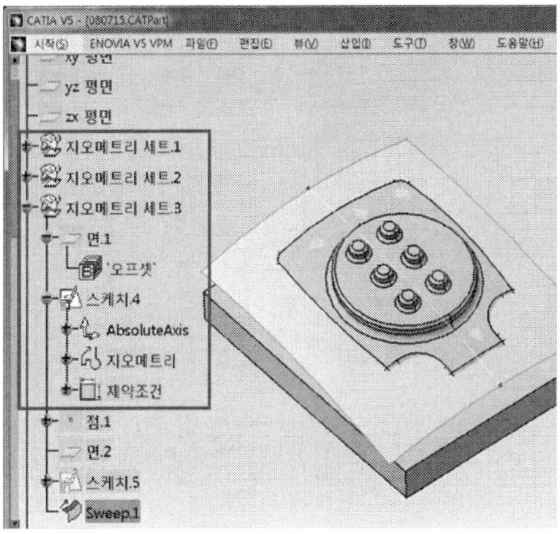

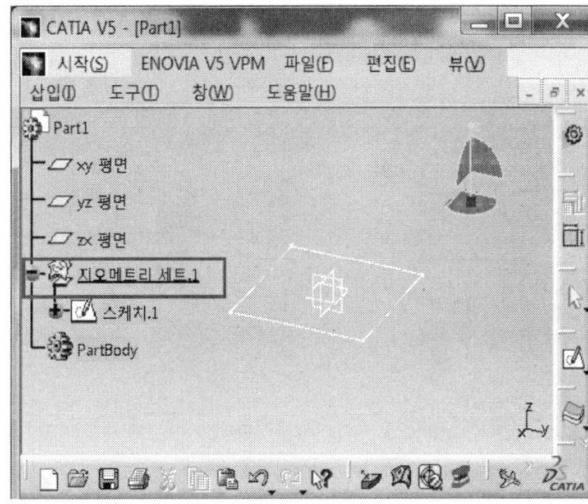

(6) CATIA V5의 Part 모델링 화면구성 : Menu와 여러 가지 Toolbar와 사용자에게 알려주는 도움말과 명령어 박스로 구성되어 있다.

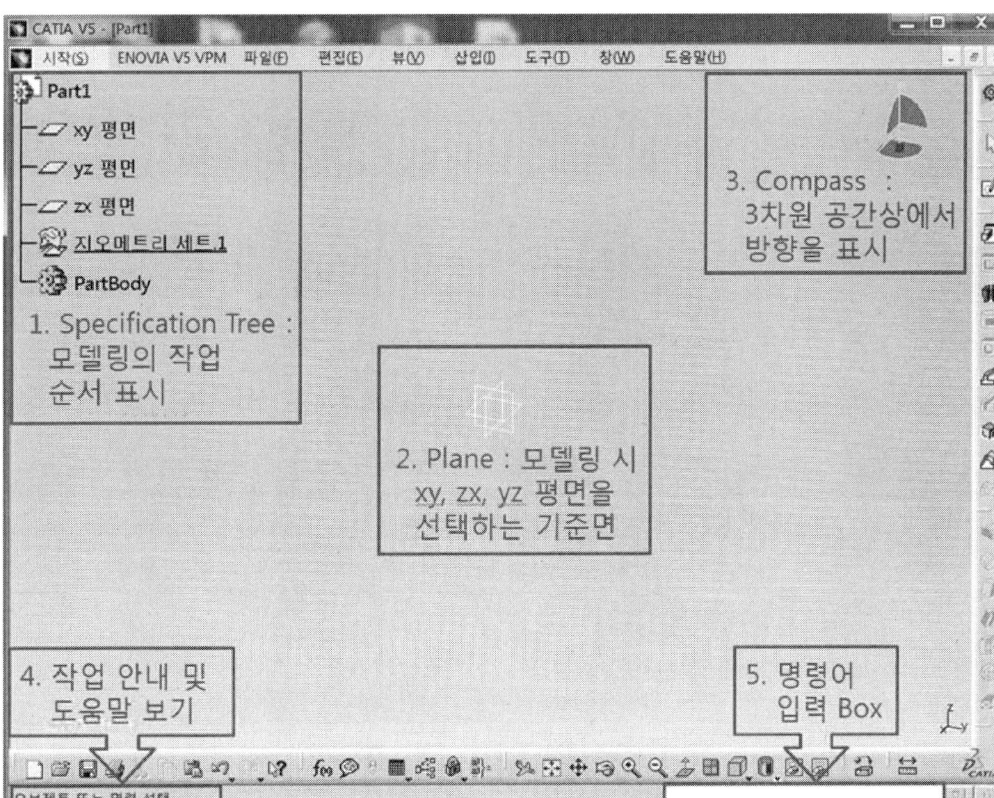

(7) 마우스 사용법 : 왼쪽 버튼을 ①, 휠을 ②, 오른쪽 버튼을 ③ 번 단추로 정하여 객체 선택과 이동, 회전, 확대, 축소를 편리하게 한다.

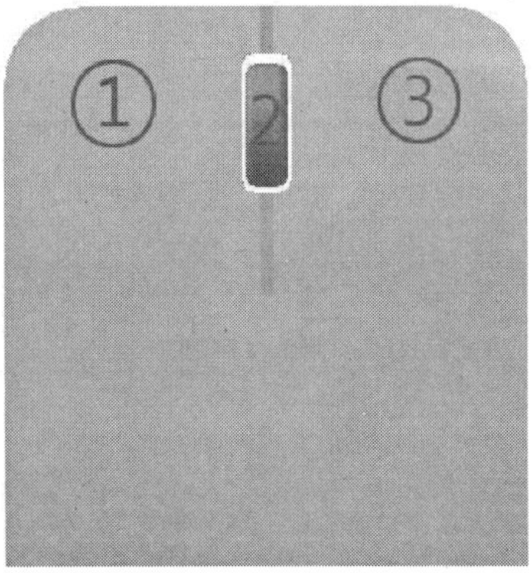

마우스 버튼	기능	도구
① 왼쪽 누름	객체 선택	
② 휠 단추 누름	객체 이동	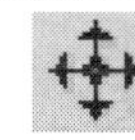
② + ③ 누름	객체 회전	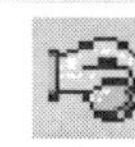
② 누르고 + ③ 터치	확대 & 축소	

(8) View Toolbar : 전체 화면 맞춤, 초점 이동, 회전, 확대, 축소 등을 컨트롤한다.

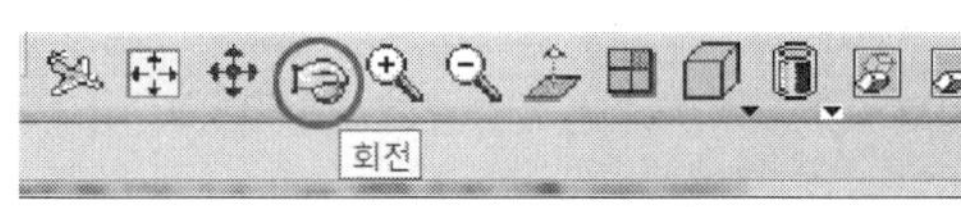

- 수직 보기, 다중 보기, 등각 보기(Isometric)를 컨트롤한다.

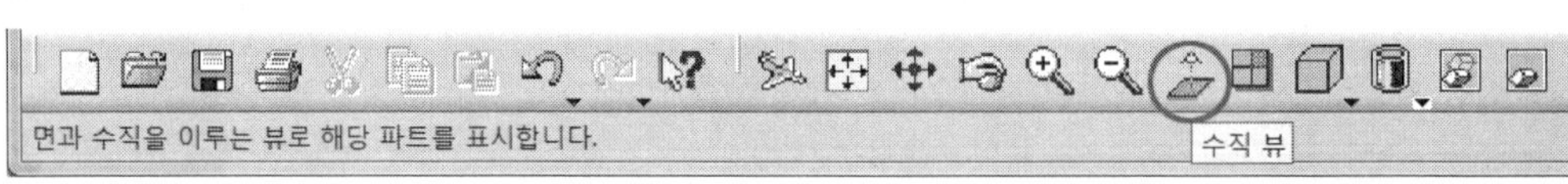

- 모서리 음영처리

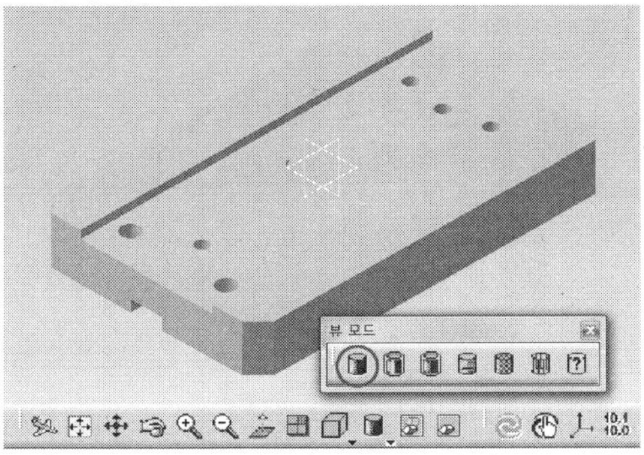

- 모서리를 포함한 음영처리

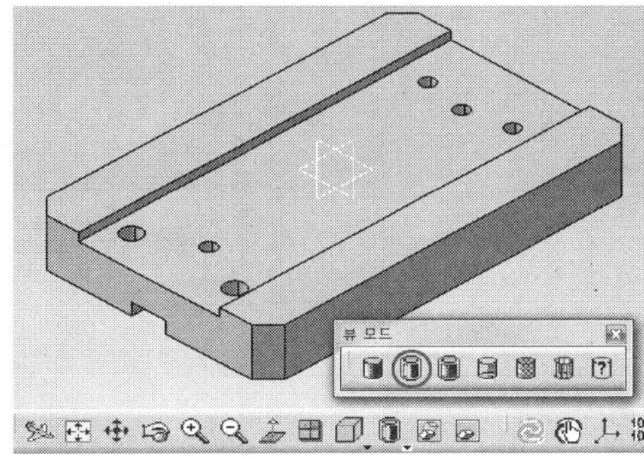

- 모서리와 숨겨진 모서리를 포함한 음영처리

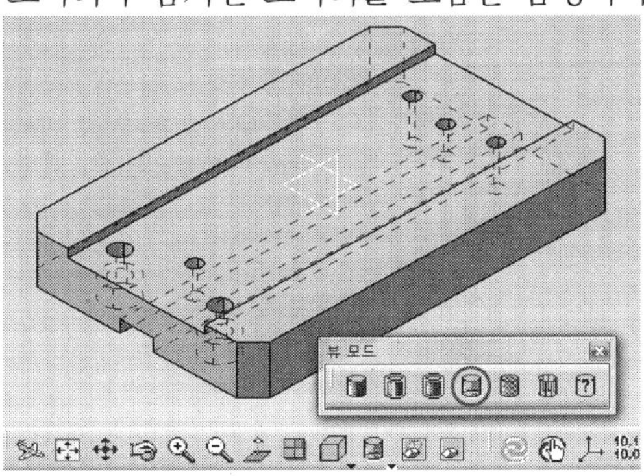

- 와이어 프레임

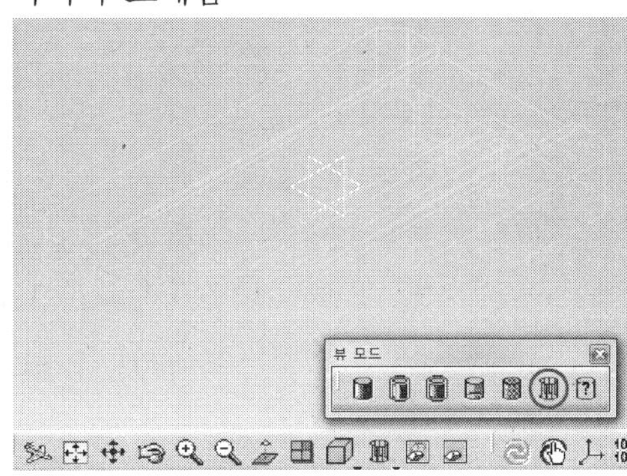

(9) Hide / Show : 특정 요소를 숨기거나 보이게 하는 기능으로 솔리드에서 2D 스케치는 자동으로 숨겨져 숨김 영역에서 볼 수 있다.

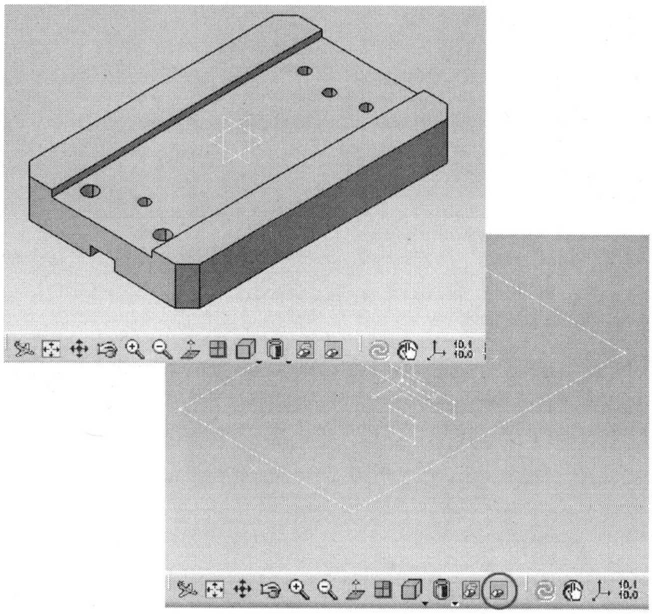

(10) 스펙트리와 지오메트리의 선택 :'사진 1'은 지오메트리 선택,'사진 2'는 스펙트리 선택으로, 스펙트리와 지오메트리의 전환은 우측 아래 좌표계를 클릭하거나 스펙트리 바를 클릭한다.

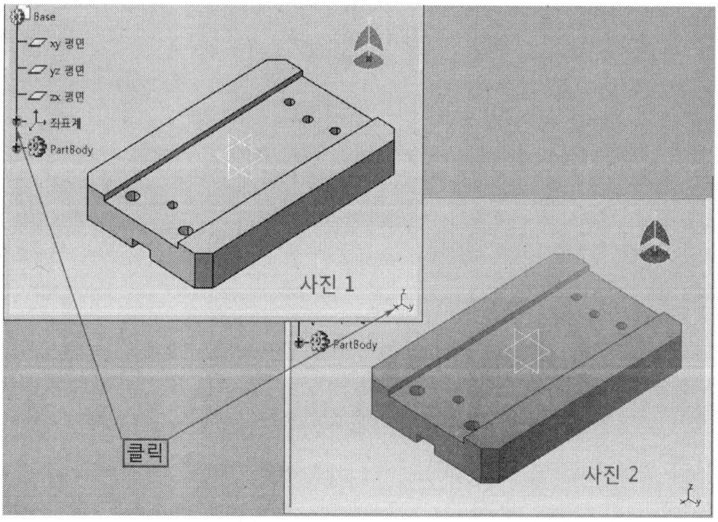

1-2 환경설정, 작업준비

(1) CATIA 최초 설치된 환경으로 초기화

- **CATIA를 사용하는 도중 불안정하게 종료되거나 문제가 발생한 경우 실행한다.**
- **C:\ 드라이브 내 CATSettings 폴더를 검색하여 모든 폴더와 파일을 지우고 CATIA를 다시 실행한다.(예 : C:\Users\hyunjae\AppData\Roaming\DassaultSystemes\CATSettings)**

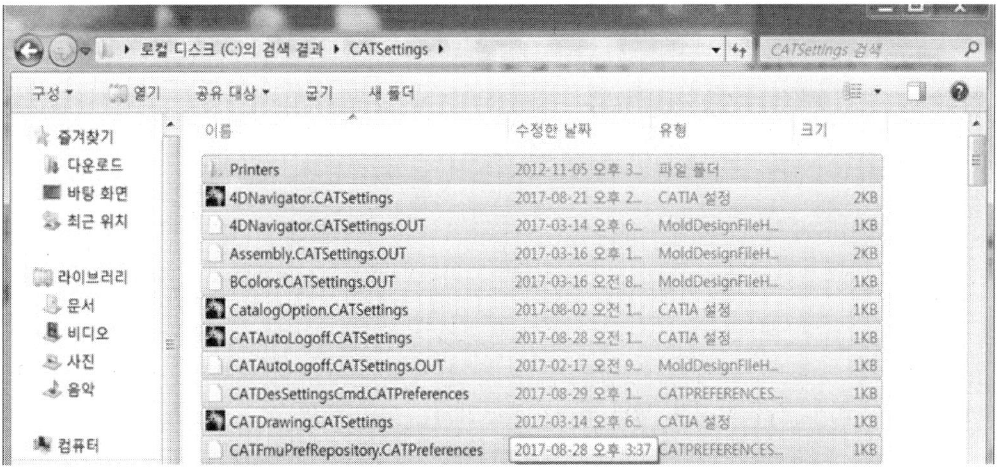

(2) 사용 언어 설정

- **메뉴 => 도구 => 사용자 정의 => 옵션에서 아이콘 크기 비율 및 사용 언어 변경**
- **변경한 언어를 적용하기 위해서는 세션을 다시 실행**

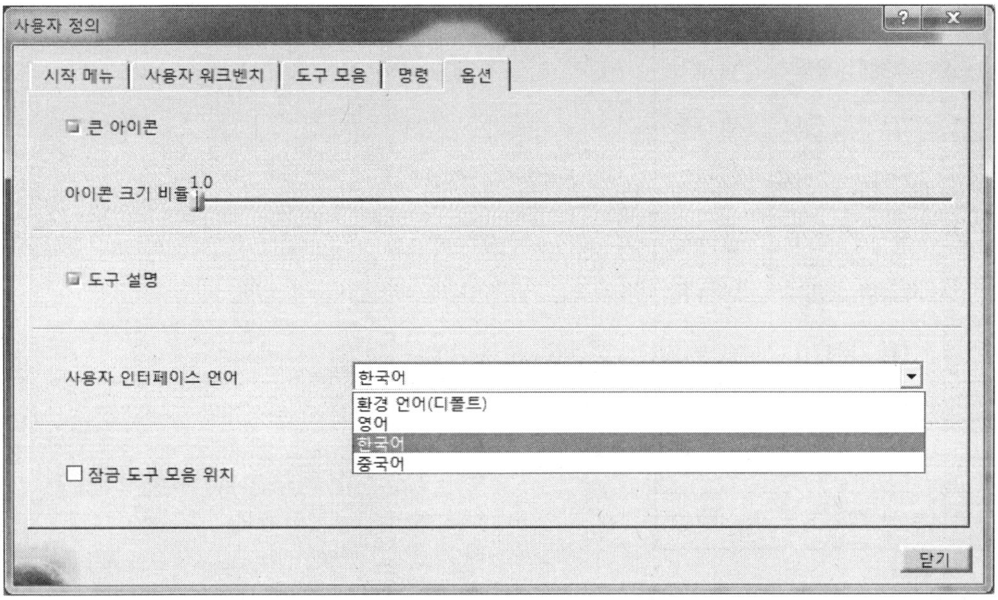

(3) 즐겨찾기 등록 : CATIA에서 자주 사용하는 모듈을 즐겨찾기에 등록하자.

- 메뉴에서 도구 =〉 사용자 정의, 시작 메뉴 탭에서 오른쪽 즐겨찾기로 보낸다.

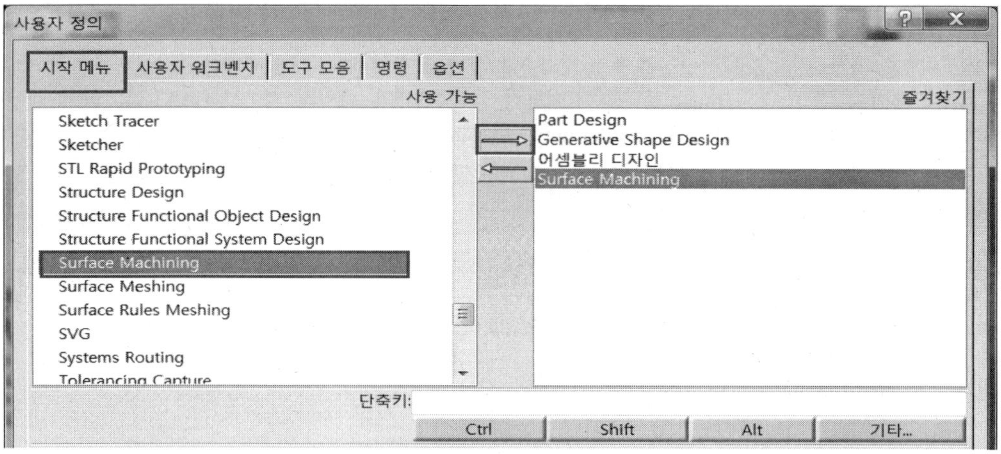

(4) 단축키 등록 : 파트, 스케쳐, 어셈블리 등 각 환경에서 자주 사용하는 단축키를 지정

- 메뉴에서 도구 =〉 사용자 정의, 명령 탭 =〉 모든 명령

단축키 예

아이콘	기능	단축키
	Pad	Alt+P
	Pocket	Alt+W
	스케치 모드	Alt+S
	워크벤치 종료	Alt+E
	교차하는 선 삭제	Alt+T
	즉시 자르기	Alt+Q
	사각형 그리기	Alt+R
	원 그리기	Alt+C
	중심 직사각형	Ctrl+R
	치수 제약조건	Ctrl+D
	형상 제약조건	Ctrl+Q

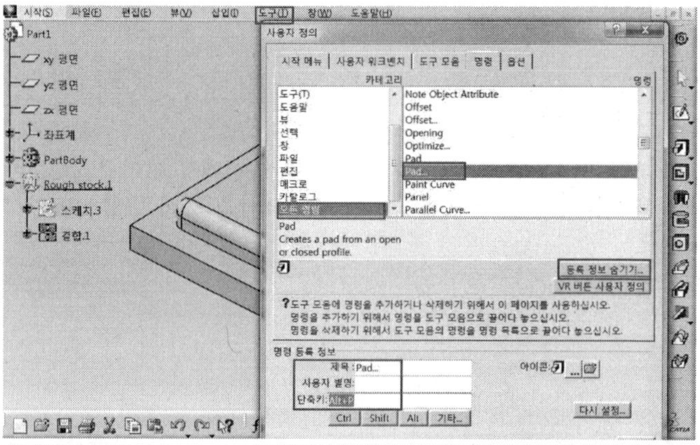

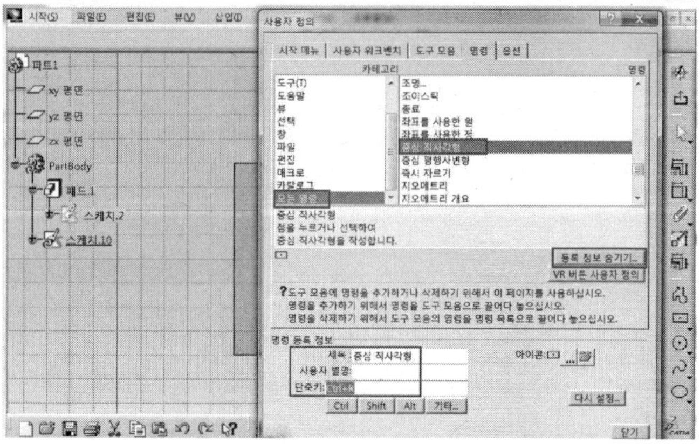

(5) 객체 선택 시 페이스 및 모서리 강조 설정 : 메뉴에서 도구 =〉 옵션

- 일반 =〉 표시 =〉 탐색 =〉 페이스 및 모서리 강조표시 체크

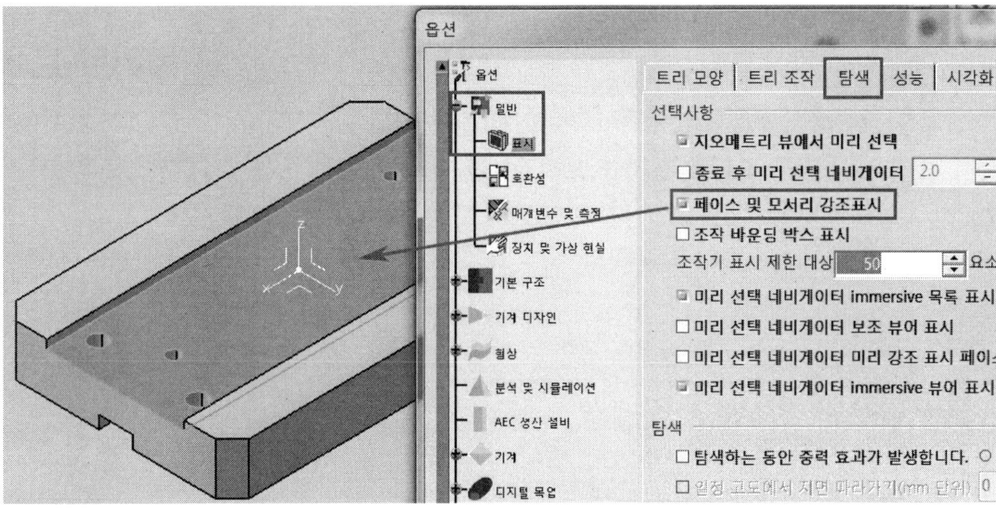

(6) 배경 색상 설정 : 메뉴에서 도구 =〉 옵션 =〉 일반 =〉 표시

- 시각화 =〉 그래듀에이티드 색상 배경에서 설정

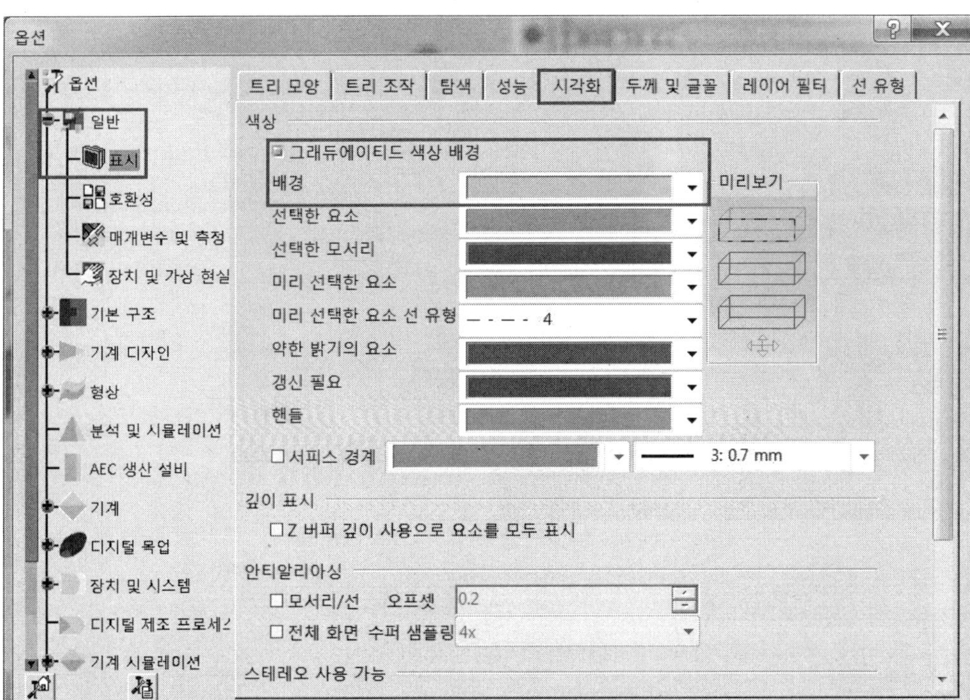

(7) 원이 다각형으로 나타날 경우 그래픽 성능 향상 : 메뉴에서 도구 => 옵션 일반 => 표시 => 성능 => <u>3D 정확도 (예 0.01) & 2D 정확도</u> 값 0.01로 변경

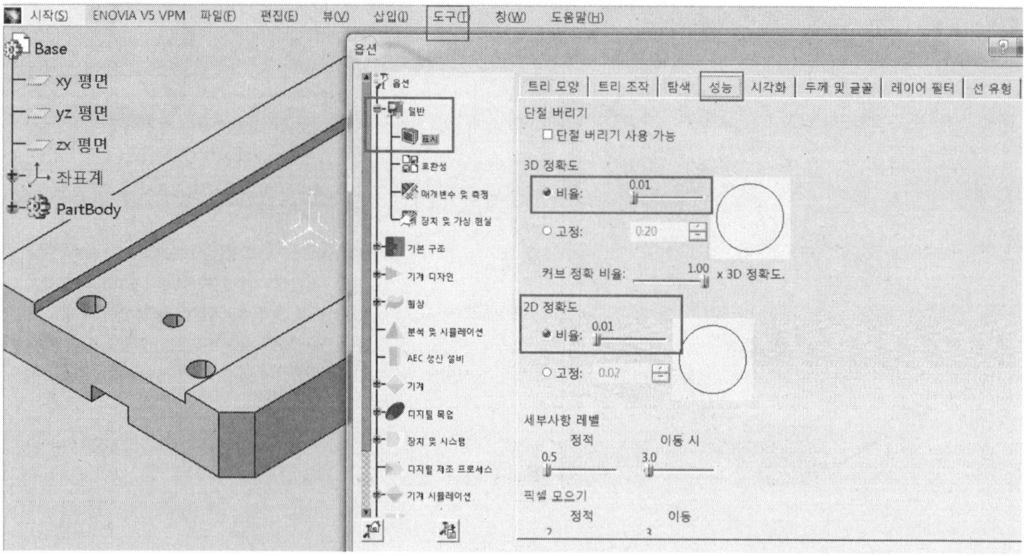

(8) STEP 파일 Export 버전 설정 : 메뉴에서 도구 => 옵션 => 일반 => 호환성

- STEP => **데이터 반출** => 214 iso로 **지시해야 제대로 변환됨**

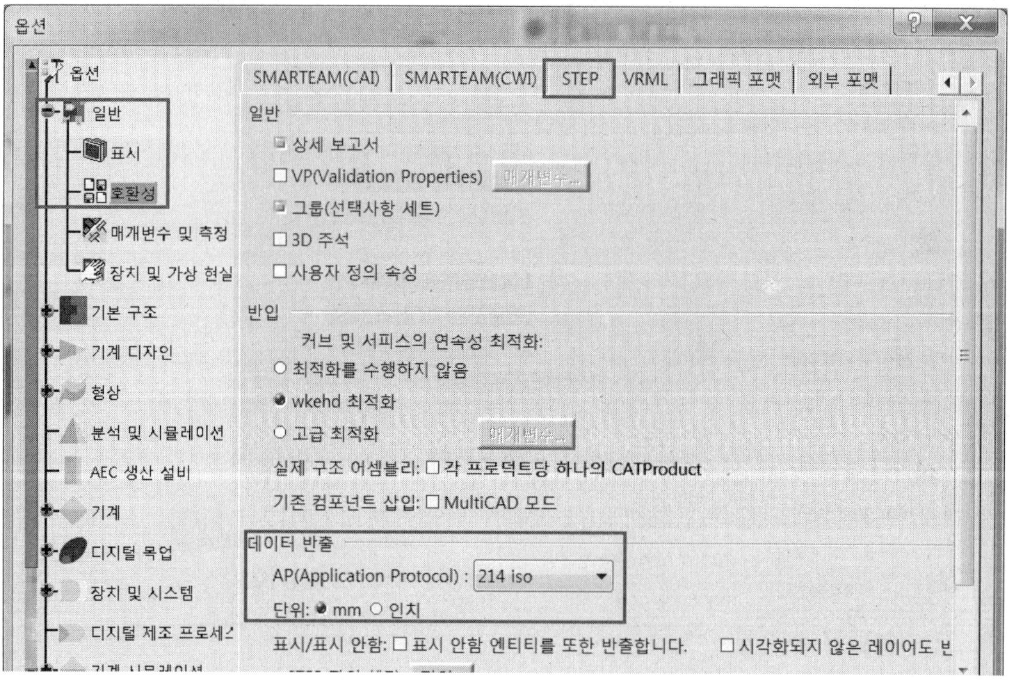

(9) IGESP 파일 Export 버전 설정 : 메뉴에서 도구 =〉 옵션 =〉 일반 =〉 호환성

- **IGES =〉 결합 : 모델의 서피스 결합 체크 =〉 자동 최적화(IGES를 Import할 때 각 Face의 Gap이 지정 공차 값 이내일 때 한 개의 Surface로 자동으로 Join을 수행)**

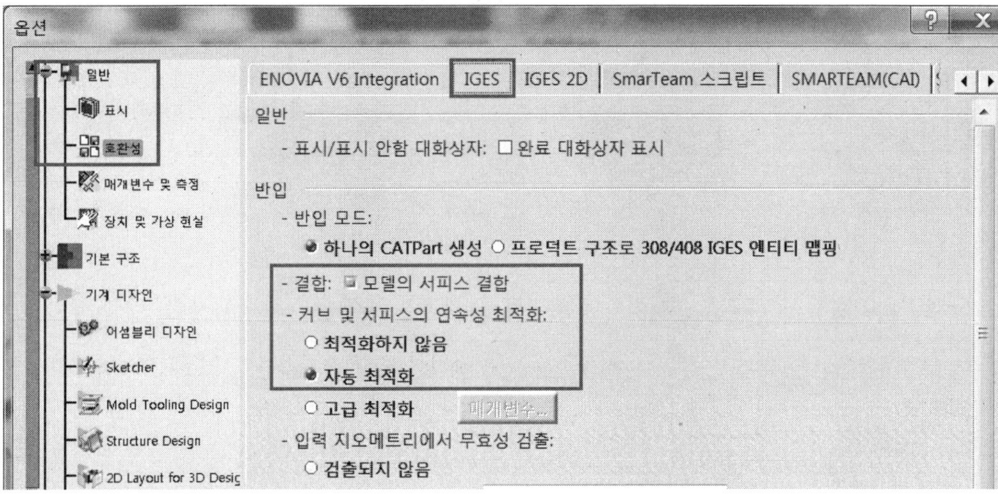

(10) 스케쳐 치수 문자 색 변경하기 : 메뉴에서 도구 =〉 옵션

- **일반 =〉 매개변수 및 측정**
- **제약조건 및 치수 =〉 해석된 제약조건(예 : 빨강색 지정) =〉 확인**

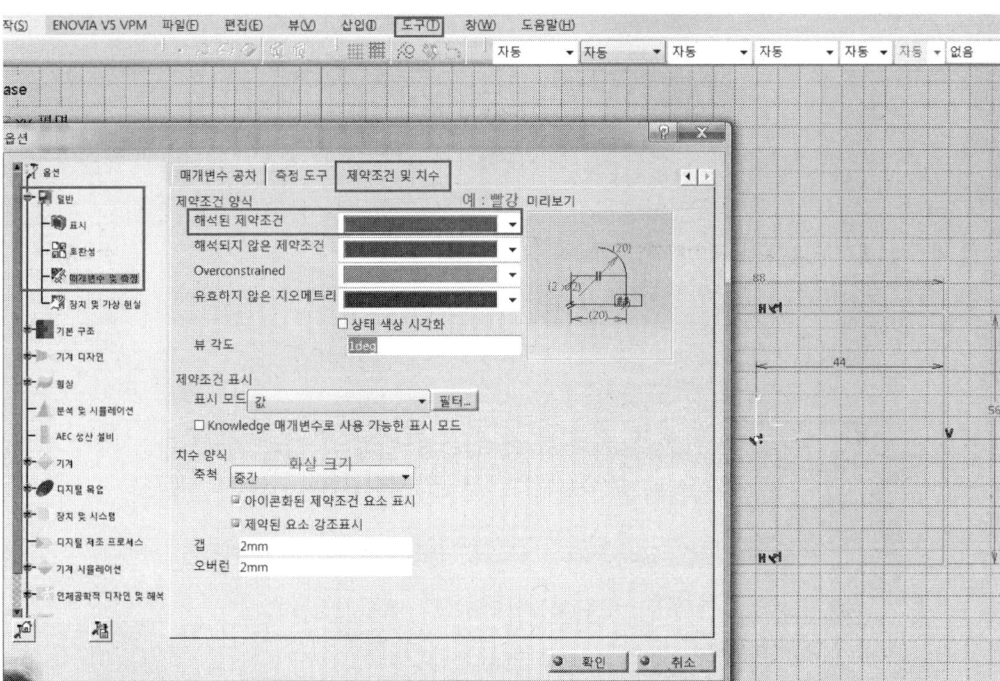

(11) Grid 간격 설정하기 : 메뉴에서 도구 => 옵션

- **기계 디자인 => Sketcher에서 기본 간격과 눈금을 설정, 즉 100/20=5mm 간격을 의미**

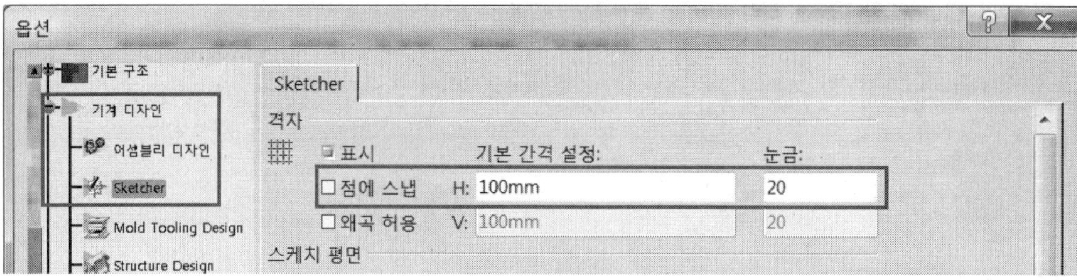

(12) 도면(Draft)상에서 그리드 설정 : 메뉴에서 도구 => 옵션 => 기계디자인 => 도면(Draft)

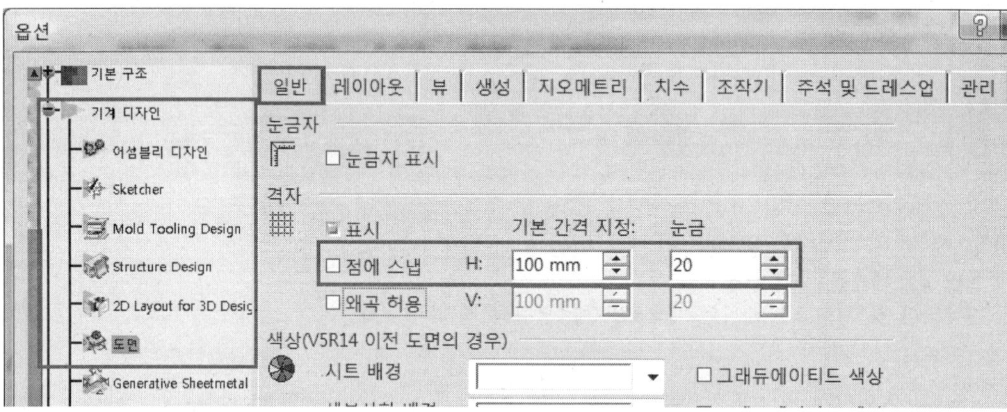

(13) 사용자 좌표계 설정하기 : 옵션 => 기본구조 => 파트 인프라스트럭처 => 좌표계 작성 체크

- **새 파트 대화상자 필요시 체크하고 카티아를 재실행한다.**

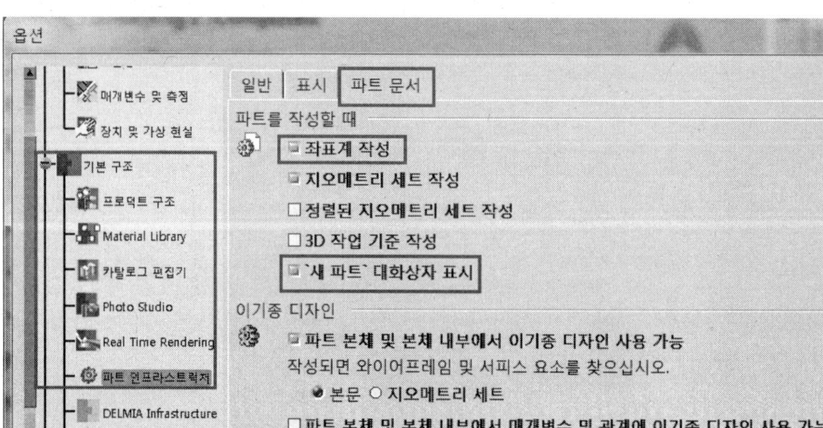

(14) Part 모델링에서 자주 사용하는 도구 모음

1) 

: Pad, Pocket, Shaft, Groove, Hole, Rib, Slot, Solid Combine, Stiffener, Multi-sections Solid, Remove Multi-sections Solid

2) 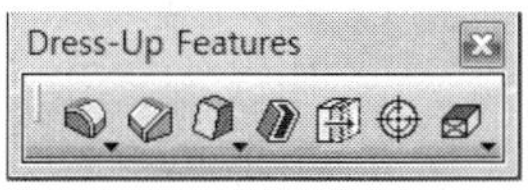

: Edge Fillet, Chamfer, Draft Angle, Shell, Thickness, Thread, Remove Face

3) 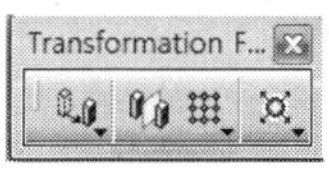

: Translation, Mirror, Pattern, Scaling

4) 

: Split, Thick Surface, Close Surface, Sew Surface

5) 

: Point, Line, Plane

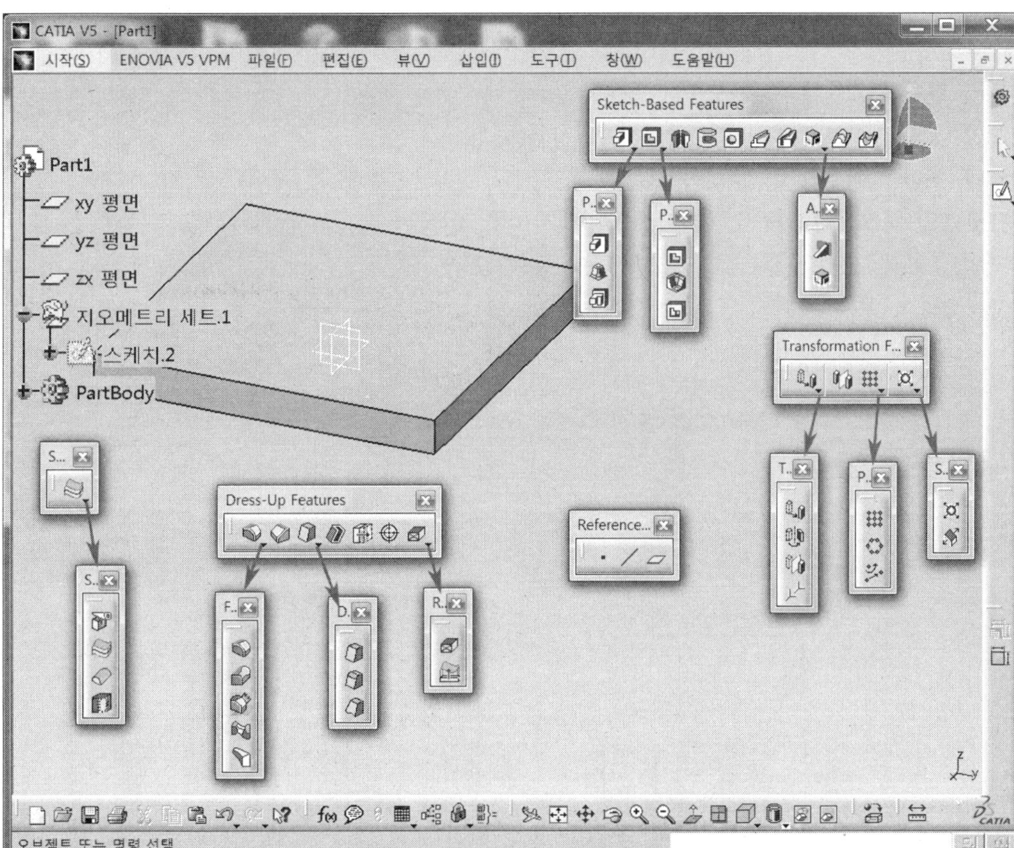

(15) 스케치에서 자주 사용하는 도구모음 : 스케치 도구모음에서 점에 스냅은 해제한다.

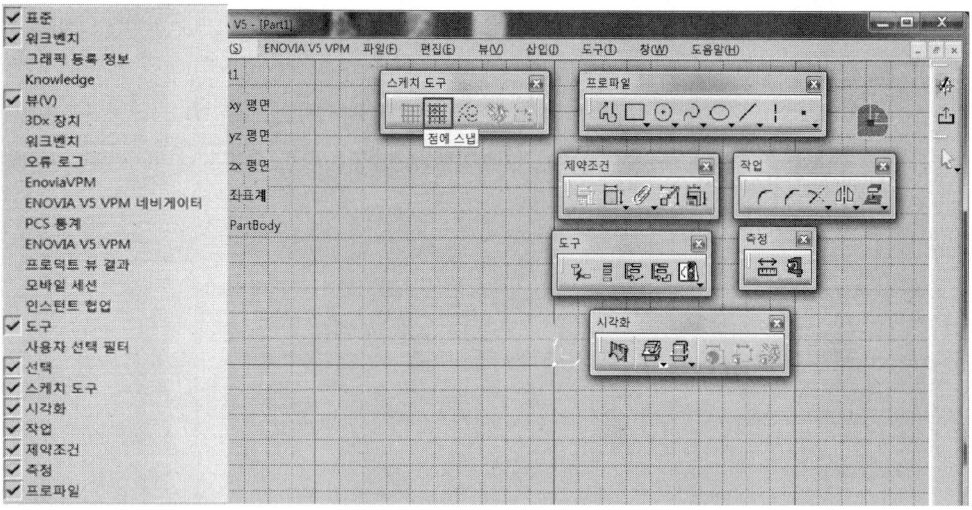

1) 워크 벤치 : 스케쳐와 워크 벤치 종료
2) 스케치 도구 : 그리드, 스냅, 참조선, 형상구속 등
3) 제약 조건 : 치수와 형상 맞춤
4) 프로파일 : 그리기 도구로 직사각형, 평행사변형, 연장된 홀, 중심 직사각형 등 다양한 도구
5) 작업 : 코너, 모따기, 자르기, 미러, 투영 등의 도구

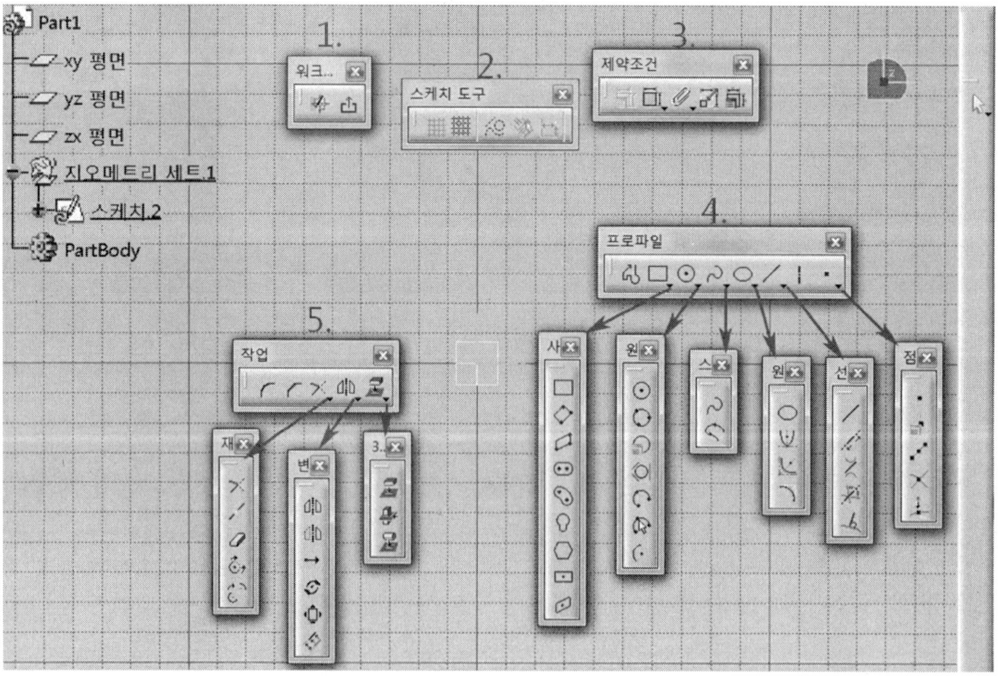

(16) 어셈블리 디자인에서 사용하는 도구 모음

1) 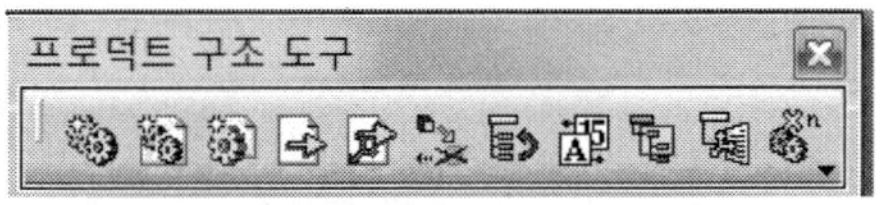

: 컴포넌트, 프로덕트, 파트, 기존컴포넌트, 위치에 기존 컴포넌트, 컴포넌트 교체 등

2) 

: 일치 제약조건, 접촉 제약조건, 오프셋 제약조건, 각도 제약조건, 고정 컴포넌트 등

3) 

: 조작, 스냅, Explode 등

4) 

: 분할, 홀, 추가, 제거, 대칭 등

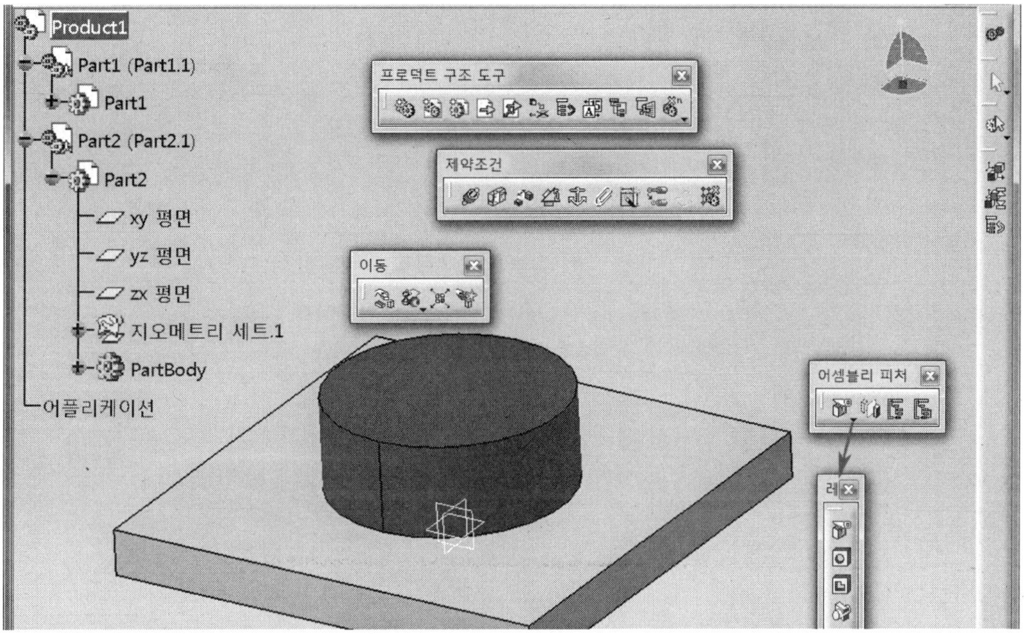

(17) 도구 모음이 숨겨져 있을 경우 오른쪽 하단 확장 단추(» ﹀)에서 화살표 방향으로 끌어다 놓고 도구 모음을 사용한다.

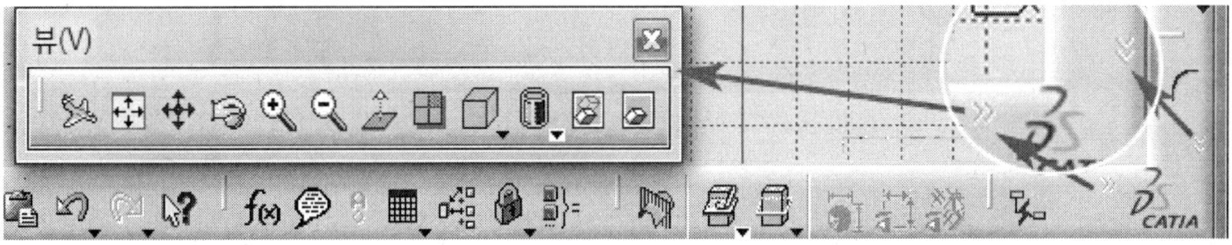

(18) 그래픽 등록정보 변경 : 색상, 와이어 프레임 선 굵기, 엣지 선 종류 등을 변경할 수 있다. 기본 값은 자동이다.

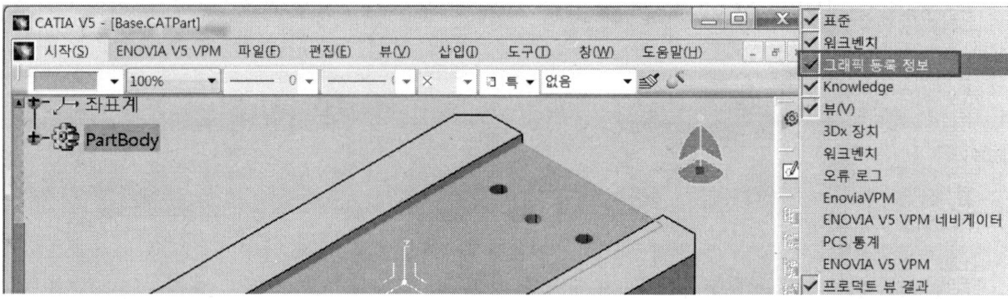

(19) 각 Part간 링크 유지 : 메뉴에서 도구 => 옵션 => 기본 구조 => 파트 인프라스트럭처

- **일반 => 선택된 오브젝트 링크 유지**

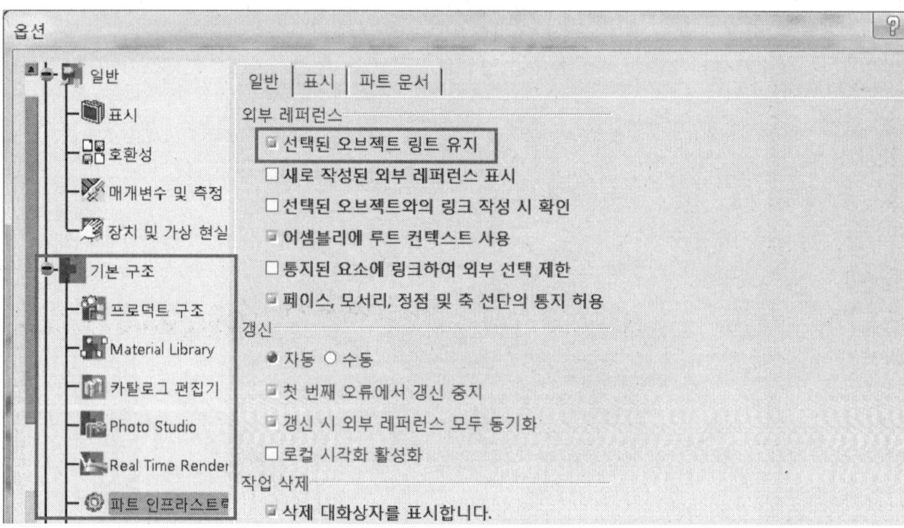

(20) 도구 모음 복원 : 해당 모듈의 도구 모음 위치 복원

- **메뉴에서 도구 => 사용자 정의 => 도구 모음 => 모든 컨텐츠 복원과 위치 복원**

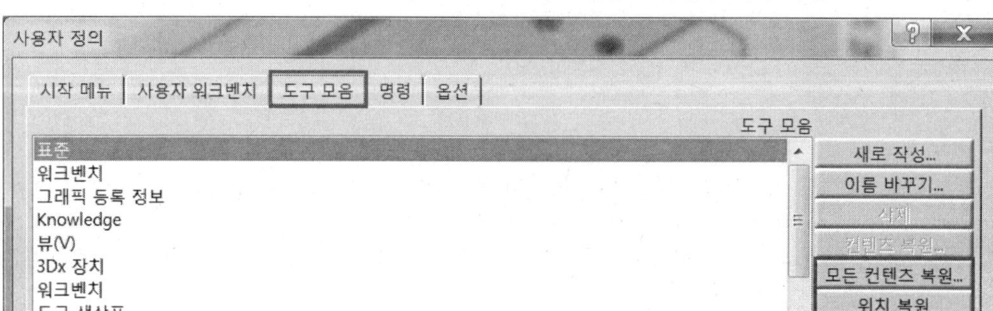

3D형상모델링 작업하기

2

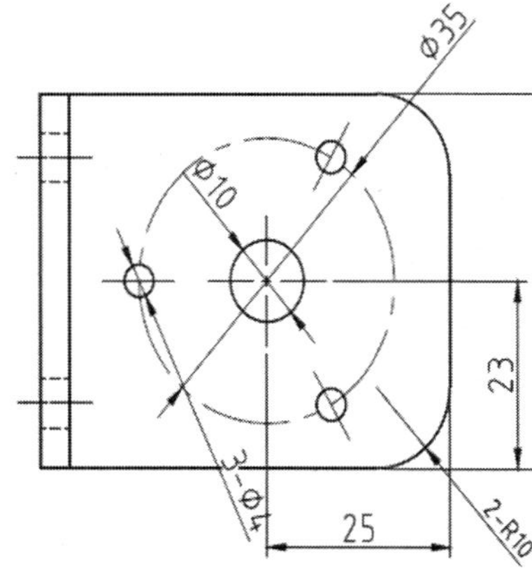

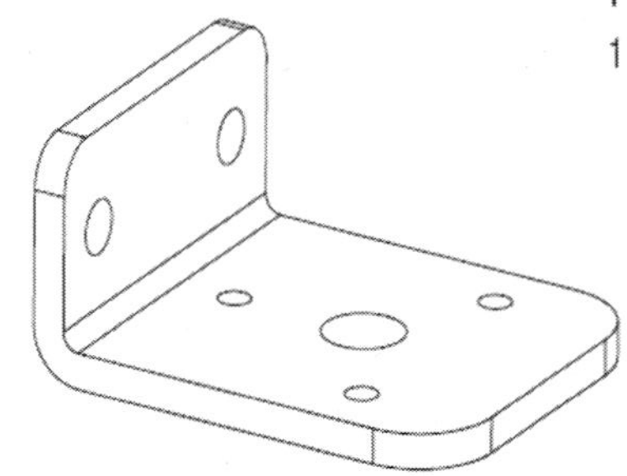

주서

1. 일반 모따기 C=0.2

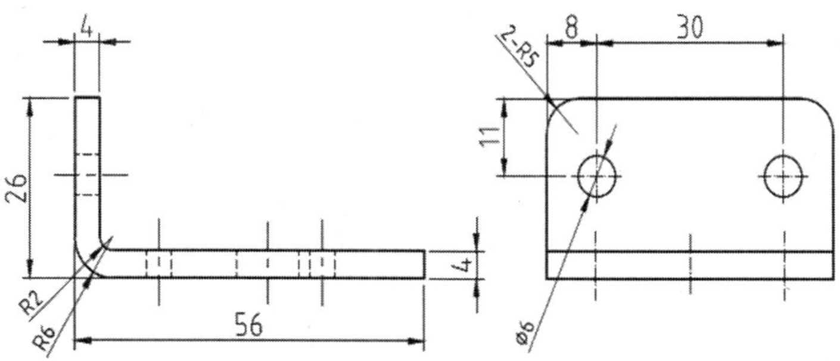

- 도면 출력시 선 굵기 지정

선굵기	문자높이	색 상	용 도
0.5mm	7.0mm	파란색	윤곽선
0.35mm	5.0mm	초록색	외형선, 개별주서
0.25mm	3.5mm	노란색	숨은선, 치수문자, 일반주서
0.18mm	2.5mm	흰색, 빨강	해칭, 치수선, 중심선, 3D도면, 공차

▣ 영문자, 치수는 iso체, 한글은 굴림체로 설정

20	35	15	30
번 호		척 도	N S
성 명	이 현 재	각 법	3각법

(행 높이: 10, 10)

2-1 Pad, Pocket, Edge Fillet, Hole, Rectangular Pattern 작업

(1) 시작 ⇒ 기계 디자인 ⇒ Part Design을 실행하거나 즐겨찾기에서 Part Design을 선택한다.

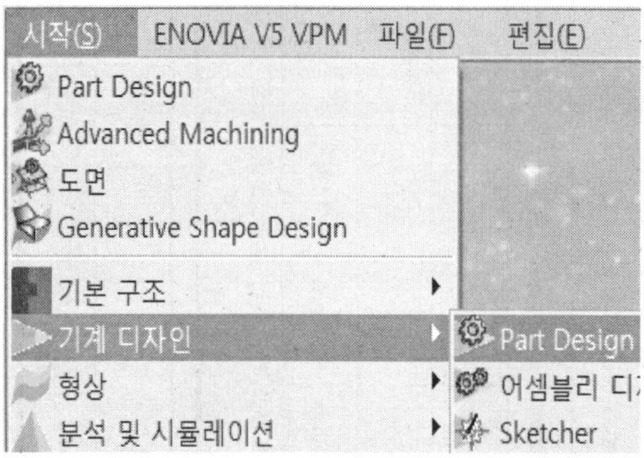

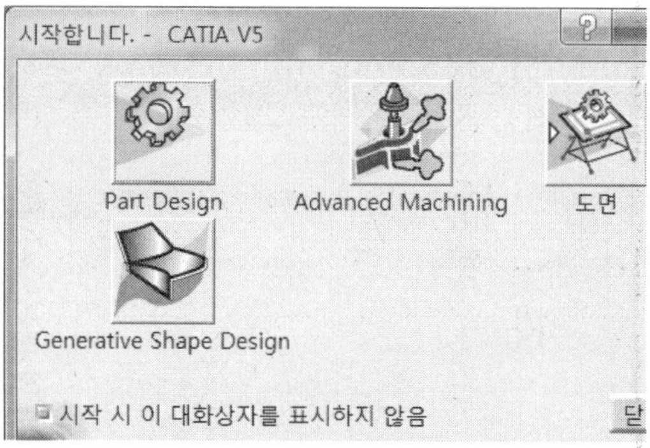

(2) Sketch를 선택하고 yz 평면(plane)을 클릭한다.

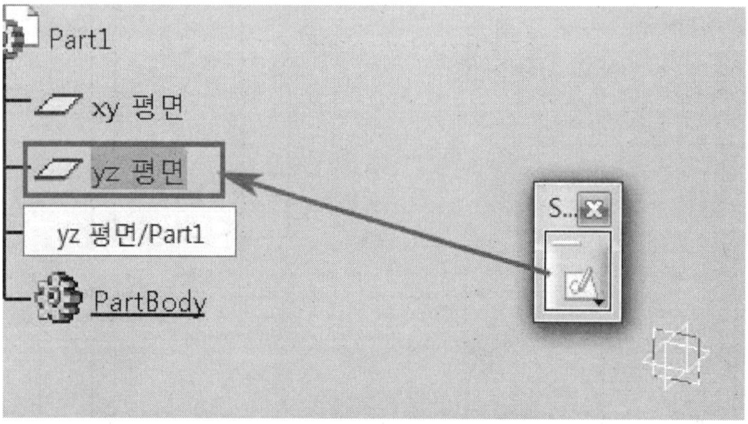

(3) 정면도의 도면 치수를 메모한다.

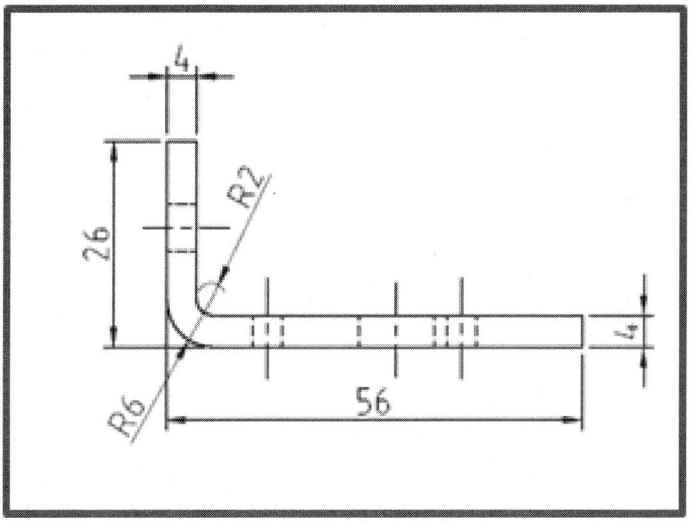

(4) 프로파일로 비슷하게 그린다.

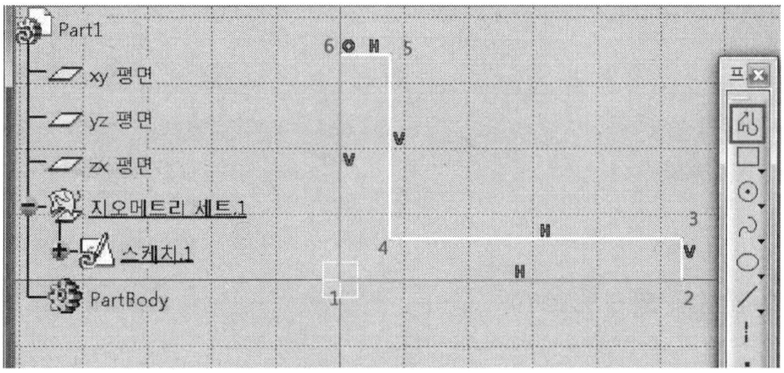

(5) 56, 26, 4, 4로 치수 맞춤하고 워크벤치 종료한다.

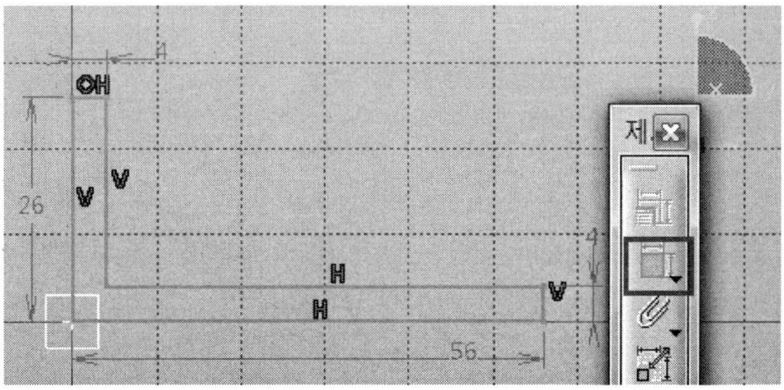

(6) Pad( )를 선택하고 양방향으로 23 mm 지정하고 OK 한다.

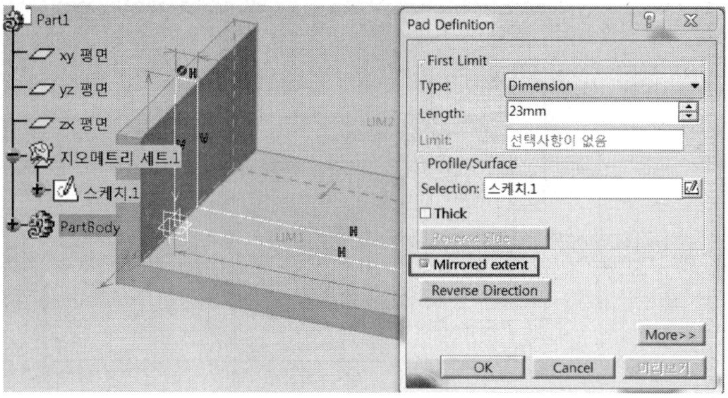

(7) Edge Fillet 대화상자에서 양쪽 엣지를 선택, 5 mm를 입력하고 OK 한다.

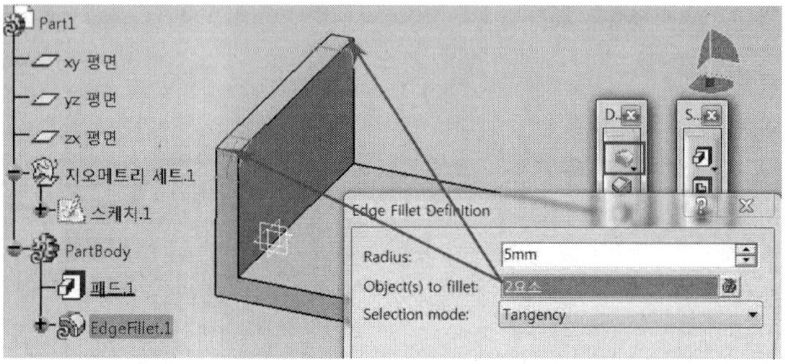

(8) Edge Fillet 10 mm를 입력하고 OK 한다.

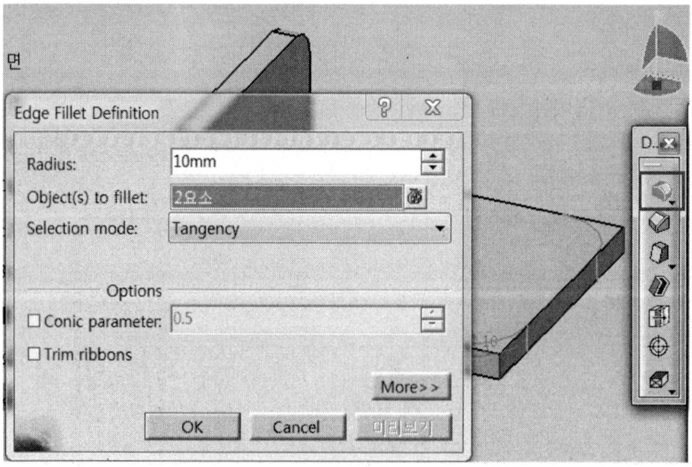

(9) Edge Fillet 2 mm를 입력하고 OK 한다.

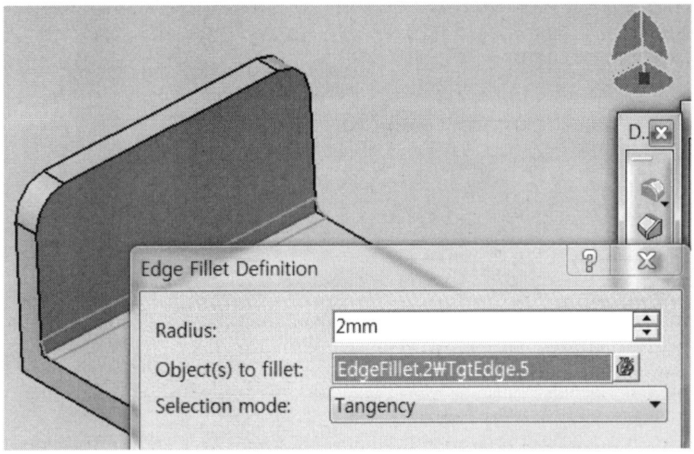

(10) Edge Fillet 6 mm를 입력하고 OK 한다.

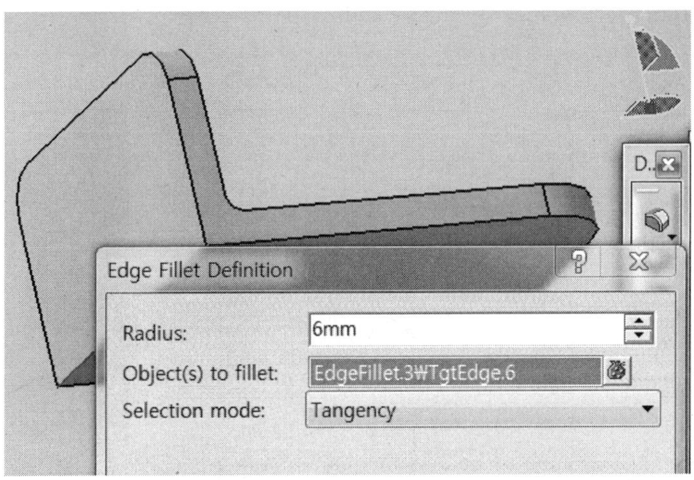

(11) 4개의 구멍을 Hole로 작업하면 공정이 많아져 Pocket으로 작업하기 위하여 스케치 면을 선택한다.

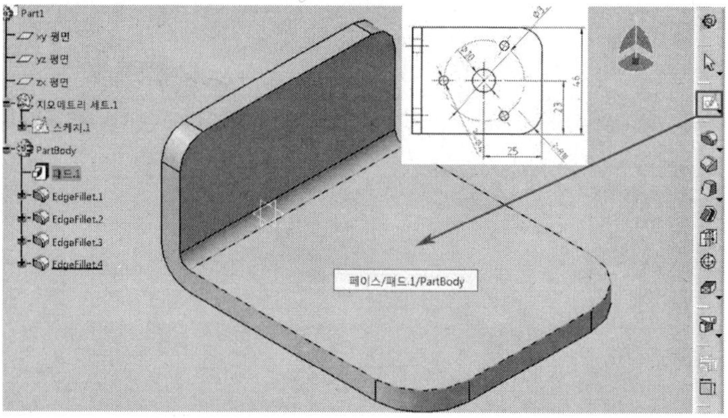

(12) 원 그리기에서 V를 마우스로 추적하여 비슷한 위치에 원의 중심점을 클릭하고 원을 그린 다음 지름 10 mm로 치수 맞춤한다.

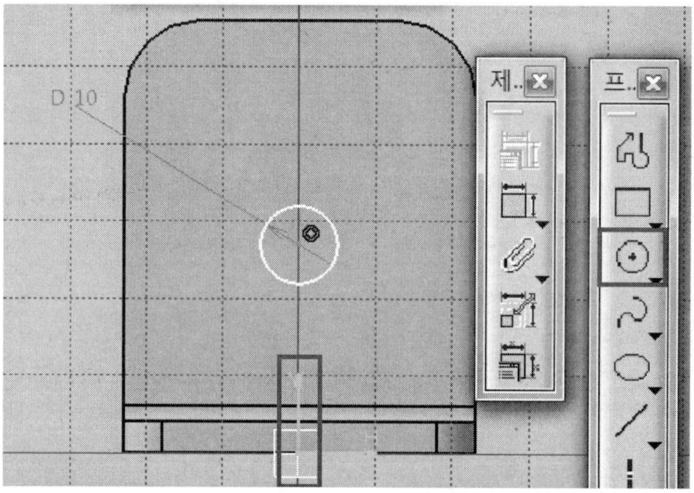

(13) 엣지와 원의 중심과의 거리 25 mm로 치수 맞춤한다.

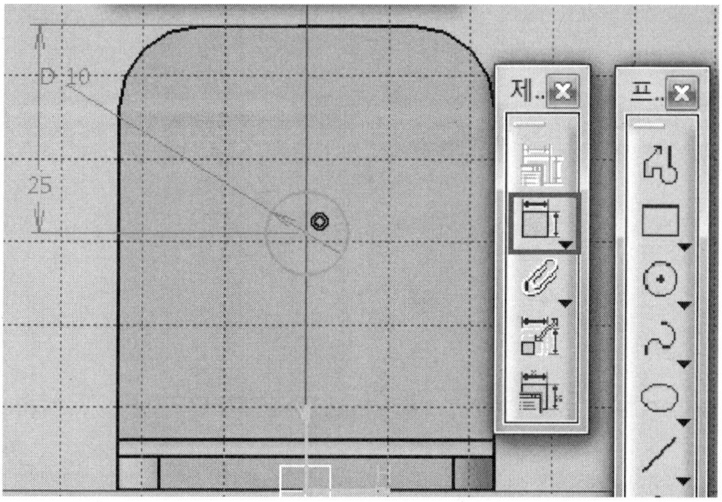

(14) 다시 지름 4 mm인 원을 그리고 원과의 중심 거리 17.5 mm로 치수 맞춤한다.

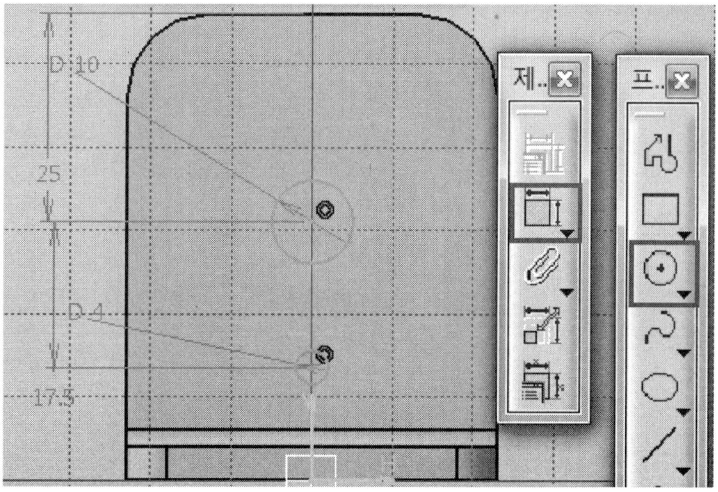

(15) 회전 정의 : ① 지름 4 mm인 원을 선택하고 ② 회전도구를 선택한 다음 ③ 지름 10 mm의 중심을 선택하고 대화상자의 인스턴스는 2개, 각도는 120 deg로 입력하고 확인한다.

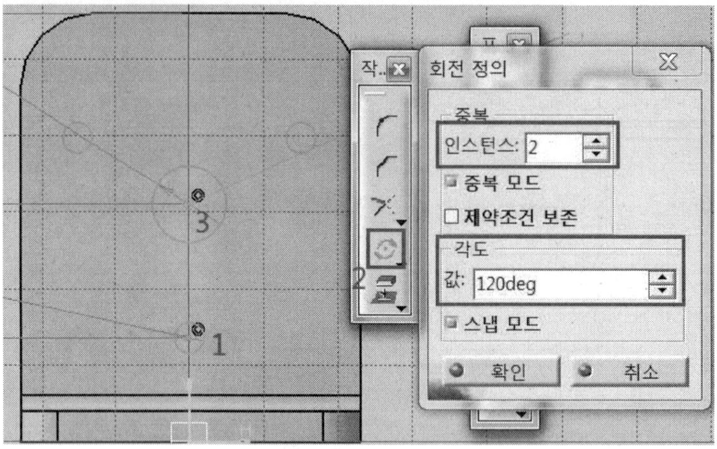

(16) 회전으로 추가한 지름 4 mm인 원은 고정으로 형상 맞춤하고 워크벤치 종료( )한다.

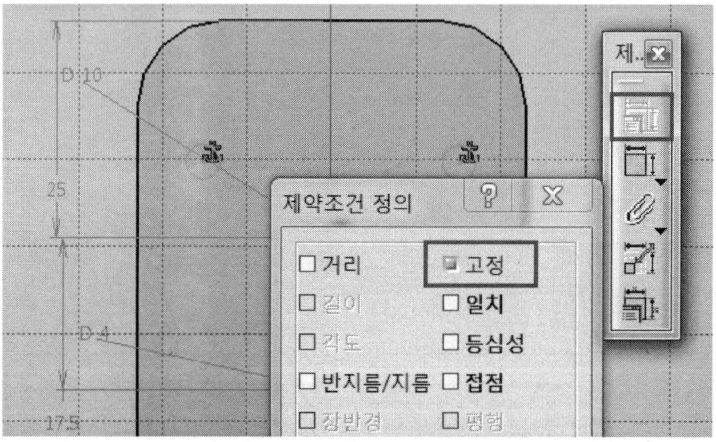

(17) Up to last Type 으로 Pocket 작업한다.

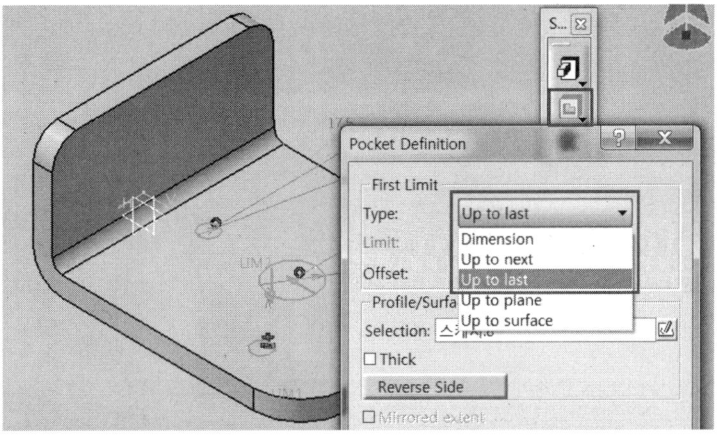

(18) 다음 벽면의 구멍은 Hole로 작업하자. Hole을 클릭하고 벽면을 선택한다.

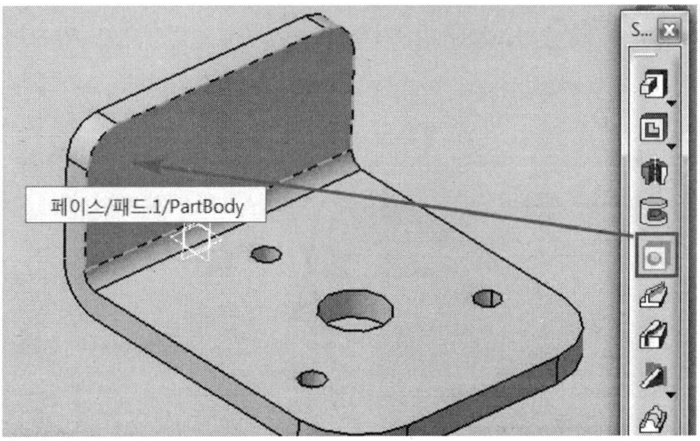

(19) 스케치 위치(Positioning Sketch)를 클릭한다.

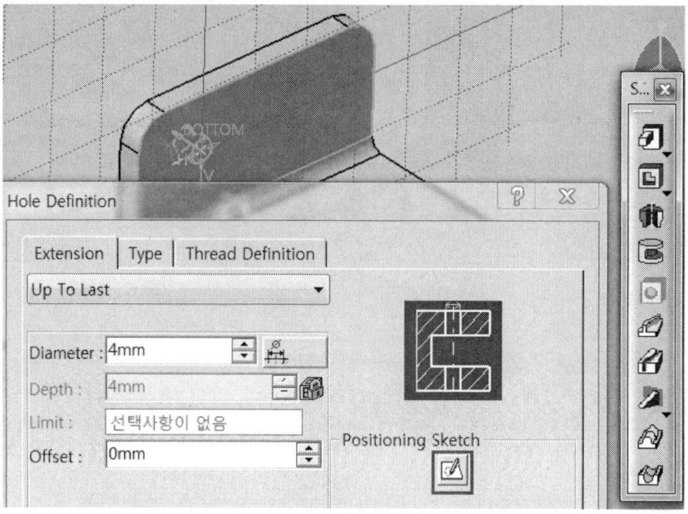

(20) 치수 8, 11로 치수 맞춤하고, 구멍 지름은 6 mm로 지정하고 워크벤치 종료한다.

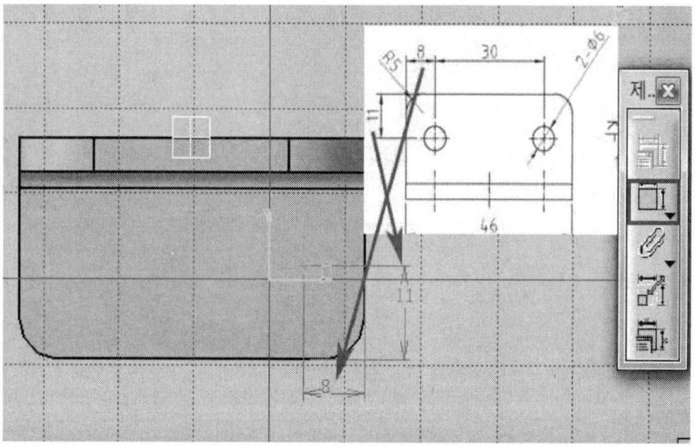

(21) 직사각형 배열도 작업해 보자. 스펙트리에서 홀을 선택하고 직사각형 배열을 클릭한 다음 각 조건을 입력하고 OK 한다.

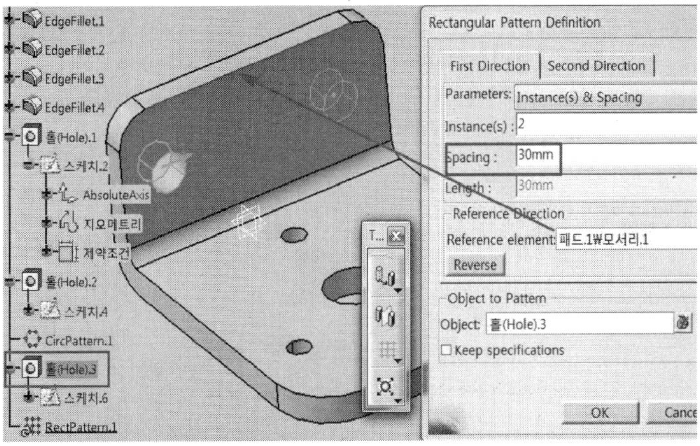

(22) 모델링이 완성되었으면 저장한다.

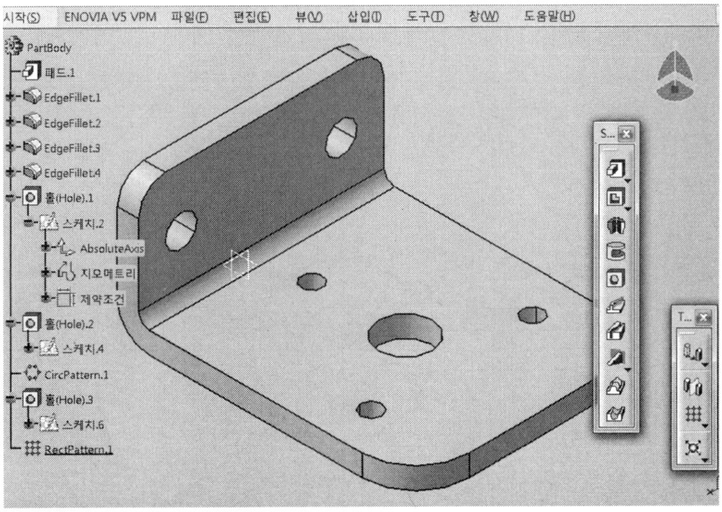

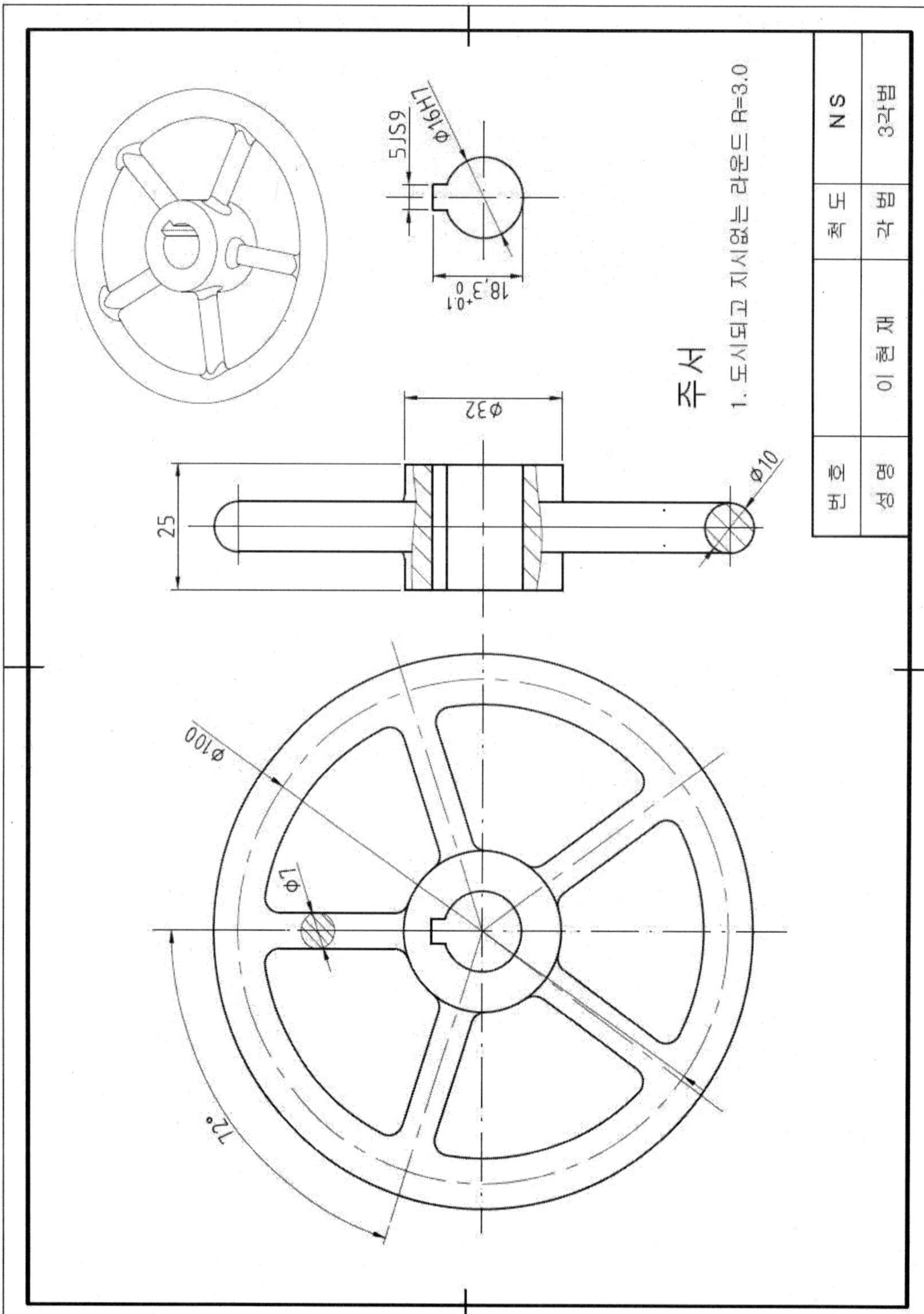
주서
1. 도시되고 지시없는 라운드 R=3.0
번호
성명
이현재
척도
NS
각법
3각법
5JS9
φ16H7
18.3 +0.1 0
φ32
25
φ10
φ100
φ7
72°

2-2 Shaft, Pocket, Circular pattern, 도면(기본)

(1) 메뉴, 도구 => 옵션에서 좌표계 모양을 변경하고, 좌표계 크기도 변경하여 작업한다.

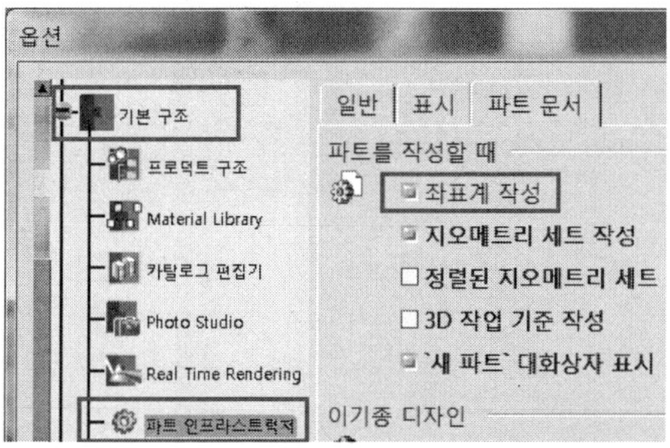

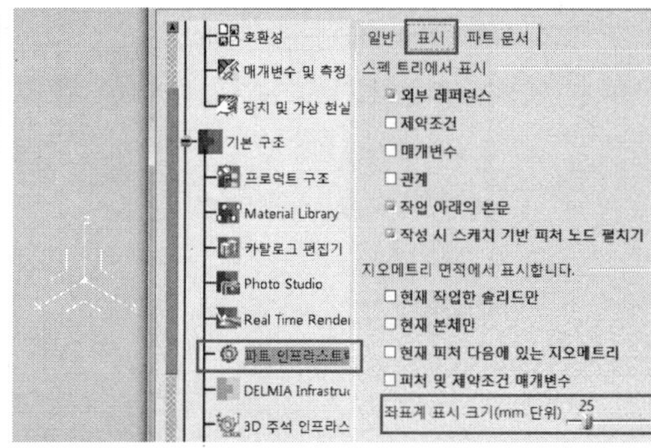

(2) Sketch를 선택하고 yz 평면(plane)을 클릭한다.

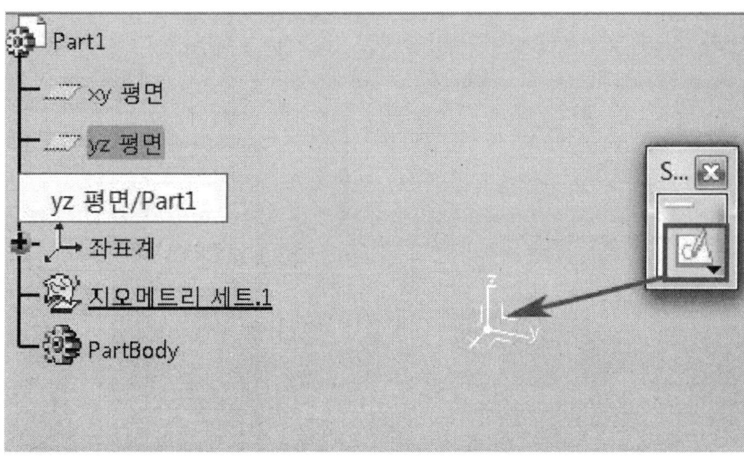

(3) 원 그리기로 H를 추적하여 50 mm 정도의 위치에 중심점을 잡고 그린다.

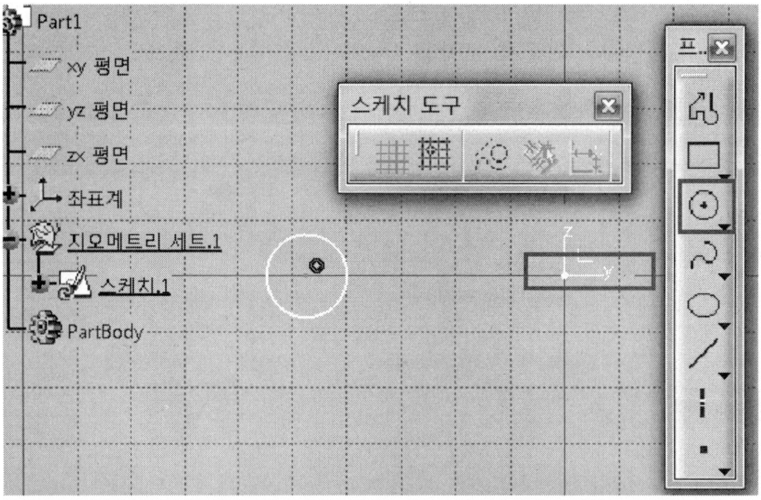

(4) 지름 10 mm와 거리 50 mm를 치수 맞춤하고 워크벤치 종료한다.

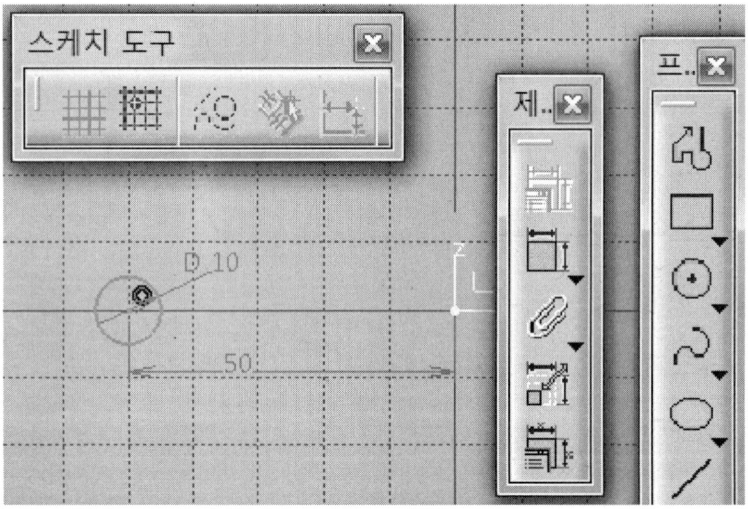

(5) 지오메트리 세트에서 스케치하고 워크벤치 종료 후 Shaft를 클릭하면 보여주는 주의 대화상자이다. 무시하고 확인하면 PartBody 다음에 피처가 작성된다.

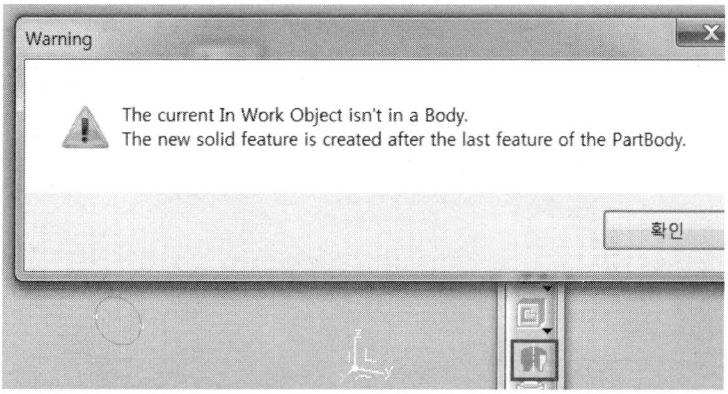

(6) Shaft 대화상자에서 회전축(Axis)에 V를 선택하고 OK 한다.

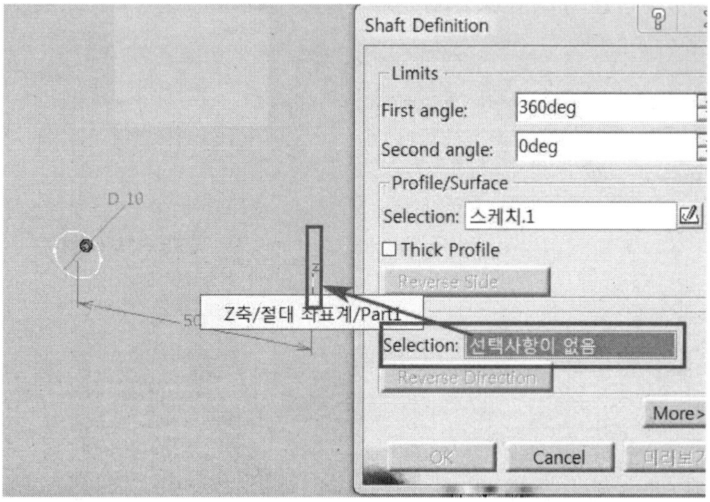

(7) Sketch를 선택하고 xy 평면을 클릭한다.

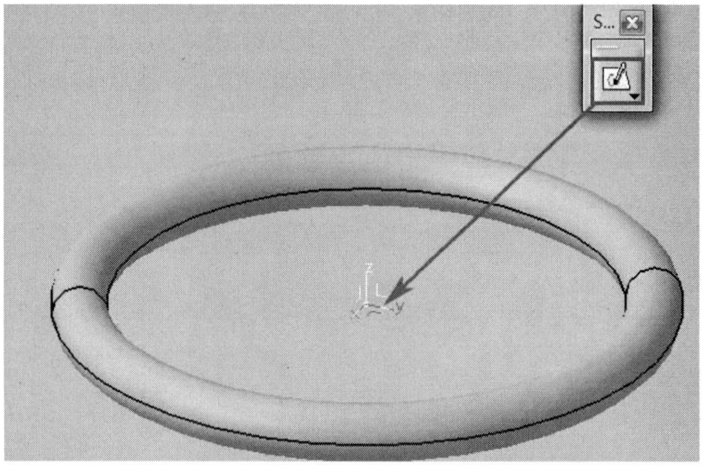

(8) 원 그리기로 중심점을 추적하여 지름 32, 16인 두 개의 원을 그리고 워크벤치 종료한다.

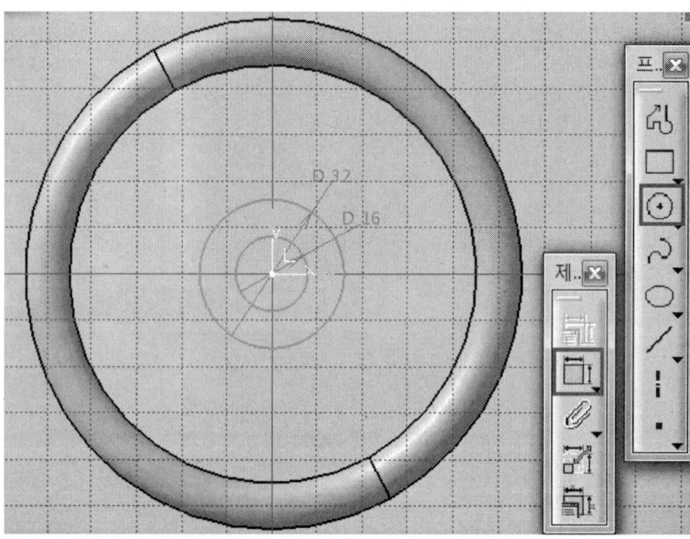

(9) Pad로 길이 12.5mm 양방향을 선택하고 OK 한다.

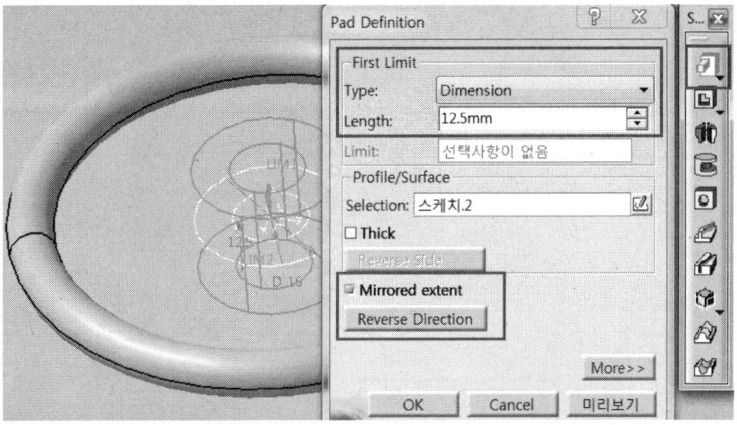

(10) 키홈을 작업할 면에서 스케치한다.

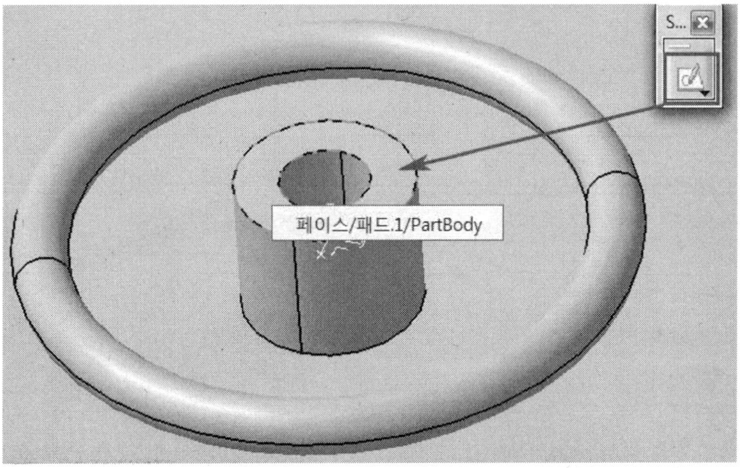

(11) 중심 직사각형으로 V를 추적하여 그리고 치수 5, 18.3으로 치수 맞춤한다.

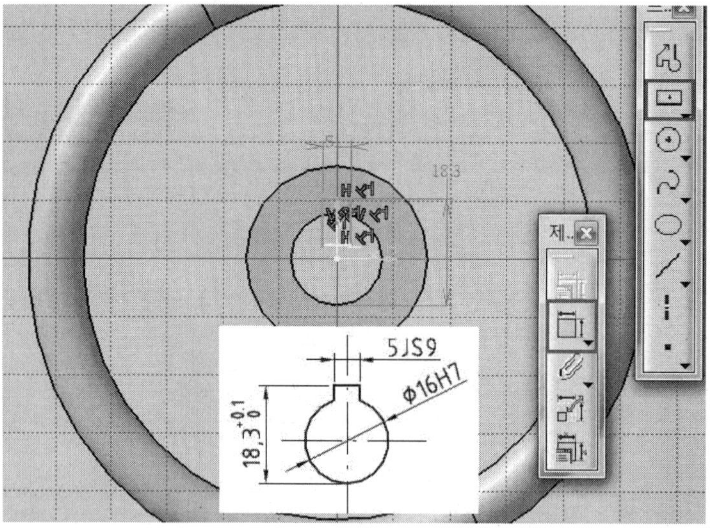

(12) 워크벤치 종료하고 Pocket으로 작업한다.

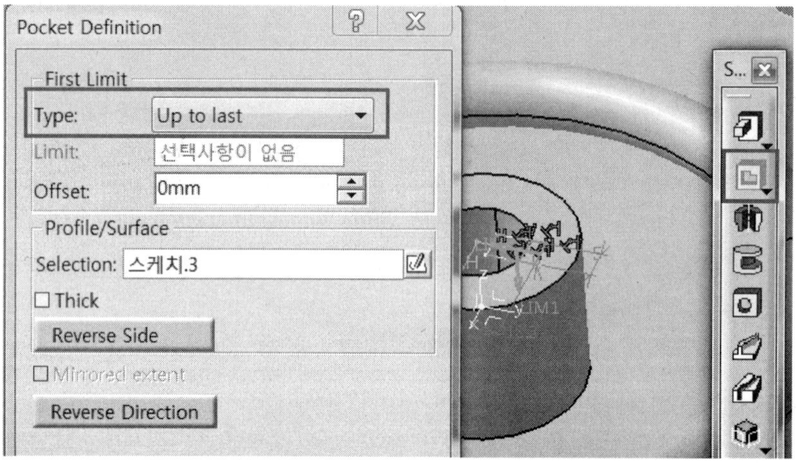

(13) zx 평면에서 20mm 옵셋한 작업평면을 새로 정의한다.

(14) 정의한 작업 평면에서 중심 원 그리기로 중심점을 추적하여 그린 다음 지름 7mm로 치수 맞춤한다.

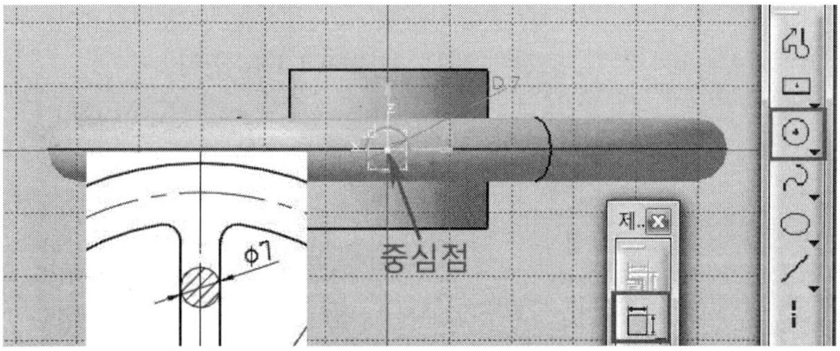

(15) 워크벤치 종료하고 Pad 정의 대화 상자에서 More〉〉를 클릭하여 대화 상자를 확장한 후 각각 한계를 설정하고 OK 한다.

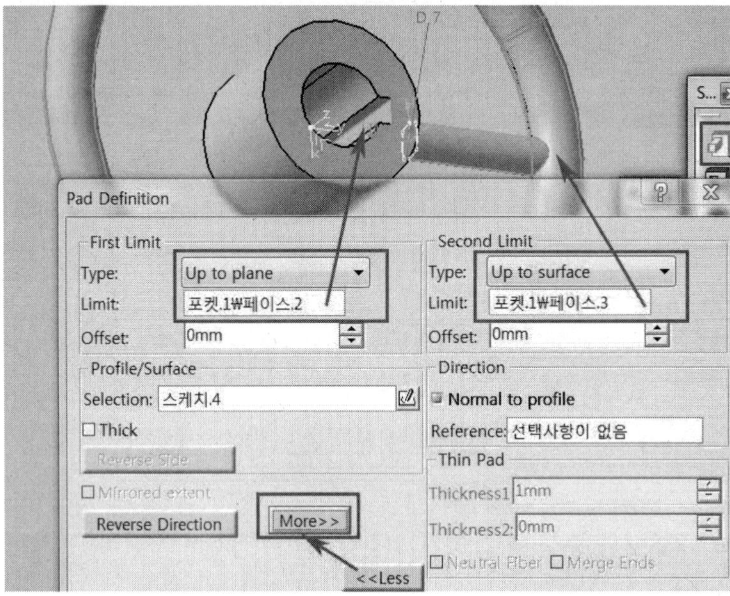

(16) 원형배열 대화상자에서 각각 조건에 맞게 설정하고 OK 한다.

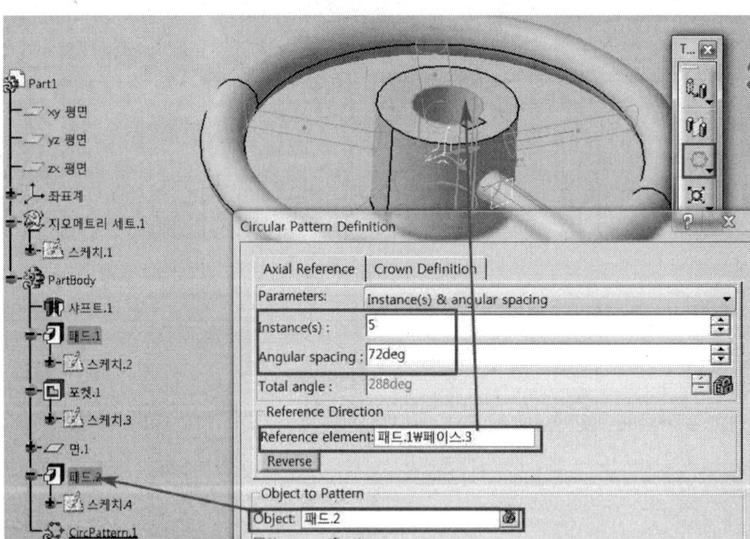

(17) Edge Fillet 대화상자에서 반지름 3 mm 설정하고 객체는 5개의 암 원통 면을 모두 선택하고 OK 한다.

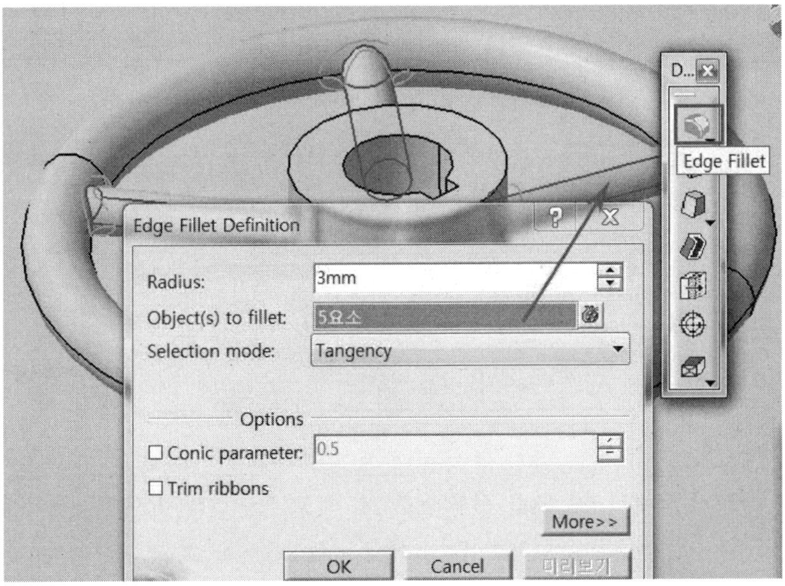

(18) 모델링이 완성되었으면 저장한다.

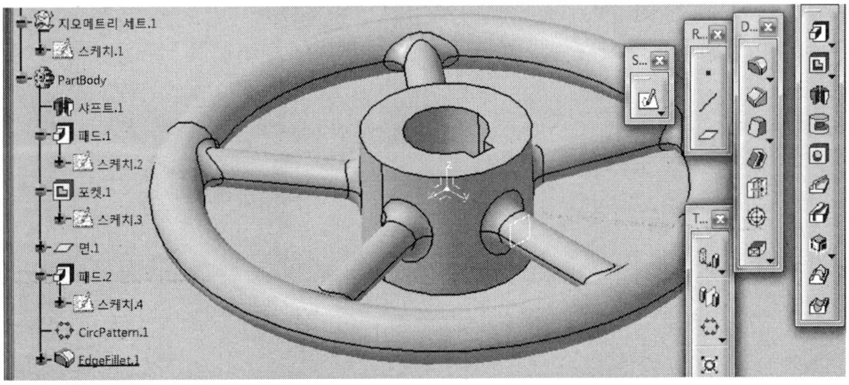

(19) 시작 => 기계 디자인 => 도면을 선택하거나 워크벤치에서 즐겨찾기에 등록한 도면을 선택한다.

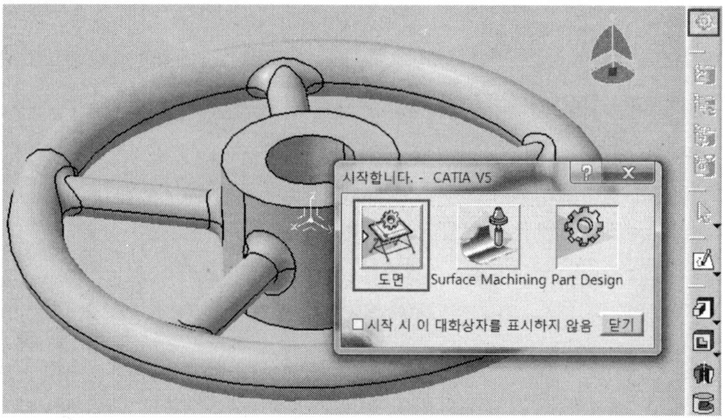

(20) 새 도면 작성 수정에서 JIS A3를 선택하고 OK 하고 확인한다.(KS는 등록되어 있지 않음)

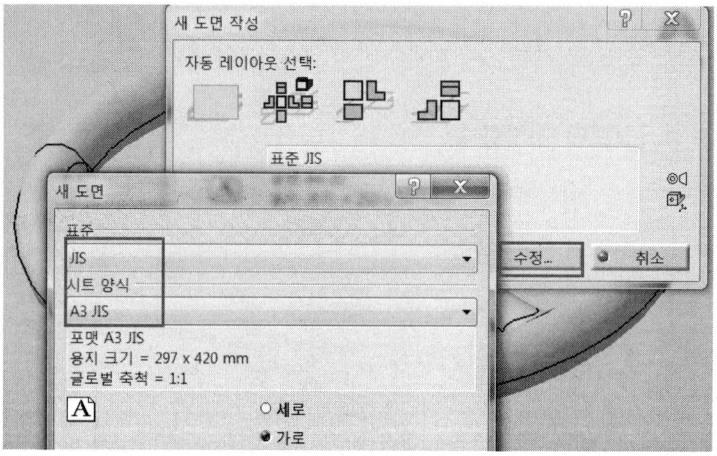

(21) 정면 뷰를 선택하고 메뉴 창에서 Part1로 전환한다.

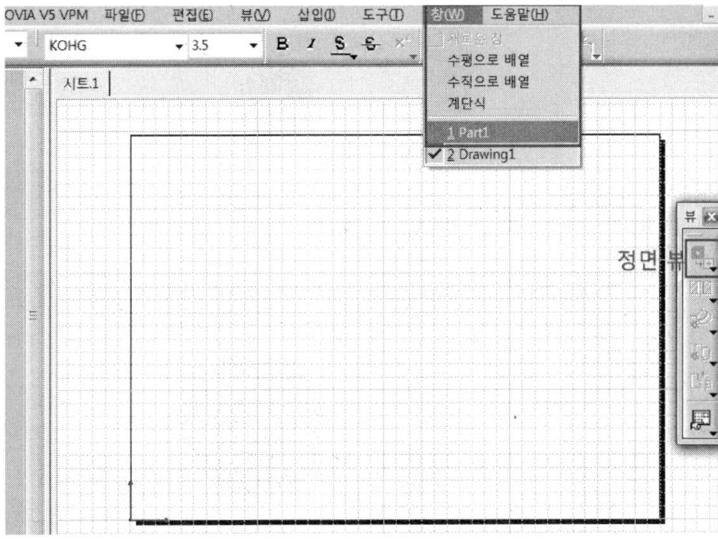

(22) 보스 상단 평면에 마우스 포인터를 위치하면 오른쪽 하단에 미리 보기로 보여준다. 정면도가 적절하면 면을 마우스로 클릭한다.

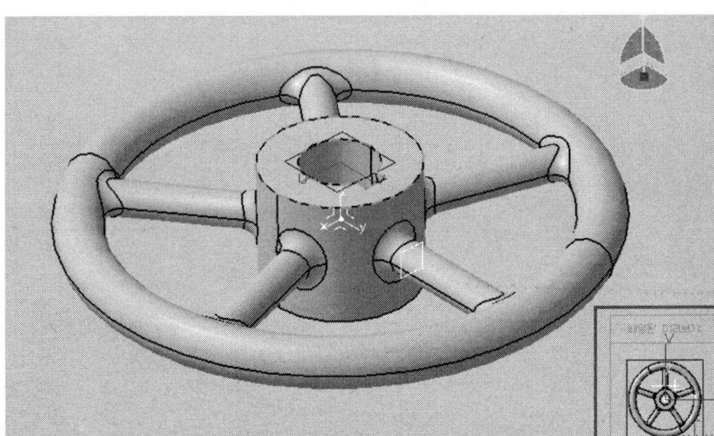

(23) 정면도가 한 가운데에 삽입되었다. 정면도 위치를 승인하려면 우측 상단 뷰 확인 단추를 클릭한다.

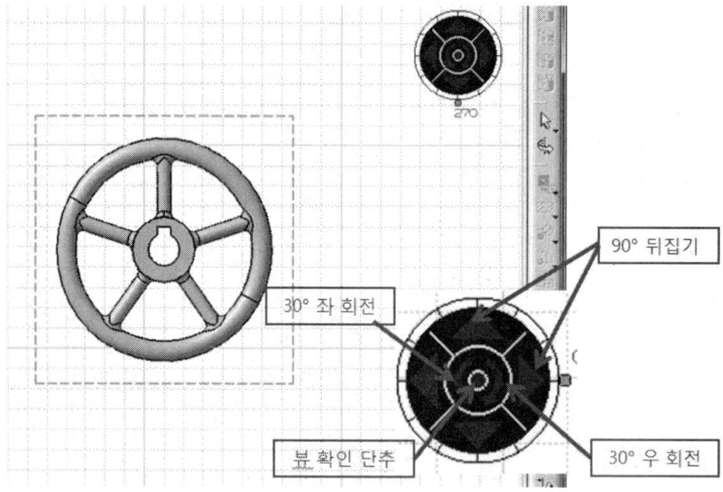

(24) 제도 통칙에서는 섹션 뷰를 단면도라 한다. 섹션 뷰를 선택한다.

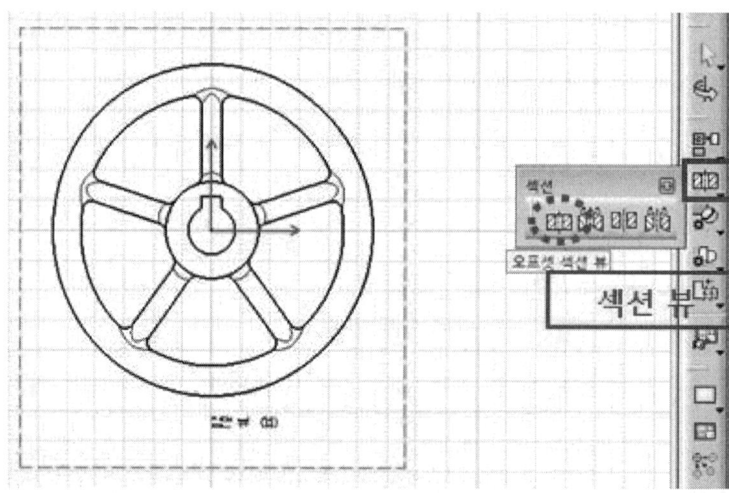

(25) 단면선의 1은 클릭, 2는 더블 클릭, 3은 클릭한다.

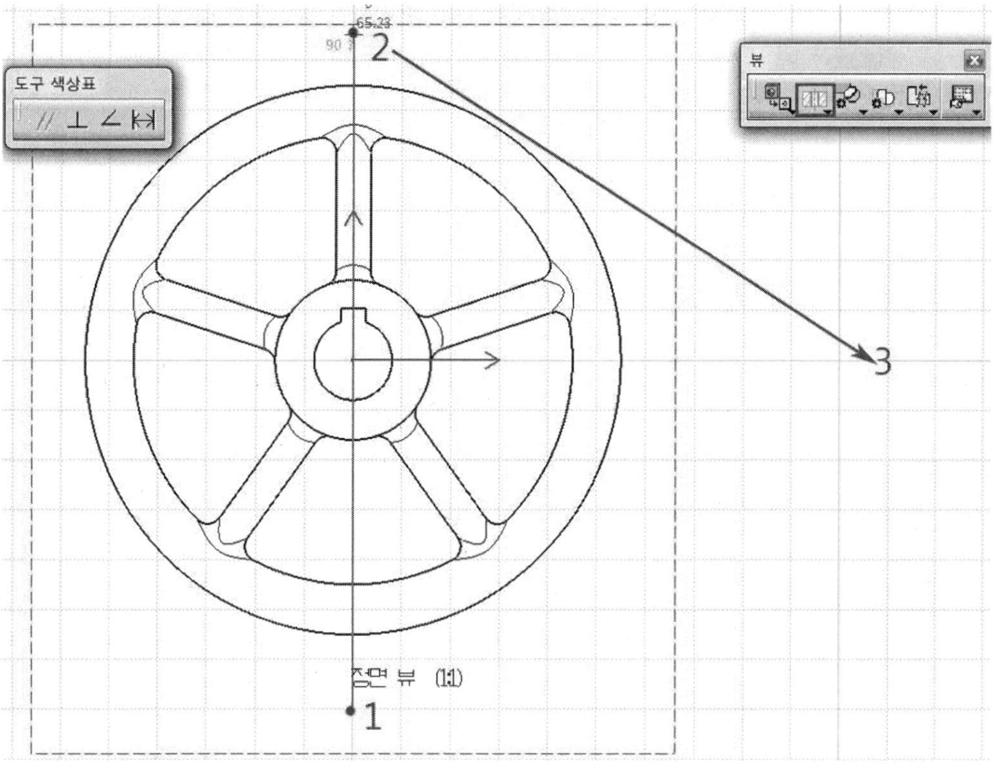

(26) 등각뷰인 아이서메트릭(Isometric) 뷰는 Part1 화면에 나타난 그 상태로 삽입된다.

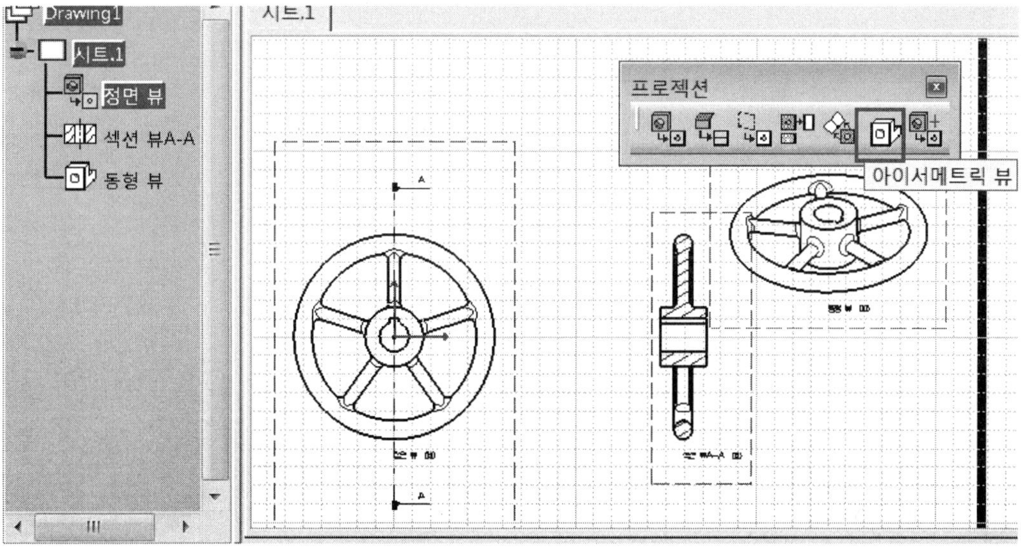

(27) 다른 이름으로도 저장하자. 이 때 AutoCAD 파일로 열고자 할 경우 파일 형식을 dwg로 저장하여 AutoCAD를 실행할 때 반드시 Insert 명령으로 삽입하여야 편집이 원활하다.

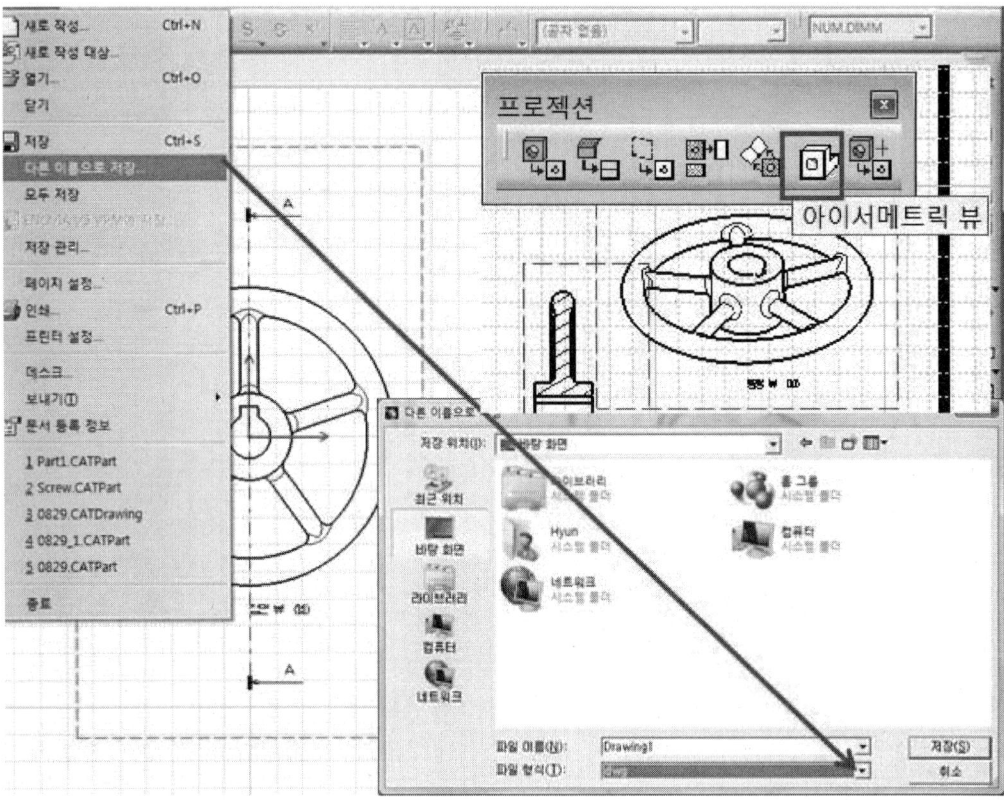

주서

1. 도시되고 지시없는 R = 1.0
2. 일반 모따기 C = 0.2

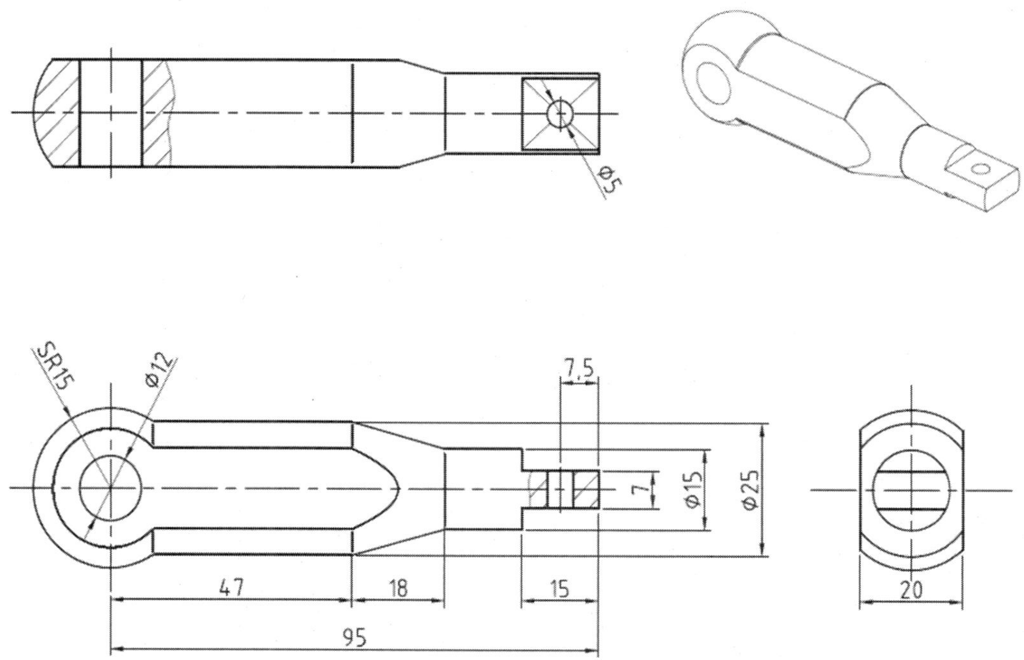

번 호		척 도	N S
성 명	이 현 재	각 법	3각법

2-3 Shaft, Pocket, Groove, Hole, 도면(단면도)

(1) Part Design, 지오메트리 세트 작성을 해제하고 작업한다.

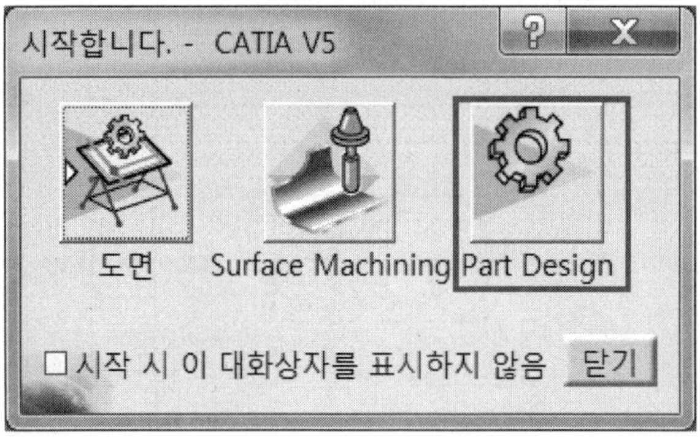

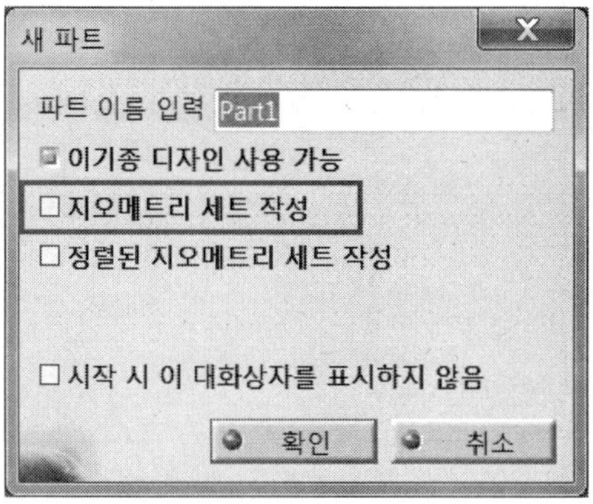

(2) Sketch를 선택하고 yz 평면(plane)을 클릭하면 지오메트리 세트가 작성되지 않아 PartBody가 활성화된다.

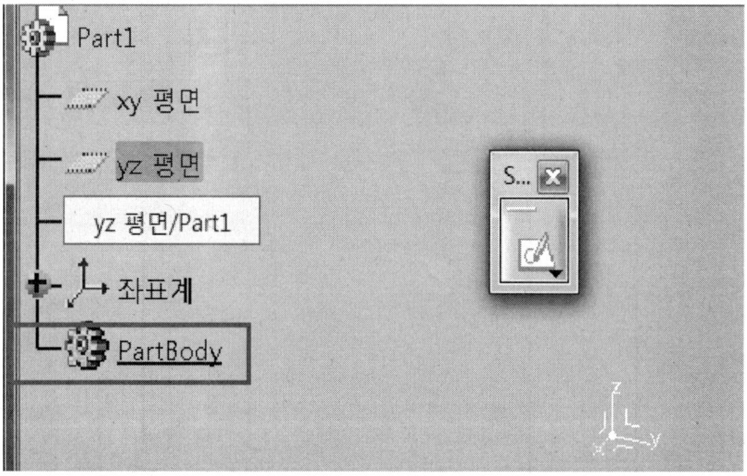

(3) 원 그리기로 원점을 추적하여 D 30 mm 정도의 중심점을 잡고 그린 다음 치수 맞춤한다.

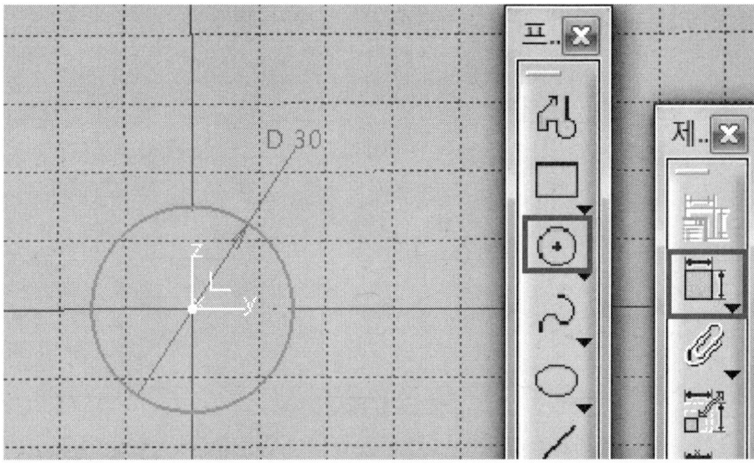

(4) 프로파일을 선택하고 원의 사분점과 H를 추적하여 1~6의 순서로 그리고 키보드 Esc를 누른다.

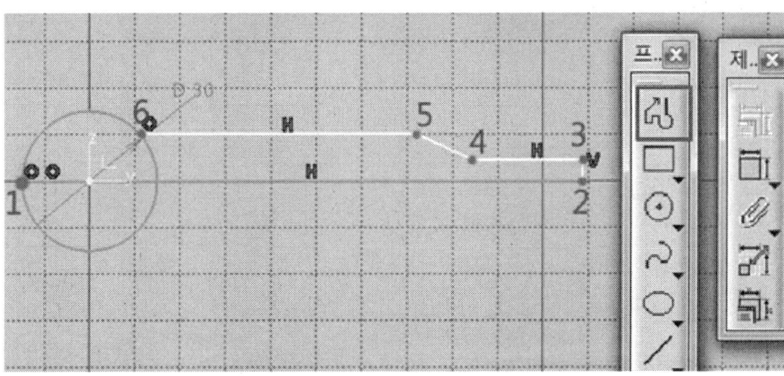

(5) 치수 7.5, 30, 18, 12.5, 95로 치수 맞춤한다.(18 mm를 추가 할 때는 객체의 양끝 점을 선택하고, 치수가 정열 치수로 나타나면 마우스 우클릭 => 수평측정 선택)

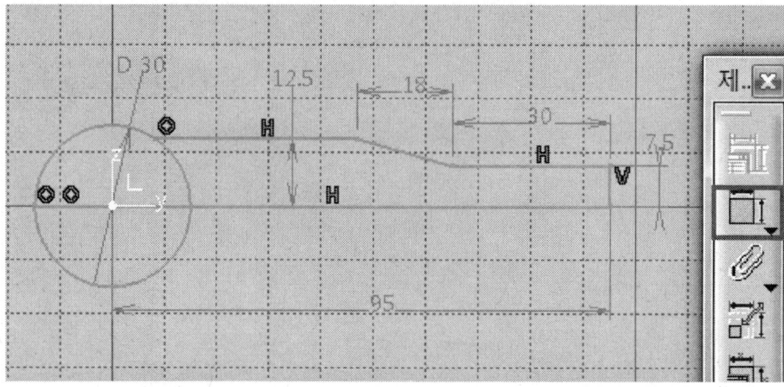

(6) 2요소를 콤보 단추( )로 확장하여 즉시 자르기하고 워크벤치 종료한다.

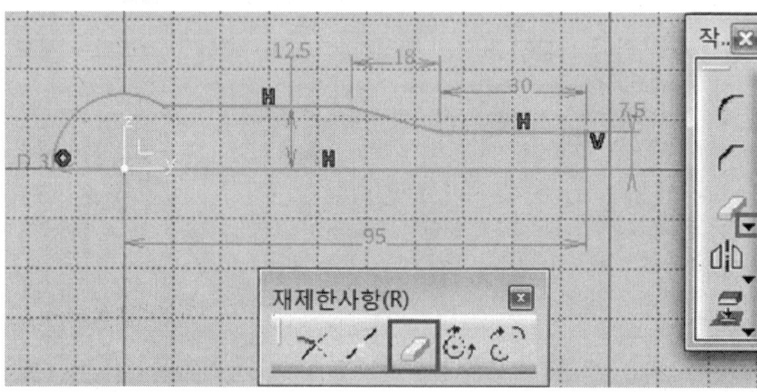

(7) Shaft를 선택한다.

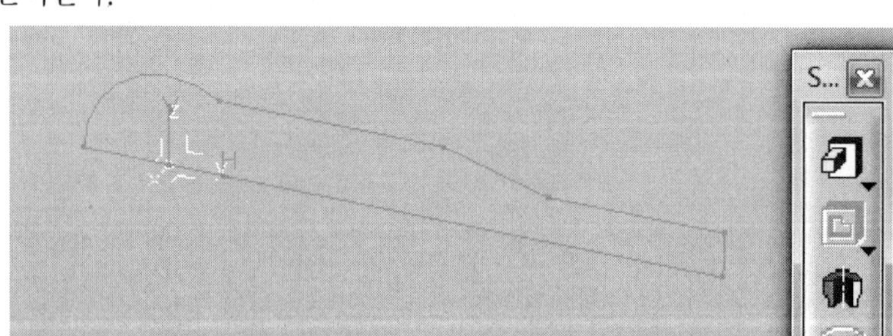

(8) Shaft 대화상자에서 Axis에 H성분과 일치한 수평선을 선택하고 OK 한다.

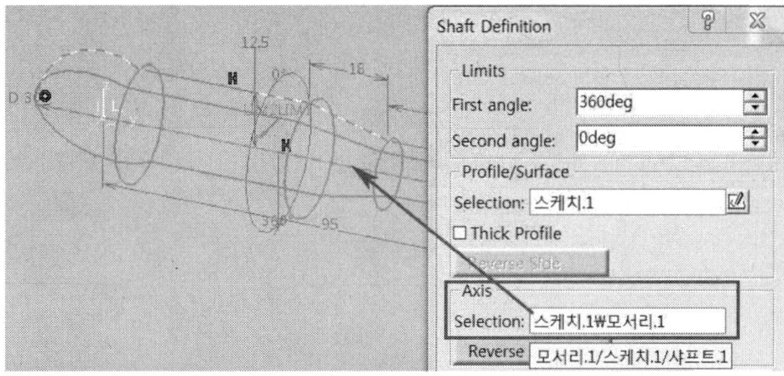

(9) 주서의 도시되고 지시 없는 R = 1.0은 미리 작업한다.

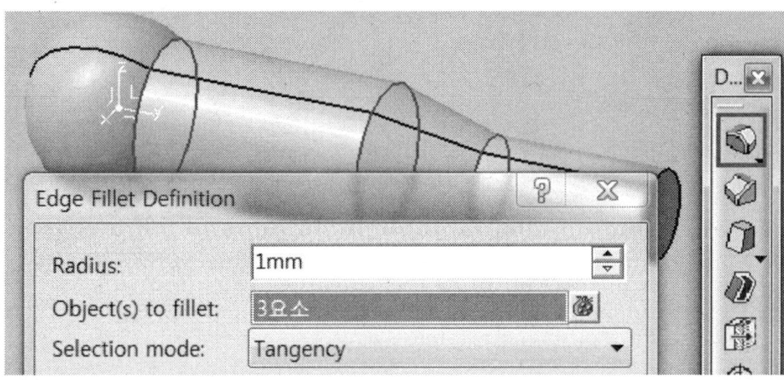

(10) 다른 방법으로 (3)번으로 되돌아가 Groove로 모델링을 작성해 보자. 선 그리기로 H성분과 원의 사분점을 추적하여 수평선을 그린다.

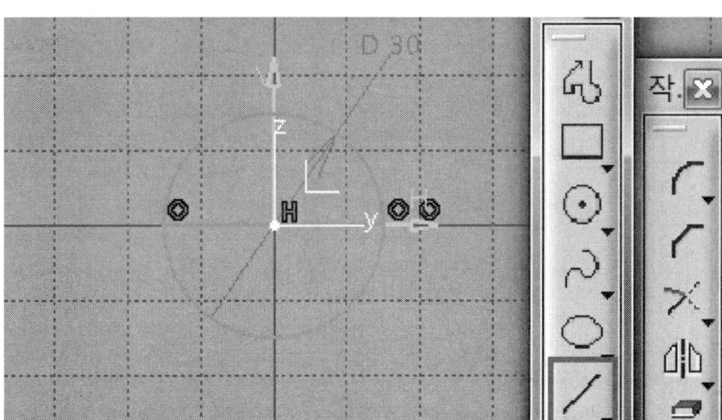

(11) 자르기 아이콘을 확장하여 즉시 자르기를 선택한다.

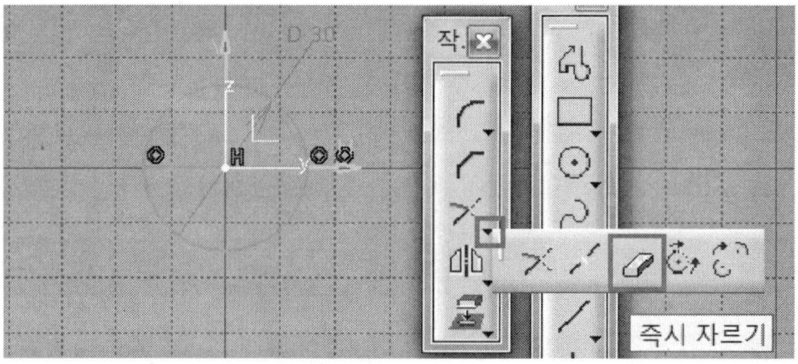

(12) 즉시 자르기 한 다음 워크벤치 종료한다.

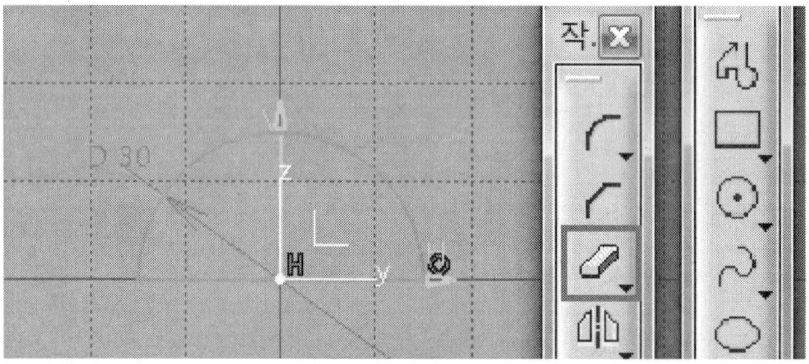

(13) Shaft를 생성한다.

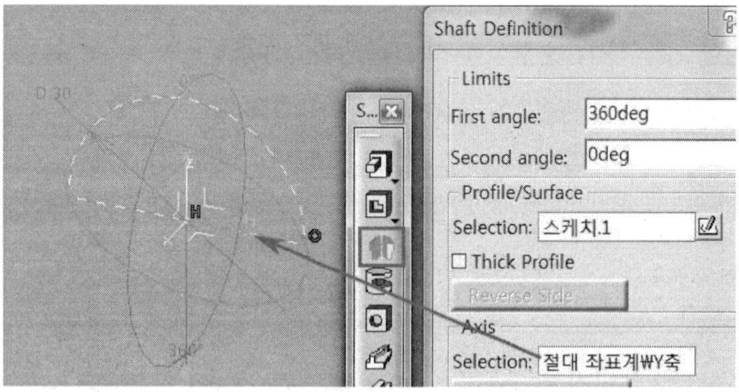

(14) zx 평면에서 스케치한다.

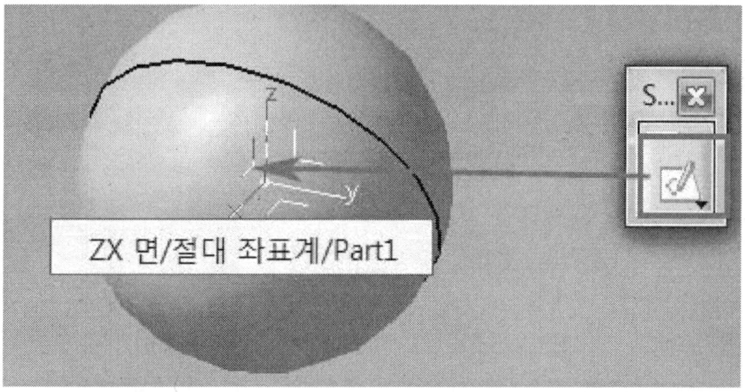

(15) 중심점을 추적하여 원을 그리고 D 25 mm로 치수 맞춤하고 워크벤치 종료한다.

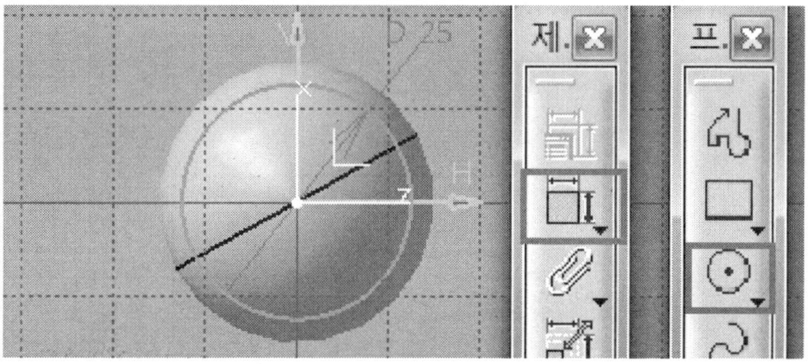

(16) Pad, 95 mm 지정하고 OK 한다.

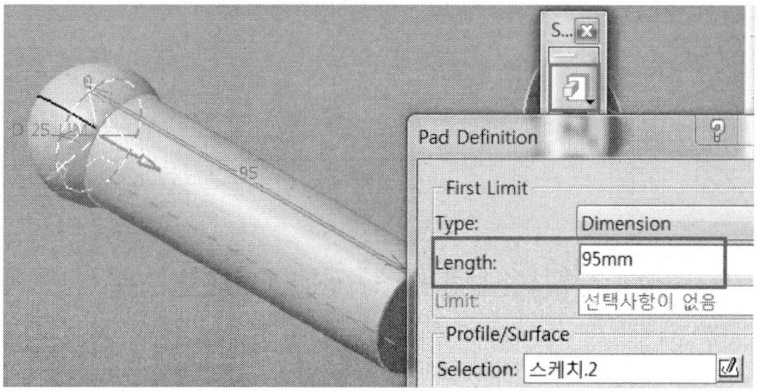

(17) Groove로 일부분을 제거하기 위하여 yz 평면에서 스케치한다.

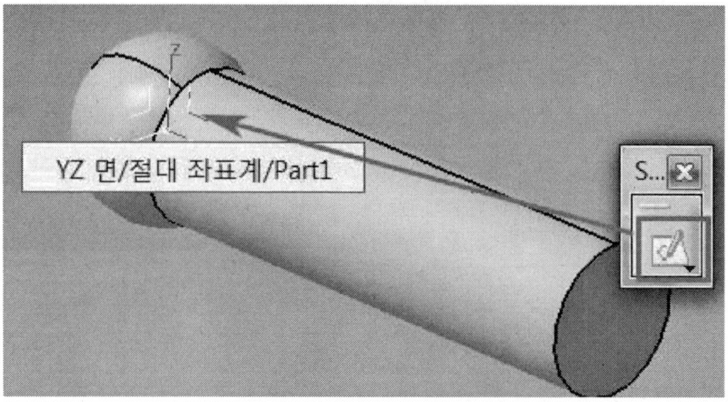

(18) 프로파일로 그림과 같이 스케치한다.

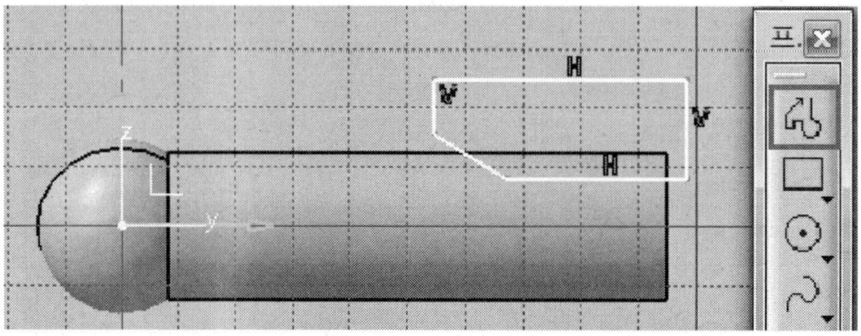

(19) 30, 18, 12.5, 7.5로 치수 맞춤한다. (18 mm 부분은 객체의 양끝 점을 선택하고 치수가 정열 치수로 나타나면, 마우스 우클릭 => 수평 측정)

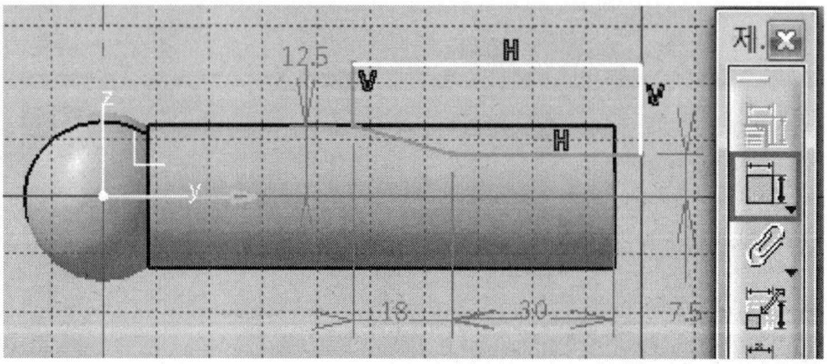

(20) 워크벤치 종료하고 Groove로 Axis는 중심선을 선택하고 OK 한다.

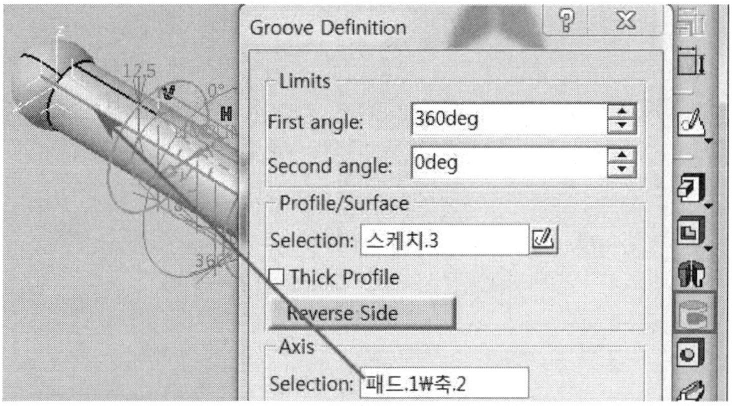

(21) 도시되고 지시 없는 R = 1.0은 미리 작업한다.

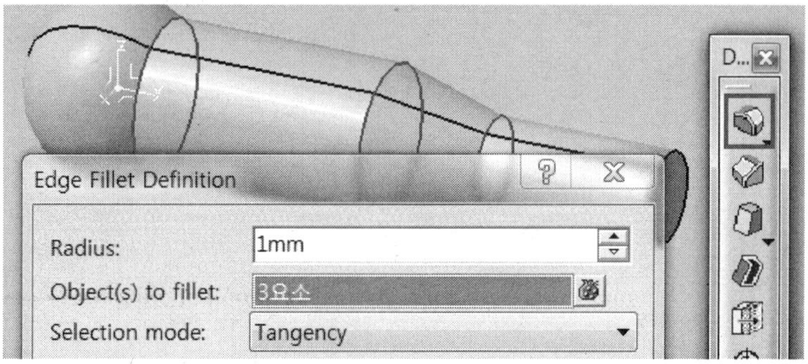

(22) 그림과 같은 평면에서 스케치한다.

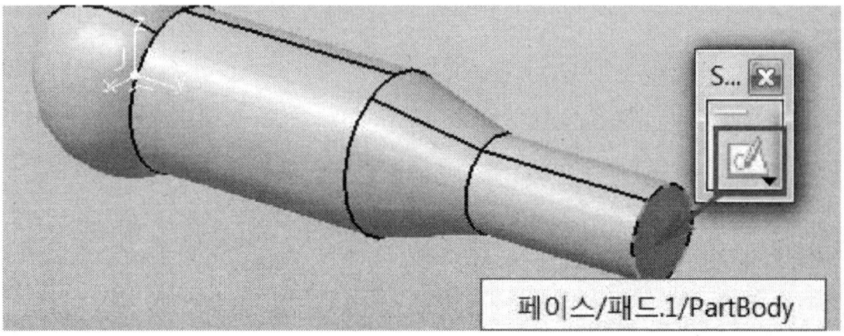

(23) 치수 20 mm를 참조하여 직사각형 그리기로 양쪽에 그린다.

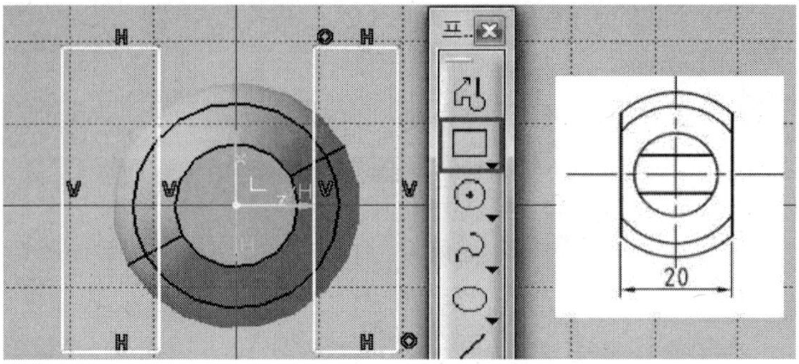

(24) 20 mm로 치수 맞춤하고 Ctrl키와 함께 1~3의 순서로 선택하고 V성분(수직)을 기준으로 대칭 형상 맞춤한 다음 워크벤치 종료한다.

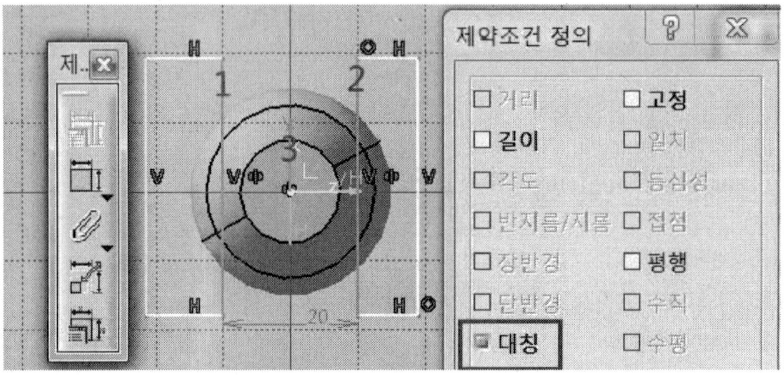

(25) Pocket, Up to last로 지정하고 OK 한다.

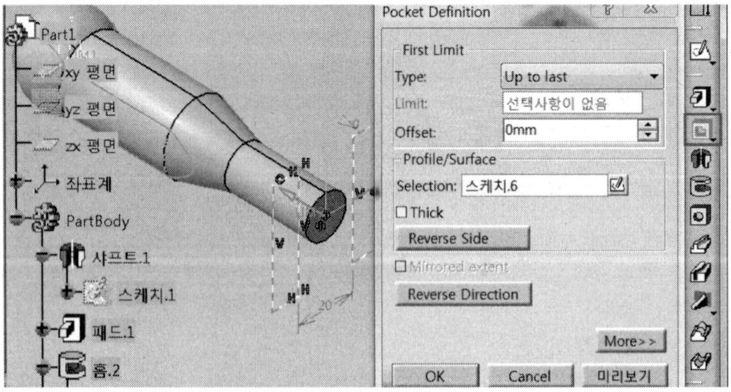

(26) yz 평면에서 스케치한다.

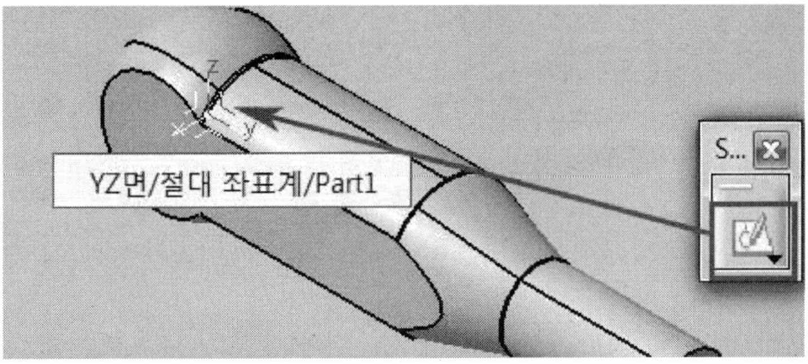

(27) 15, 7 mm로 치수 맞춤, 대칭으로 H선에 형상 맞춤하고 워크벤치 종료한다.

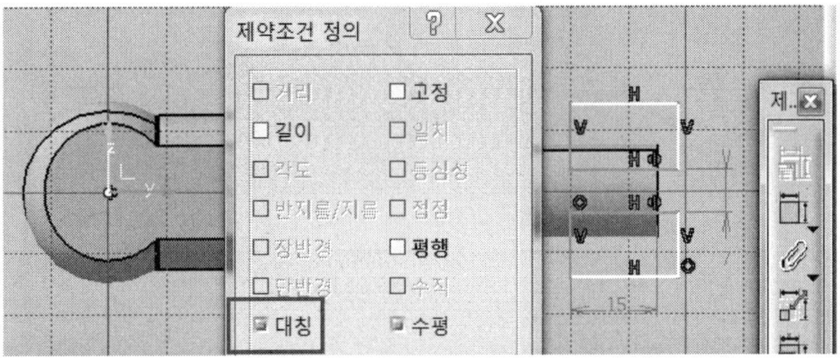

(28) Pocket, Dimension Type, 15 mm, Mirror extend로 지정하고 OK 한다.

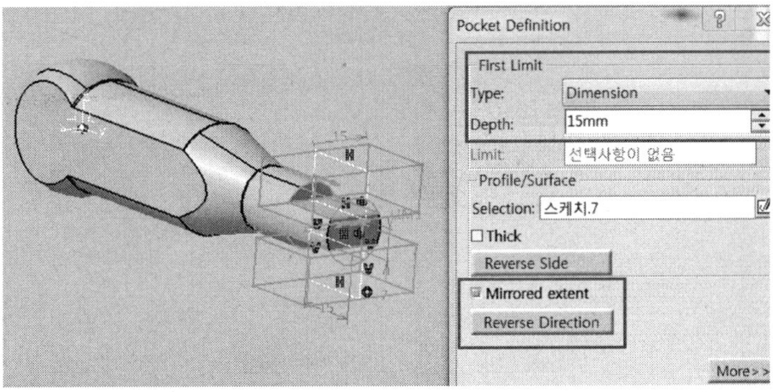

(29) Hole 대화상자에서 확인하고 또 다른 Hole의 평면을 선택한다.

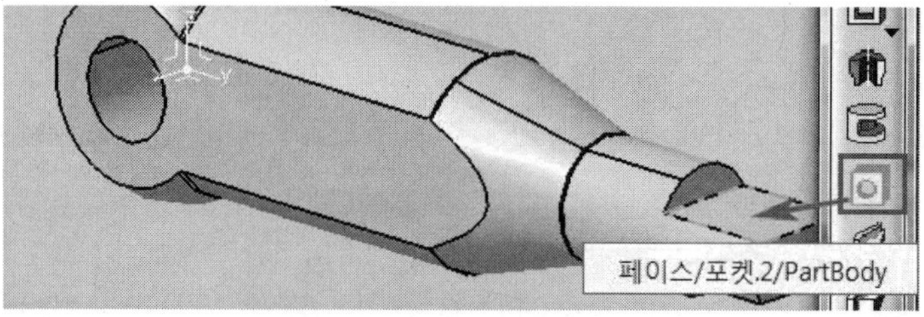

(30) 지름 5 mm, Positioning Sketch를 클릭한 다음 7.5 mm로 치수 맞춤하고, 양쪽 엣지와 중심을 등거리점으로 형상 맞춤한 다음 Hole을 완성한다.

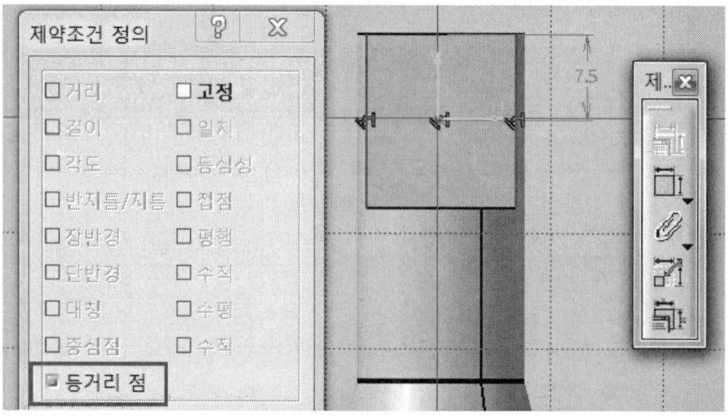

(31) 새 도면 작성 대화상자에서 JIS A3를 확인한다.(KS는 등록되어 있지 않음)

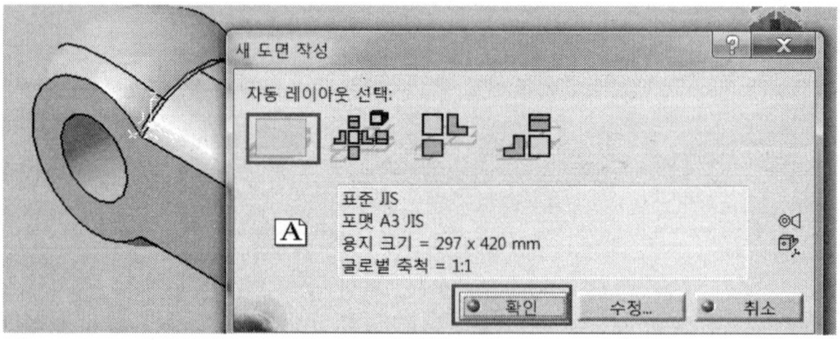

(32) 정면 뷰를 선택하고 메뉴, 창에서 모델링 Part1으로 전환한다.

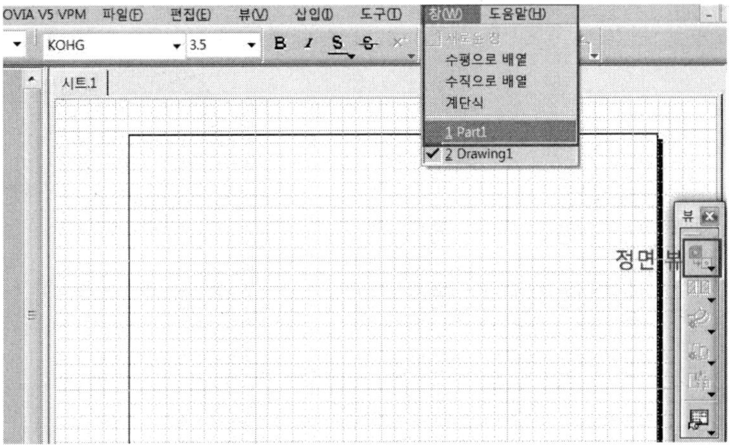

(33) 정면도로 선택할 평면에 마우스 포인터를 위치하면 오른쪽 하단에 미리보기로 보여준다. 정면도로 적절한 평면을 클릭한다.

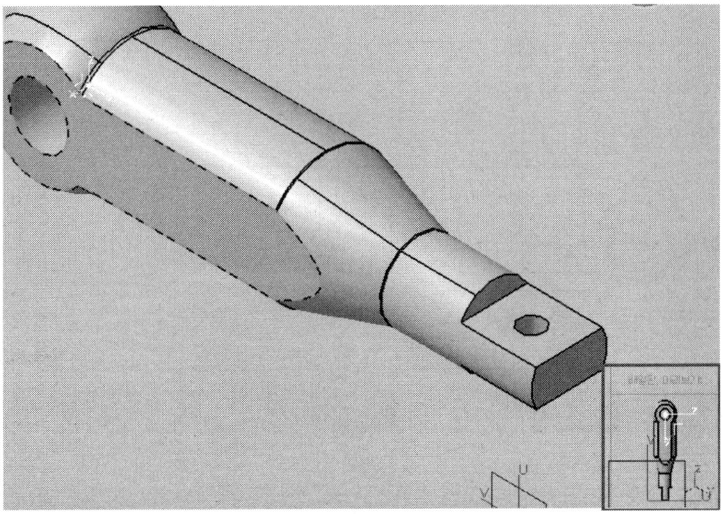

(34) 정면도를 가로로 길게 배치하고자 할 경우 반시계 방향으로 45° 회전한 다음 더블클릭한다.

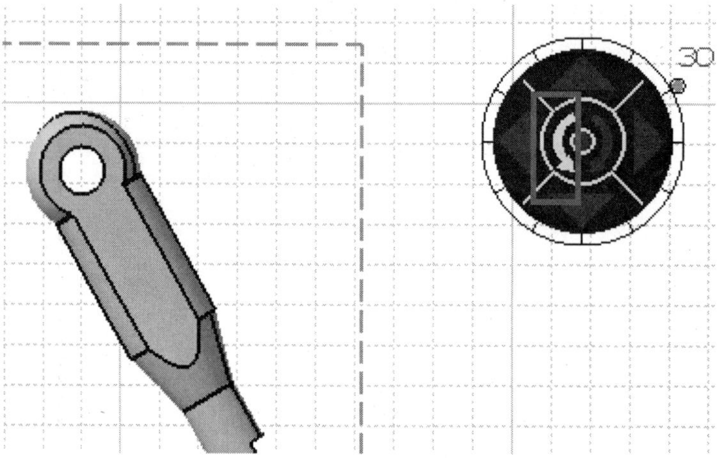

(35) 부분 단면도로 작성하기 위하여 섹션 뷰(단면도)에서 점에 스냅은 해제하고, 1, 2, 3은 한번만 클릭, 4는 더블클릭한 다음 평면도가 배치될 위쪽을 클릭한다.

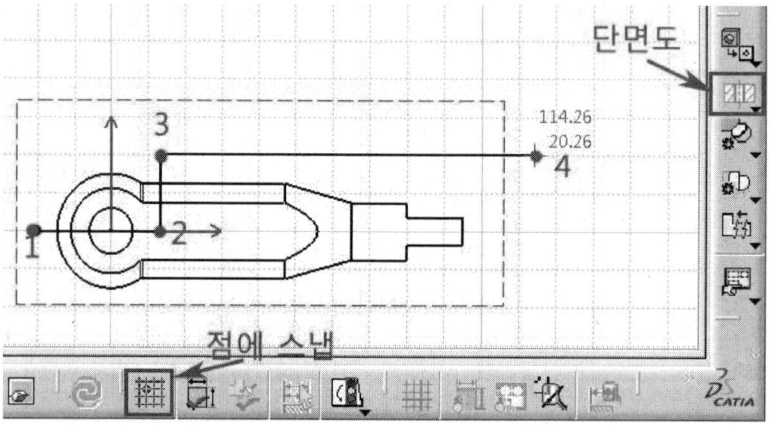

(36) 우측면도는 프로젝션 뷰를 선택한 다음, 3각 법의 규칙에 맞는 위치에 마우스를 클릭한다.

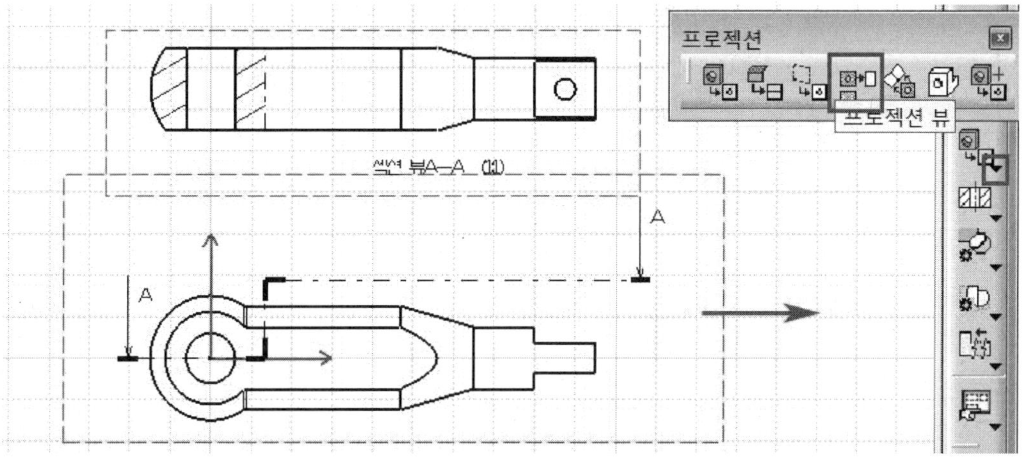

(37) 등각 뷰인 아이서메트릭(Isometric) 뷰는 CATIA 메뉴 창에서 모델링(Part1)을 선택하면 화면에 나타난 그 상태로 삽입된다.

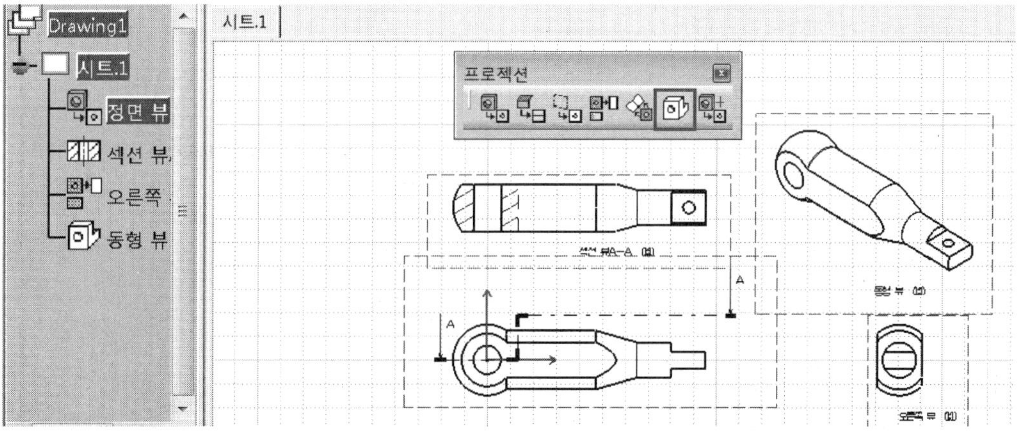

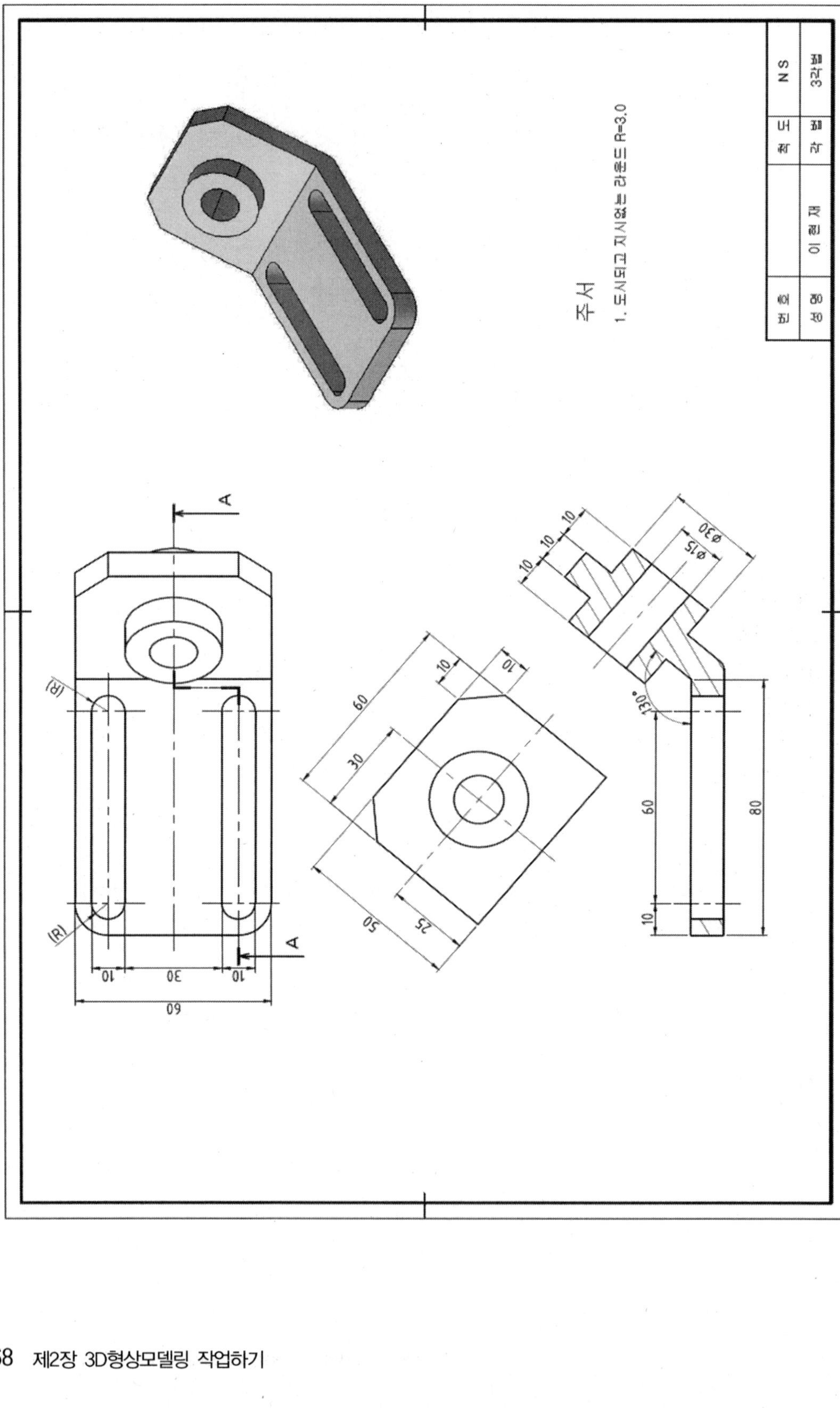
주서
1. 도시되고 지시없는 라운드 R=3.0
번호
성명
이현재
척도
NS
각법
3각법
A
A
(R)
(R)
10
30
10
60
60
30
10
10
50
25
10
10
10
ø15
ø30
130°
60
10
80

2-4 Rib, Pocket, Elongated Hole, 도면(보조투상)

(1) CATIA를 실행하면 Product 1의 배경색이 주황색일 경우 마우스로 배경에서 한 번 클릭하면 파란색으로 바뀐다. 그런 다음 워크벤치를 클릭하면 Product 1은 사라지고 Part 1에서 모델링할 수 있다.

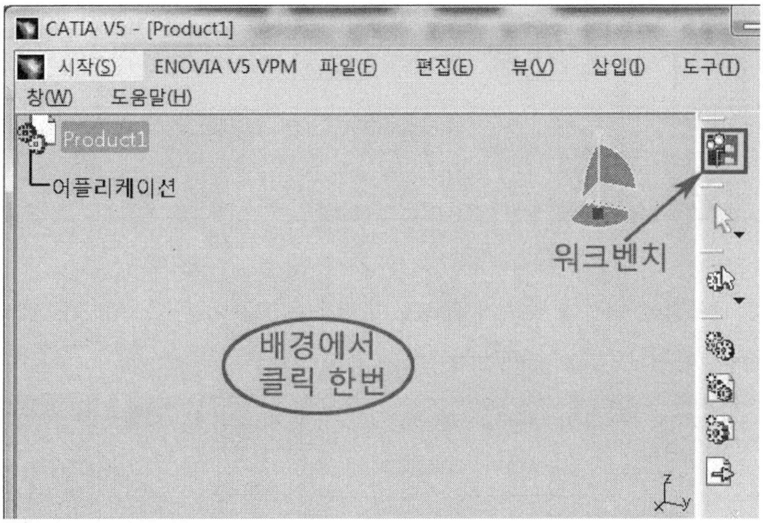

(2) Part Design, 지오메트리 세트작성 해제에서 작업한다.

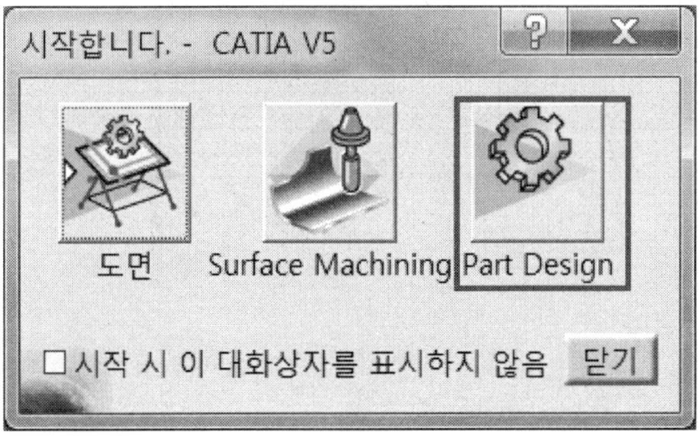

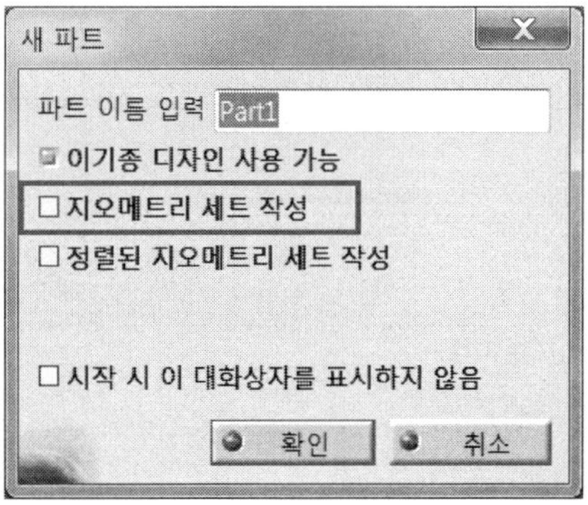

(3) Sketch를 선택하고 zx 평면(plane)을 클릭하면 PartBody가 활성화된다.

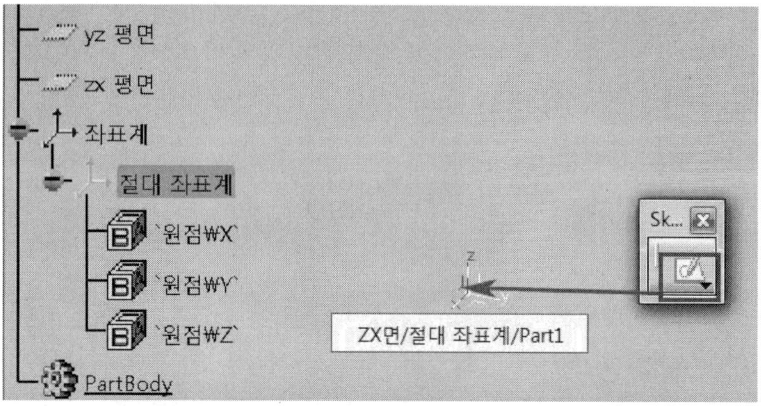

(4) 프로파일로 교차점을 원점에 맞추어 그리고 도면을 참고하여 130°, 80, 50으로 치수 맞춤 한다.

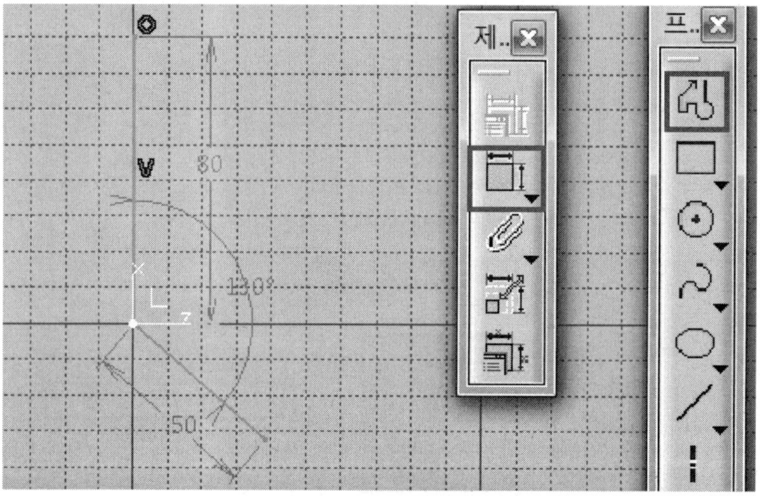

(5) 워크벤치 종료하고, 커브에 수직(또는 평범한 커브)한 작업 평면(plane)을 스케치 끝점에 정의한다.

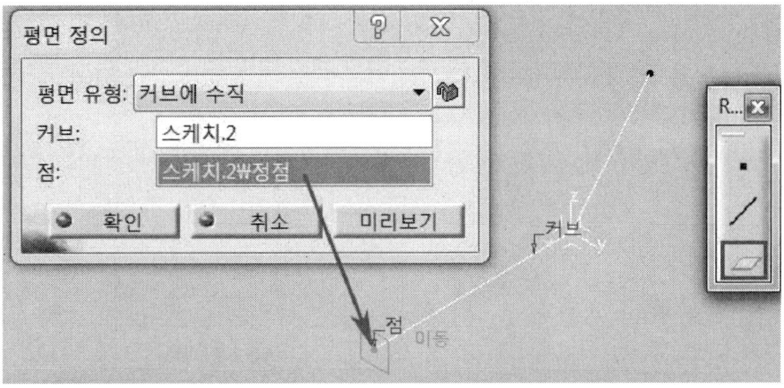

(6) 정의한 평면에서 스케치한다.

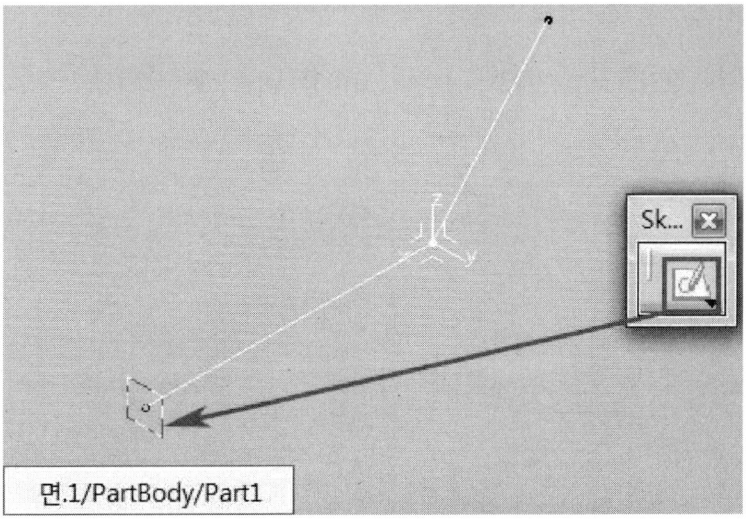

(7) 직사각형을 그리고 60, 30, 10으로 치수 맞춤하고 워크벤치 종료한다.

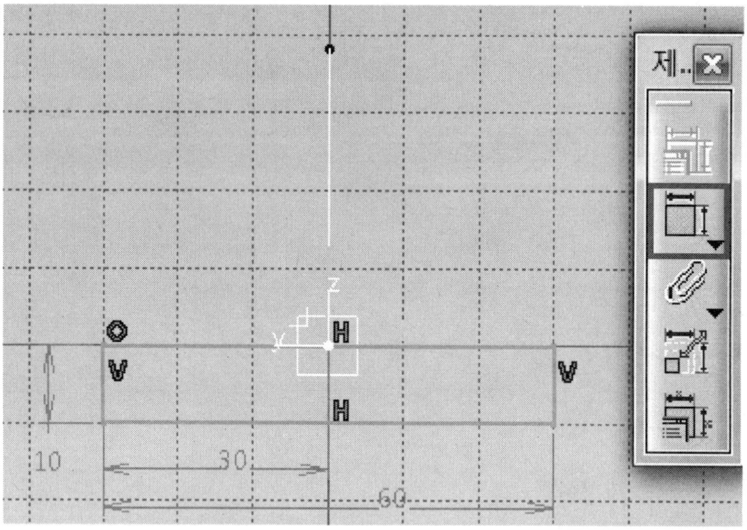

(8) Rib 정의에서 Profile과 Center Curve를 설정한 다음 OK 한다.

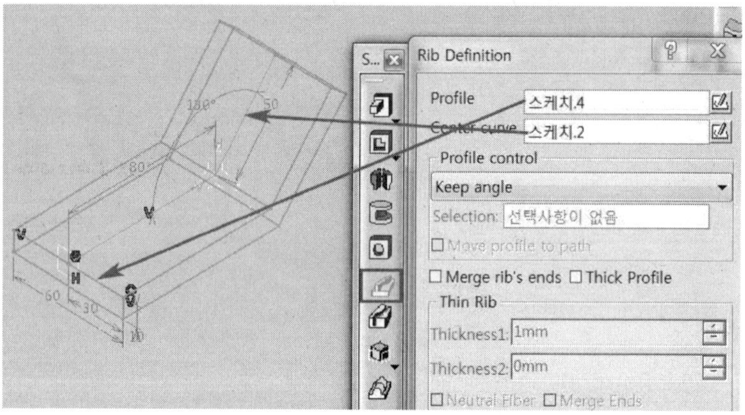

(9) Chamfer 10 mm 설정하고 OK 한다.

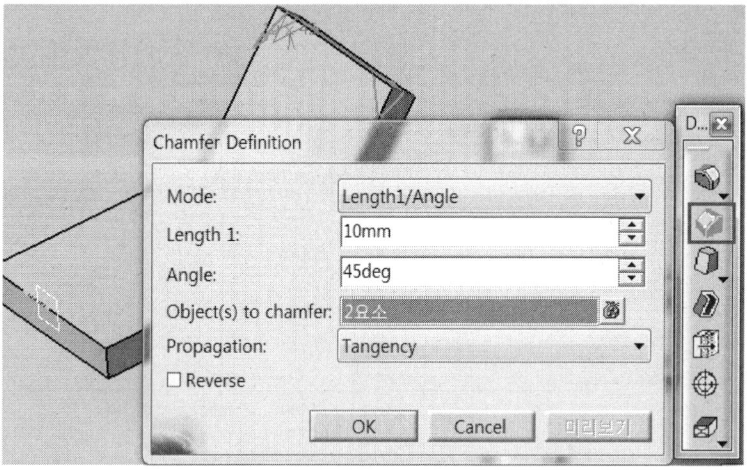

(10) 연장된 Hole을 스케치할 평면에서 스케치한다.

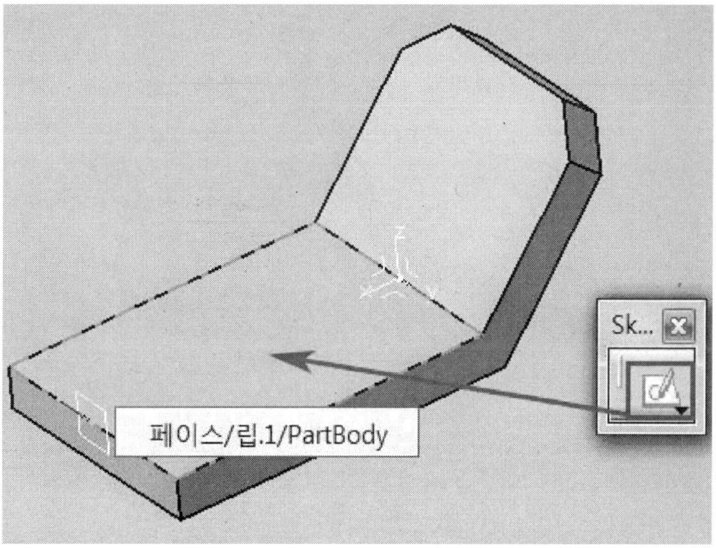

(11) 도구를 확장하여 연장된 홀(Hole)을 그리고 5, 60, 5, 10으로 치수 맞춤한 다음 워크벤치 종료한다.

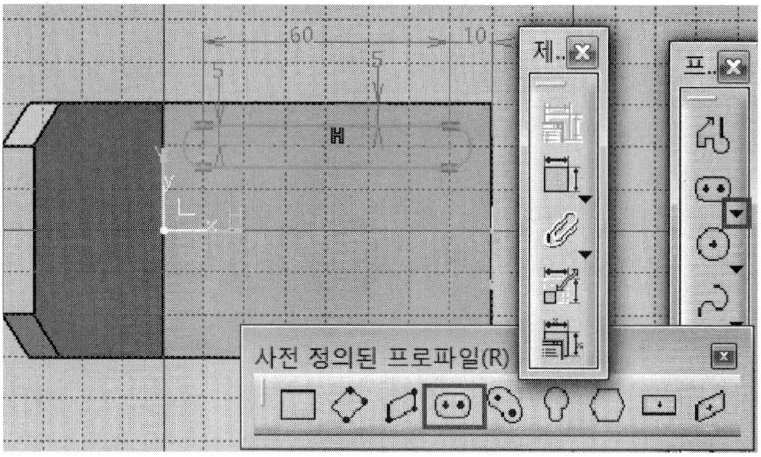

(12) Pocket 대화상자에서 기본 값으로 설정하고 OK 한다.

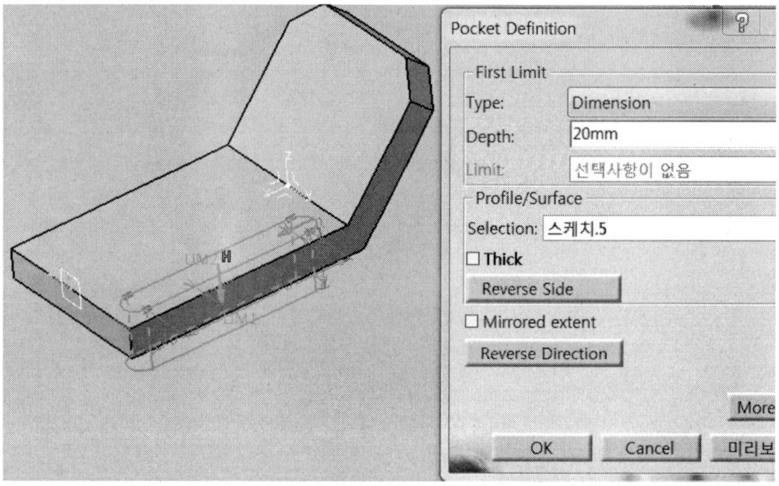

(13) 직사각형 배열로 홀을 완성한다.

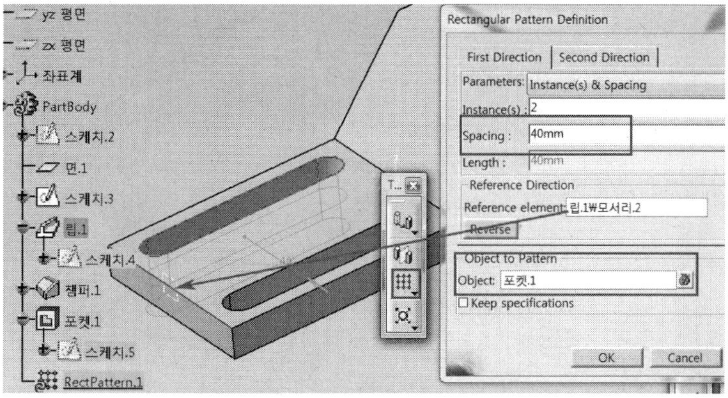

(14) Edge Fillet 10 mm 설정하고 OK 한다.

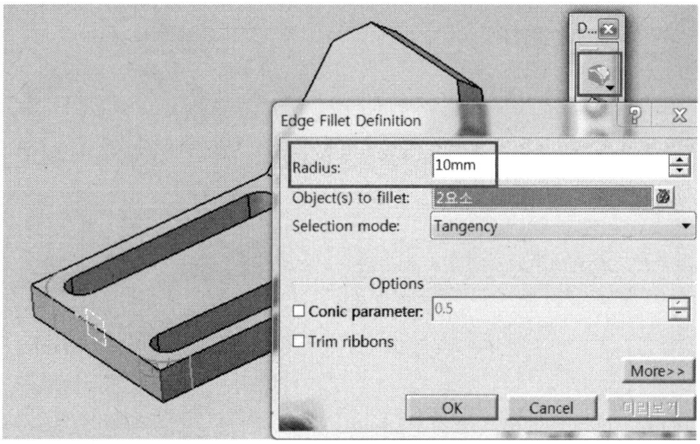

(15) 경사면에서 스케치한다.

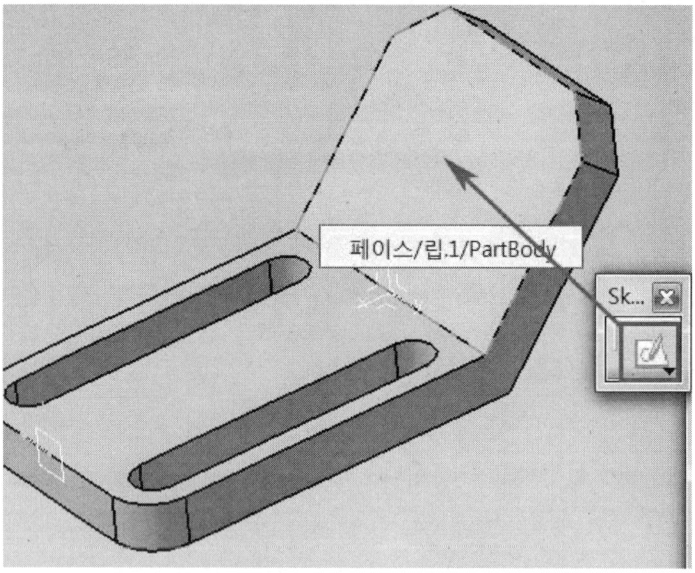

(16) 원 그리기로 V를 추적하여 그리고 D 30, 25 mm로 치수 맞춤하고 워크벤치 종료한다.

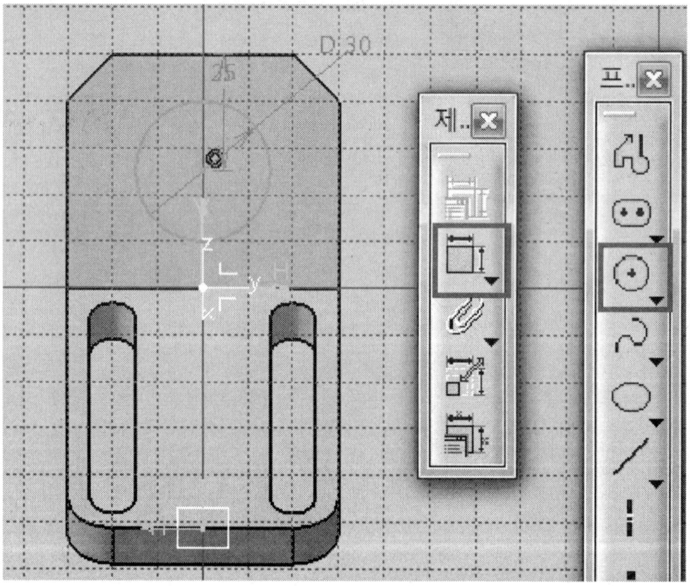

(17) Pad, 한쪽은 10, 반대쪽은 20 mm 설정하고 OK 한다.

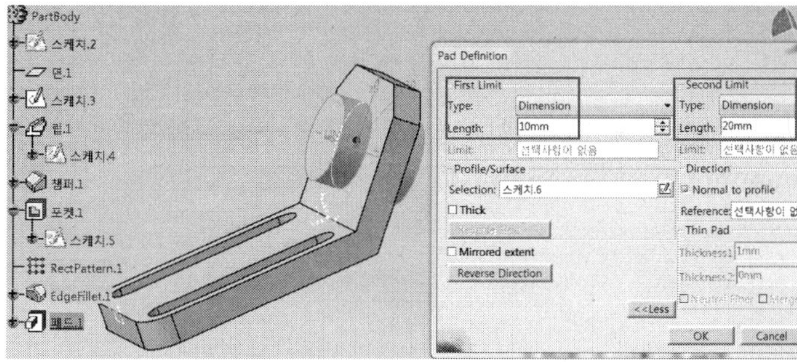

(18) 원통의 평면에서 Hole을 정의한다.

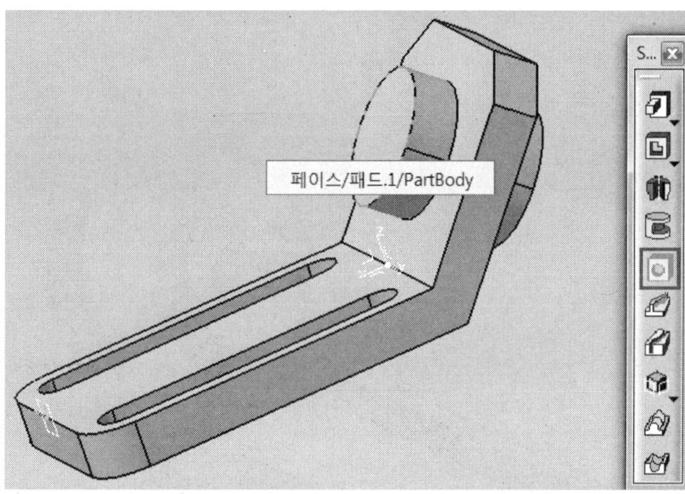

(19) 스케치 포지션에서 점과 원의 엣지를 등심성으로 형상 맞춤하고 확인한다.

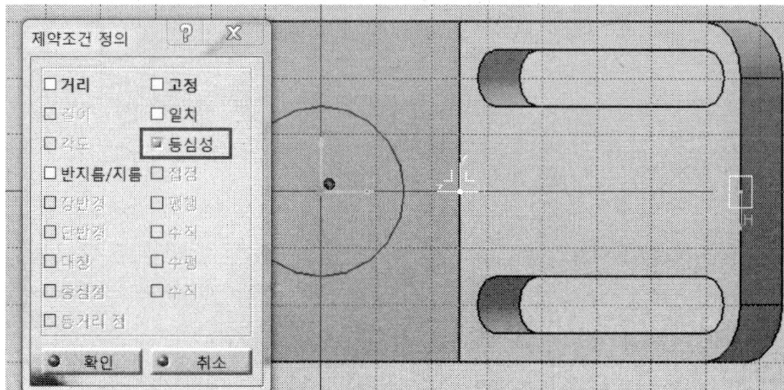

(20) 워크벤치 종료하고 Hole 대화상자에서 지름 15, 깊이는 30 mm 설정하고 OK 한다.

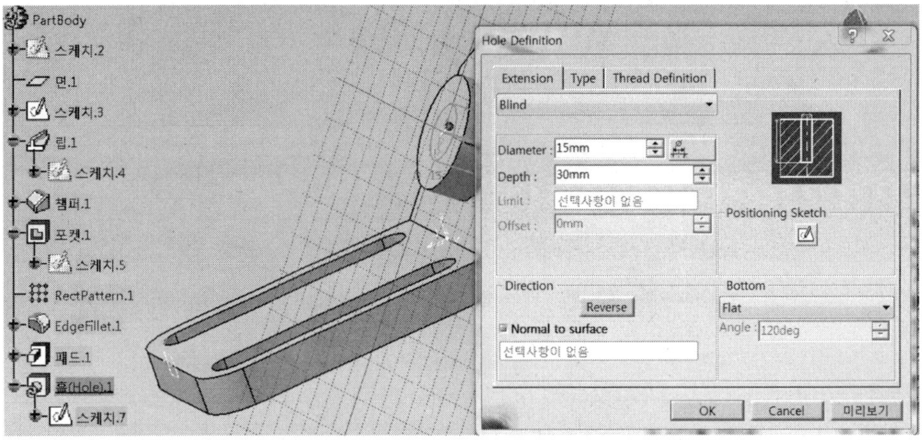

(21) 모델링을 이미지로 저장해보자.

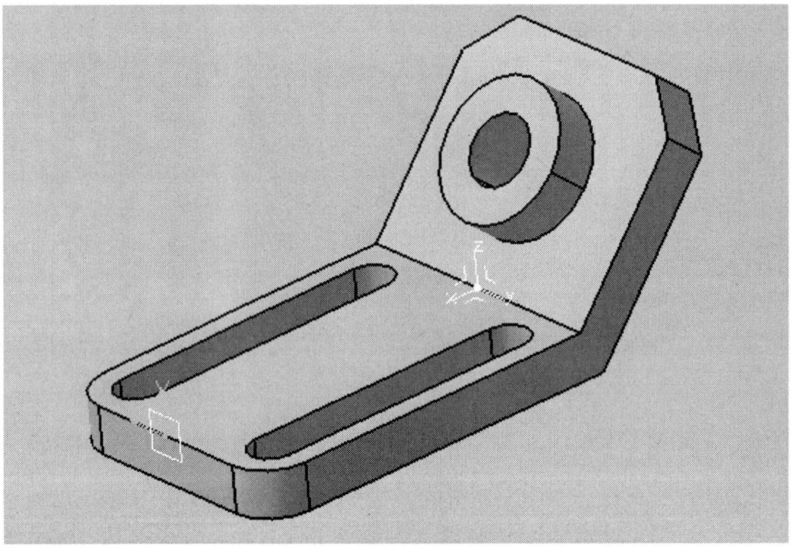

(22) 메뉴에서 도구 =〉 이미지 =〉 캡처를 선택한다(좌표계는 숨긴다).

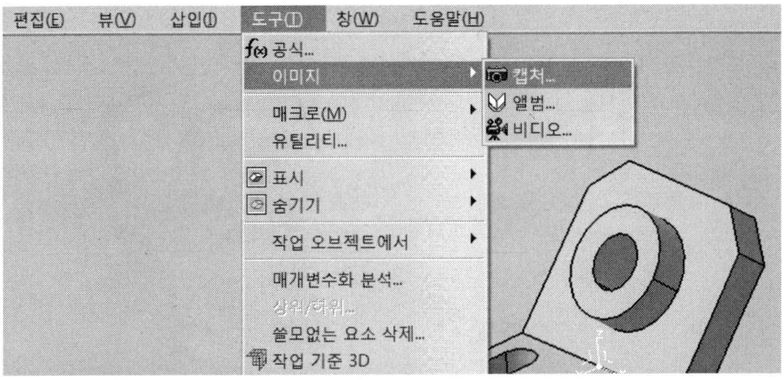

(23) 캡처 옵션 대화상자에서 픽셀 탭은 흰색배경, 렌더링 품질, 중간을 선택하고 확인한다.

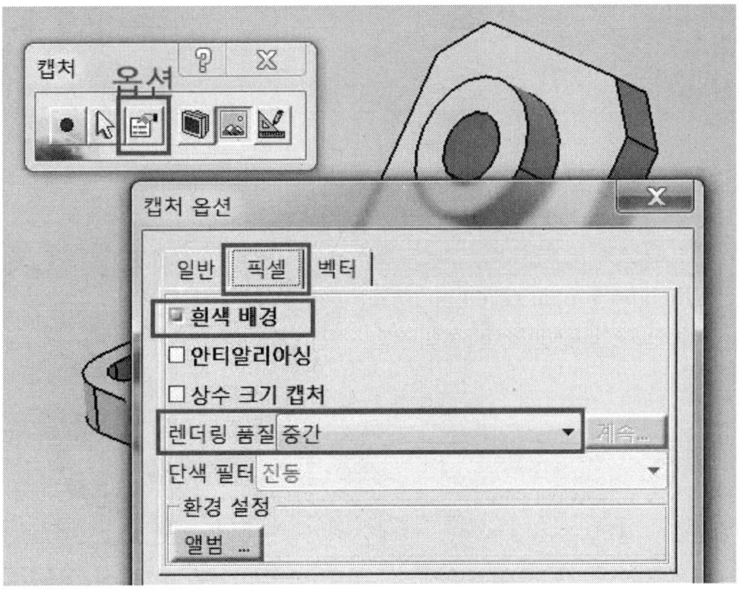

(24) 캡처에서 선택 영역을 마우스로 지정한다.

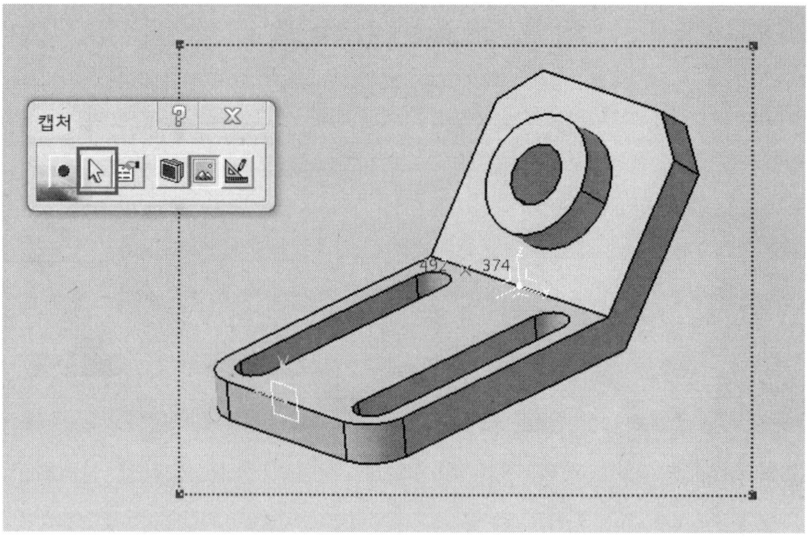

(25) 캡처를 클릭하여 미리보기 한 다음 그림파일로 저장한다.

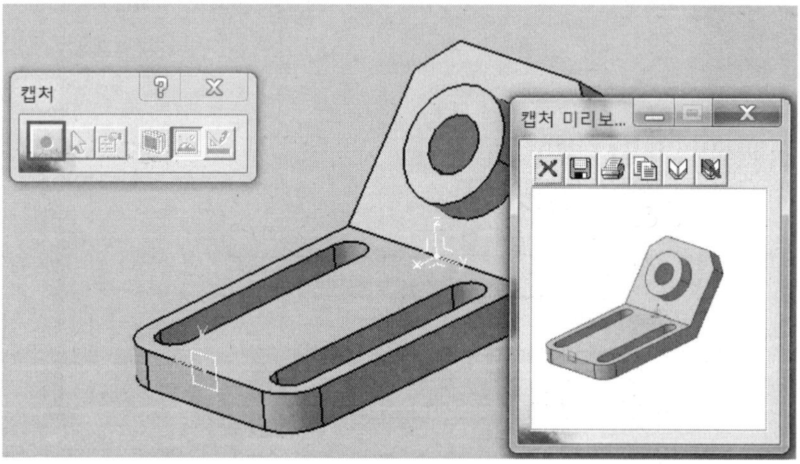

(26) 새 도면 작성, JIS A3를 확인한다.(KS는 등록되어 있지 않음)

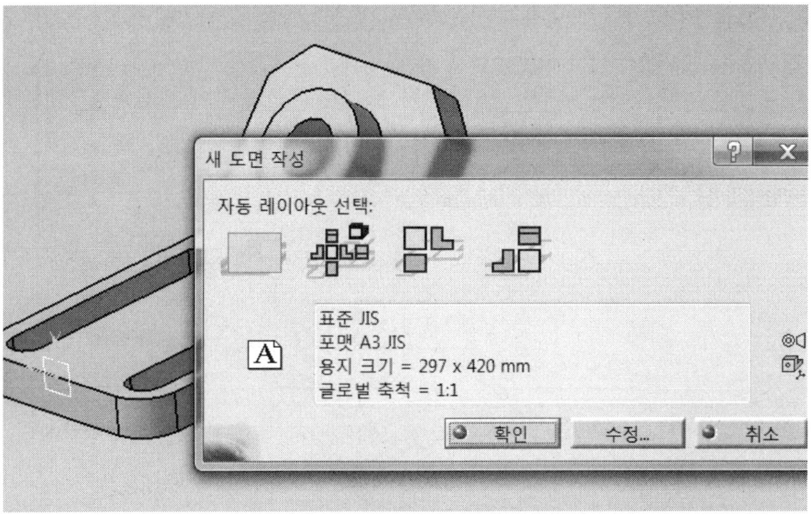

(27) 정면 뷰와 단면 뷰도 완성한다.

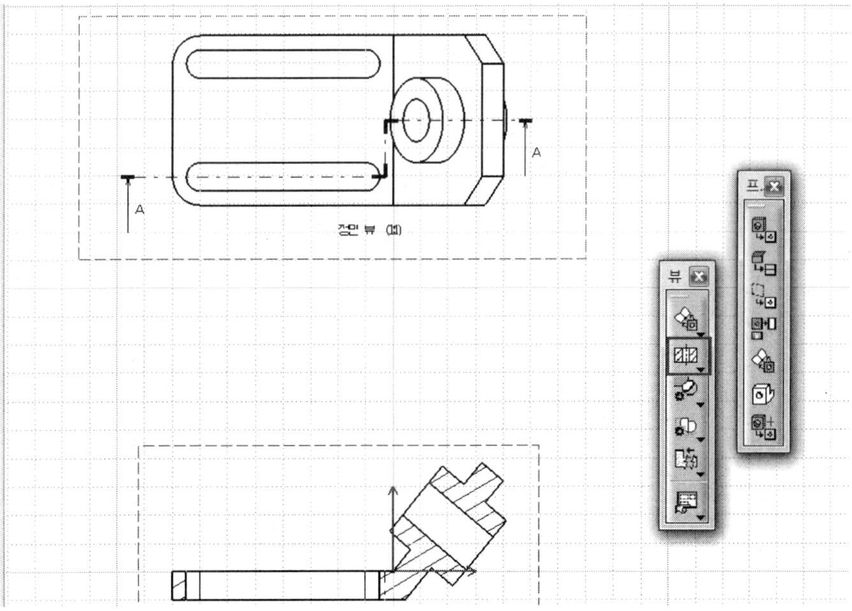

(28) 먼저 보조 뷰와 연관된 투상도를 더블클릭하여 활성화하고 보조 뷰는 경사면 투상이므로 사선을 선택한 다음 뷰 위치를 클릭한다.

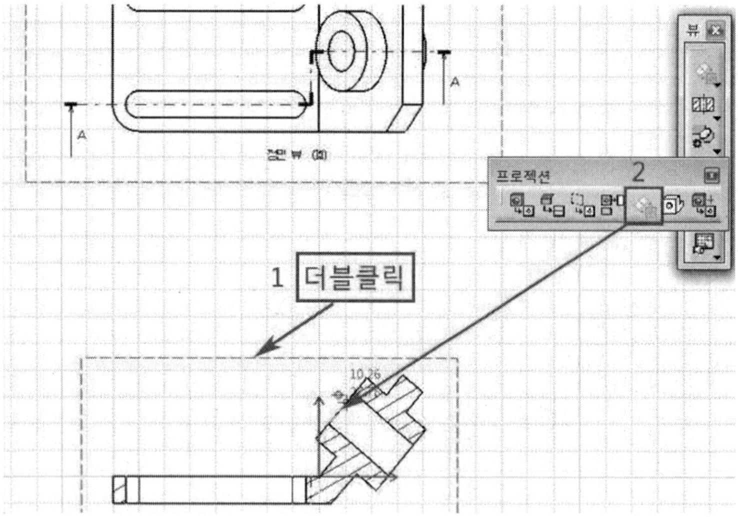

(29) 보조 뷰에서 불필요한 부분은 삭제하고 이미지도 삽입한다.(Auto CAD에서는 이미지를 삽입할 때 명령어"imageframe 0"으로 설정하면 테두리 없이 출력)

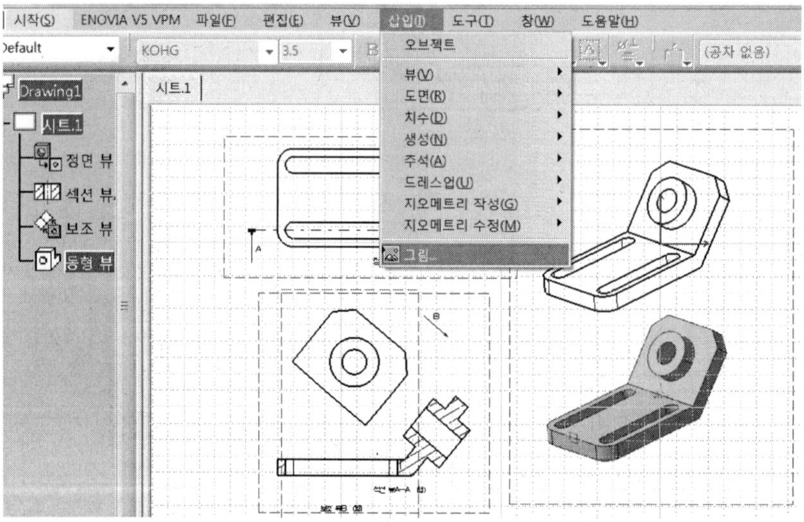

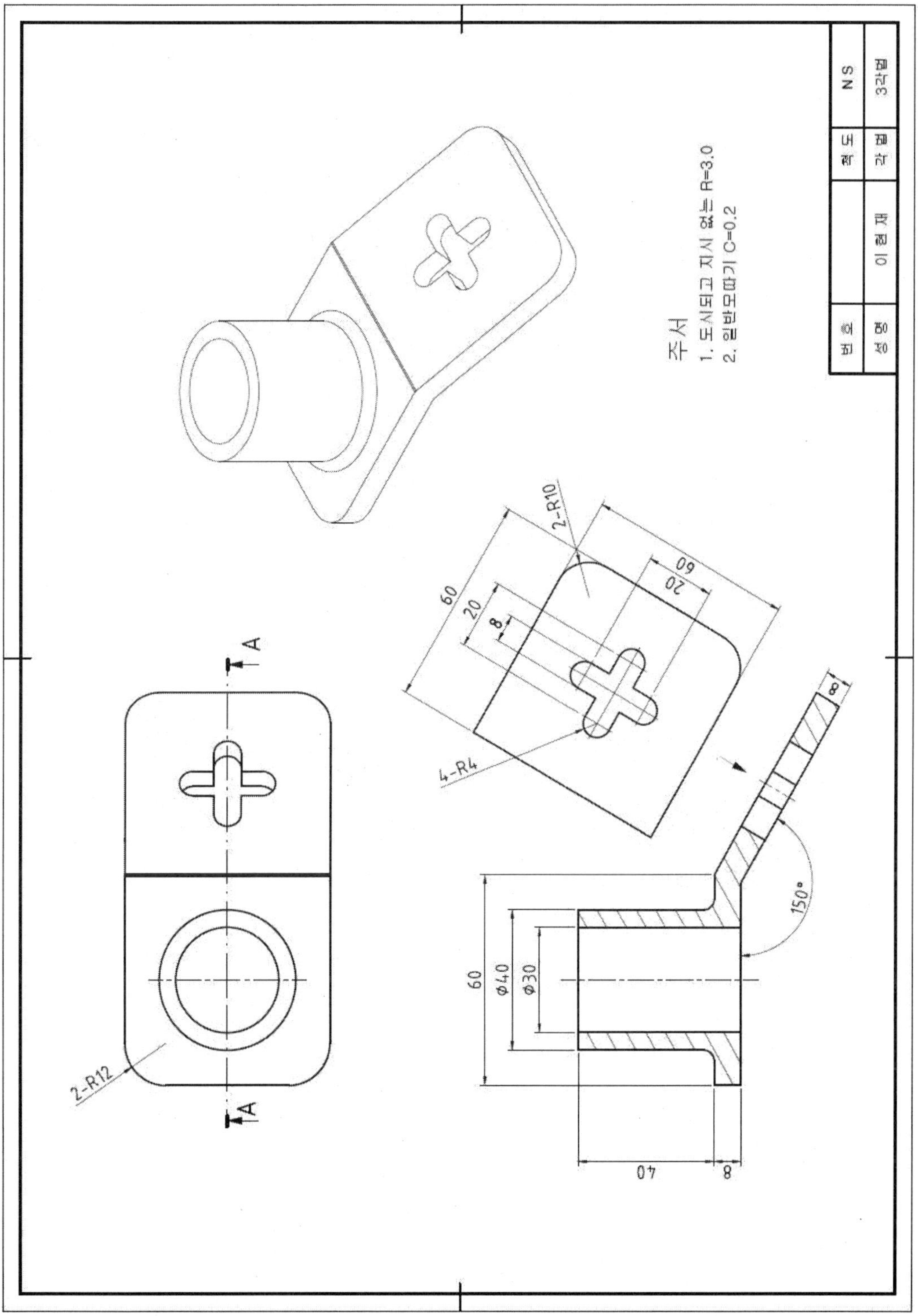
주서
1. 도시되고 지시 없는 R=3.0
2. 일반모따기 C=0.2
번호
성명
이현재
척도
NS
각법
3각법
2-R12
A
60
Ø40
Ø30
40
8
150°
4-R4
2-R10
20
8
60

2-5 Rib, Pocket, Elongated Hole, 도면(보조투상)

(1) Part Design, 지오메트리 세트작성 해제에서 작업한다.

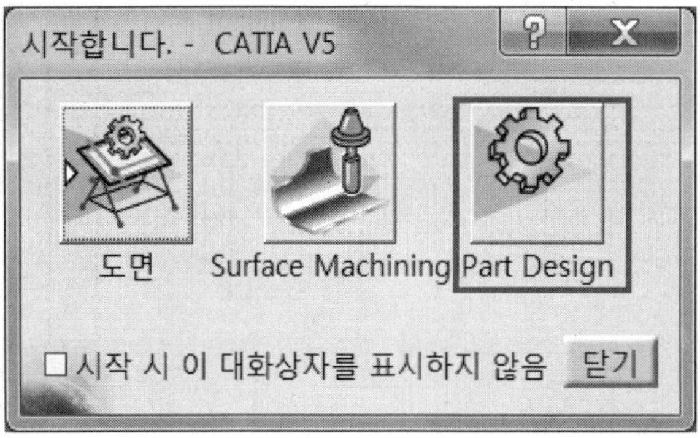

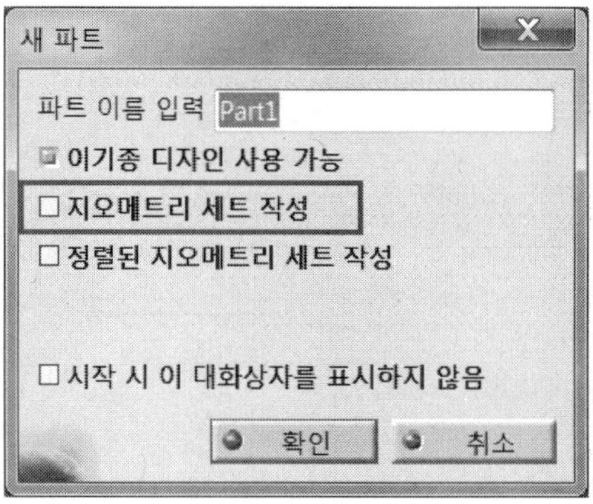

(2) Sketch를 선택하고 zx 평면(plane)을 클릭하면 PartBody가 활성화된다.

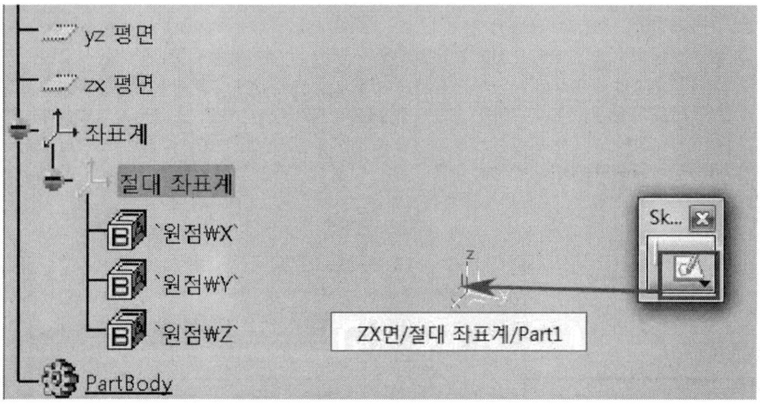

(3) 프로파일로 교차점을 원점에 맞추어 그리고 도면을 참고하여 150°, 60, 60으로 치수 맞춤한다.

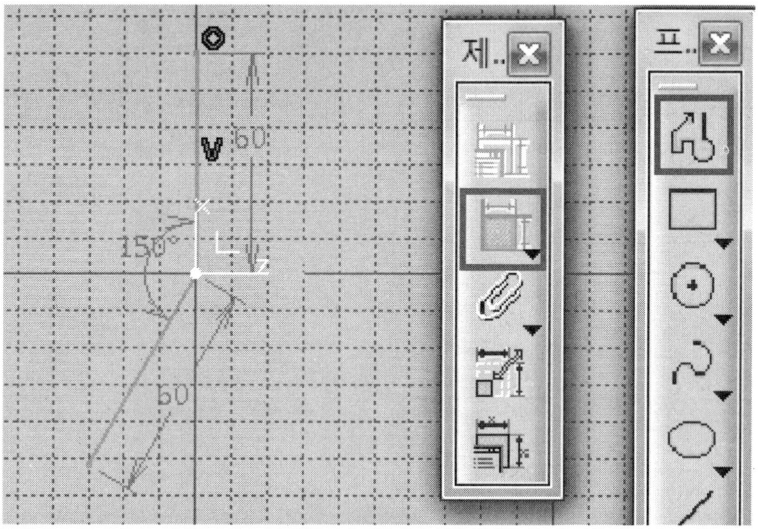

(4) 워크벤치 종료하고, 커브에 수직 (2015에서는 평범한 커브)한 스케치 평면 (Plane)을 스케치 끝점에 정의한다.

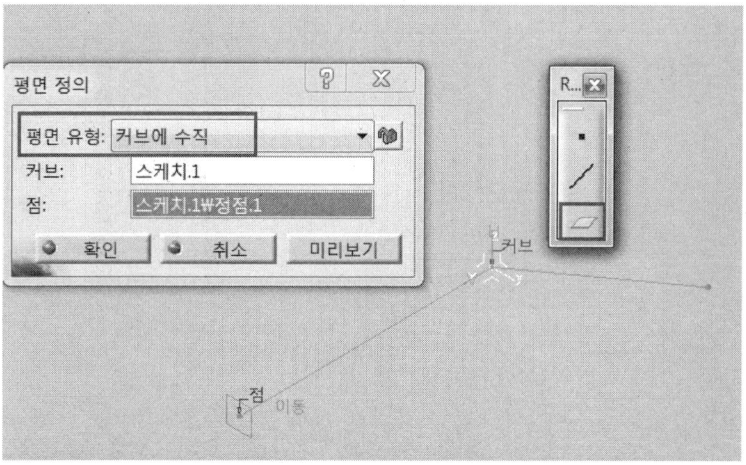

(5) 정의한 평면에서 스케치한다.

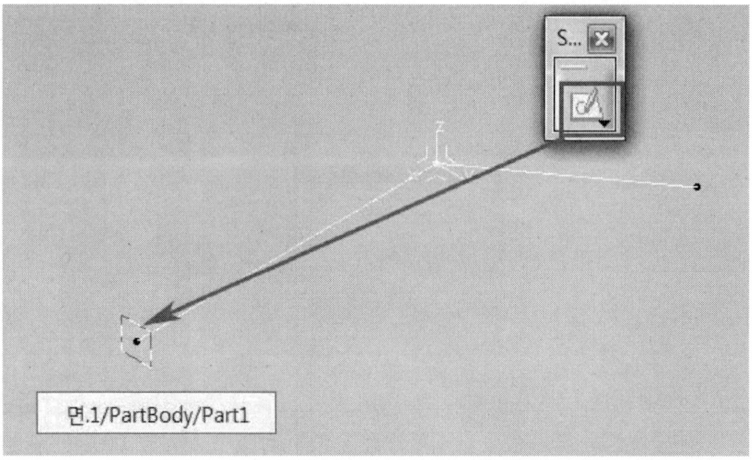

(6) H를 추적하여 직사각형을 그리고 60, 30, 8로 치수 맞춤하고 워크벤치 종료한다.

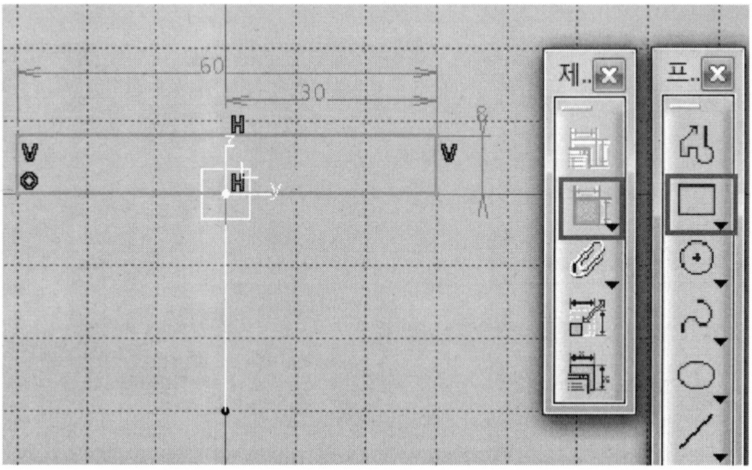

(7) Rib 정의에서 Profile과 Center curve를 지정한 다음 OK 한다.

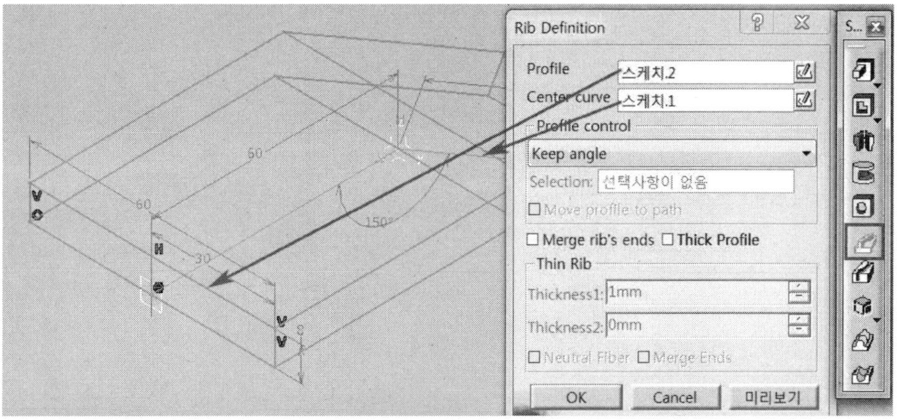

(8) Edge Fillet 10mm 지정하고 OK 한다.

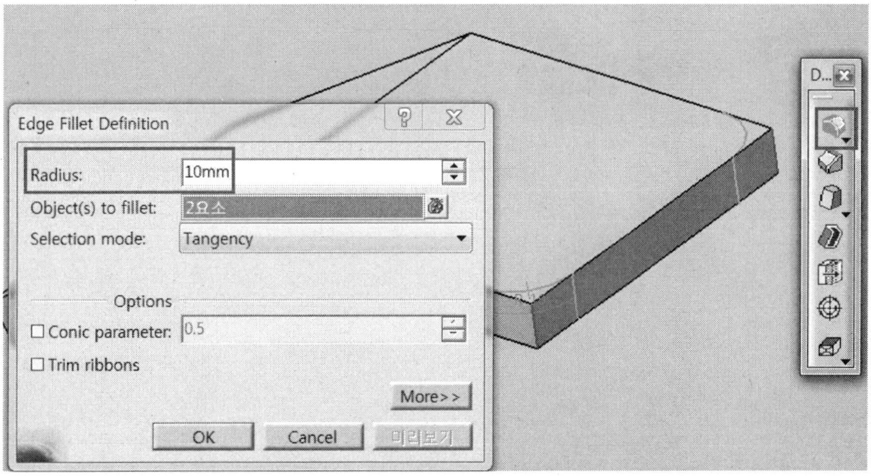

(9) Edge Fillet 12mm 지정하고 OK 한다.

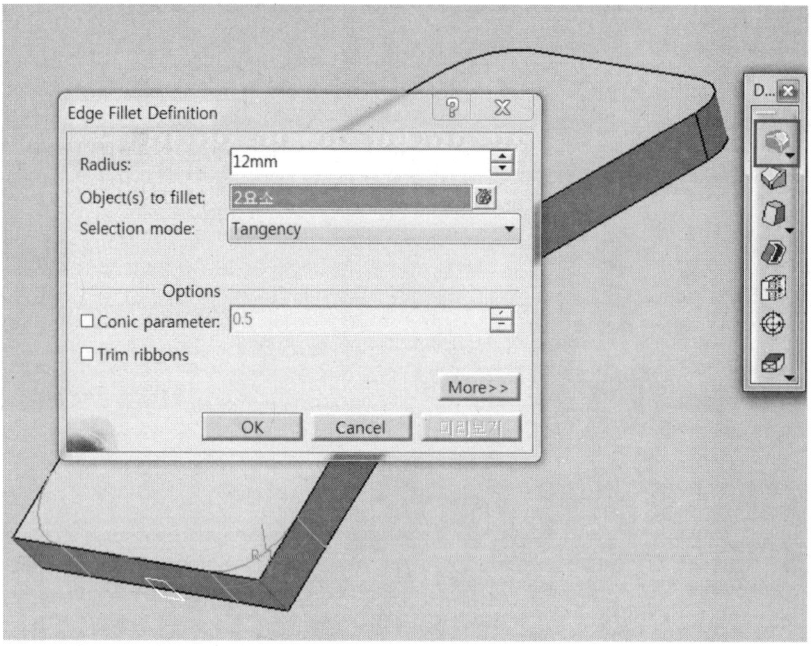

(10) 원통이 위치할 평면에서 스케치한다.

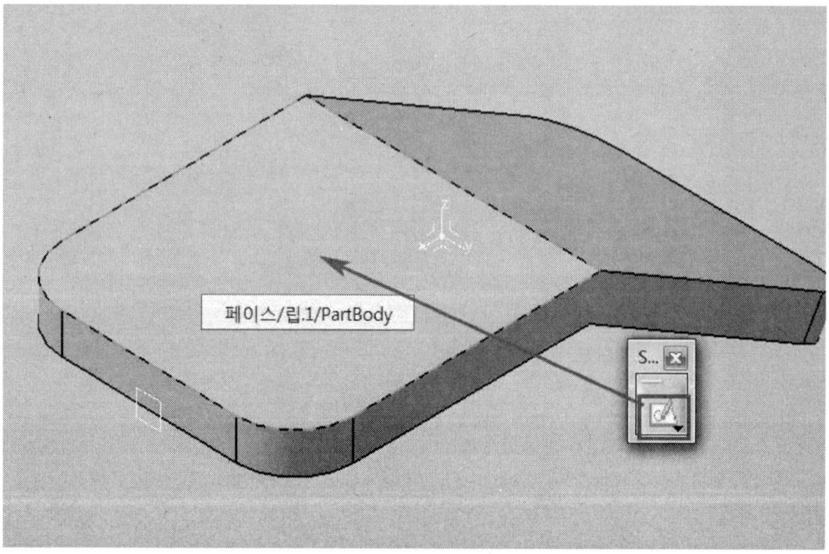

(11) 원 그리기로 H를 추적하여 그리고 D 40, 30으로 치수 맞춤한 다음 워크벤치 종료한다.

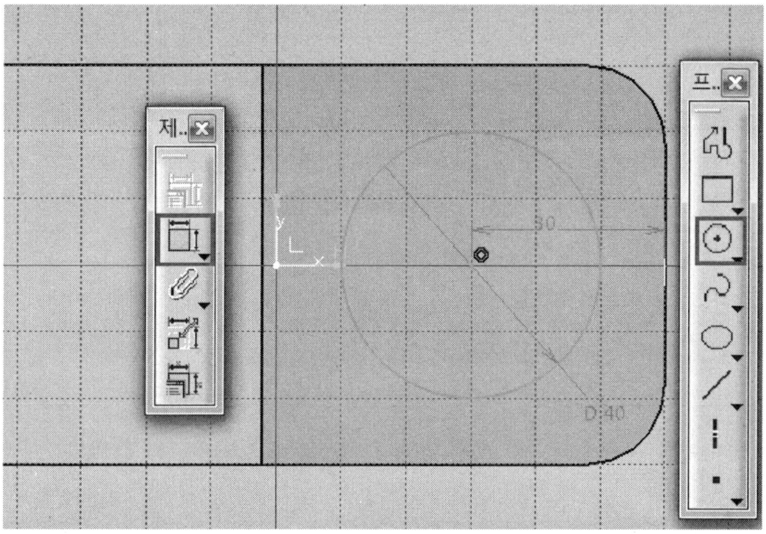

(12) Pad 대화상자에서 값 30을 지정하고 OK 한다.

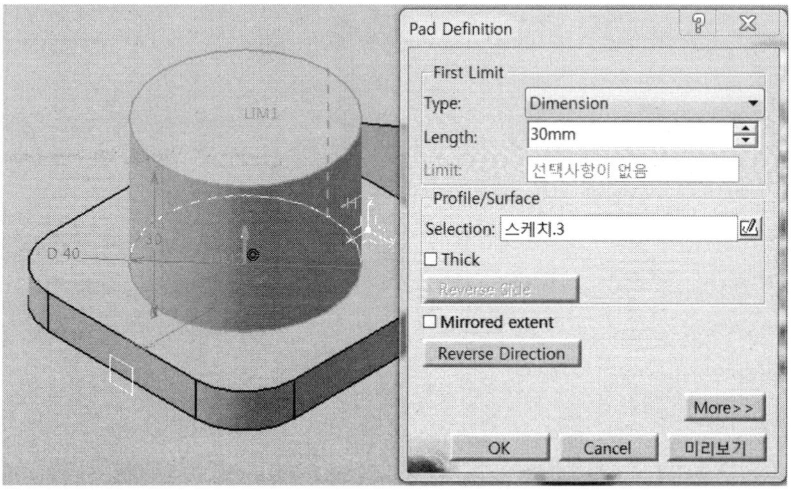

(13) Hole이 위치할 평면에서 스케치한다.

(14) 원을 그리고 지름 30 mm로 치수 맞춤한 다음 형상 맞춤(등심성)한다.

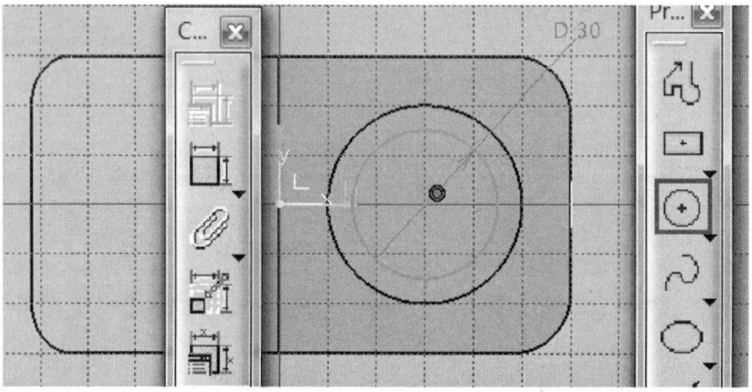

(15) 워크벤치 종료하고 Pocket 한다.

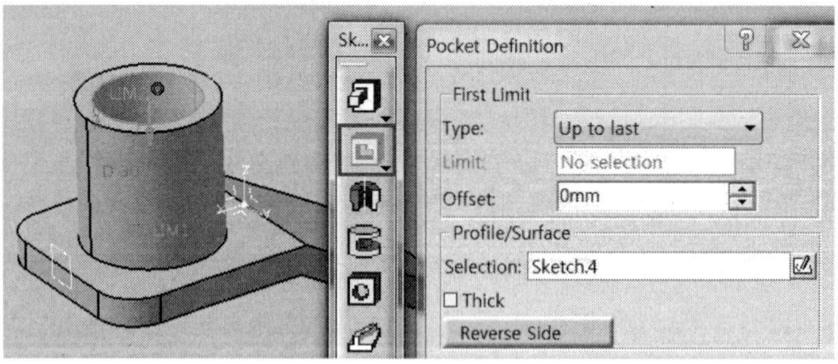

(16) 경사면에서 스케치한다.

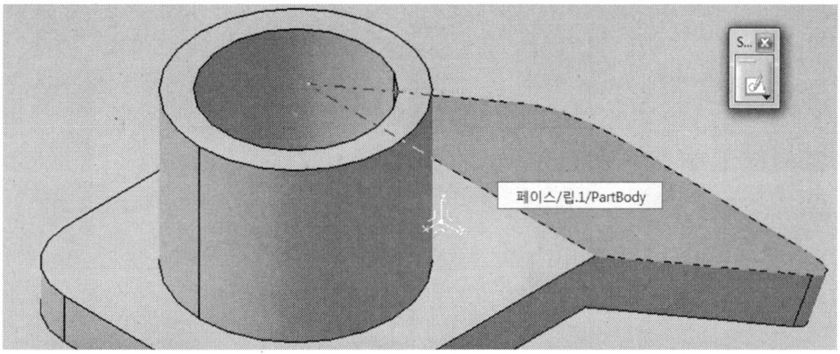

(17) 축선을 수평으로 그린 다음 30으로 치수 맞춤하고 연장된 홀(Hole) 그리기로 V를 추적하여 그리고, 4, 20, 10으로 치수 맞춤하고 워크벤치 종료한다.

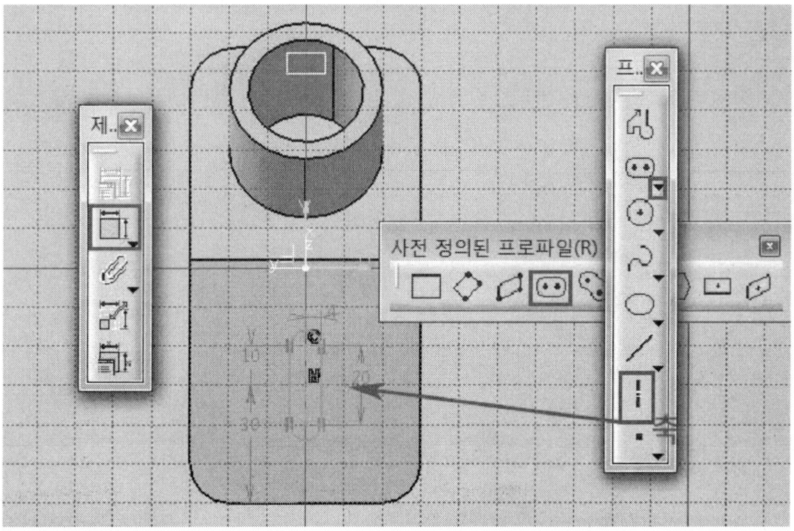

(18) Pocket 하고 다음 연장된 홀로 스케치하고 20, 30, 10으로 치수 맞춤한다.

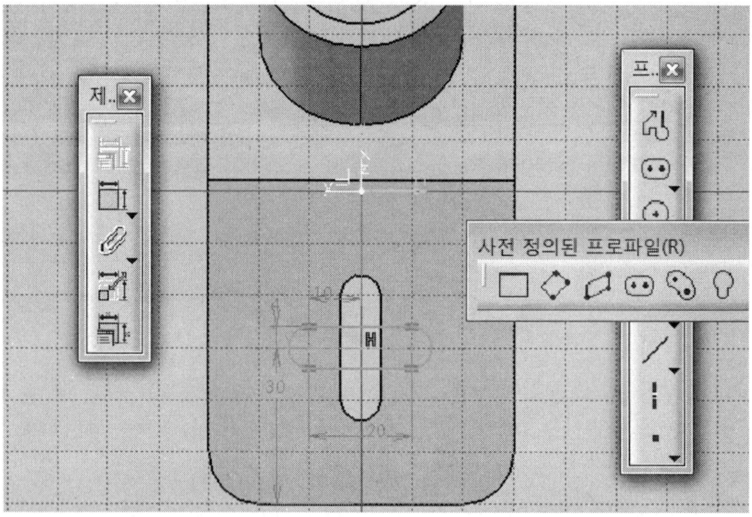

(19) 워크벤치 종료하고 Pocket 한다.

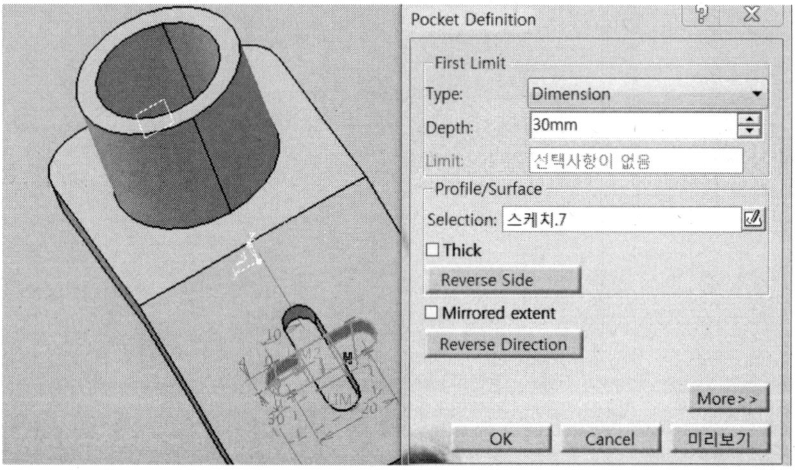

(20) Edge Fillet R3, R1을 작업하고 파일을 저장한다.

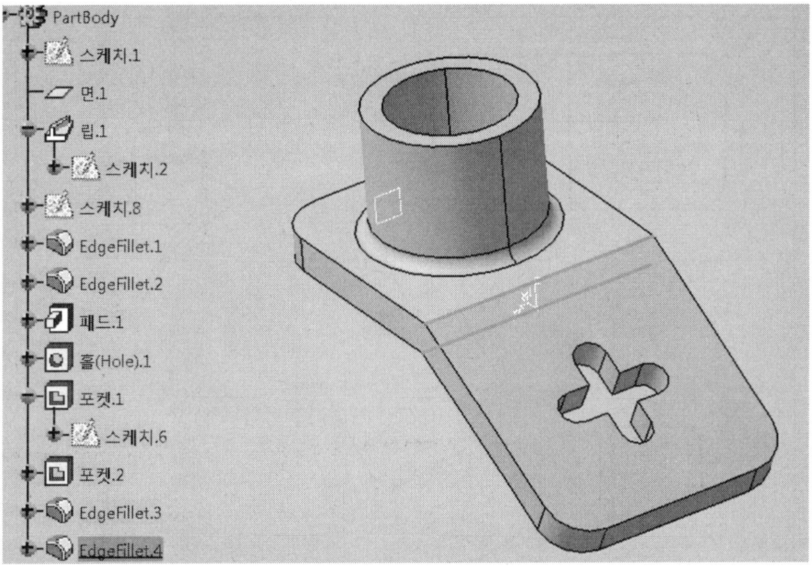

(21) 정면 뷰와 보조 뷰도 완성한다.

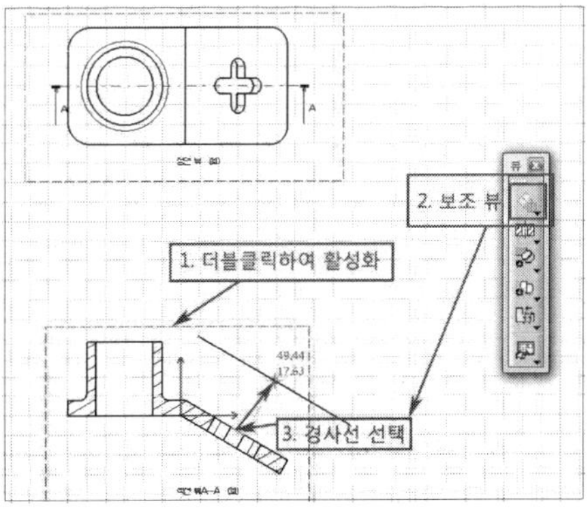

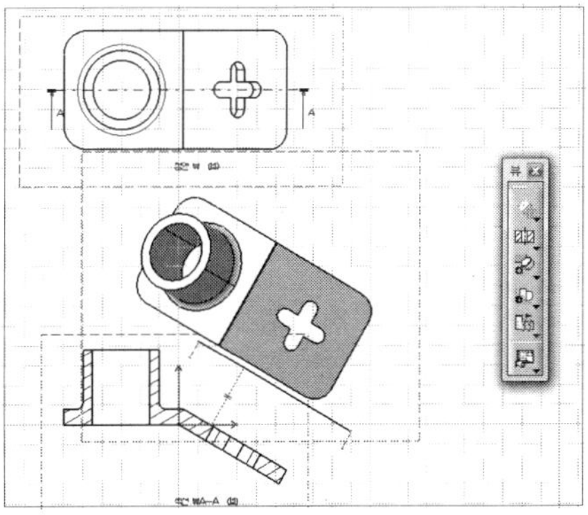

(22) 보조 뷰는 경사면만 남기고 편집한다.

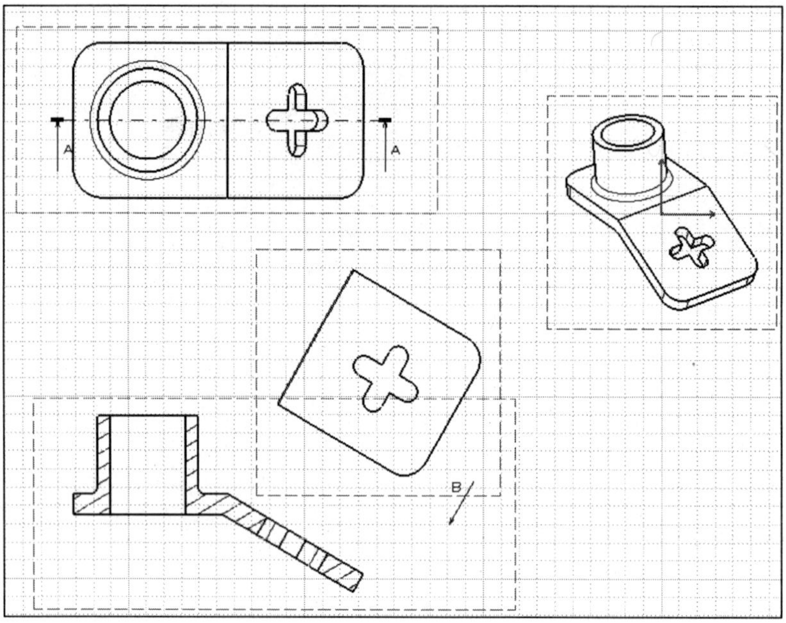

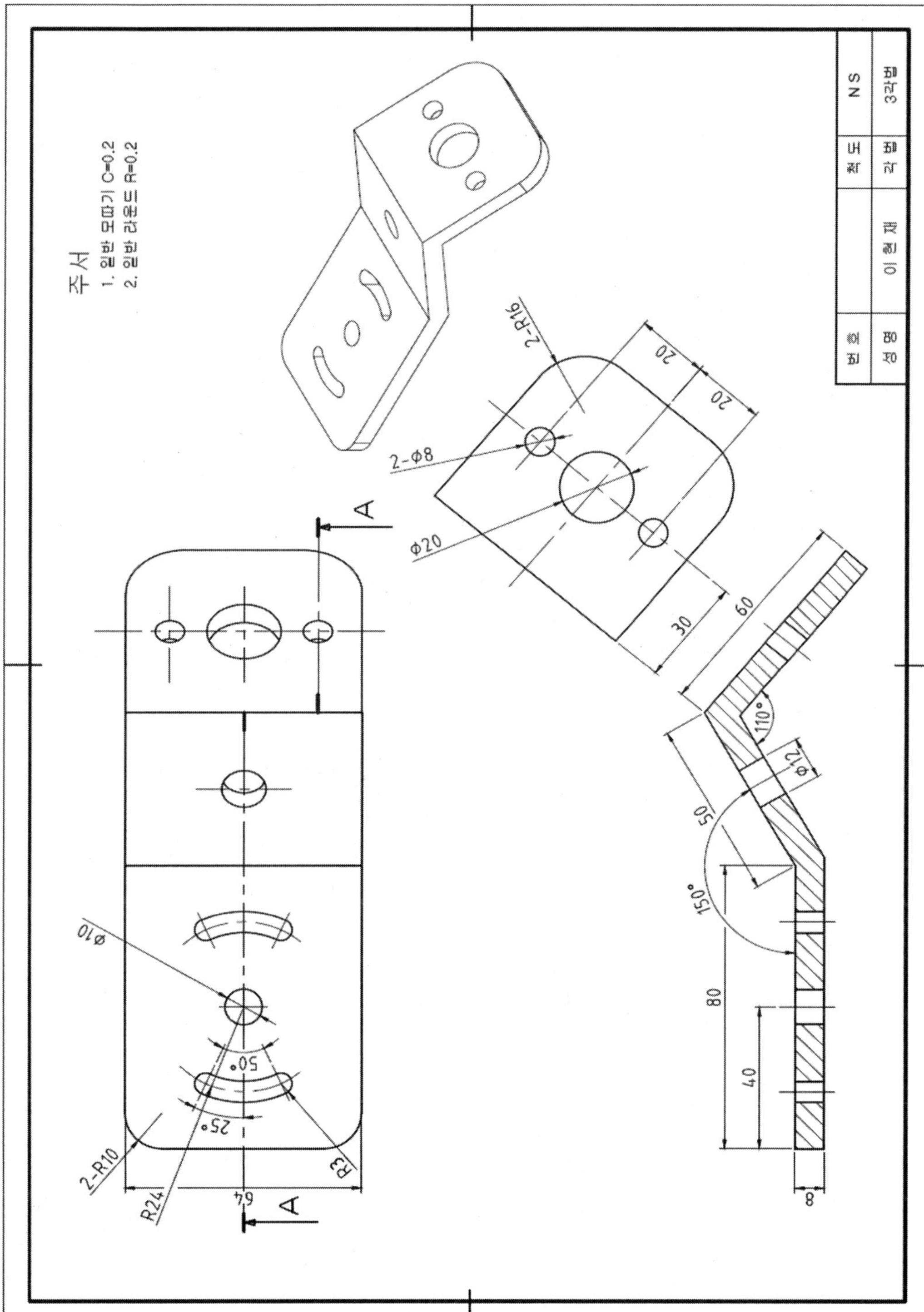
주서
1. 일반 모따기 C=0.2
2. 일반 라운드 R=0.2
번호
성명 이현재
척도 NS
각법 3각법
A
2-R16
2-Φ8
Φ20
20
20
30
60
110°
Φ12
50
150°
80
40
8
Φ10
50°
25°
2-R10
R24
64
R3

2-6 Rib, Cylindrical Elongated Hole, 도면(계단단면)

(1) Part Design, 지오메트리 세트 작성 해제하고 작업한다.

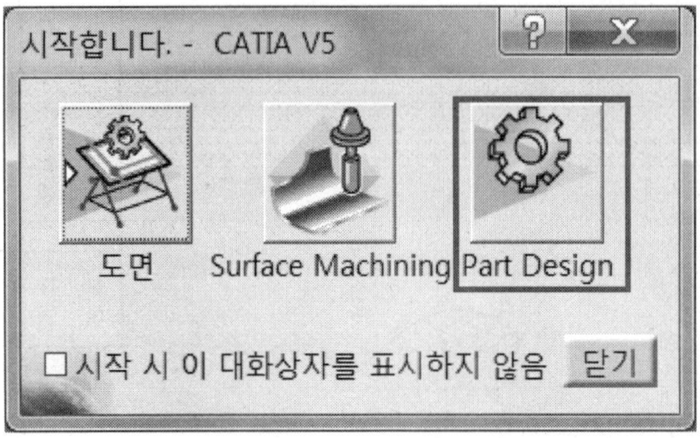

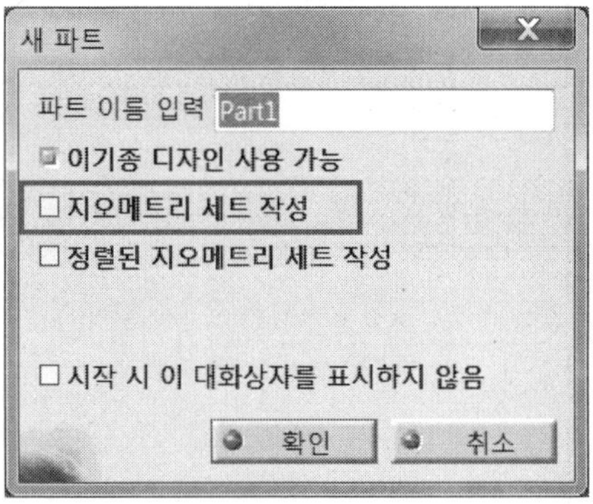

(2) Sketch를 선택하고 zx 평면(plane)을 클릭하면 PartBody가 활성화 된다.

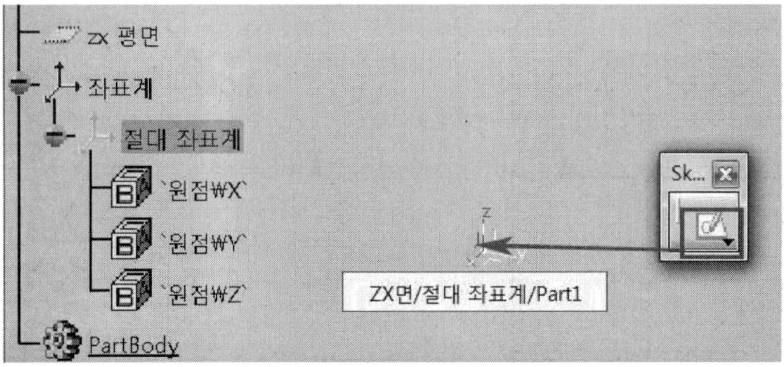

(3) 프로파일로 교차점을 원점에 맞추어 그리고 도면을 참고하여 150°, 110°, 80, 50, 60으로 치수 맞춤한다.

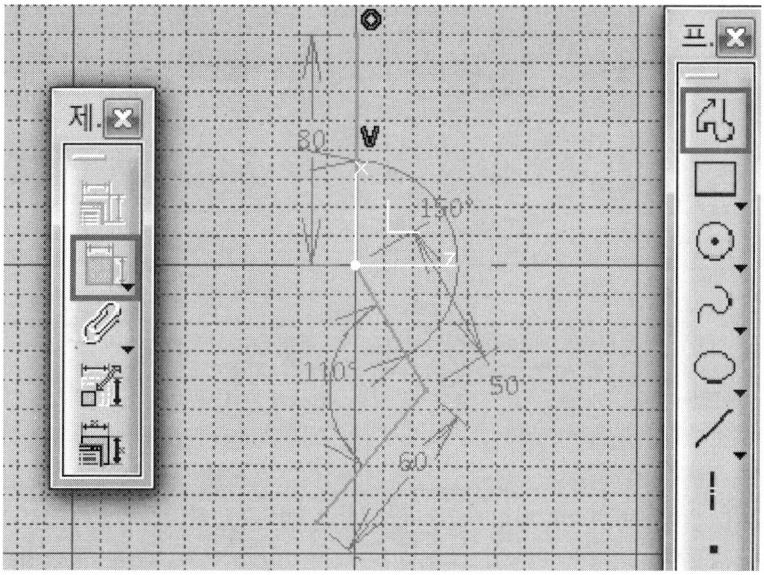

(4) 워크벤치 종료하고, 커브에 수직(R 2015는 평범한 커브)한 평면(plane)을 스케치 끝점에 정의한다.

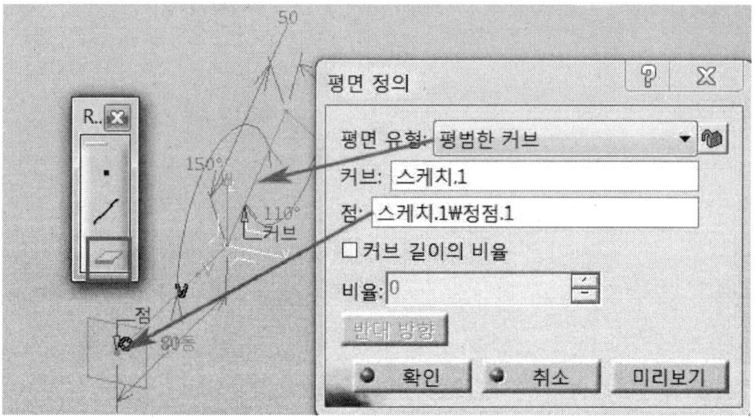

(5) 정의한 평면에서 직사각형으로 H를 추적하여 그리고 치수 32, 64, 8로 치수 맞춤한다.

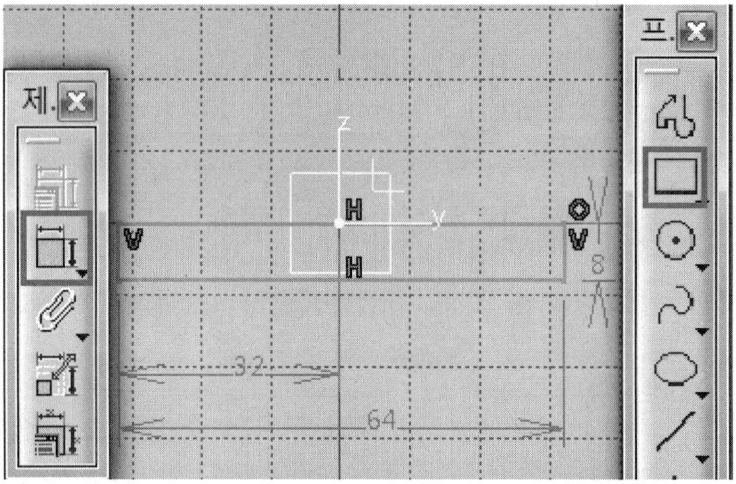

(6) Rib 정의에서 Profile과 Center curve를 설정한 다음 OK 한다.

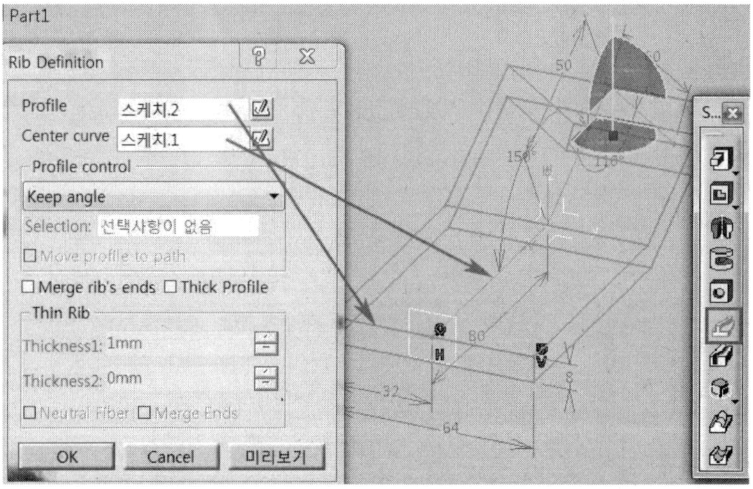

(7) Edge Fillet R10, R16mm를 각각 작업한다.

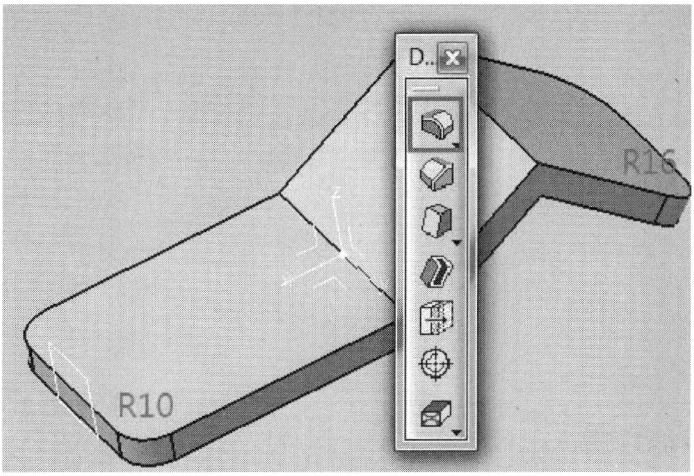

(8) 경사면에서 스케치한다.

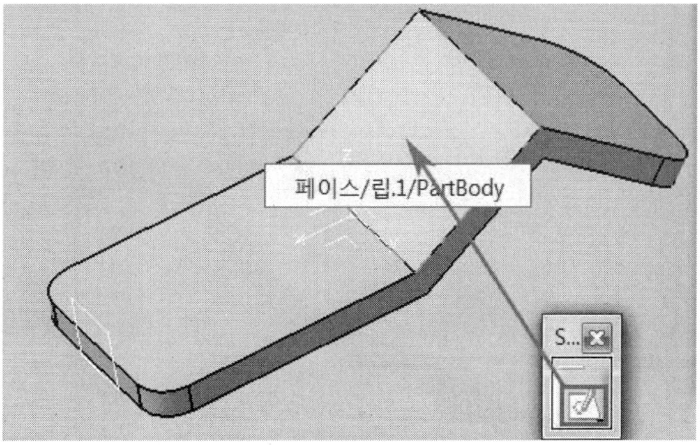

(9) 원 그리기로 V를 추적하여 그리고 치수 D 12, 25로 치수 맞춤하고 워크벤치 종료한다.

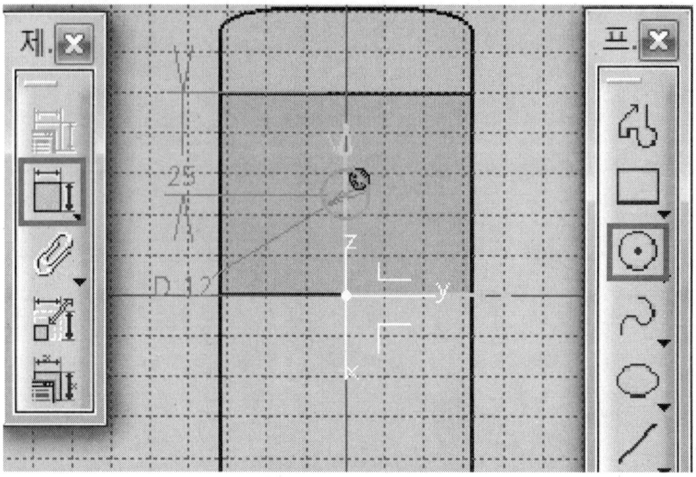

(10) 모든 구멍은 원을 그리고 Pocket으로 작업한다.

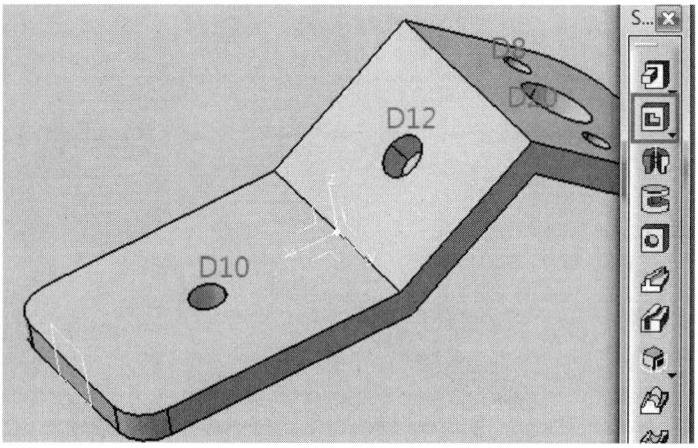

(11) 연장된 원통 모양의 Hole은 1, 2, 3의 순서로 정의하고, 치수 맞춤하고 워크벤치 종료한 다음 Pocket 한다.

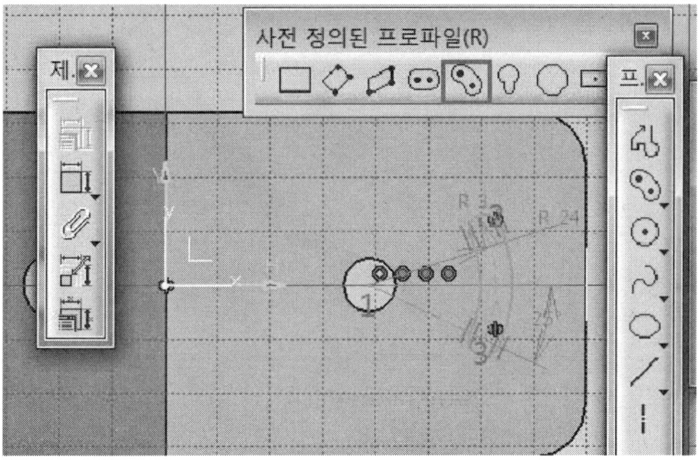

(12) Pocket을 선택하고 Circular Pattern으로 180° 작업한다.

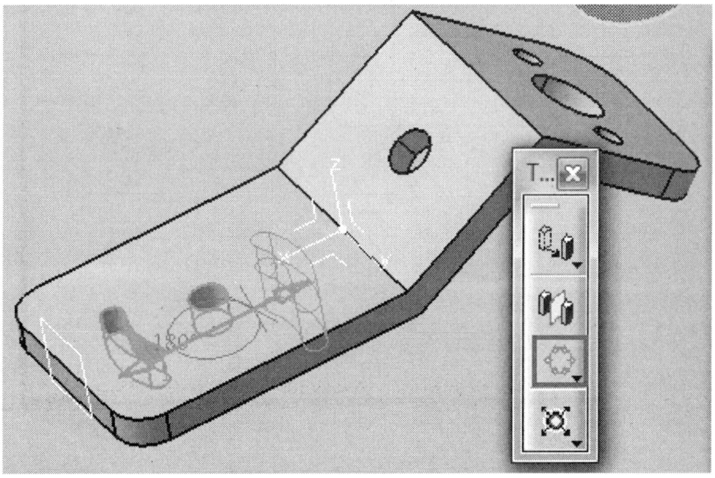

(13) 모델링을 저장한다.

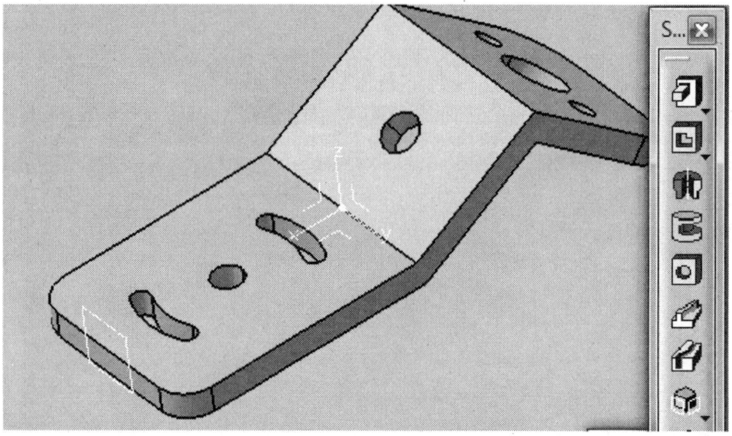

(14) 도면 모드에서 프로젝션 뷰, 섹션 뷰, 보조 뷰, 아이서메트릭 뷰도 삽입한다.

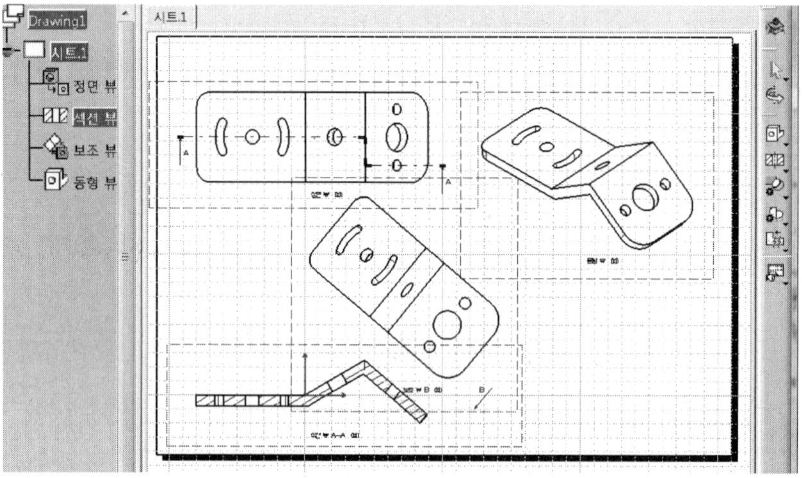

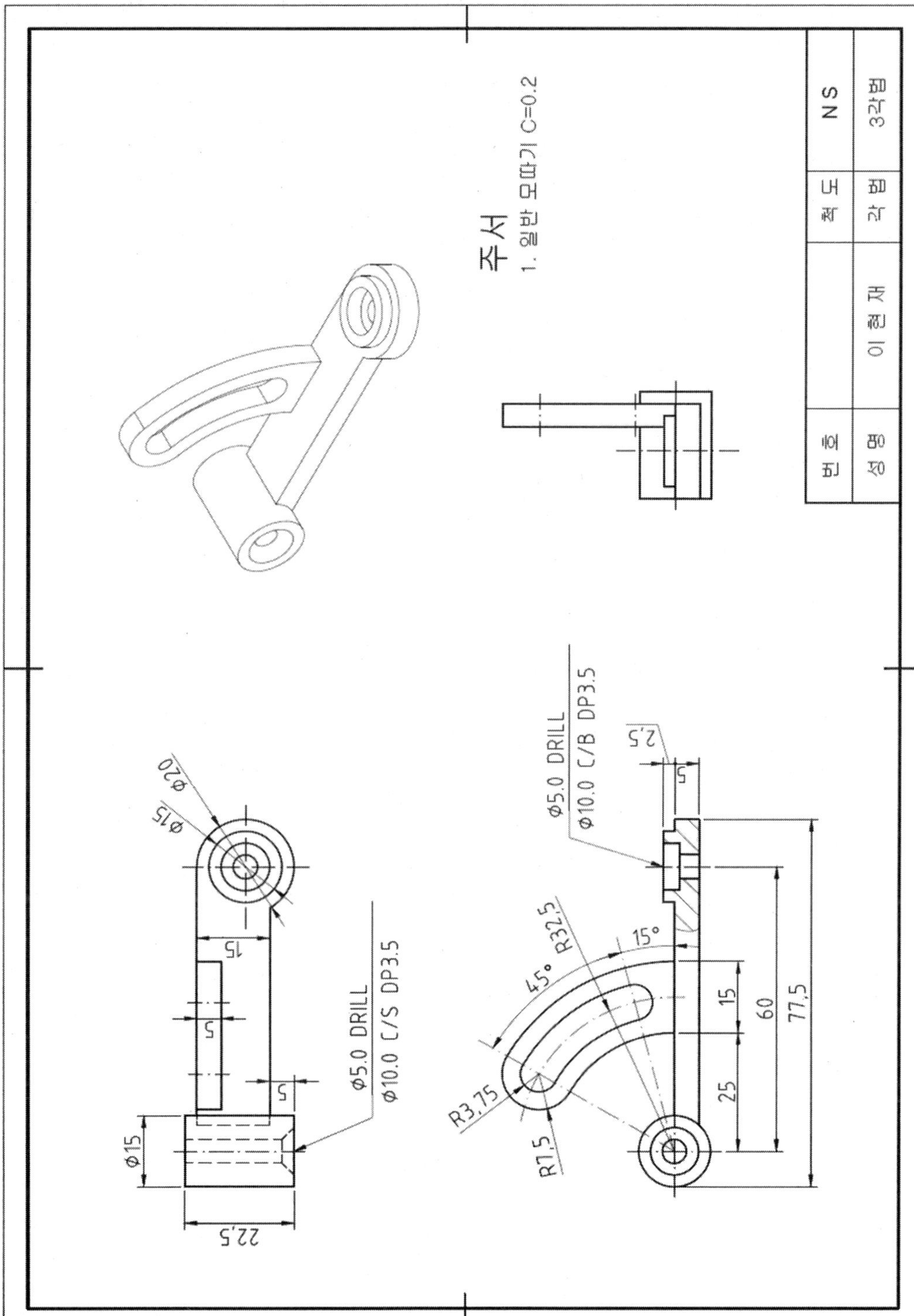
주서
1. 일반 모따기 C=0.2
번호
성명
이현재
척도
NS
각법
3각법
Φ5.0 DRILL
Φ10.0 C/S DP3.5
Φ5.0 DRILL
Φ10.0 C/B DP3.5
Φ20
Φ15
15
5
5
Φ15
22,5
R32,5
45°
15°
R3,75
R7,5
15
25
60
77,5
2,5
5

2-7 Cylindrical Elongated Hole(원통 모양의 연장된 홀), 도면(계단단면)

(1) Part Design, 지오메트리 세트 작성 해제하고 작업한다.

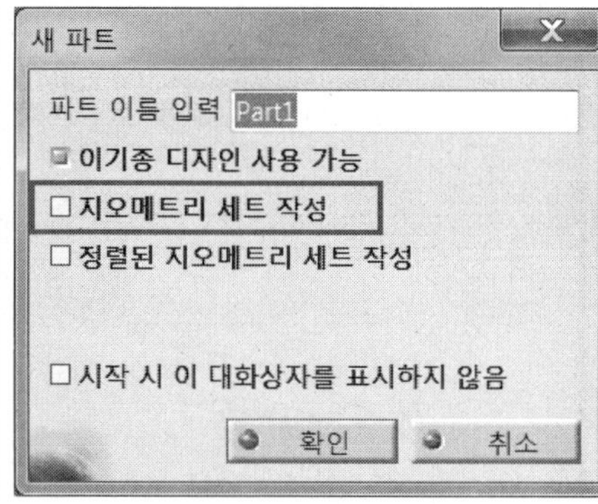

(2) yz 평면에서 스케치한다.

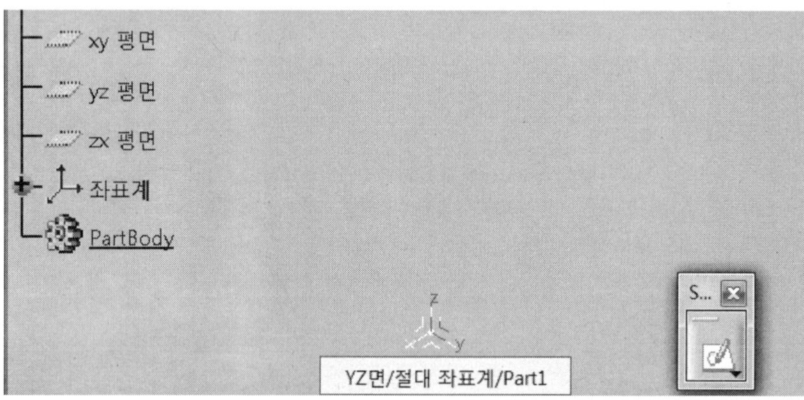

(3) 원 그리기로 중심을 원점에 맞추어 그리고 지름 D 15로 치수 맞춤한다.

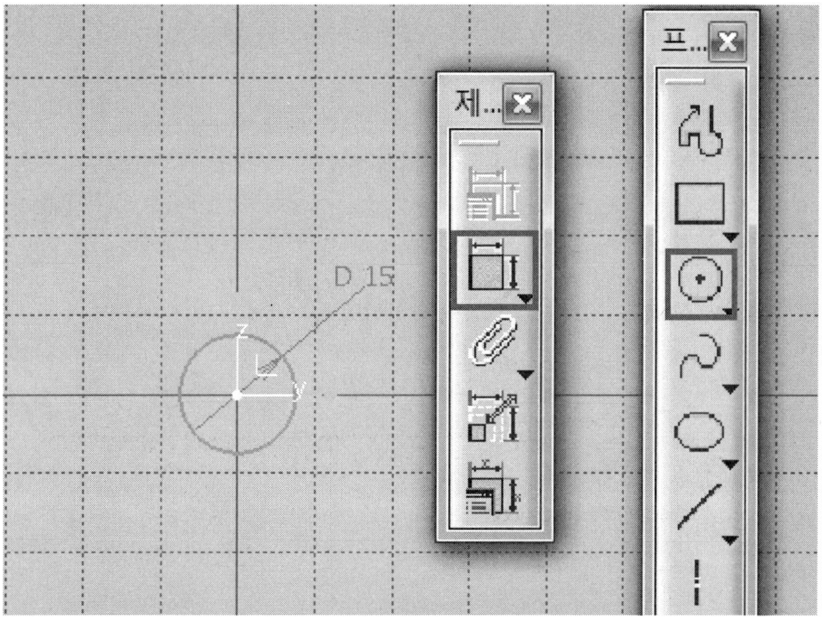

(4) 워크벤치 종료하고, Pad로 22.5 mm 정의한다.

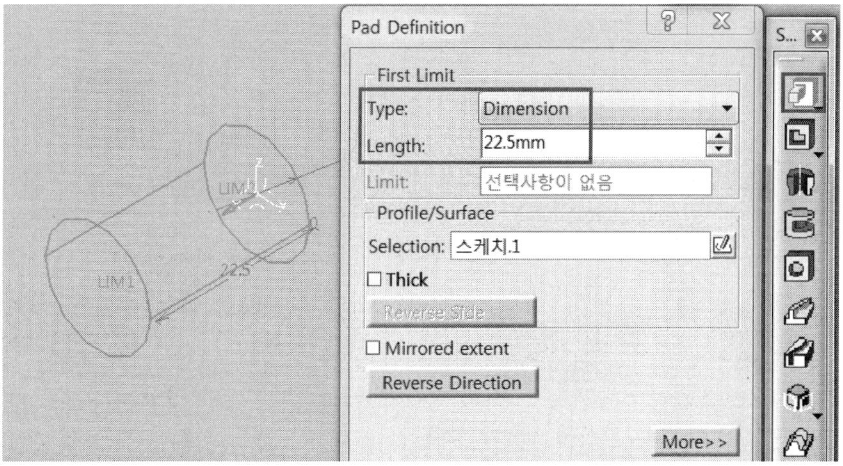

(5) Countersunk를 정의하기 위하여 원통 면에 수직한 평면을 선택한다.

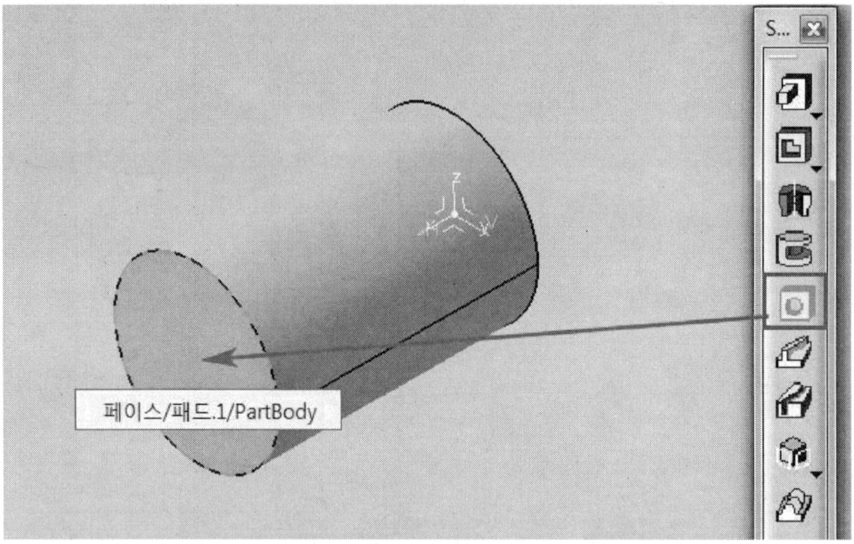

(6) 도면과 같이 구멍의 깊이와 지름을 지정한다.

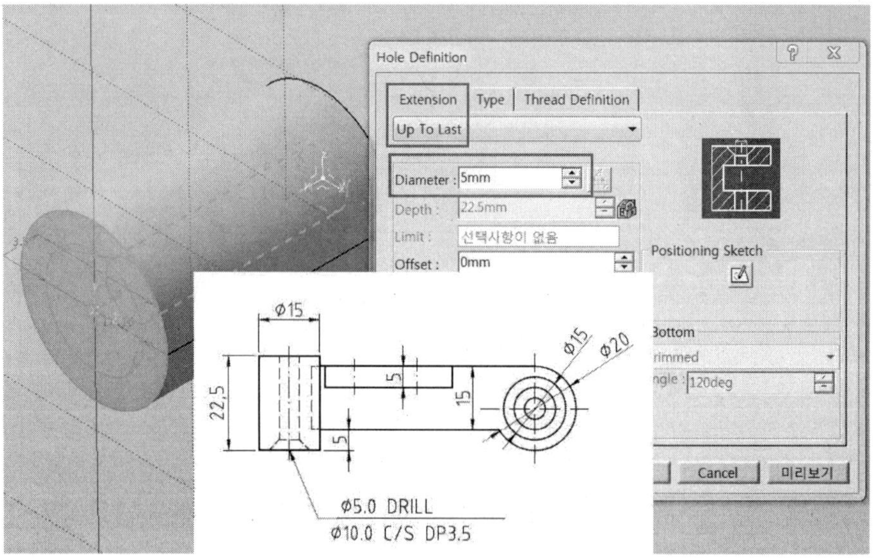

(7) Type 탭을 선택하여 Countersunk를 선택하고 깊이와 지름을 지정한 다음 OK 한다.

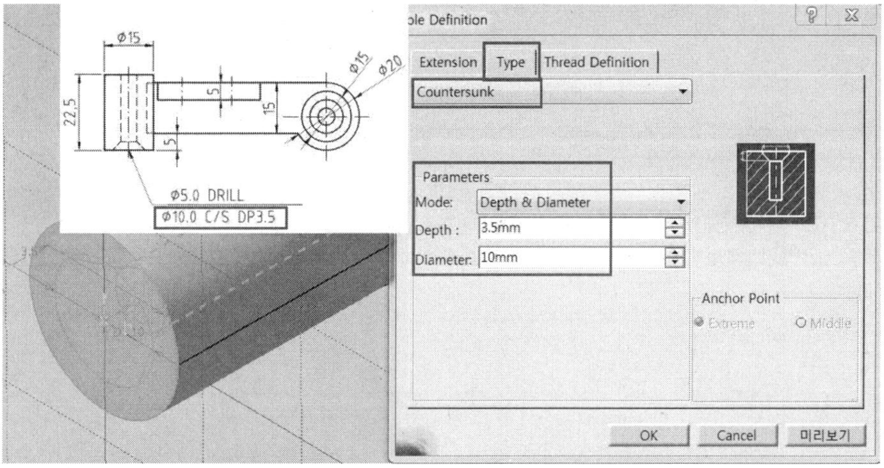

(8) xy 평면에서 스케치한다.

(9) 프로파일로 1, 2, 3의 순서로 선을 그리고, 원호를 그릴 때는 스케치 도구의 접점 호를 선택하고 점 4는 1점을 추적하여 클릭하고 1점에 연결한다.

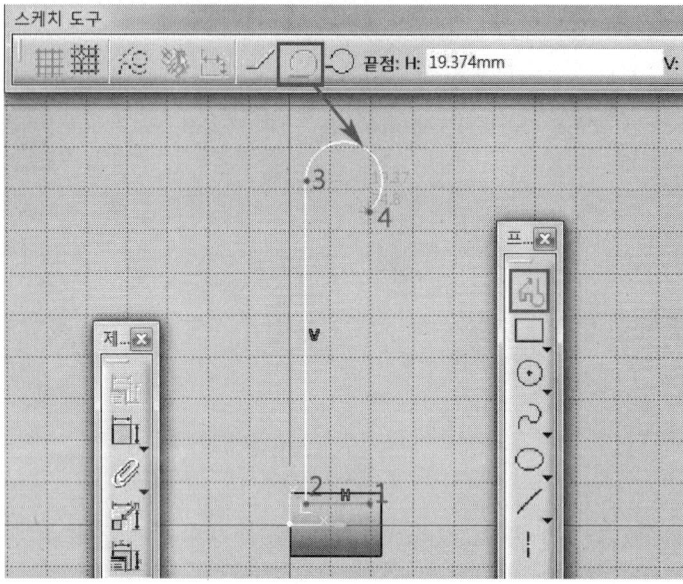

(10) 치수 15, 5, 60, R 10으로 치수 맞춤한다.

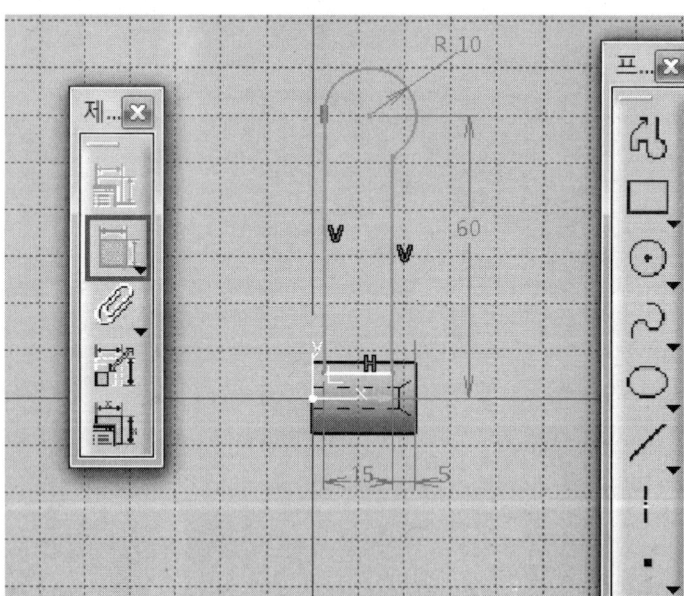

(11) 워크벤치 종료하고, Pad로 5 mm 아래로 정의한다.

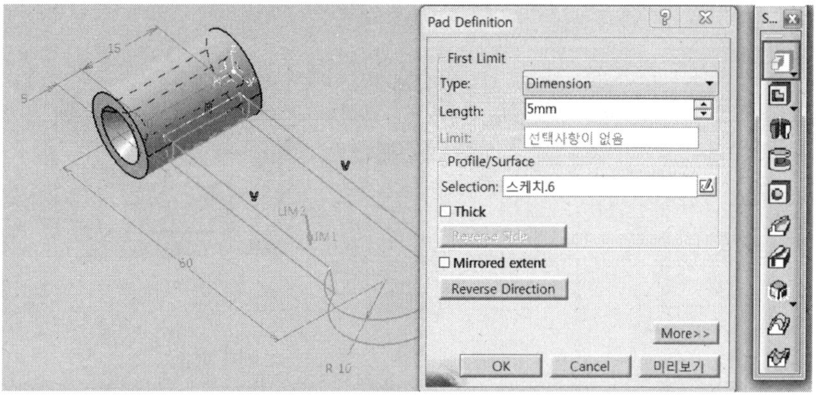

(12) 다음 스케치 평면을 선택한다.

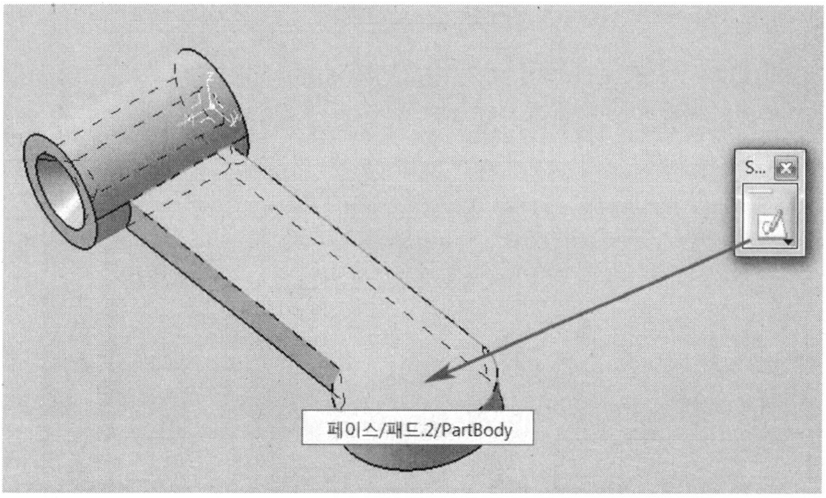

(13) 원을 그린 다음 스케치 포지션에서 치수 D 15와 등심성으로 형상 맞춤하고 워크벤치 종료한다.

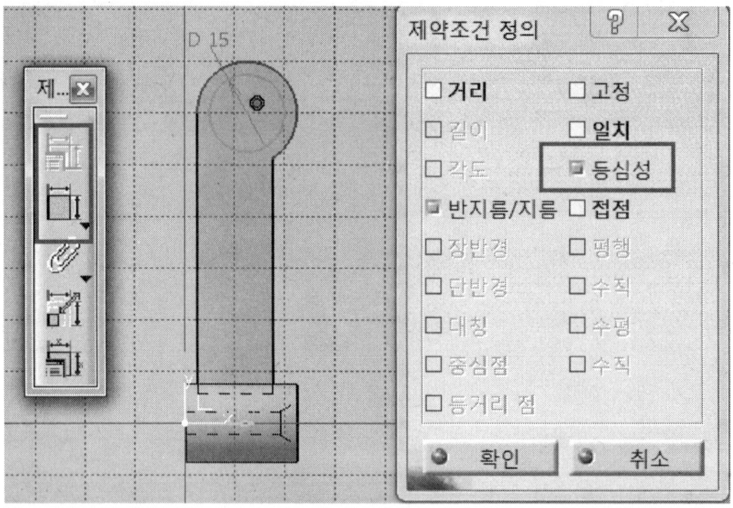

(14) Pad에서 2.5 mm 위로 지정한다.

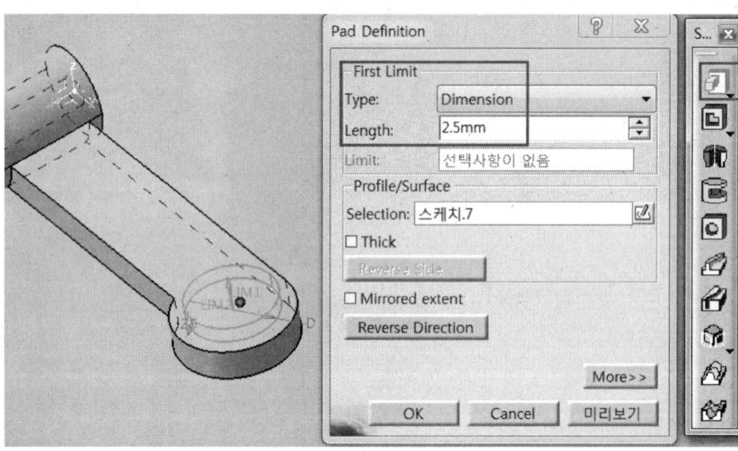

(15) Hole 대화상자, Type에서 Counterbored, 지름과 깊이를 지정한다.

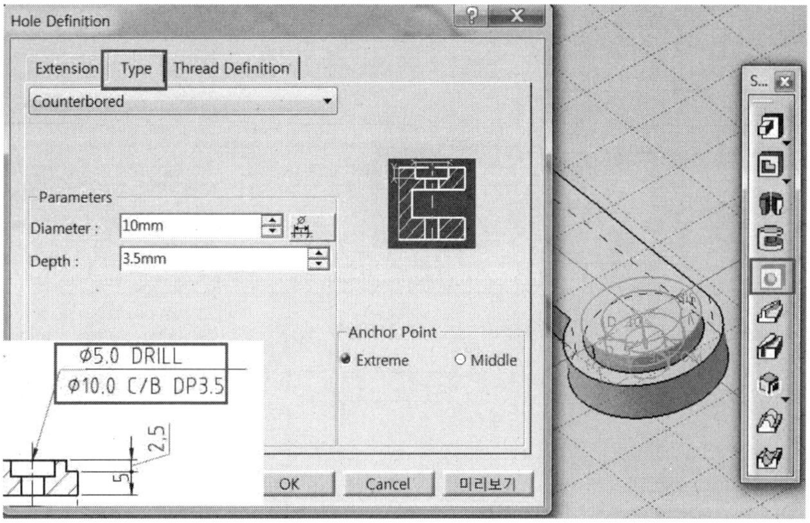

(16) 스케치 위치(Positioning Sketch)에서 Hole의 중심점과 원통의 엣지를 등심성으로 형상 맞춤한다.

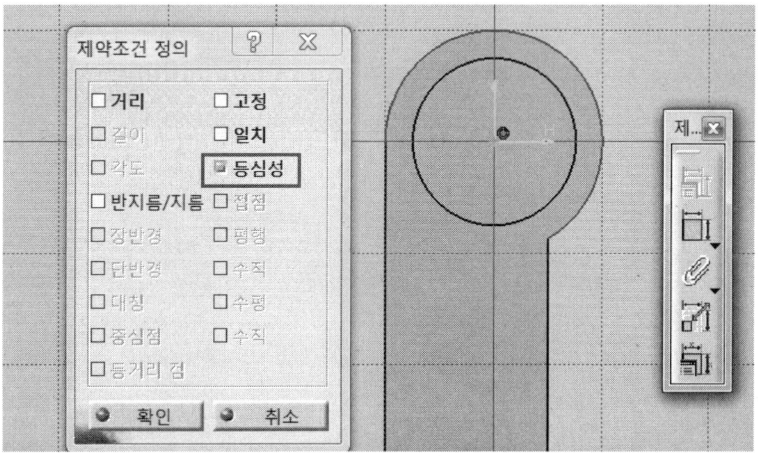

(17) 워크벤치 종료하고 Hole의 지름을 5 mm 지정한다.

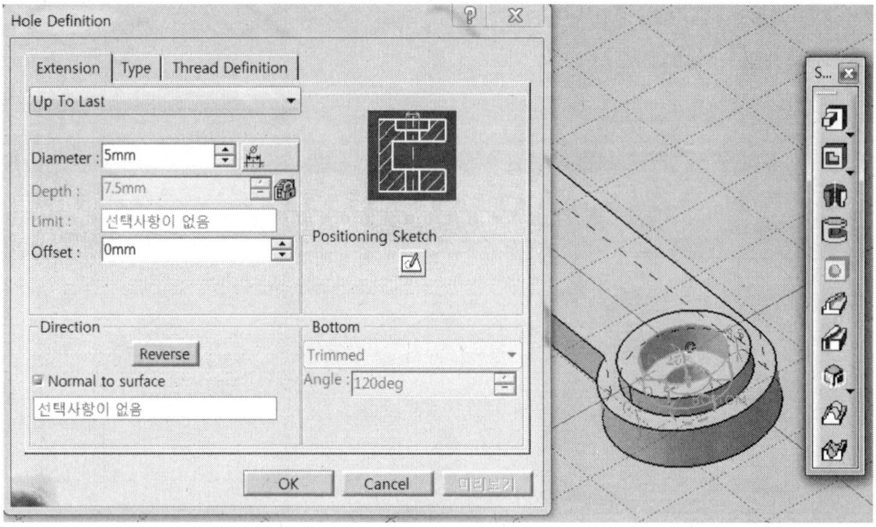

(18) 연장된 원통 모양을 스케치하기 위하여 다음 평면에서 스케치한다.

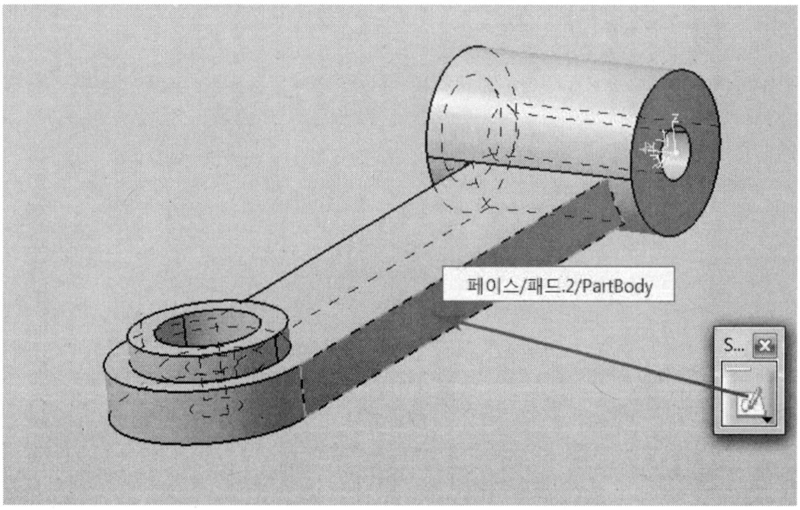

(19) 원통 모양의 연장된 홀(Cylindrical Elongated Hole)을 1, 2, 3, 4의 순서로 그리고 축으로 1과 3을 연결한 다음, 치수 60°, R 7.5, R 32.5로 치수 맞춤하고 워크벤치 종료한다.

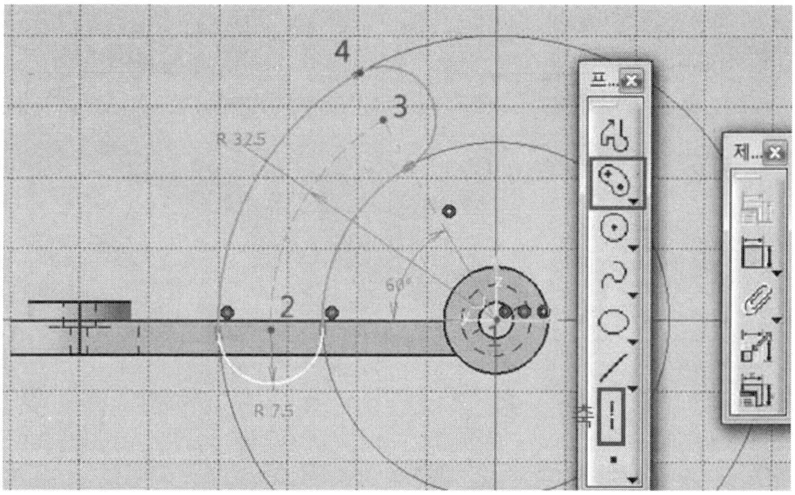

(20) Pad, 5 mm 지정하고 OK 한다.

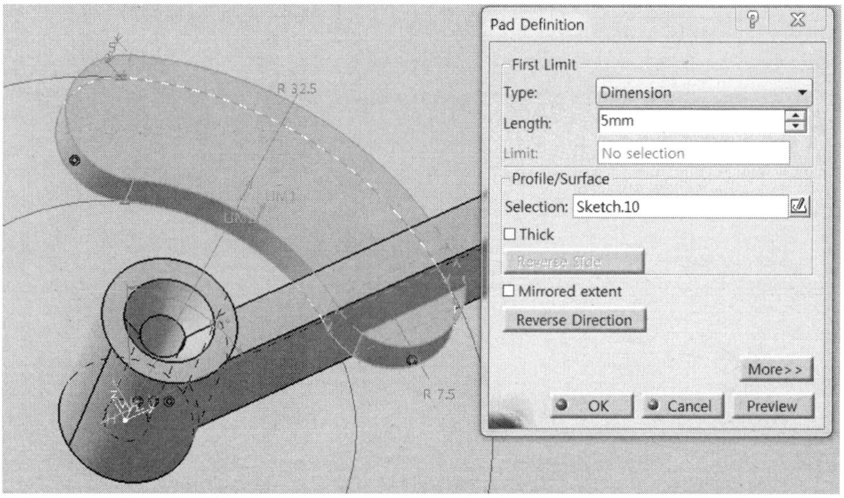

(21) Pocket으로 제거할 평면에서 스케치한다.

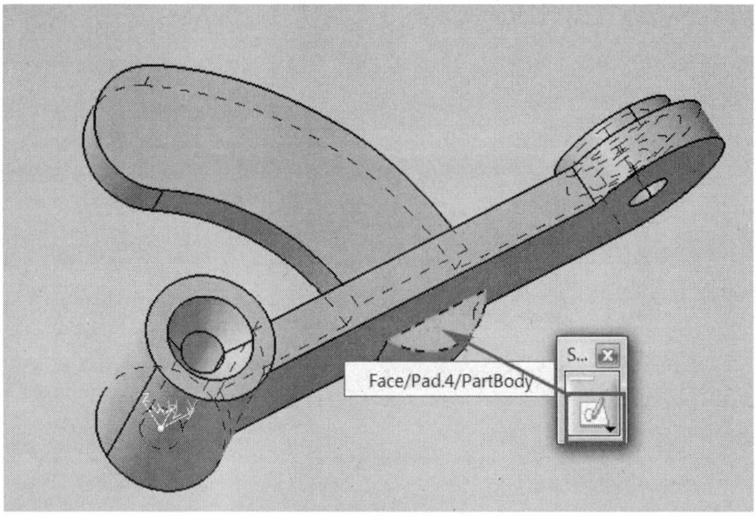

(22) 제거할 부분을 투영(Project 3D Elements)으로 스케치하고 워크벤치 종료한다.

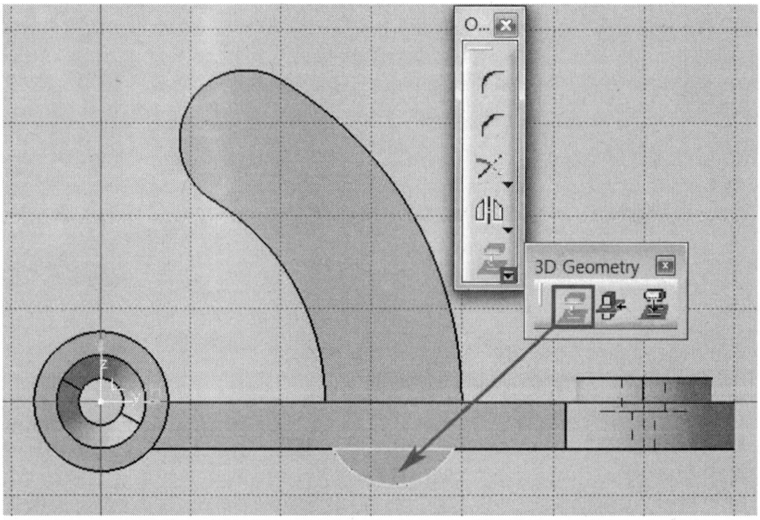

(23) Pocket으로 제거한다.

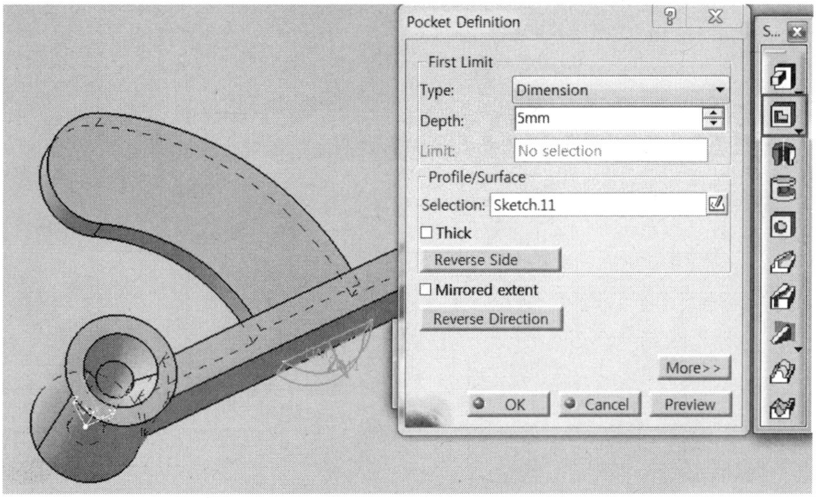

(24) 동심인 연장된 원통 모양의 홀을 스케치하기 위하여 평면을 선택한다.

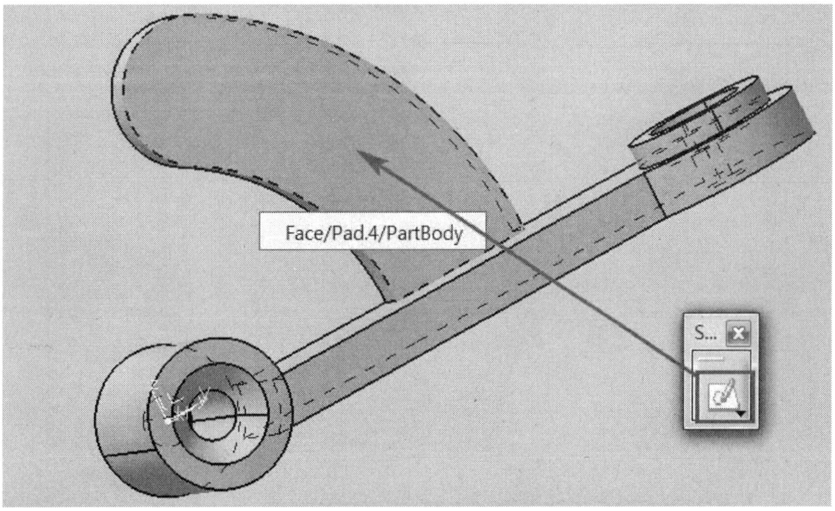

(25) 연장된 원통 모양의 홀을 1, 2, 3, 4의 순서로 그리고, 축으로 1, 2을 연결한다.

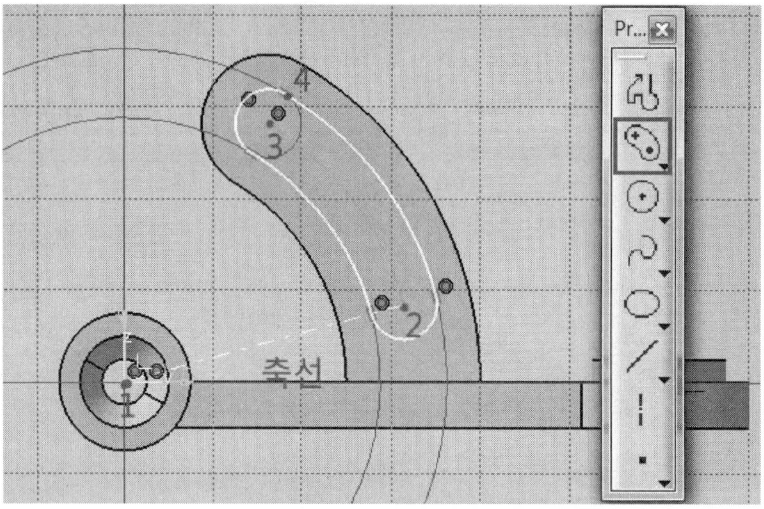

(26) 치수 15°, R 3.75로 치수 맞춤하고 원호와 엣지를 등심성으로 형상 맞춤하고 워크벤치 종료한다.

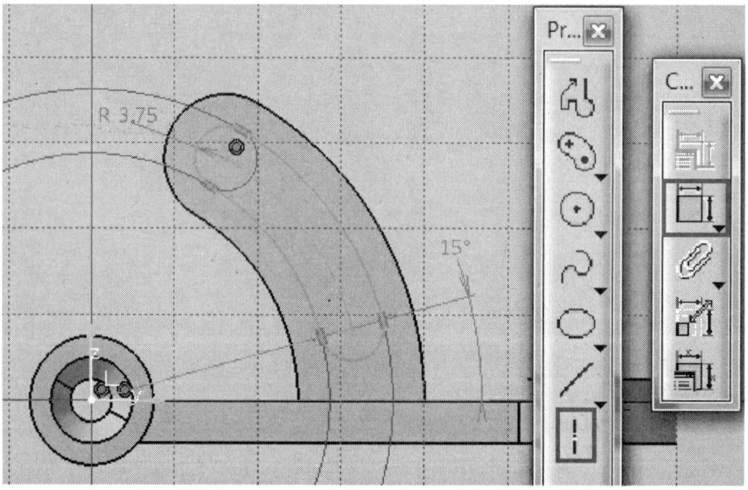

(27) Pocket으로 마무리한다.

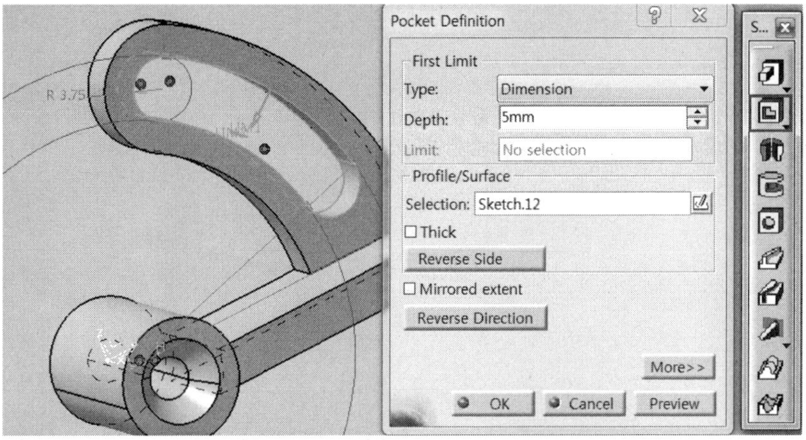

(28) 도면 모드에서 정면 뷰, 섹션 뷰, 프로젝션 뷰, 아이서메트릭 뷰도 삽입한다.

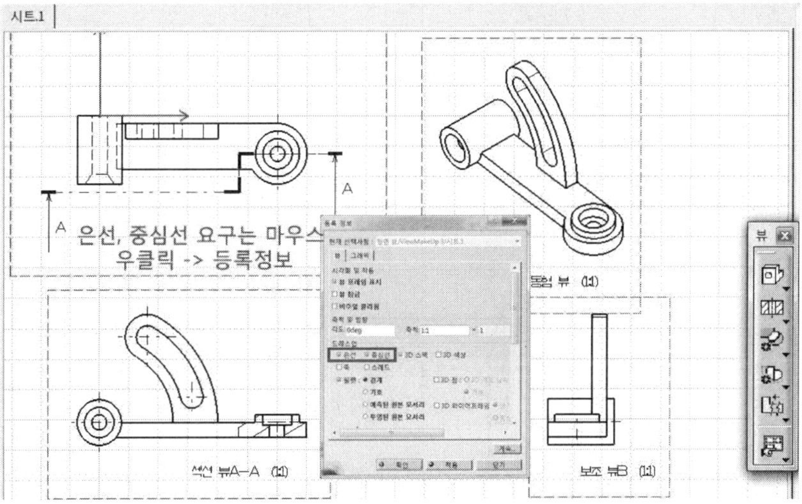

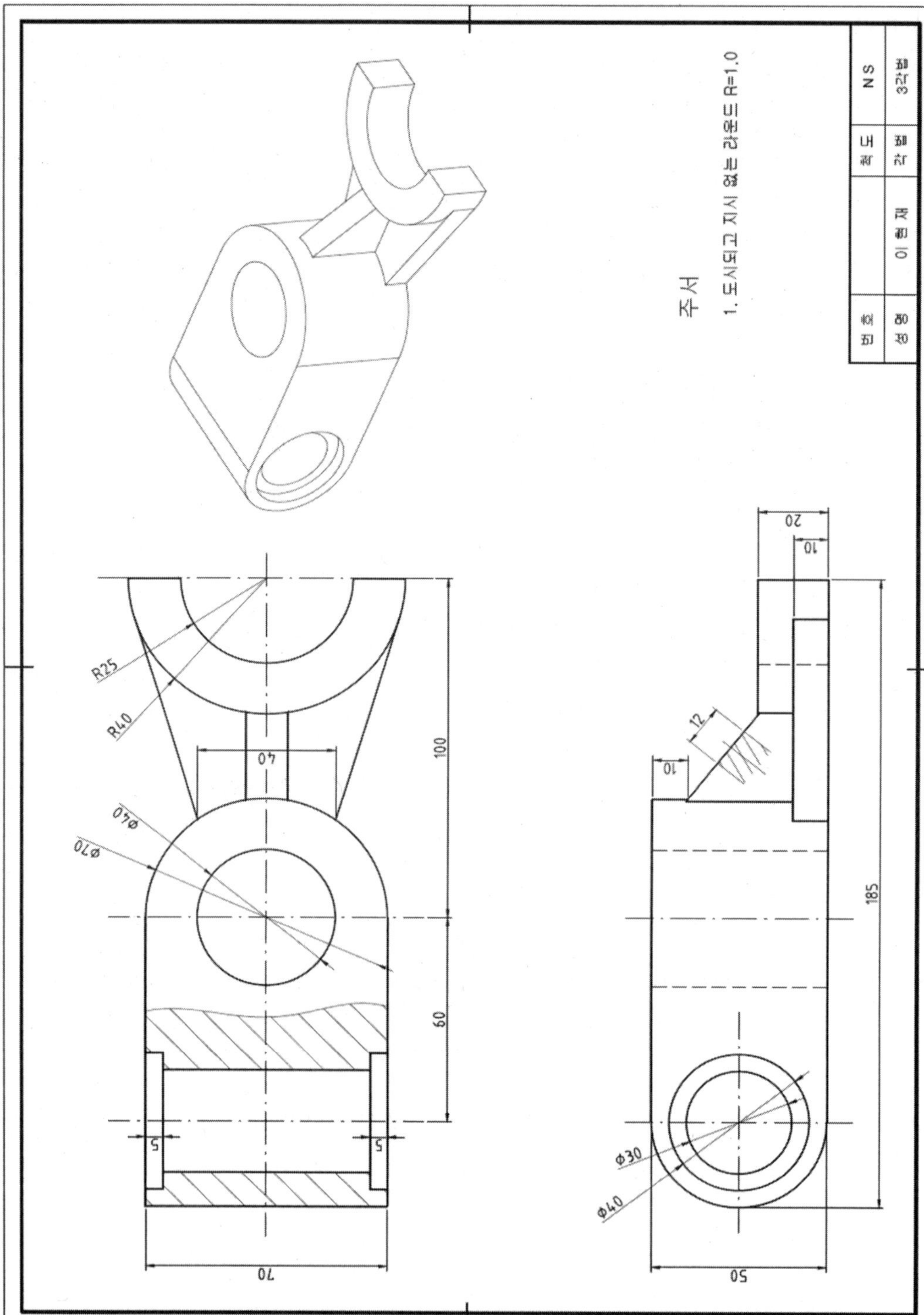
주서
1. 도시되고 지시 없는 라운드 R=1.0
척도 NS
각법 3각법
이 형 재

2-8 Combine(결합), Stiffner(보강재), 3D Projection, 배열된 섹션 뷰 작성

(1) xy 평면에서 스케치한다.

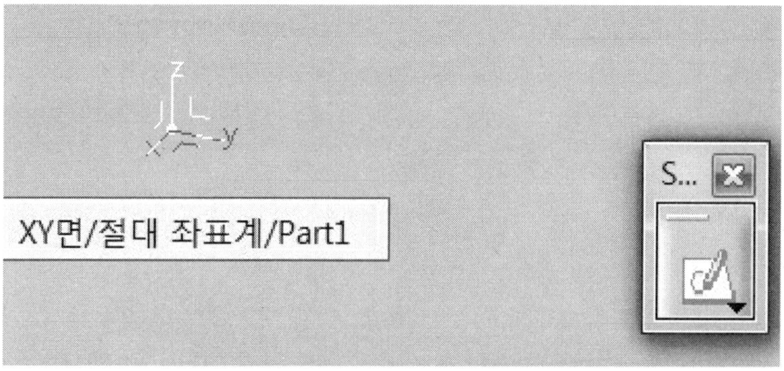

(2) 연장된 홀(Hole)로 H선을 추적하여 1, 2의 순서로 그리고 치수 35, 100으로 치수 맞춤한다.

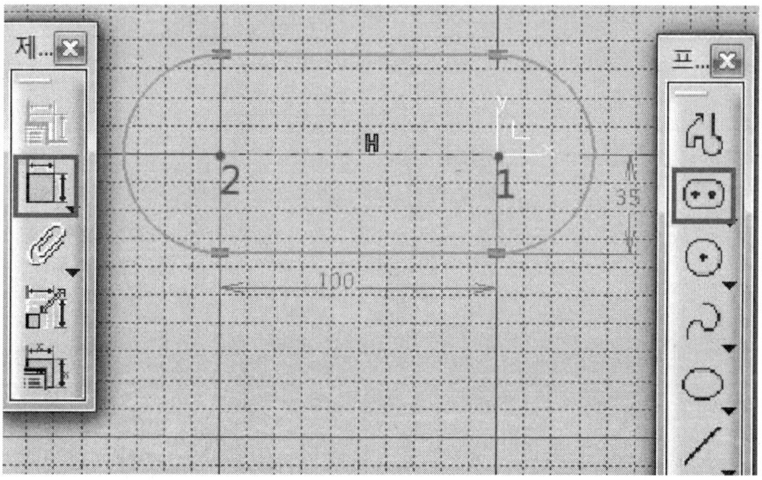

(3) 워크벤치 종료한 다음 zx 평면에서 스케치한다(순서에 유의).

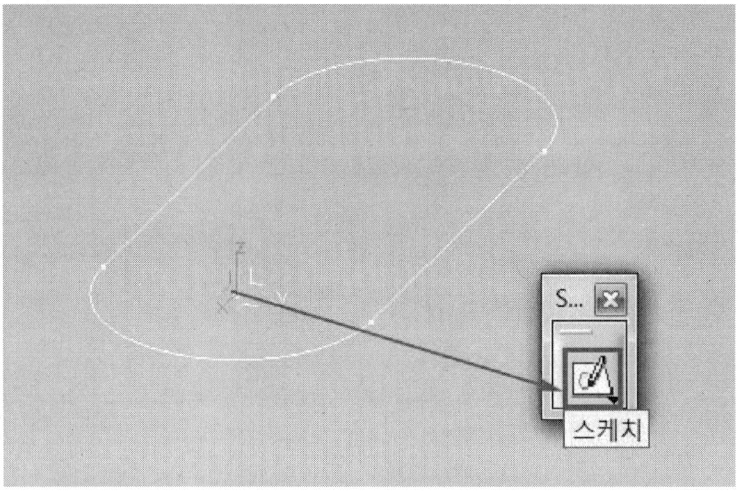

(4) 연장된 홀(Hole)로 V선을 추적하여 그리고 치수 25, 110, 60 으로 치수 맞춤한 다음 워크벤치 종료한다.

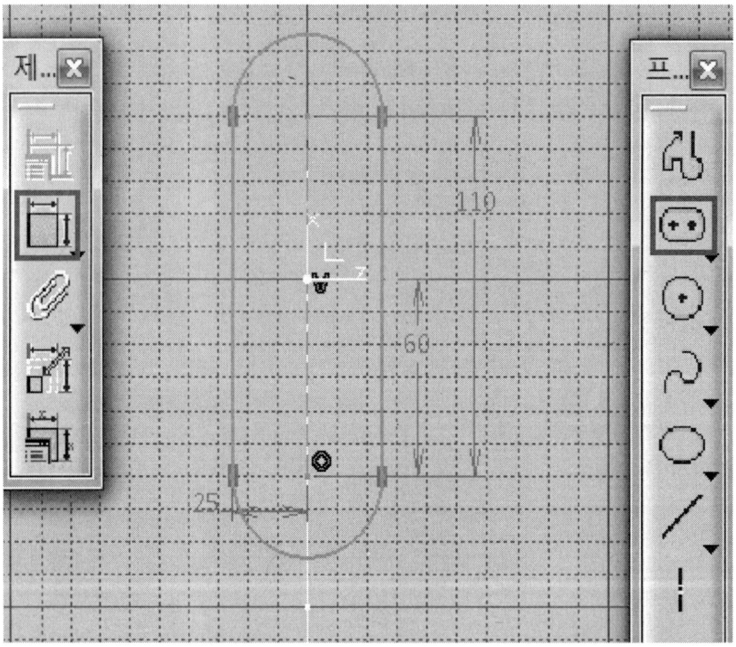

(5) 스케치가 결합된 영역의 솔리드를 생성하기 위한 Solid Combine(결합)을 선택한다.

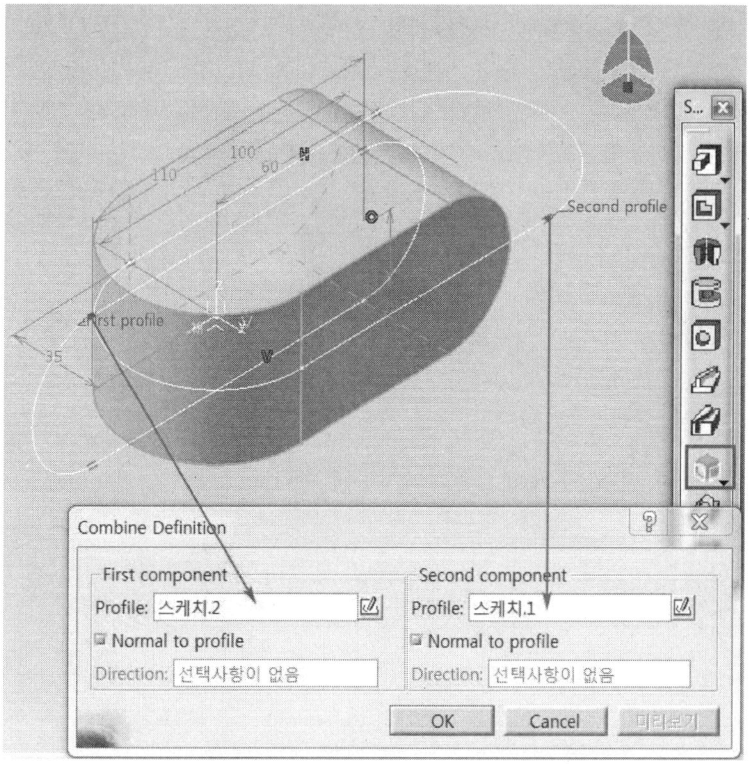

(6) Solid Combine(결합)의 결과이다.

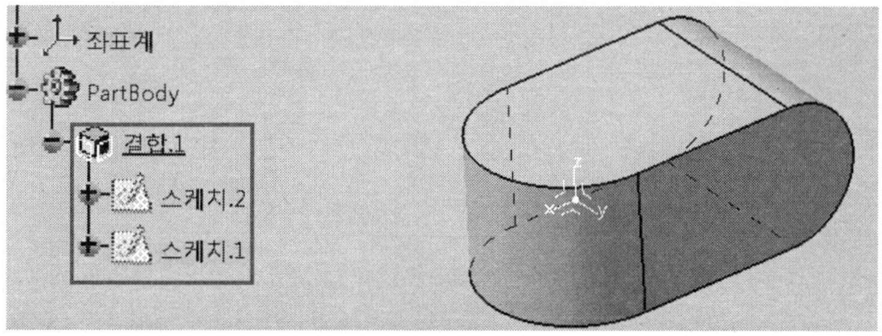

(7) Hole 작업을 위한 평면을 선택한다.

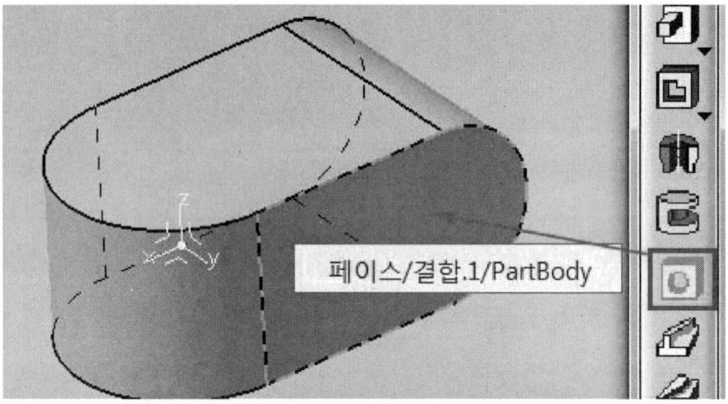

(8) Hole 대화상자에서 지름 30 mm, 카운터보어 지름 40 mm, 깊이 값 5 mm를 입력하고 스케치 포지션으로 이동한다.

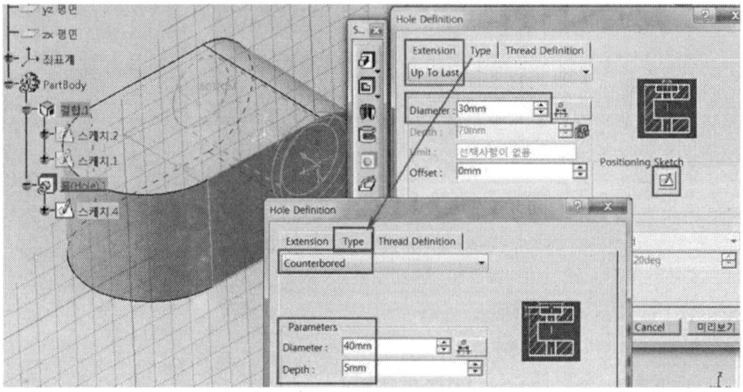

(9) Hole의 중심과 원통의 엣지를 등심성으로 형상 맞춤하고 워크벤치 종료하고 OK 한다.

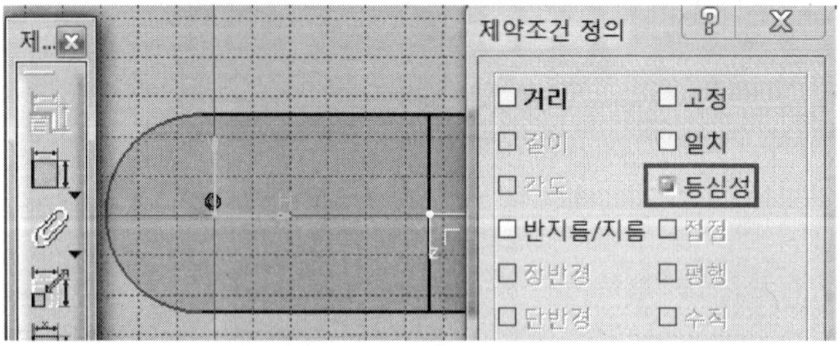

(10) Hole을 zx 평면 기준으로 미러한다.

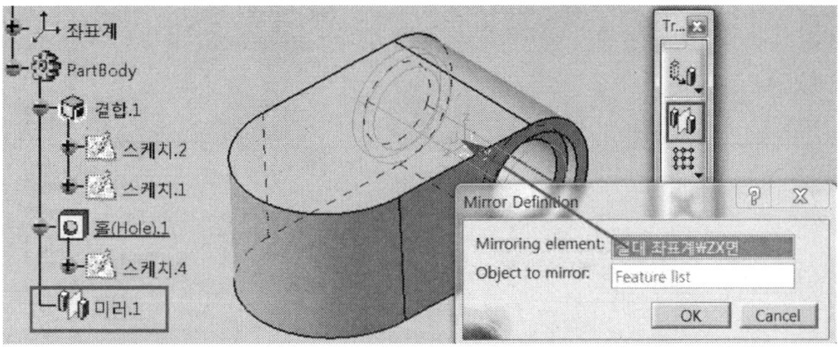

(11) 오른쪽 반 원통 모양을 스케치하기 위한 평면을 지정한다.

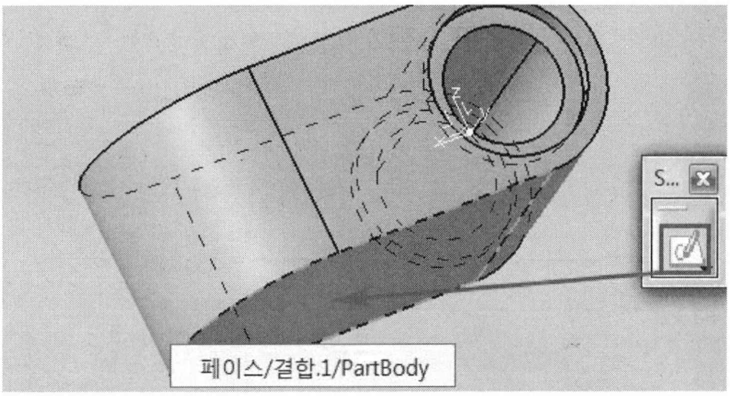

(12) H(수평)선을 추적하여 2개의 원의 중심을 일치시켜 그리고 치수 D 50, D 80, 100으로 치수 맞춤하고 워크벤치 종료한다.

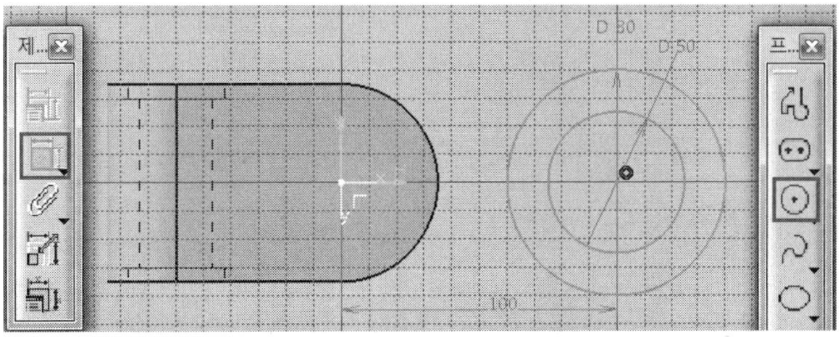

(13) Pad 정의 대화상자에서 20 mm 지정하고 OK 한다.

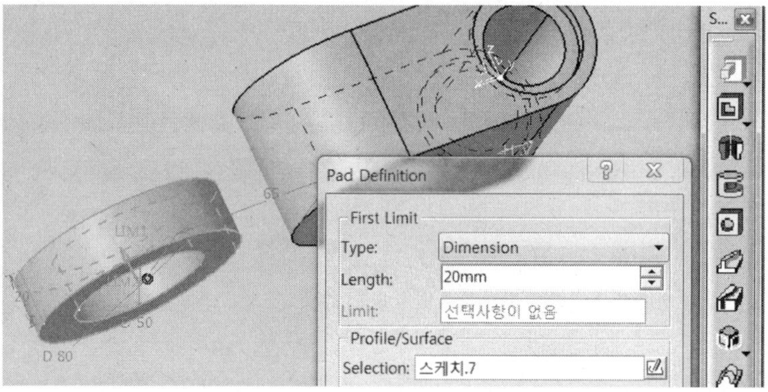

(14) 오른쪽 반원통과 연결시키기 위한 스케치 평면을 지정한다.

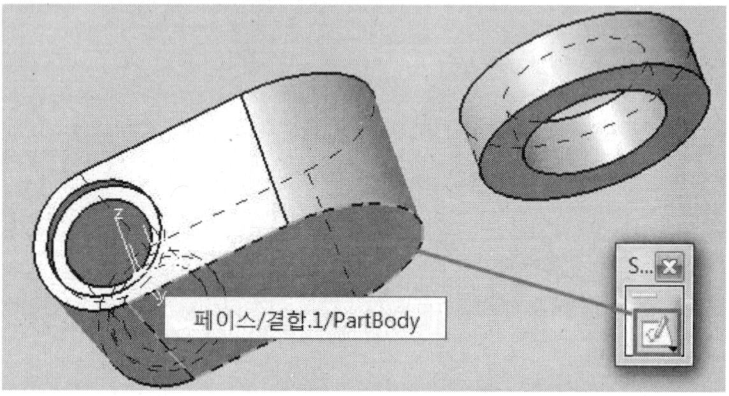

(15) 프로파일로 일부를 스케치하고 수직선은 40 mm로 치수 맞춤한다.

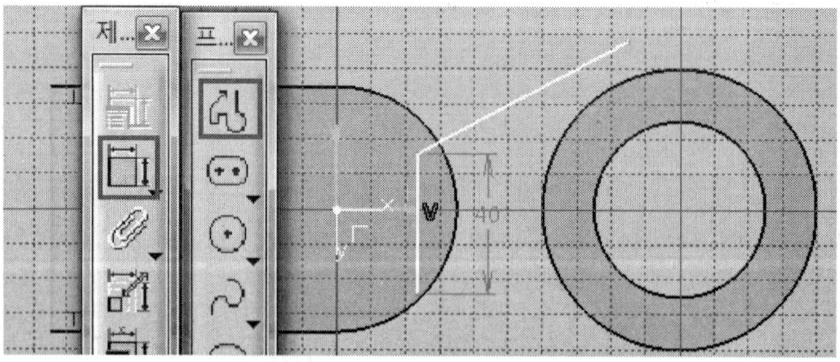

(16) 원통의 엣지와 선의 교차점을 일치로 형상 맞춤한다.

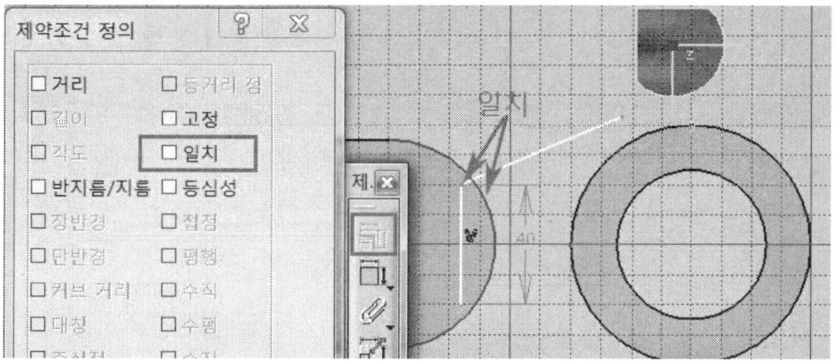

(17) 3D 요소 프로젝트로 원통 엣지를 투영하고 사선은 H선을 기준으로 미러한다.

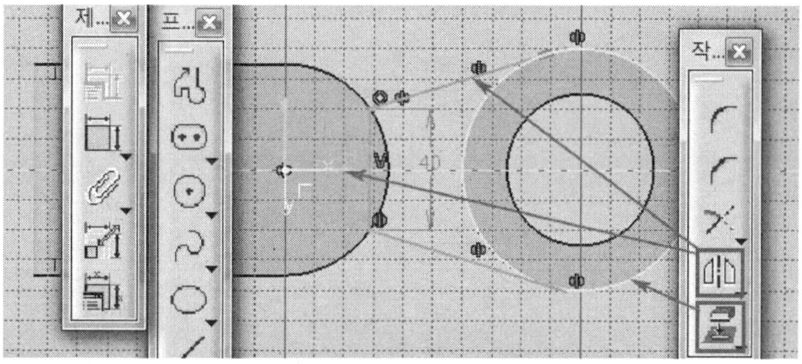

(18) 사선은 원호와 접점으로 형상 맞춤하고 원호와 자르기 한다.

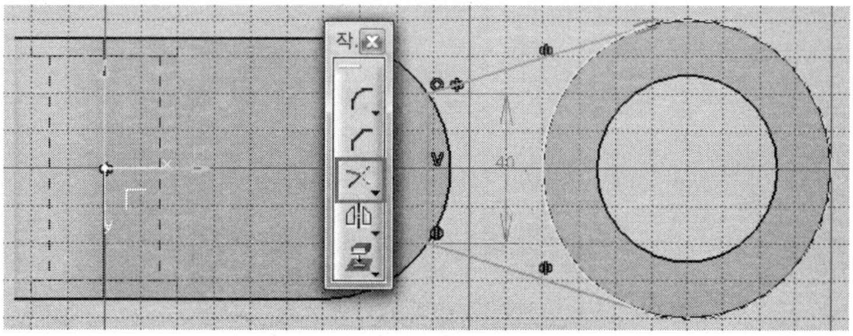

(19) 워크벤치 종료하고 Pad 대화상자에서 10 mm 지정하고 OK 한다.

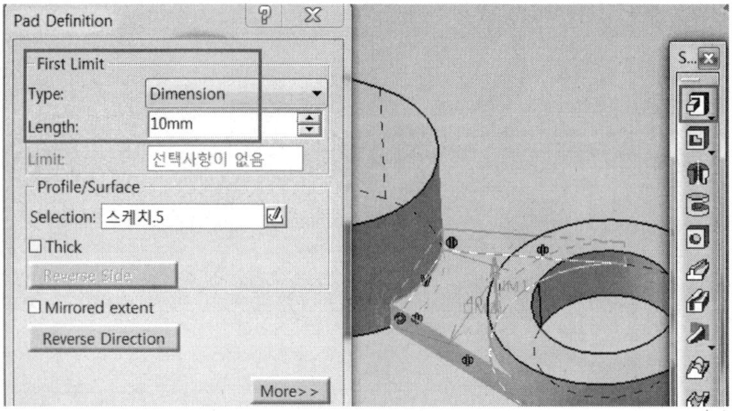

(20) 밑면에서 직사각형을 스케치하고 100 mm로 치수 맞춤한 다음 워크벤치 종료하고 20 mm Pocket 한다.

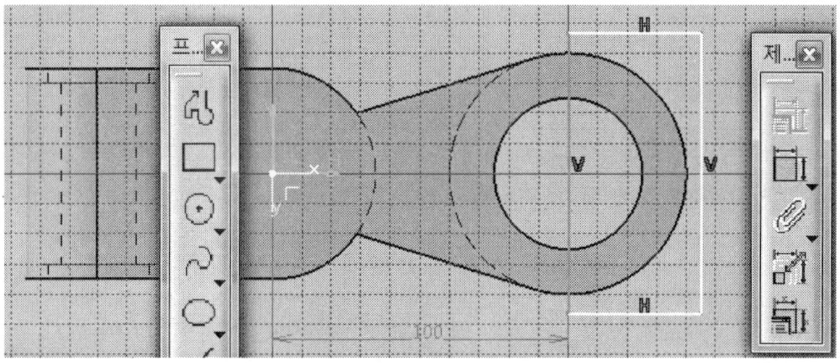

(21) Stiffner(보강재) 생성에 필요한 선을 스케치하기 위해 zx 평면을 스케치한다.

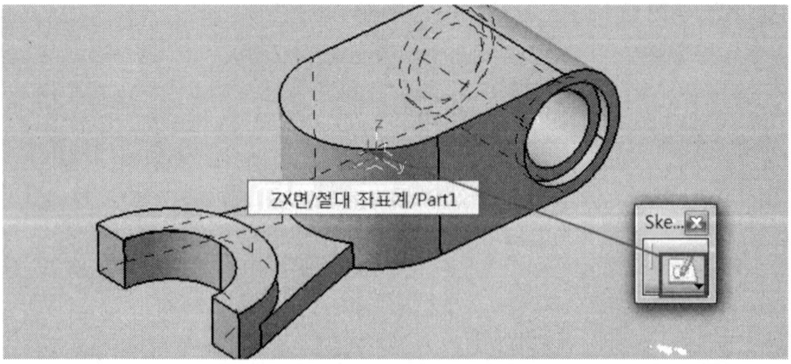

(22) 사선을 그리고, 참조요소를 선택하고 3D 실루엣 모서리 프로젝트로 양쪽 원통을 투영하여 사선과 각각 일치로 형상 맞춤한다.

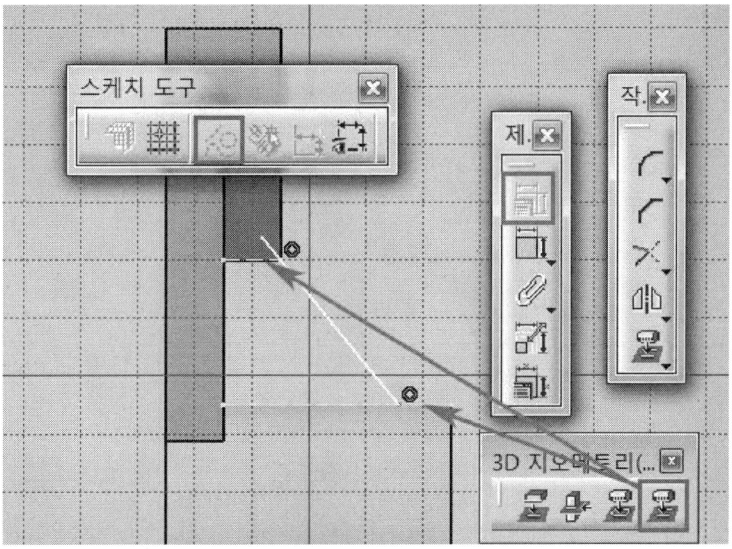

(23) 10 mm로 치수 맞춤한 다음 자르기(연장)를 선택하고 사선을 동일선상으로 적당량 끌어 연장한다.

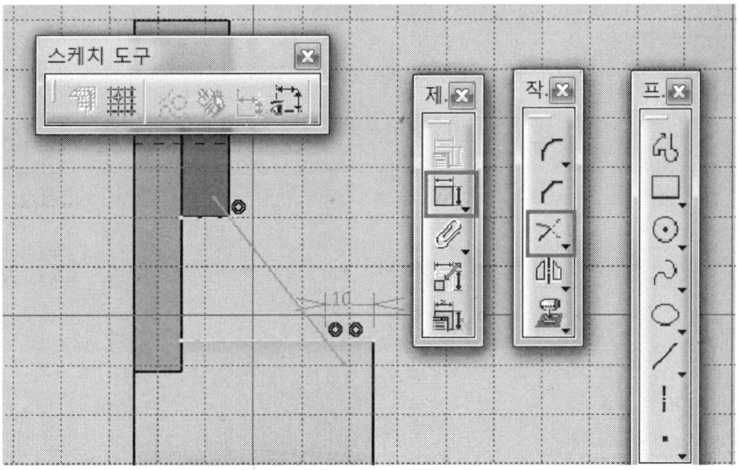

(24) 워크벤치 종료하고 Stiffner(보강재)를 선택한다.

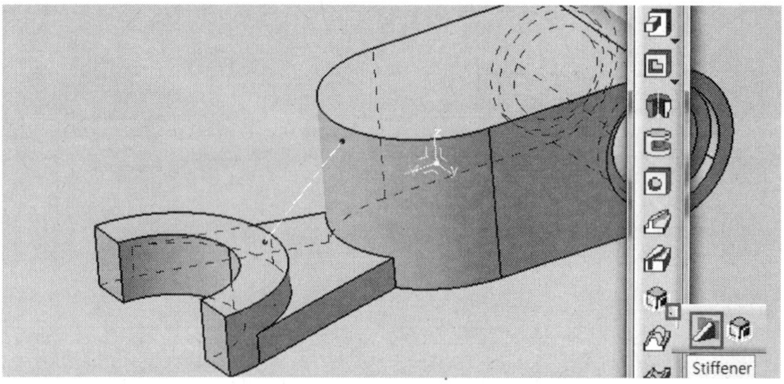

(25) Stiffner(보강재)로 두께 10 mm를 지정하고 OK 한다.

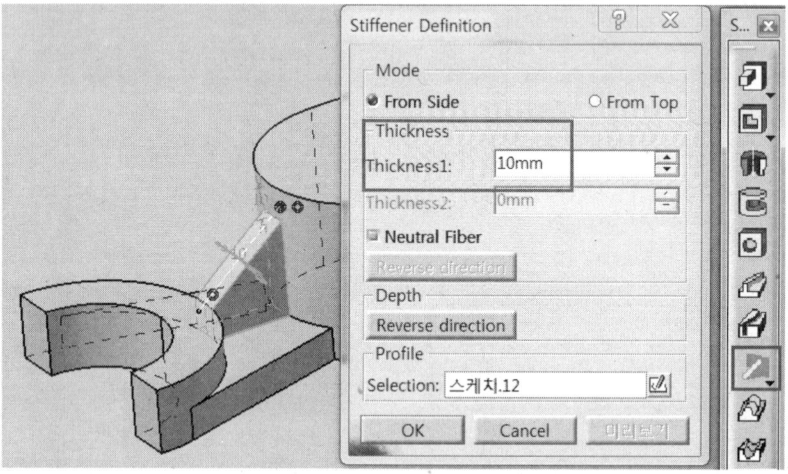

(26) 원을 그리고 지름 40 mm로 치수 맞춤한 다음 등심성으로 형상 맞춤한다.

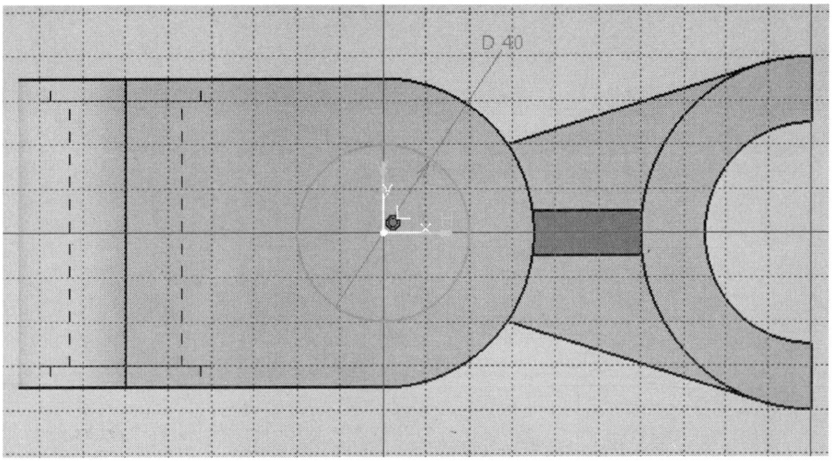

(27) 워크벤치 종료하고 Pocket으로 최종 마무리한다.

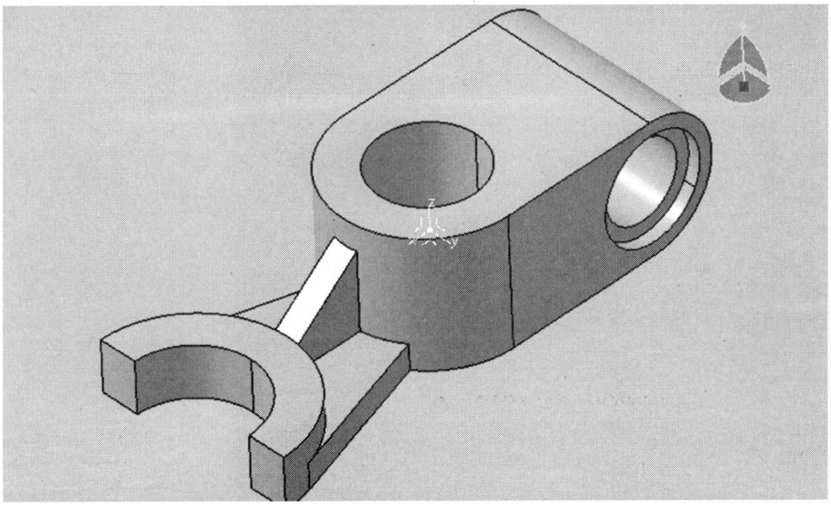

(28) 도면 모드에서 정면 뷰, 배열된 섹션 뷰는 회전 단면도로 활용하고 아이서메트릭 뷰도 삽입한다.

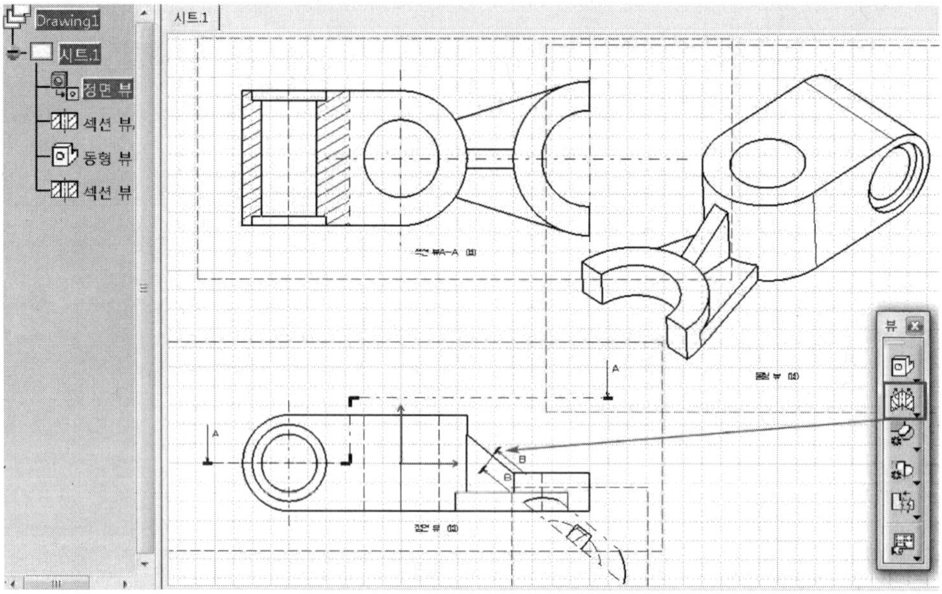

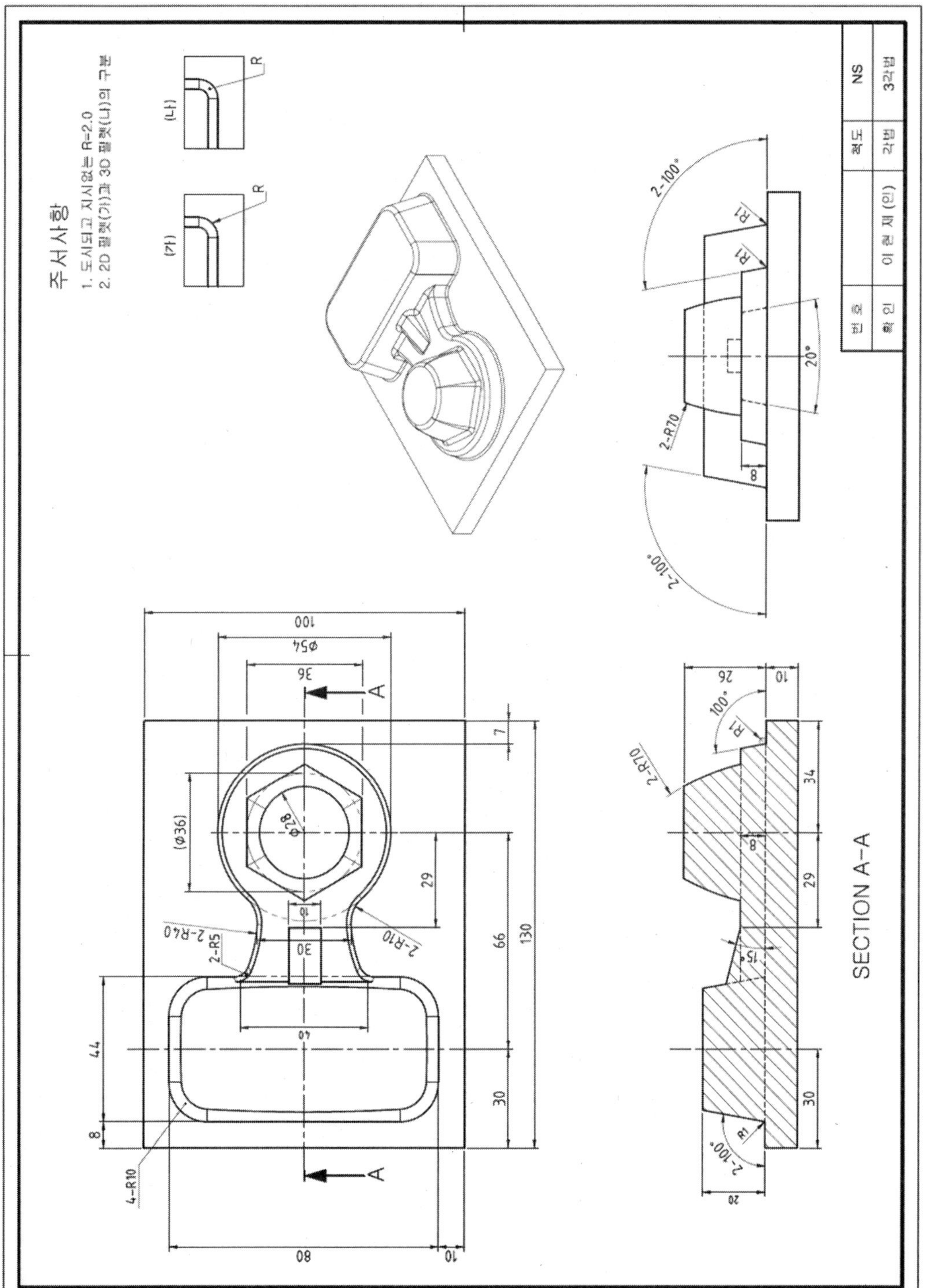
주서사항
1. 도시되고 지시없는 R=2.0
2. 2D 필렛(가)과 3D 필렛(나)의 구분
(가)
(나)
SECTION A-A
번 호
확 인
이 현 재 (인)
척도
NS
각법
3각법

2-9 Draft Angle(면 기울기), Stiffner(보강재), Multi-sections Solid, Remove face(면 제거)

(1) Part Design, xy plane에서 Sketch를 시작한다.

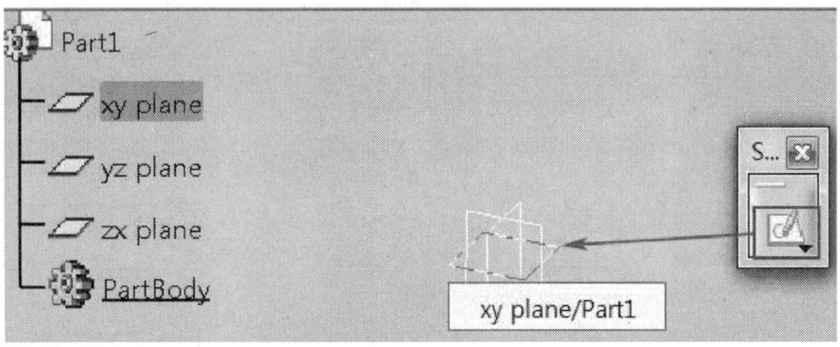

(2) (Centered Rectangle)로 원점 '1'을 클릭하고 H(65), V(50) 근처 '2'를 클릭한다.

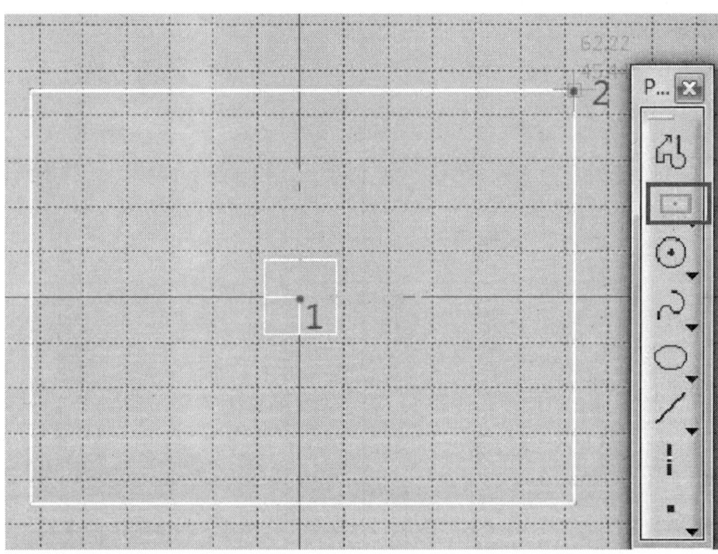

(3) 치수 (Constraint)를 더블클릭하여 130, 100으로 수정하고 (Exit WorkBench) 한다.

※ 치수 Constraint는 치수맞춤으로 표현한다.

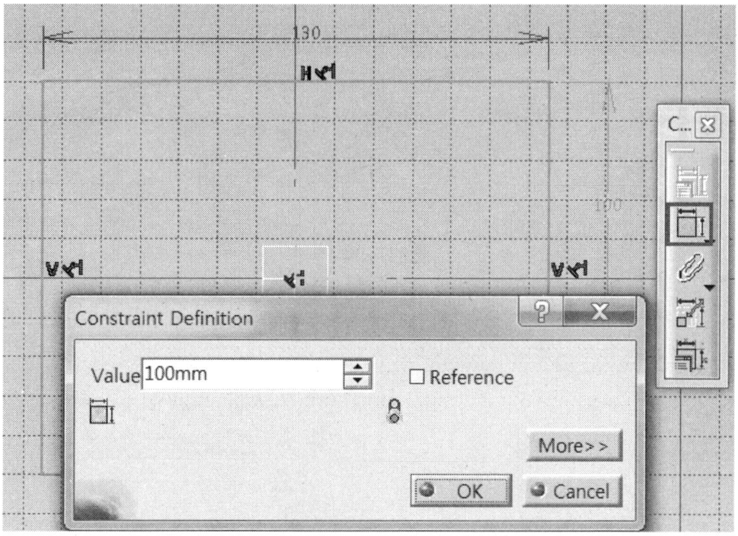

(4) Pad 정의에서 Length 값에 10mm 입력하고 Z 방향을 Reverse 시킨 다음 OK 한다.

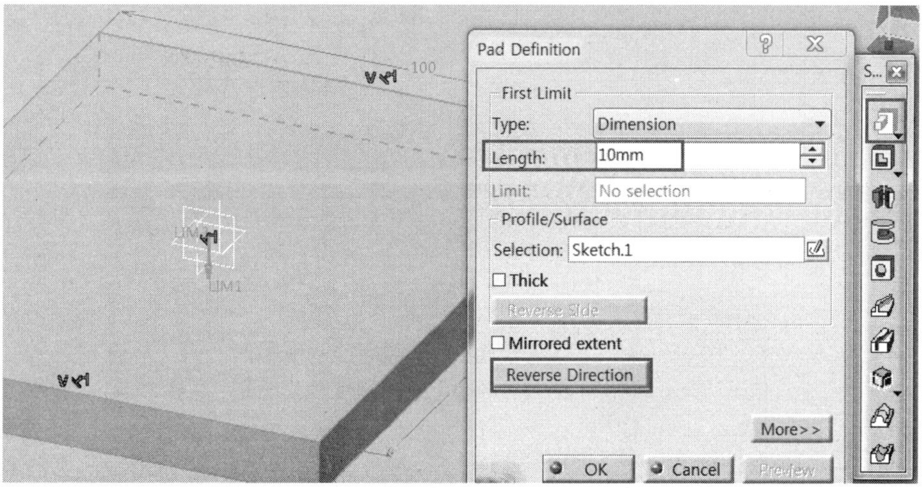

(5) Tools에서 사용자 좌표계로 꼭지점을 클릭한 다음 OK 한다.

※ 사용자 좌표계 설정은 도면 작성이나 NC Data 생성의 기준이 됨

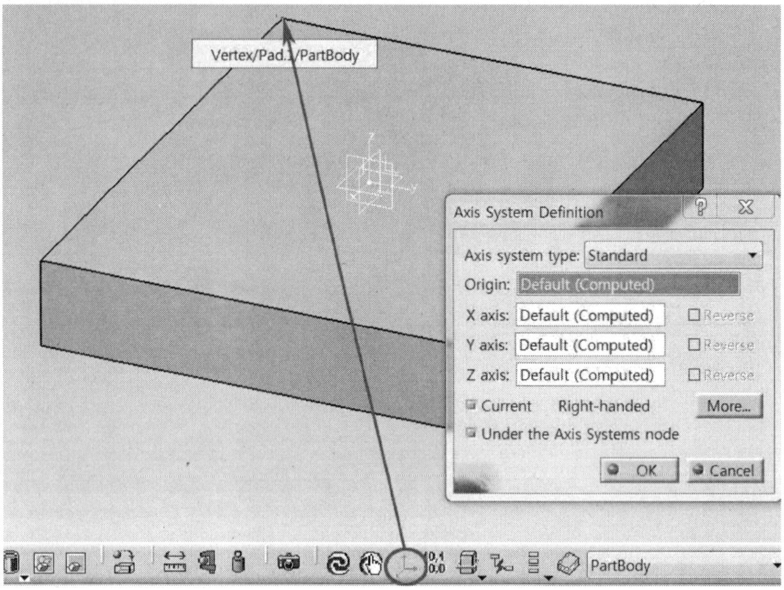

(6) xy 평면에서 중심 직사각형을 그리고 다중 제약조건으로 치수맞춤하고 워크벤치 종료한 다음 Pad 로 20mm 작업한다.

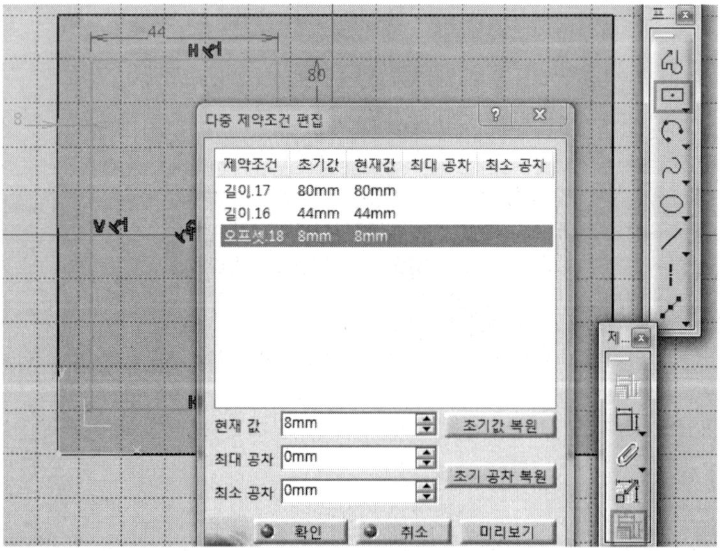

(7) Draft Angle(면 기울기) 10°를 먼저 작업하고 3D Edge Fillet 4-R10을 작업한다.

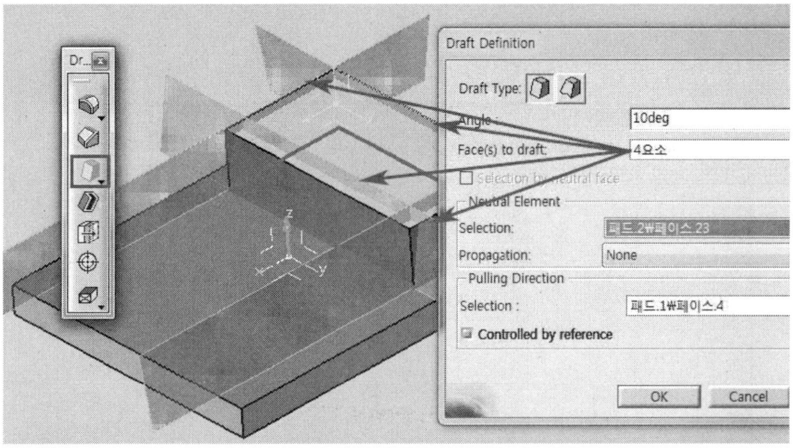

(8) xy 평면에서 중심 원을 그리고 D54, 96으로 치수 맞춤한 다음 3점호를 그린다.

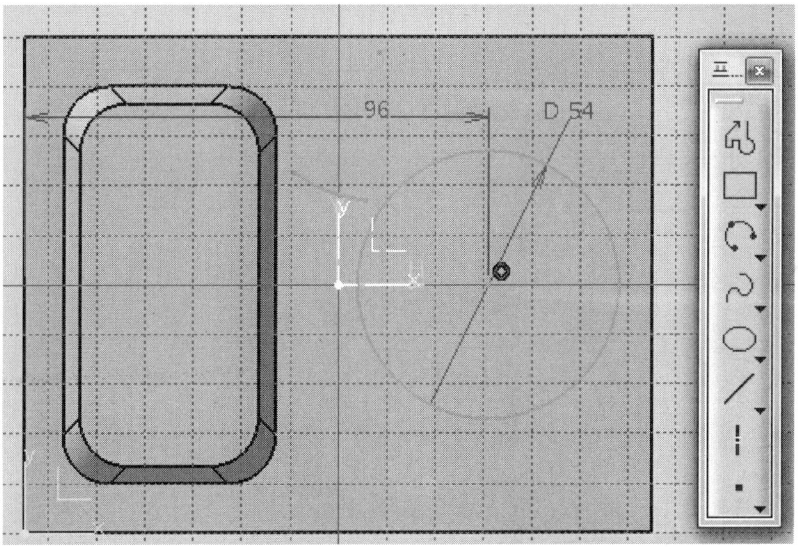

(9) 3점호를 R40, 15, 20으로 치수맞춤 한 다음 엣지와 '일치'로 형상맞춤하고 R10으로 모깍기 한다.

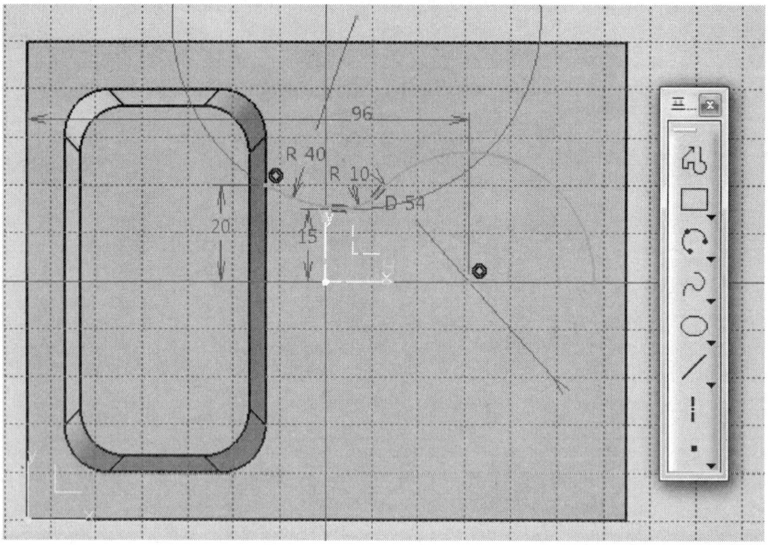

(10) 미러를 더블클릭하여 H를 기준으로 모두 미러한 다음 왼쪽 개구부를 선으로 막아준다.

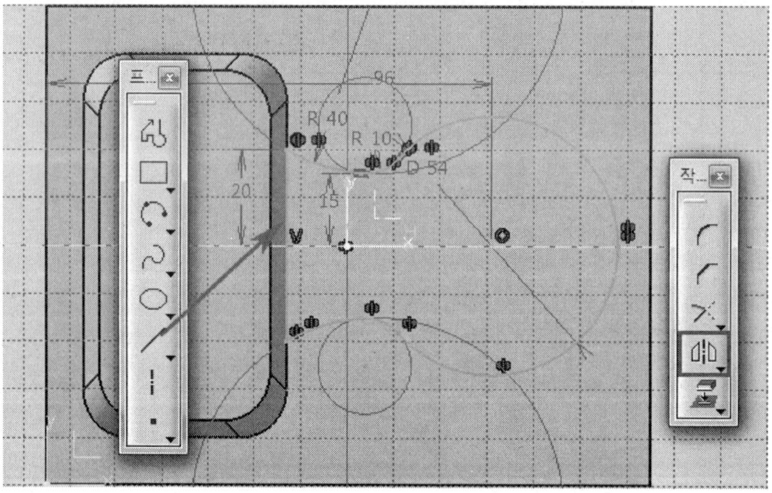

(11) 워크벤치 종료하고 8mm Pad 한 다음 Remove face ( )를 선택하여 벌어진 틈을 채운다.

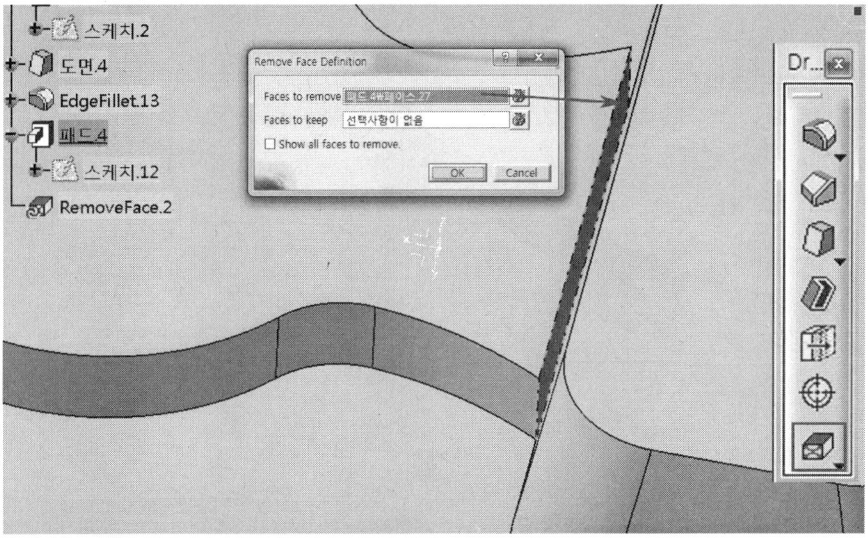

(12) Draft Angle(면 기울기) 10°를 작업한다.

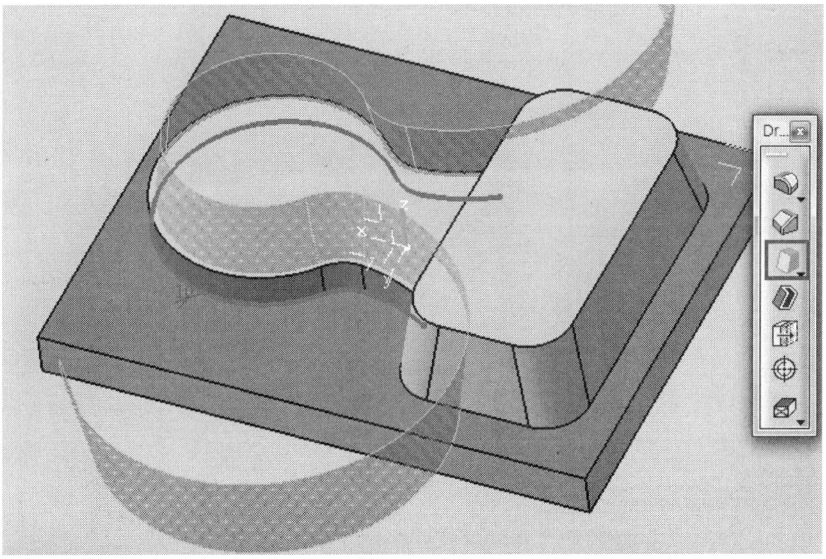

(13) 2-5R(3D)을 엣지 필렛으로 작업한다.

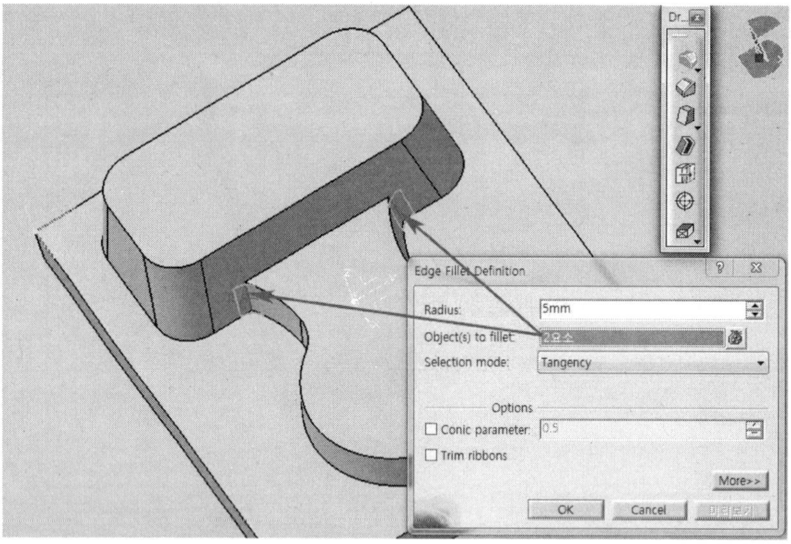

(14) 육각형이 위치할 평면에서 스케치로 육각형의 중심을 선택하여 스케치 도구의 각도에 30°를 1, 2(탭 키로 진입), 3의 순서로 육각형을 그린다.

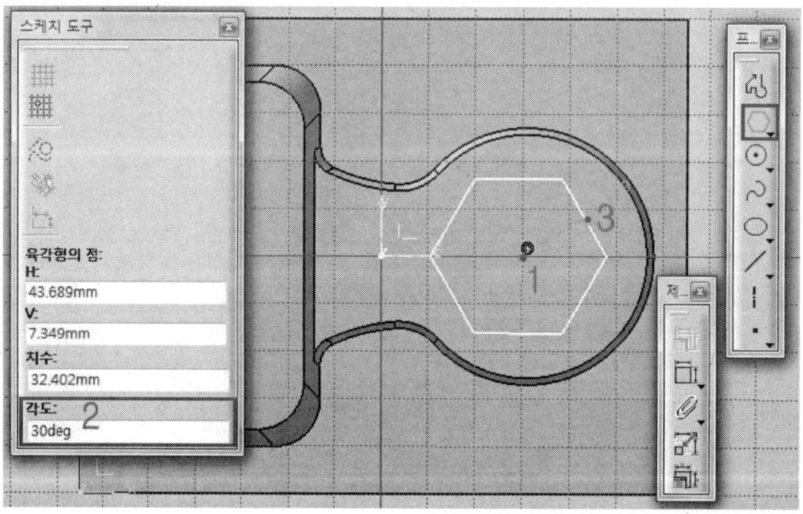

(15) 육각형 한 변의 치수를 지운 다음 36으로 치수맞춤하고 호와 구성원을 '등심성'으로 형상맞춤하고 워크벤치 종료한다.

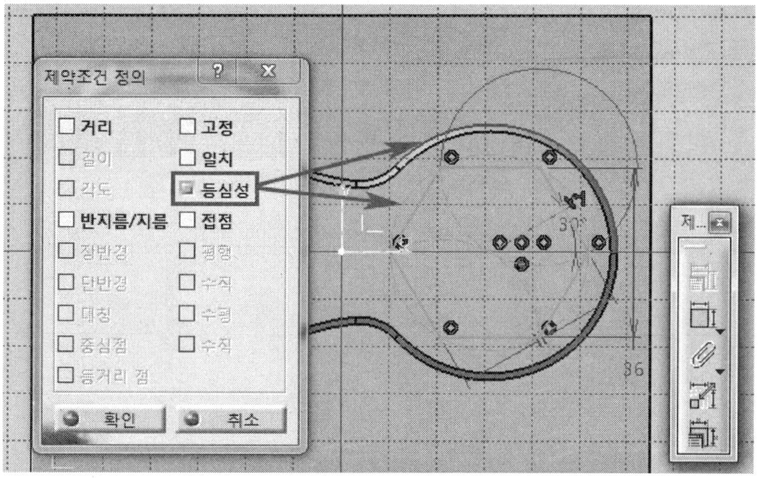

(16) xy 평면에서 26mm 위에 작업평면을 생성하고 그 평면에서 원을 스케치한다.

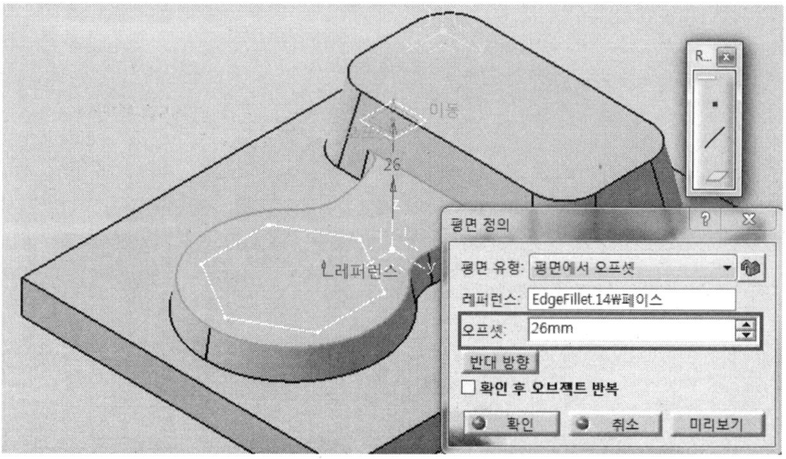

(17) D28로 치수맞춤하고 원을 '등심성'으로 형상맞춤 한다.

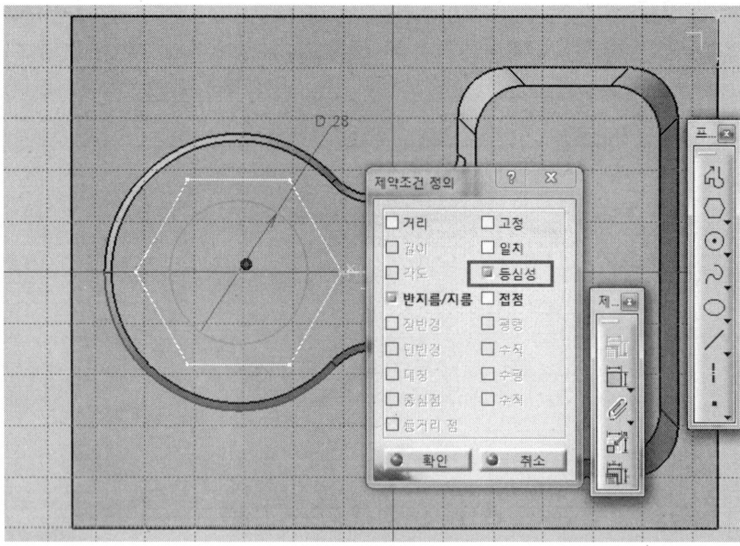

(18) 육각형의 꼭지점과 원의 6등분점을 R70인 호로 연결하기 위하여 원을 6등분하고 워크벤치 종료한다.

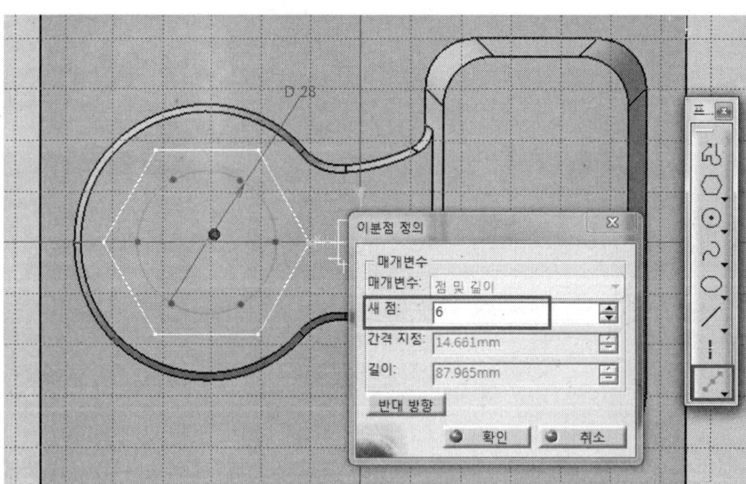

(19) 육각형의 꼭지점에서 원의 분할 점과 연결할 R70인 호 6개를 한 평면에 두 개씩 그리려면 세 개의 평면이 필요하다. zx 평면은 이미 정의되어 있어서 평면 하나를 먼저 정의한다.

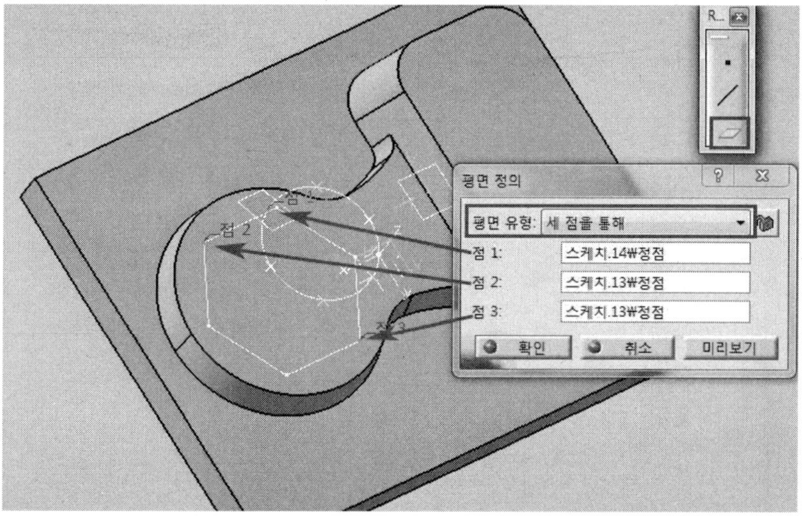

(20) 두 번째 평면도 '세 점을 통해' 정의하고 워크벤치 종료한다.

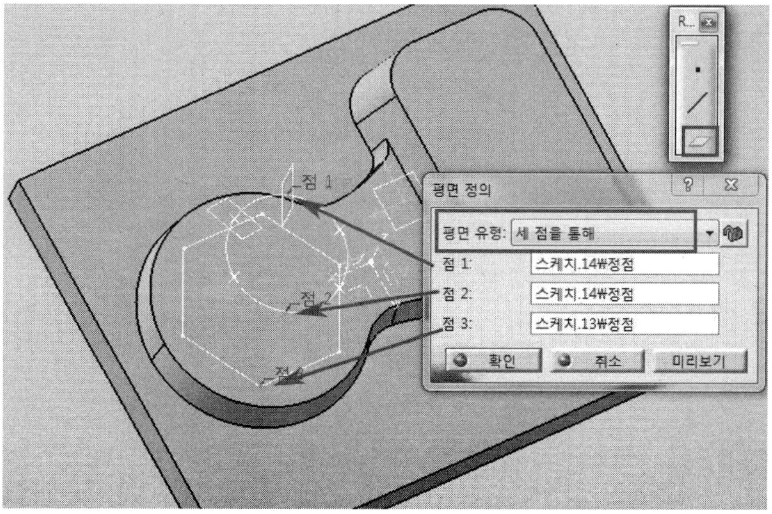

(21) zx 평면에서 R70인 호 두 개를 스케치하고 각 점에 형상맞춤하고 두 커브가 떨어져 있으므로 하나는 출력 피처로 변환한다.(출력 피처는 굵은 선으로 표시됨)

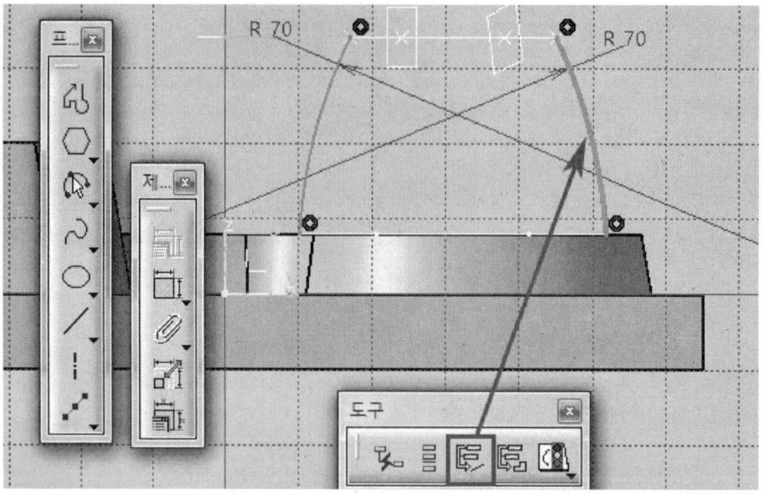

(22) 워크벤치 종료하고 두 번째 평면과 세 번째 평면에서 R70인 호를 같은 방법으로 연결하고 각각 하나씩은 출력 피처로 변환한다.

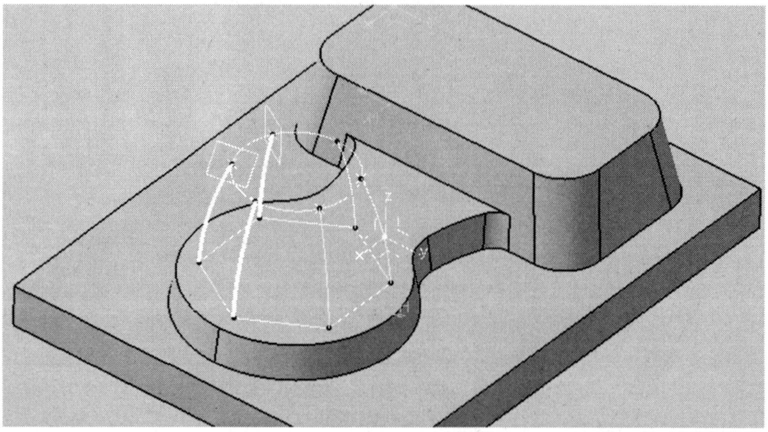

(23) Multi Sections Solide 로 섹션 커브 두 개, 안내 커브 여섯 개를 모두 지정한다. D28인 원 위의 닫기 점을 확대하여 닫기 점이 안내 커브의 끝점과 일치하지 않으면 마우스 우클릭 하여 닫기 점을 교체하고 벡터의 방향도 일치한 다음 확인한다.

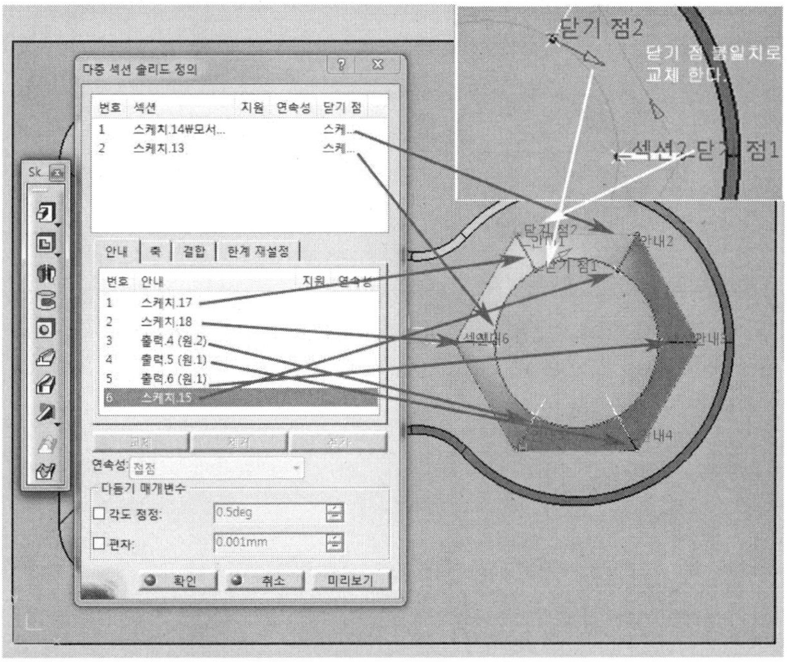

(24) Stiffener(보강재)를 생성하기 위해 zx 평면에 선을 그리고 '일치'로 형상맞춤 한 다음 15°, 67로 치수맞춤 한다.

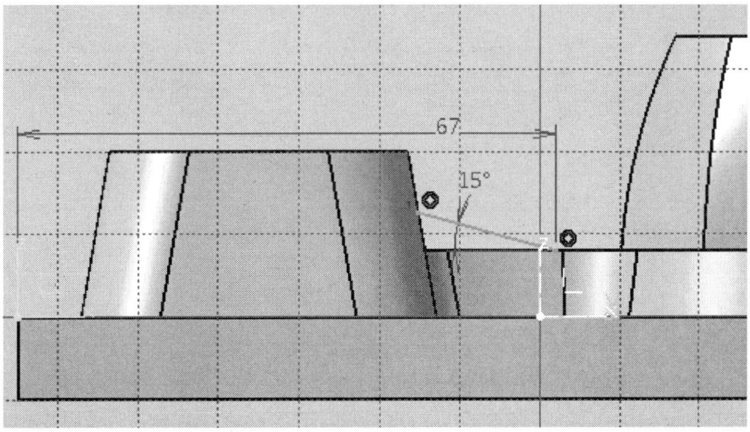

(25) 워크벤치 종료하고 보강재(Stiffener)로 10mm 생성한다.

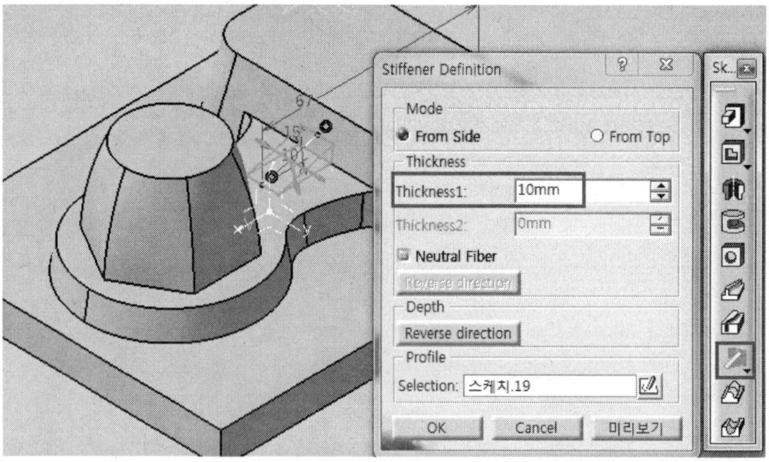

(26) 엣지 필렛 R2와 R1을 작업한다.

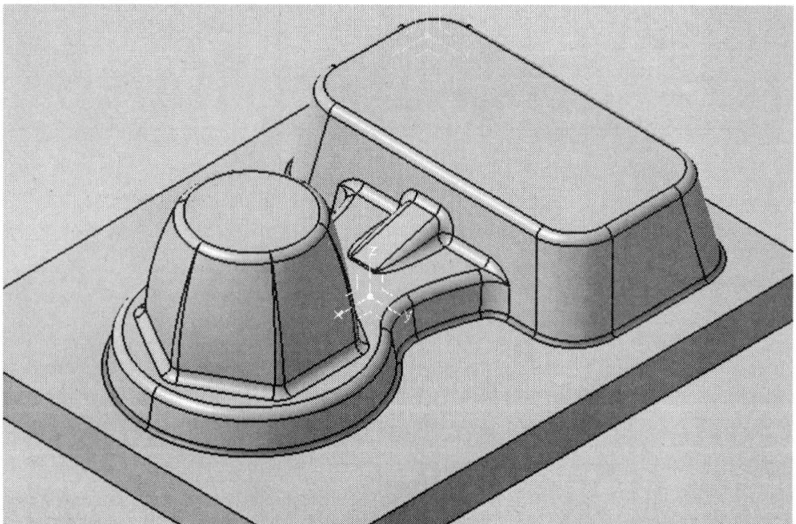

(27) 도면 모드에서 엣지 필렛은 비활성화하여 정투상도를 추출하고 등각도는 엣지 필렛을 활성화하여 작업한다.

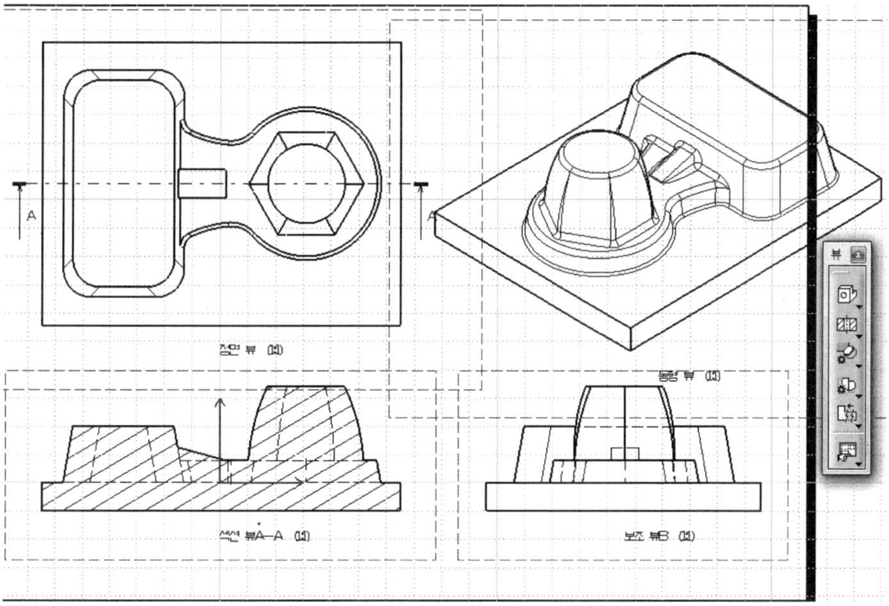

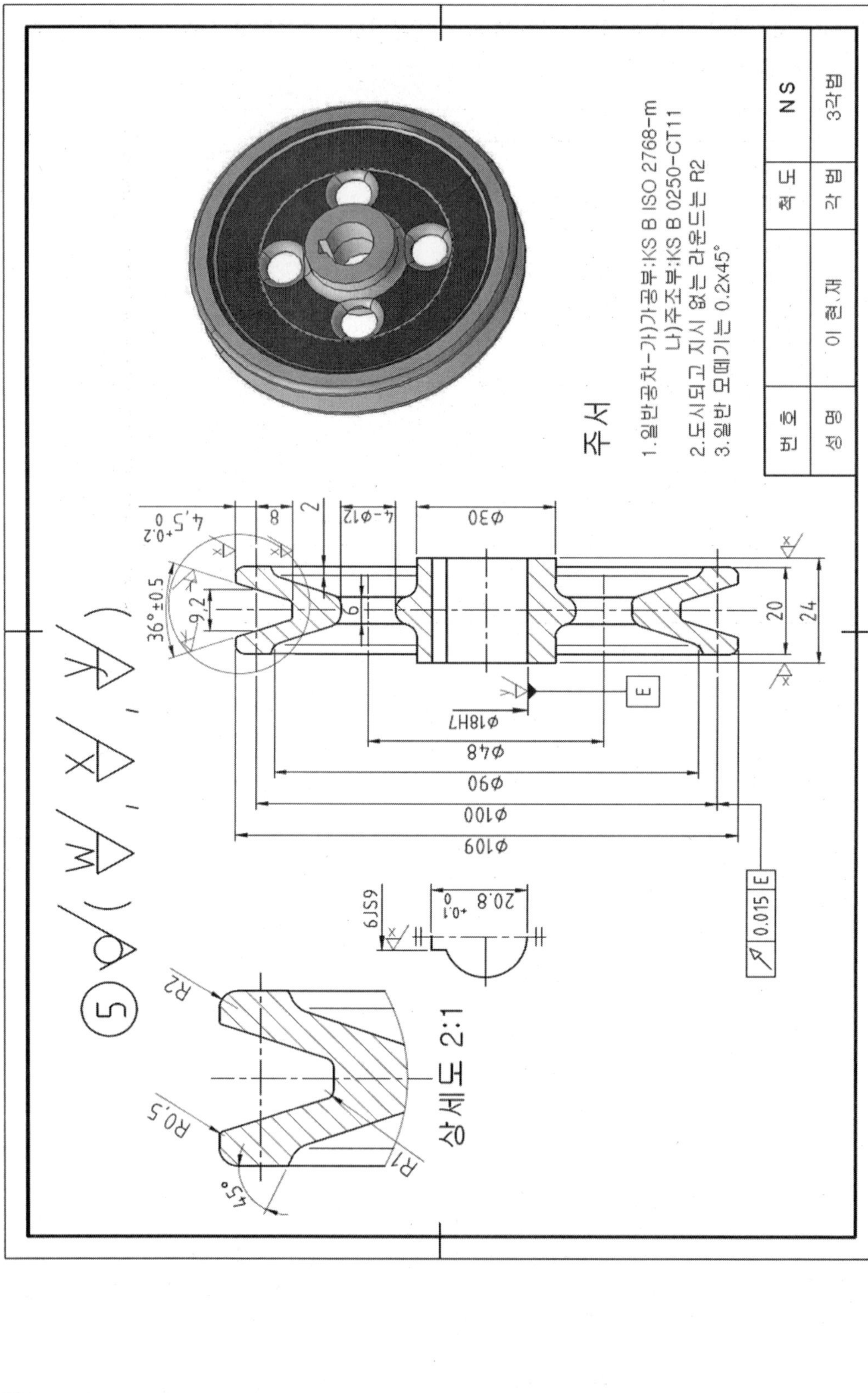

주서
1.일반공차-가)가공부:KS B ISO 2768-m
나)주조부:KS B 0250-CT11
2.도시되고 지시 없는 라운드는 R2
3.일반 모떼기는 0.2x45°
상세도 2:1
번호
척도
NS
성명
이 현,재
각법
3각법

2-10 주철제 V벨트풀리(KS B 1400), 도면(국부투상, 상세도)

(1) Part Design, 지오메트리 세트 작성 해제하고 작업한다.(영어 버전)

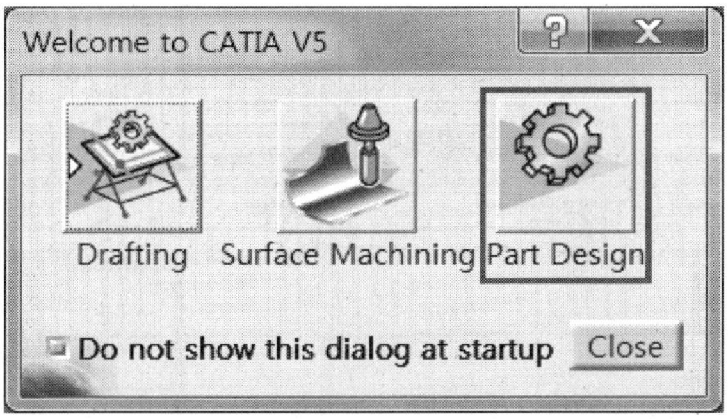

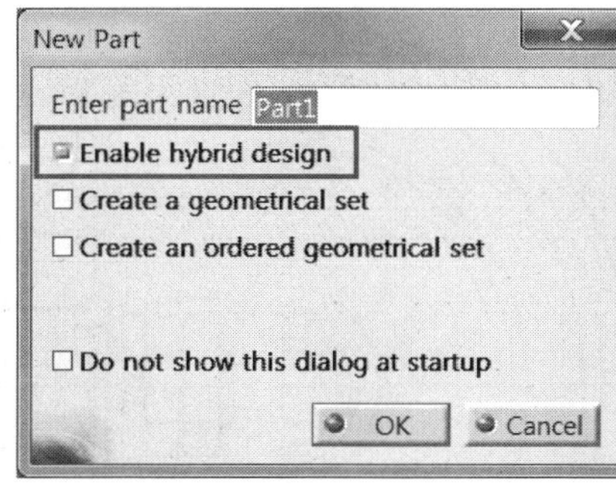

(2) Sketch를 선택하고 yz 평면(plane)을 클릭하면 PartBody가 활성화된다.

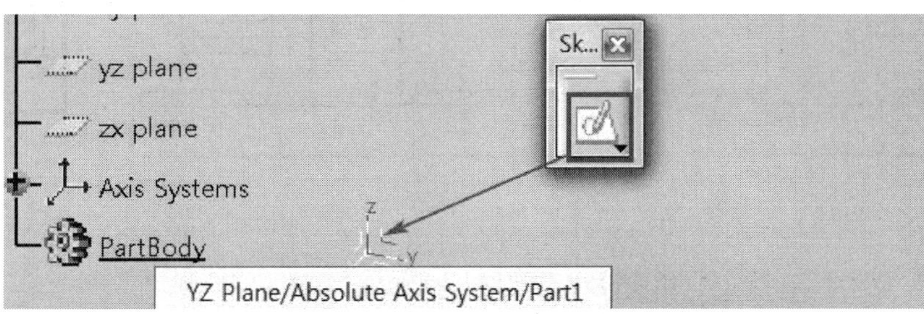

(3) 조립도에서 치수를 실측한다.(도면 참고)

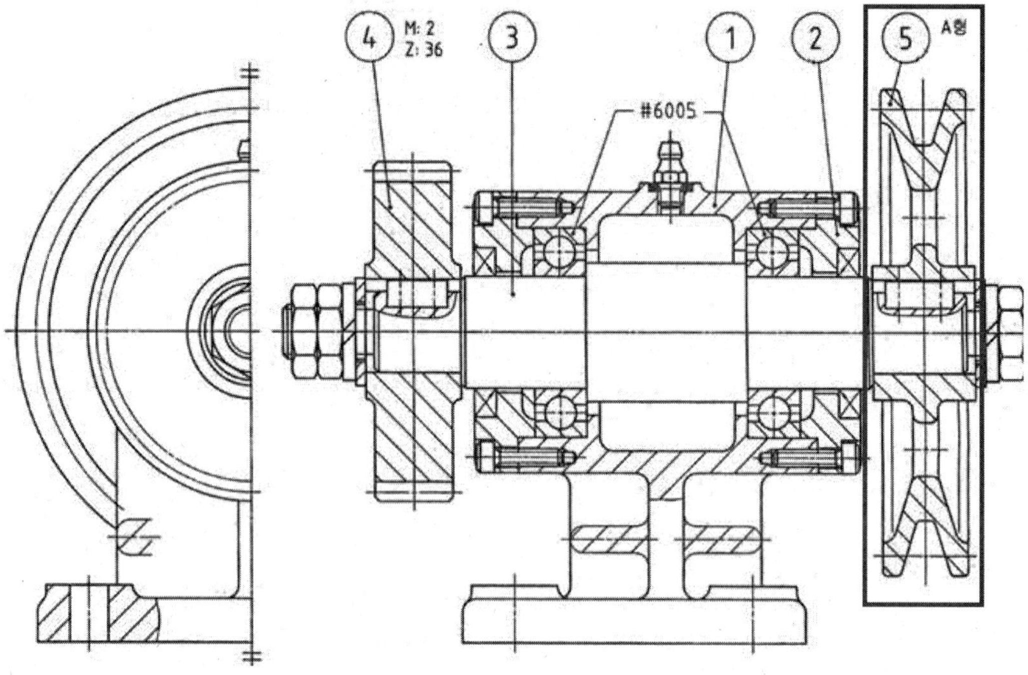

(4) Profile로 V선과 일치시켜 비슷하게 그린다.

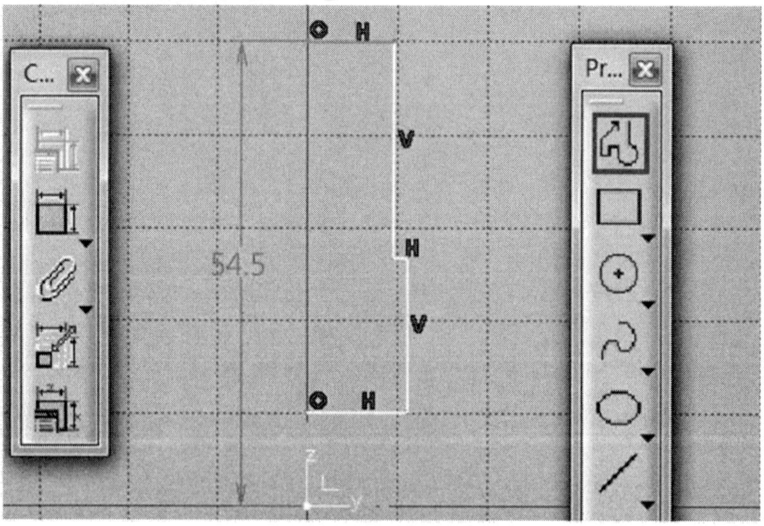

(5) 치수 9, 15, 54.5, 12, 10으로 치수 맞춤한다.

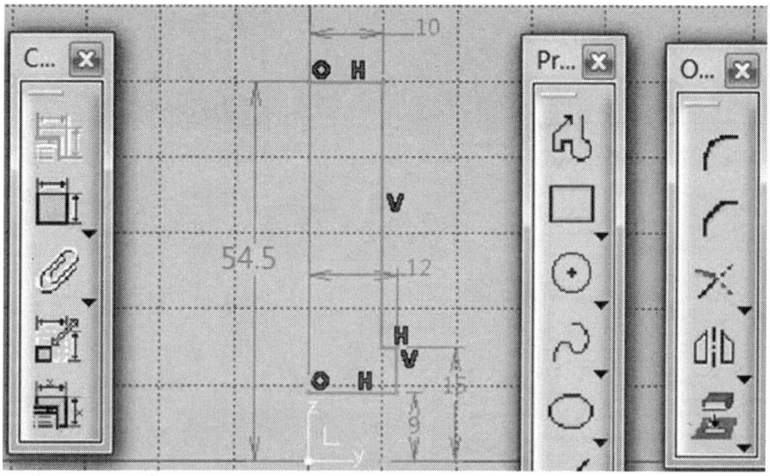

(6) V 성분을 기준으로 전체를 Mirror하고 워크벤치 종료한다.

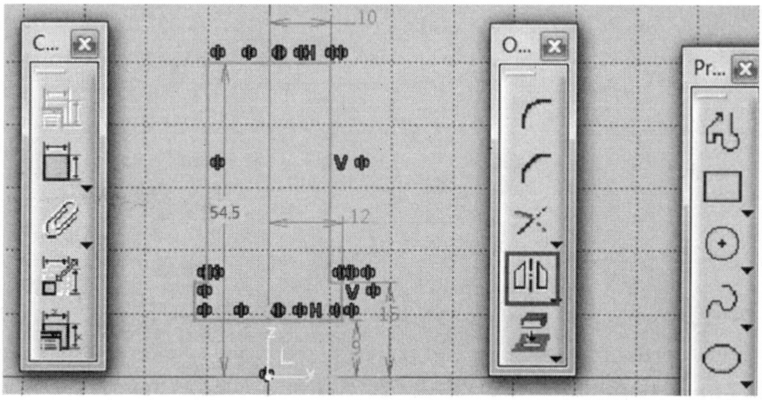

(7) H를 기준으로 Shaft 한다.

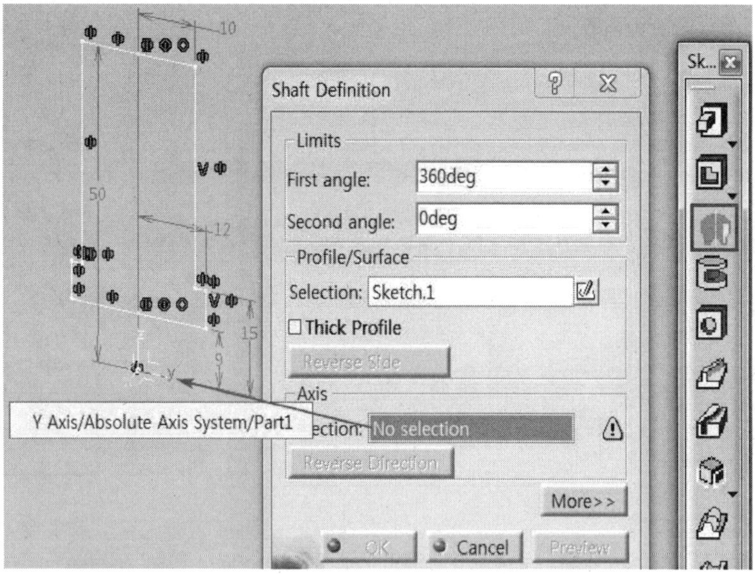

(8) V홈을 파내기 위하여 Sketch를 선택하고 yz 평면(plane)을 클릭한다.

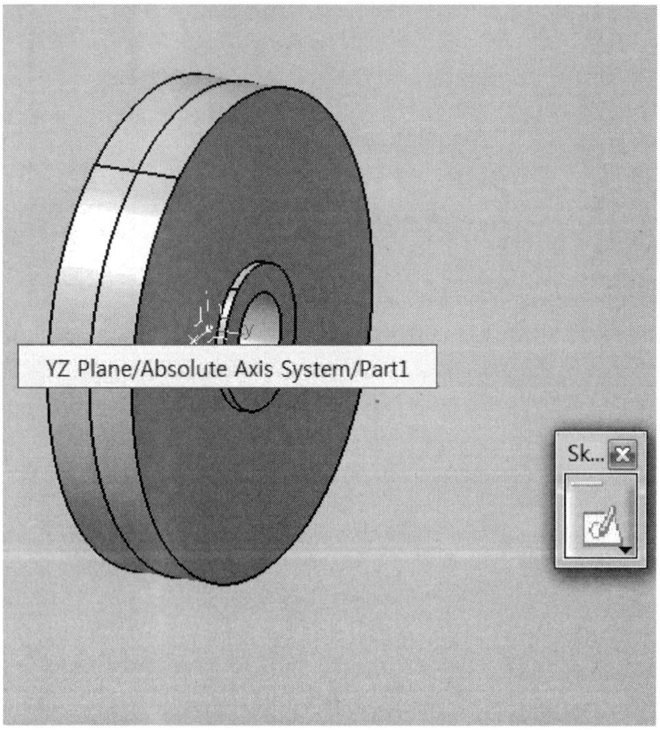

(9) 도면 치수를 확인하고 주철제 V벨트 풀리의 규격을 검색한다.(standard.go.kr, KS B 1400)

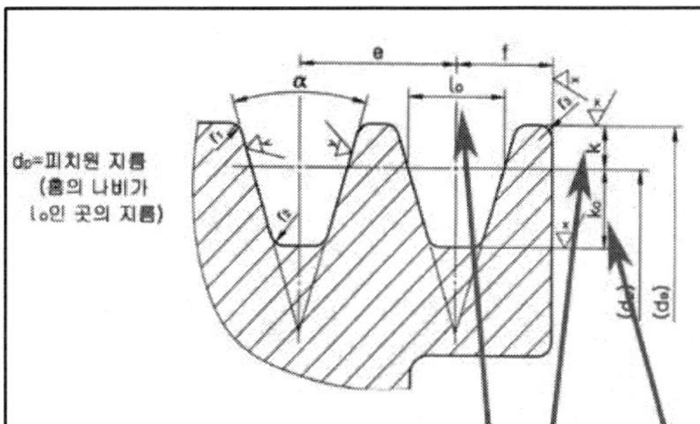

V벨트의 형별	α의 허용차(°)	k의 허용차	e의 허용차	f의 허용차
M	±0.5	+0.2 0	—	±1.0
A			±0.4	
B				

호칭지름 (mm)	바깥지름 de 허용차	바깥둘레 흔들림 허용값	림 측면 흔들림 허용값
75 이상 118 이하	±0.6	0.3	0.3
125 이상 300 이하	±0.8	0.4	0.4

V벨트 형별	호칭 지름	α(°)	L_0	k	k_0	e	f	r_1	r_2	r_3	비 고
M	50이상~71이하 71초과~90이하 90초과	34 36 38	8.0	2.7	6.3	—	9.5	0.2~0.5	0.5~1.0	1~2	M형은 원칙적으로 한 줄만 걸친다.(e)
A	71이상~100이하 100초과~125이하 125초과	34 36 38	9.2	4.5	8.0	15.0	10.0	0.2~0.5	0.5~1.0	1~2	
B	125이상~165이하 165초과~200이하 200초과	34 36 38	12.5	5.5	9.5	19.0	12.5	0.2~0.5	0.5~1.0	1~2	

(10) 축선을 수평으로 그린 다음 Profile로 축선의 끝을 추적하여 사선으로 그리고 36°, 9.2, 8로 치수 맞춤하고 V성분에 대칭으로 형상 맞춤한다.

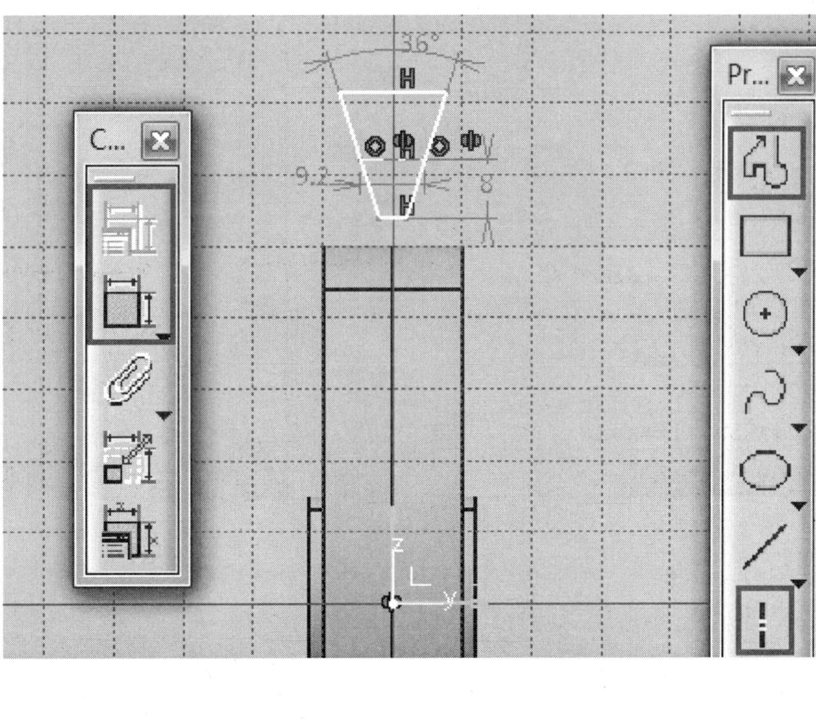

(11) H 성분과 피치원 지름 100/2로 치수 맞춤하고 워크벤치 종료한다.

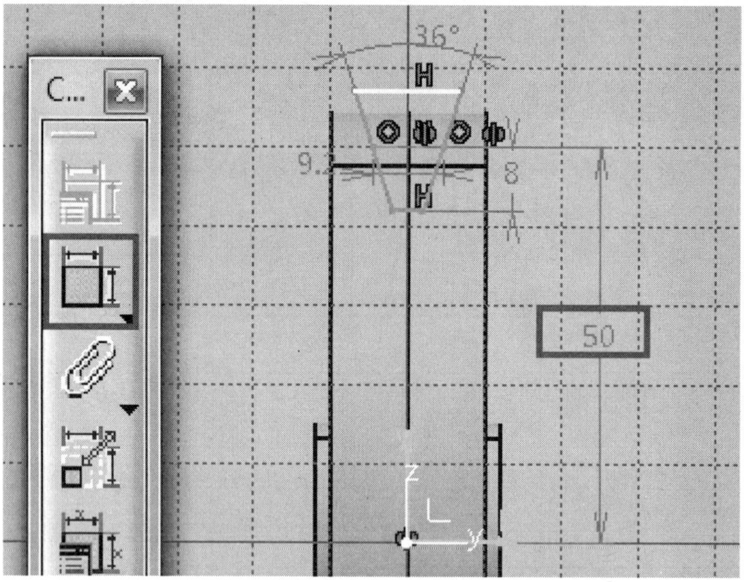

(12) Groove, H 성분을 기준으로 360° 지정한다.

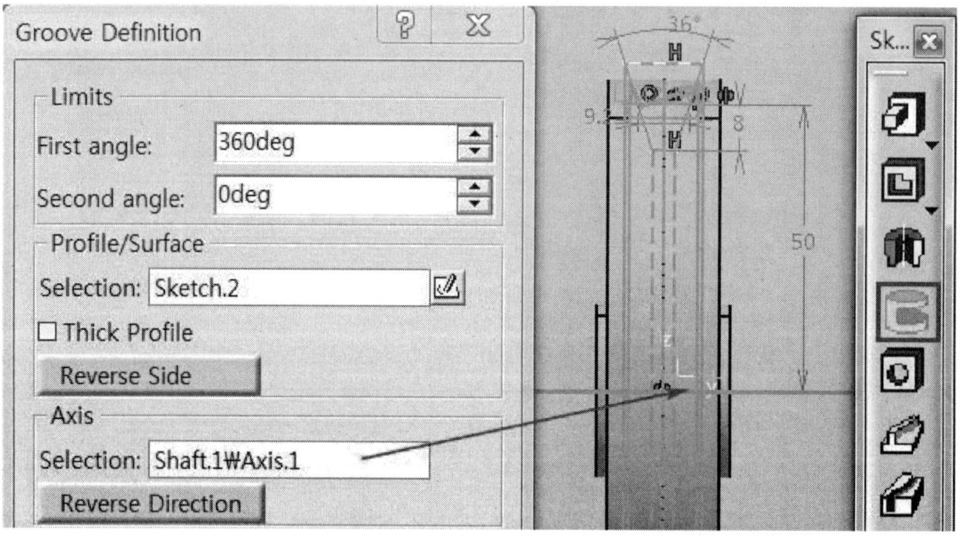

(13) Sketch를 선택하고 yz 평면을 클릭한다.

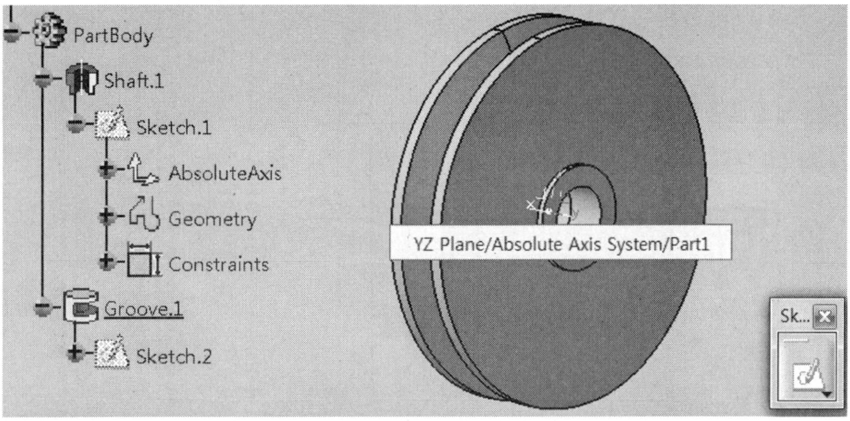

(14) Profile로 비슷하게 그린다.

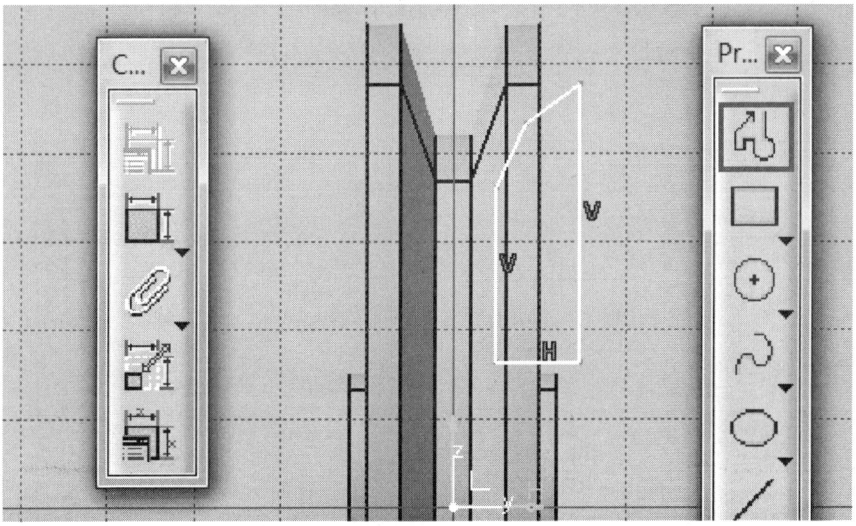

(15) 치수 45°, 72°, 15, 45, 7, 2로 치수 맞춤하고 워크벤치 종료한다.

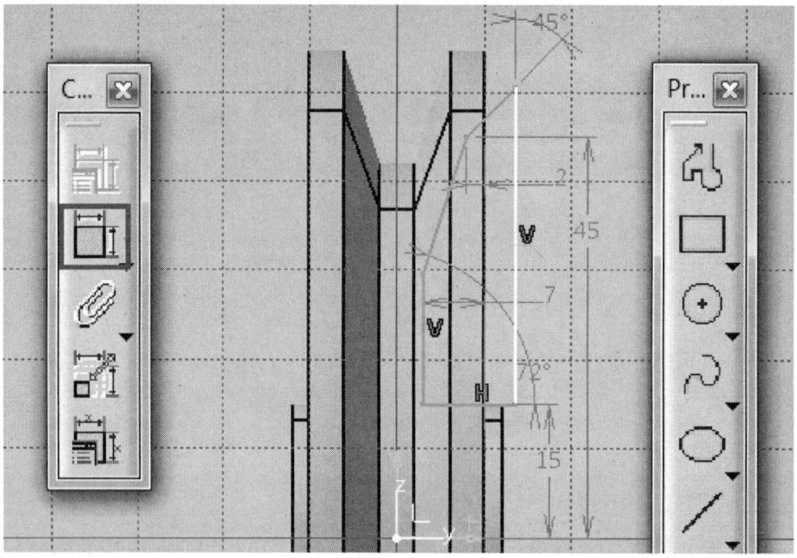

(16) Groove로 제거한다.

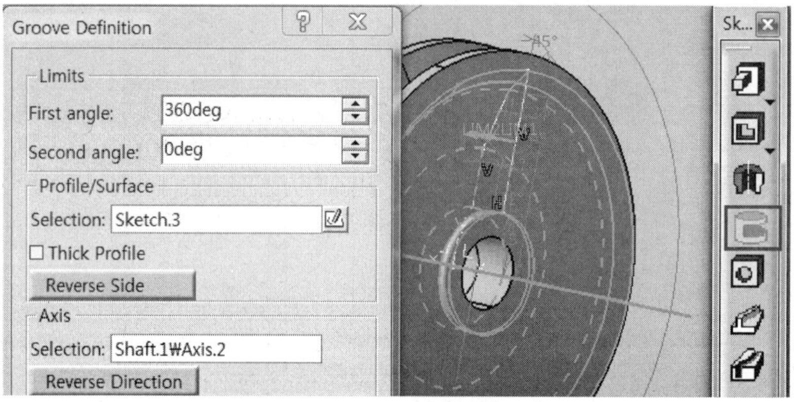

(17) Spec_Tree(스펙트리)에서 Groove를 선택하고 zx 평면을 기준으로 Mirror 한다.

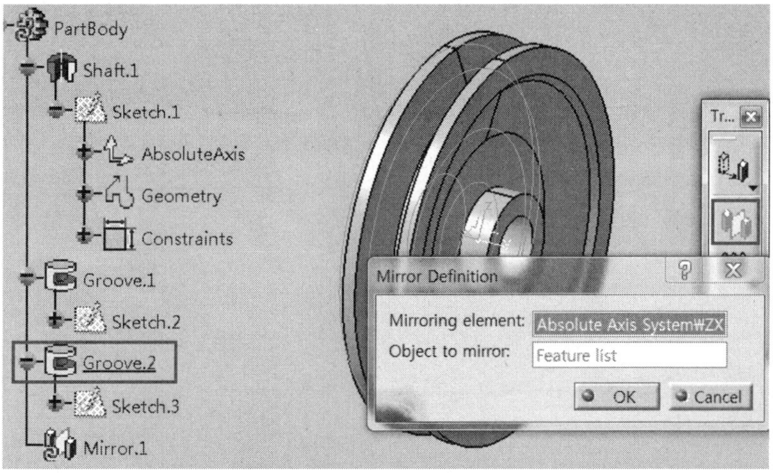

(18) 스펙트리, Groove에서 마우스 우클릭으로 Properties(특성)에서 그래픽 색상도 변경할 수 있다.

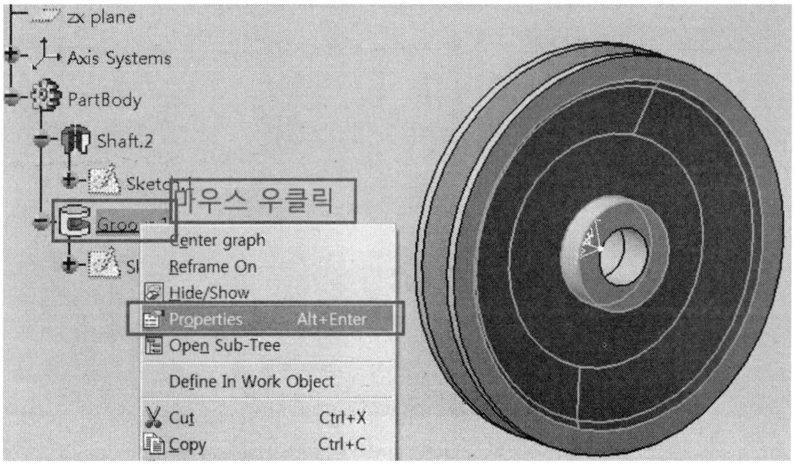

(19) Properties(특성)에서 Color를 변경해 본다.

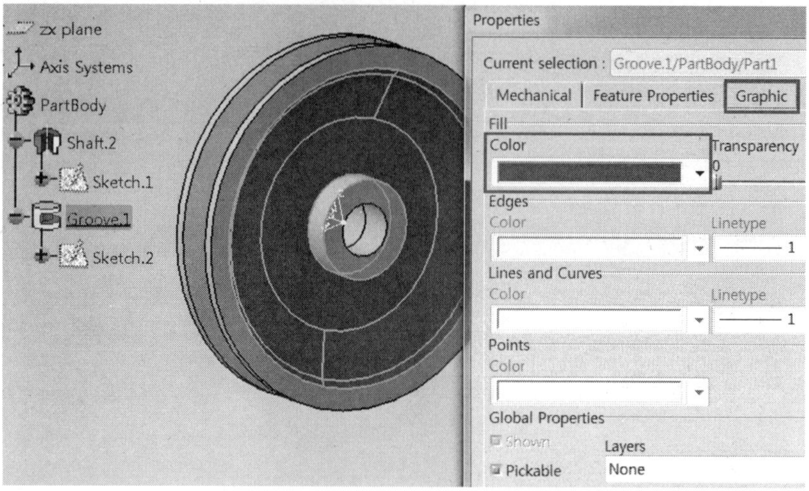

(20) 지름 12 mm, 4개의 구멍을 작업하기 위해 구멍이 위치할 평면에서 스케치한다.

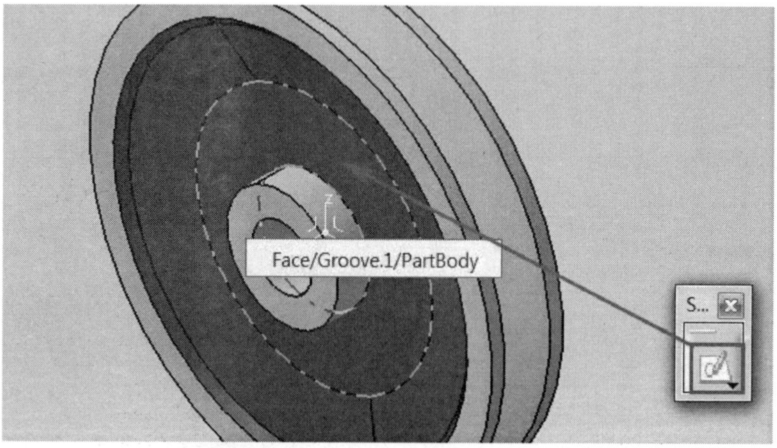

(21) Circle(원)을 V 성분을 추적하여 그린 다음 치수 18, D 12를 추가하고 워크벤치 종료한다.

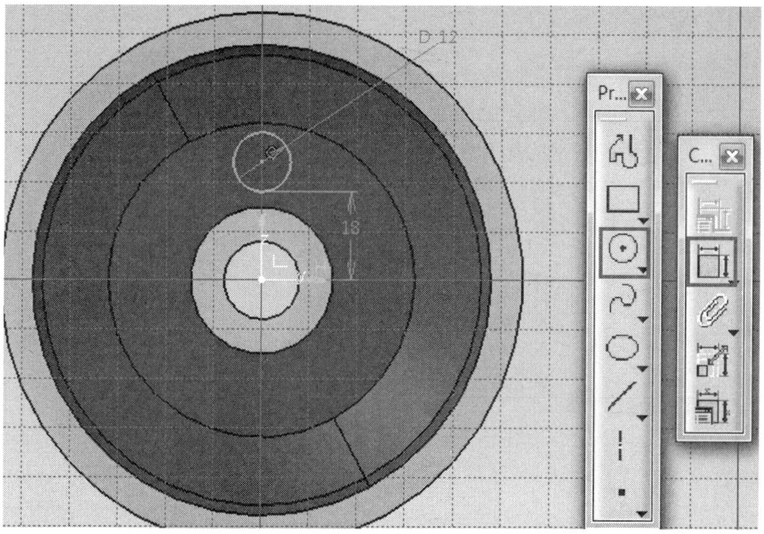

(22) Pocket 대화상자에서 값을 지정하고 OK 한다.

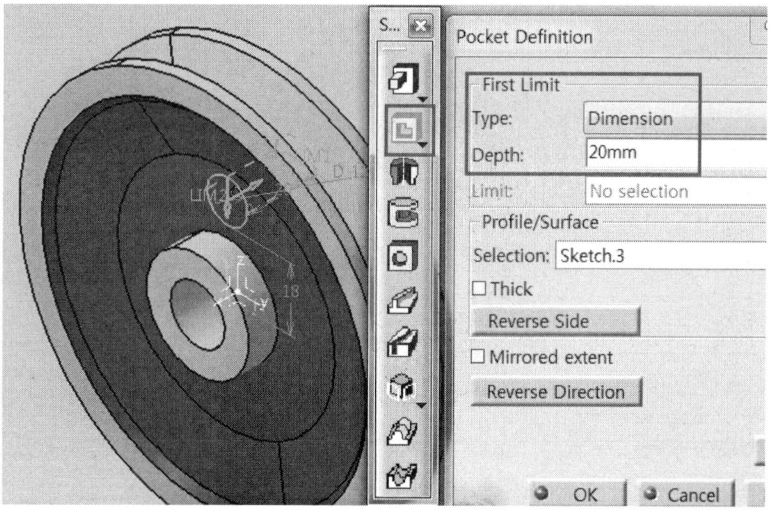

(23) 스펙트리에서 Pocket을 선택하고 Circular Pattern (원형 배열) 대화상자에서 각 항목을 지정하고 OK 한다.

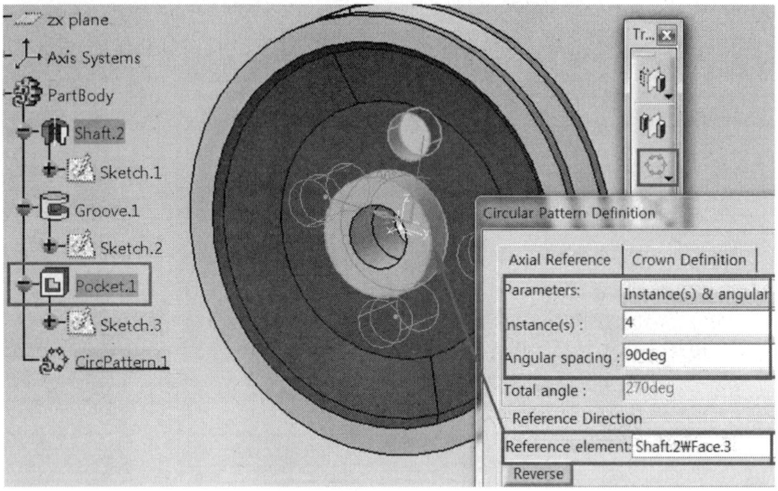

(24) Edge Fillet R 2를 지정하고 OK 한다.

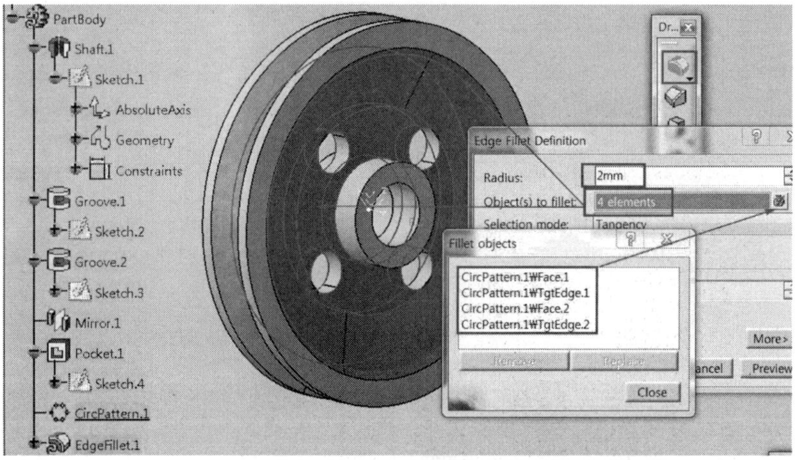

(25) Edge Fillet R 2, R 1, R 0.5를 각각 지정한다.

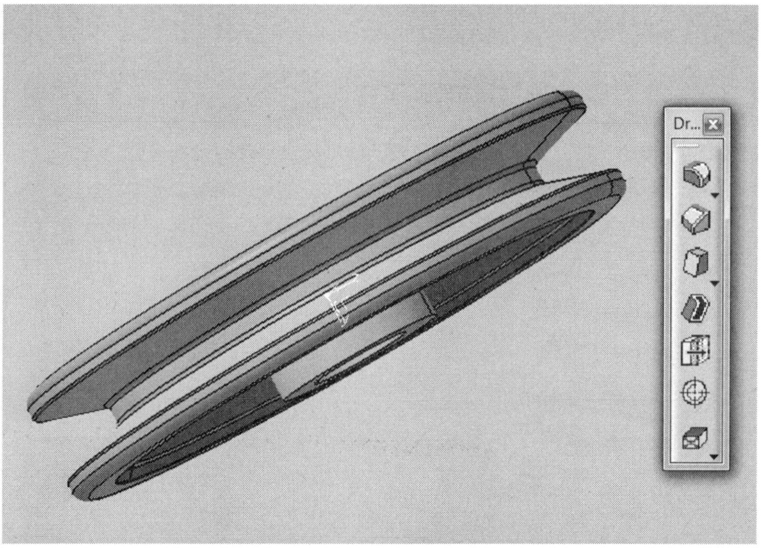

(26) 키 홈이 위치한 평면에서 스케치한다.

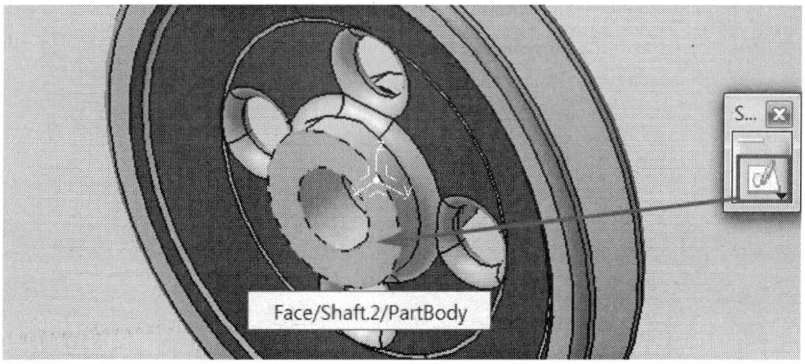

(27) Centered Rectangle(중심 직사각형) 그리기로 V를 추적하여 그린 다음 치수 6, 2.8을 추가하고 워크벤치 종료한다.

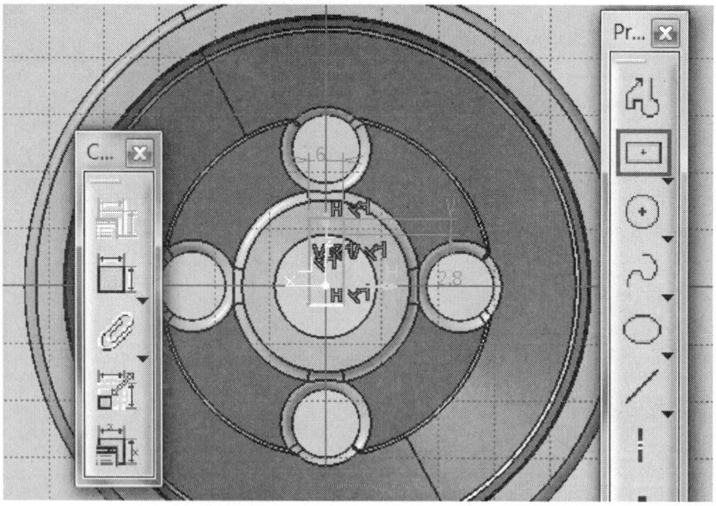

(28) Pocket으로 최종 마무리한다.

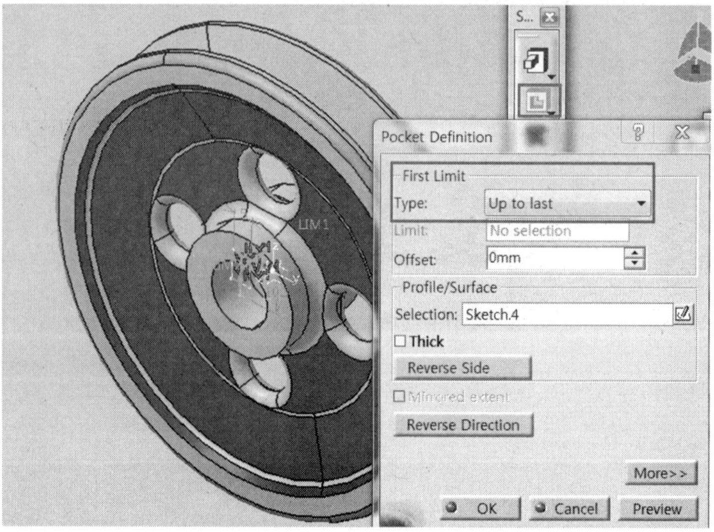

(29) 모델링이 완성되었으면 저장 경로와 파일명을 모두 영문으로 지정한다.

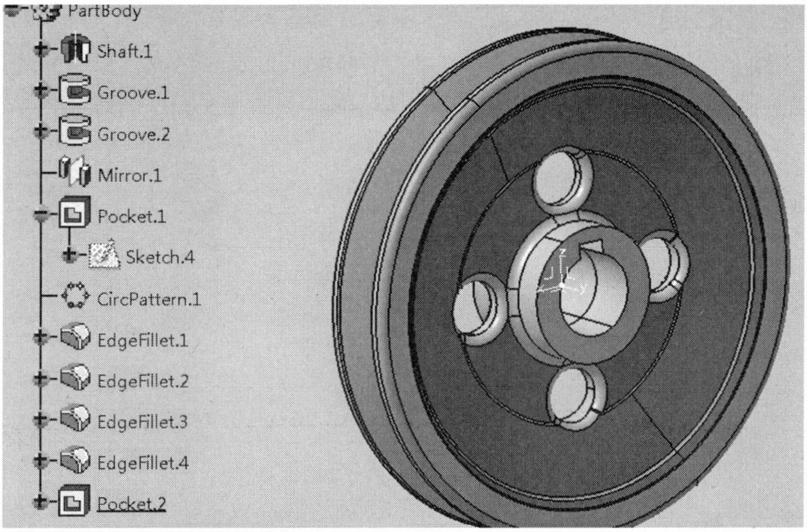

(30) 도면 모드에서 정면 뷰와 섹션 뷰도 작성하고 단순 모드 클리핑 뷰를 선택한다.

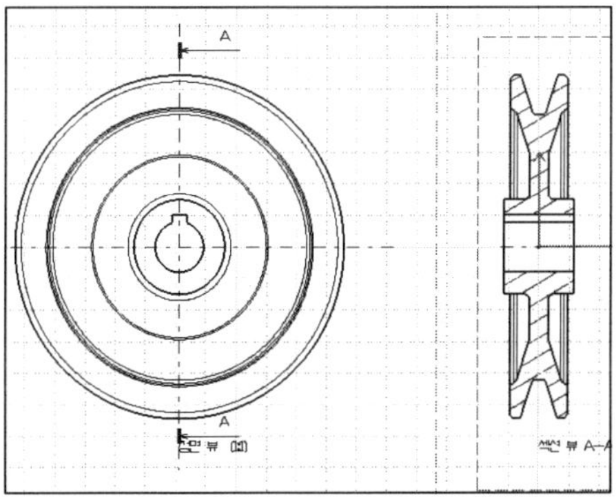

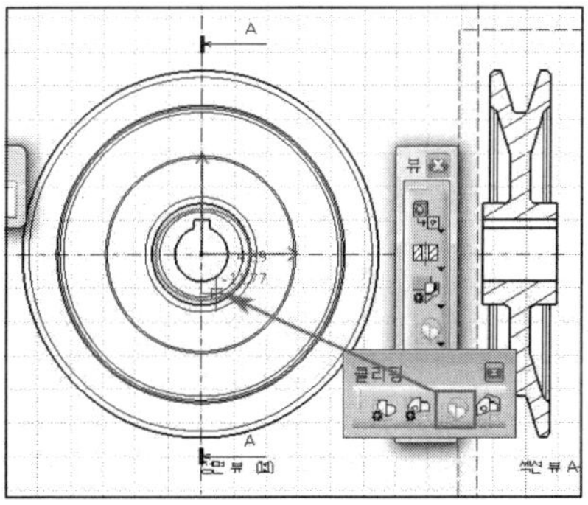

(31) 단순 모드 클리핑 뷰는 국부 투상도로 활용하고 세부 사항 뷰는 상세도에 적용한다.

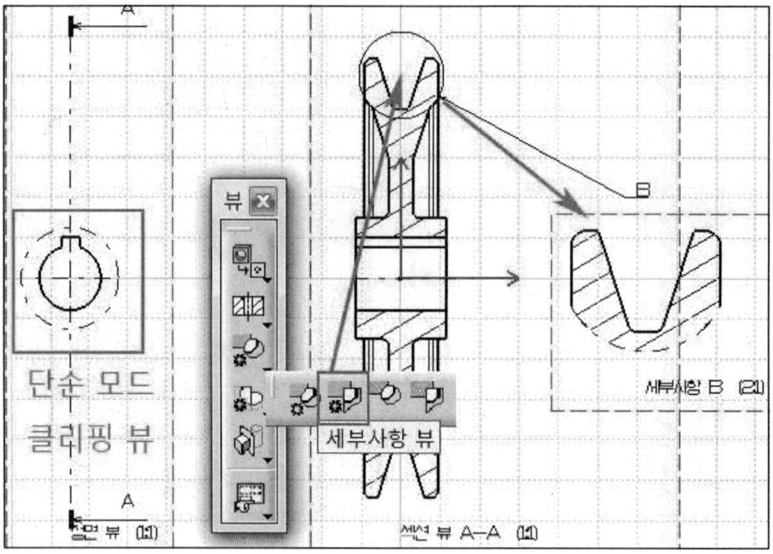

④ w/ (x/ , y/)

스퍼기어 요목표		
기어 치형		표준
공구	모듈	2
	치형	보통이
	입력각	20°
전체 이 높이		4.5
피치원 지름		P.C.Dϕ72
잇 수		36
다듬질 방법		호브절삭
정밀도		KS B ISO 1328-1급

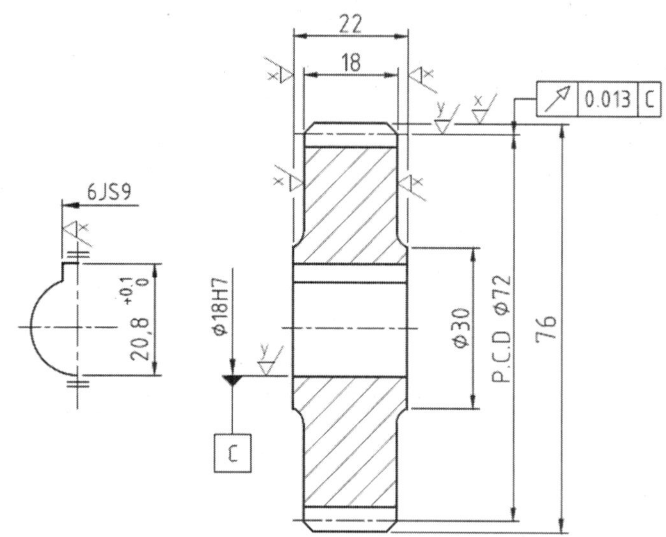

주서

1.일반공차-가)가공부:KS B ISO 2768-m
나)주조부:KS B 0250-CT11
2.도시되고 지시 없는 라운드는 R2
3.도시되고 지시 없는 모떼기는 2x45°

번 호		척 도	N S
성 명	이 현 재	각 법	3각법

2-11 Super Gear, 도면(국부투상)

(1) 조립도에서 기어의 폭을 실측하면 18 mm, 기어 전체의 폭은 22 mm, 축 구멍은 18 mm이다. KS 규격집을 참고하여 축 지름 18 mm에 적당한 평행키를 선택하면 키의 폭은 6 mm, 보스의 홈의 높이는 2.8 mm이다. 기어의 모듈(M)이 2, 잇수(Z)가 36개이므로 피치원 지름(P.C.D)은 2×36 = 72 mm이다.

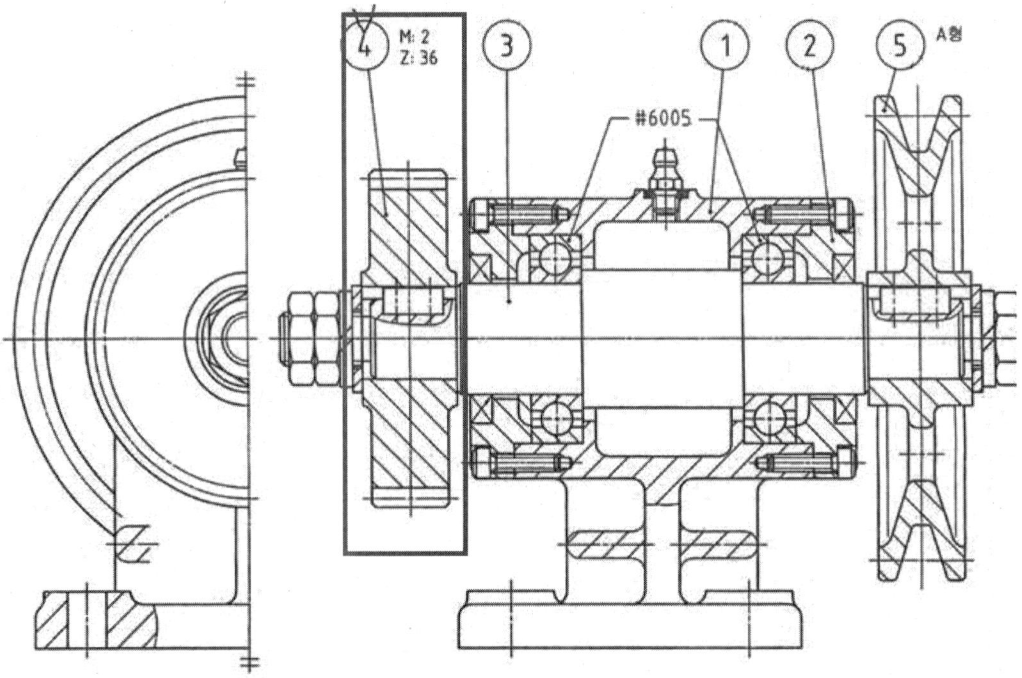

(2) Sketch를 선택하고 yz 평면(Plane)에서 스케치한다.

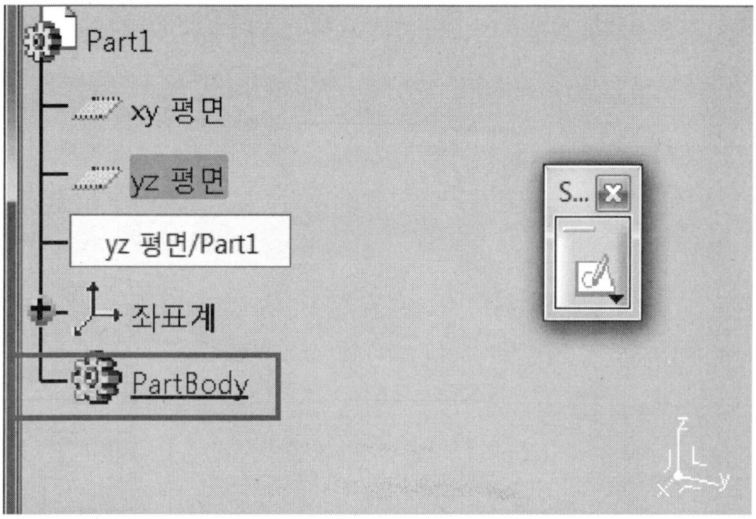

(3) 참조 요소(구성 원)로 설정하고 원 그리기로 원점을 추적하여 피치원(Φ72)을 그린다.

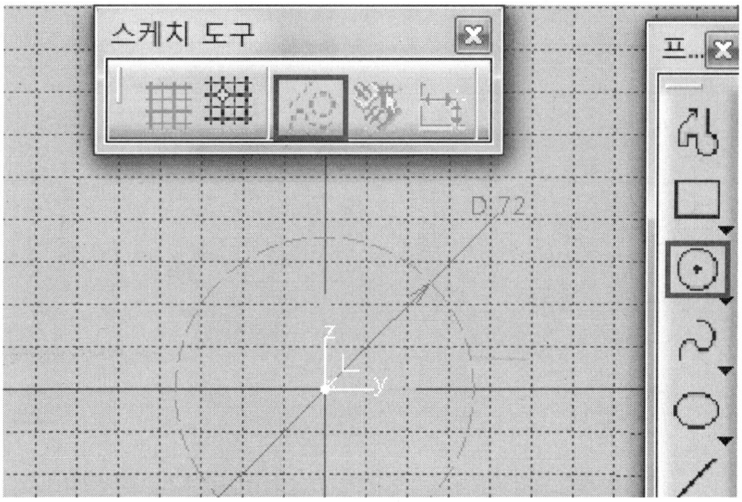

(4) 표준(Super)기어의 어덴덤은 모듈과 같은 값 2, <u>디덴덤은 모듈의 1.25배, 2×1.25 = 2.5</u> 이므로 피치원을 2.5 옵셋 한다. 옵셋한 이뿌리원은 표준 요소로 전환하고 워크벤치 종료한다.

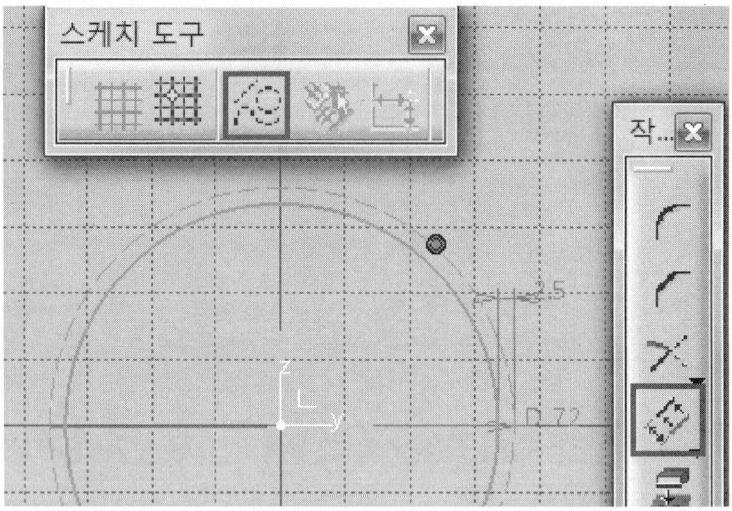

(5) 기어 폭이 18 mm이므로 양방향으로 9 mm Pad 시킨다.

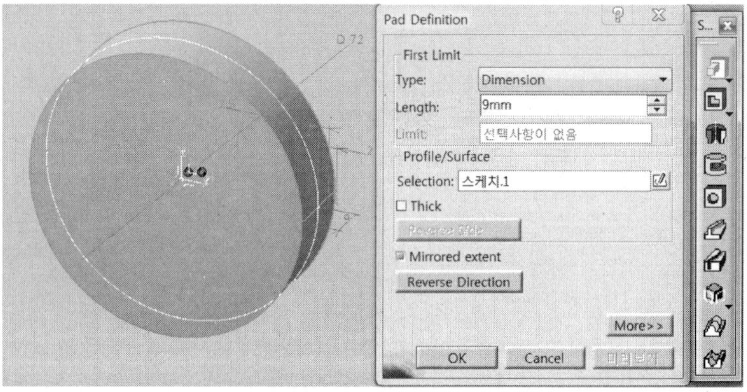

(6) 기어의 이를 생성하기 위하여 정면을 스케치 평면으로 선택한다.

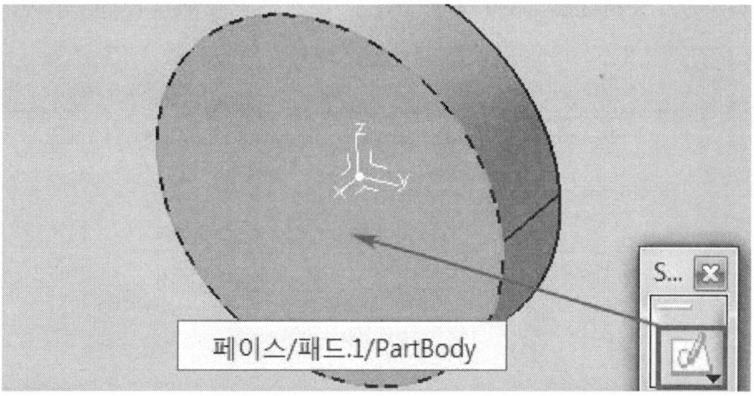

(7) 참조 요소로 전환하고 피치원은 이뿌리원에서 2.5 옵셋, 이끝원은 4.5 옵셋한다.

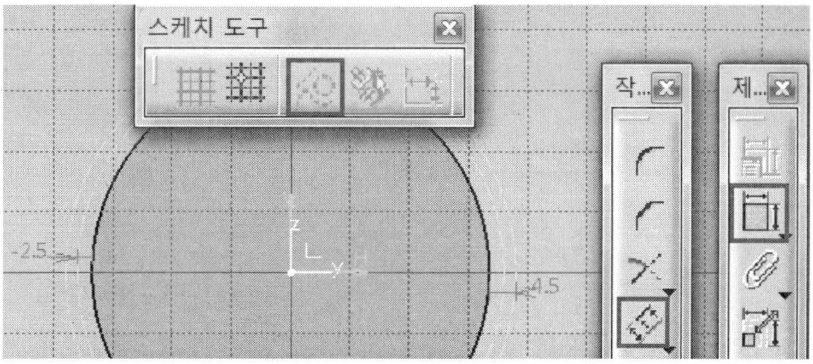

(8) 스퍼 기어의 공식 M=D/Z, 모듈이 2이면, 피치원 주는 M×Z×3.14 이므로 원주피치는 2×3.14가 된다. 그 반쪽은 3.14/2로 나누면 1.57 이므로 축선을 1.57 mm 옵셋한다. 인볼류트 곡선을 비슷하게 그려보면, 1.57 mm 옵셋한 객체를 다시 오른쪽으로 1.57×0.35 만큼 옵셋한다.

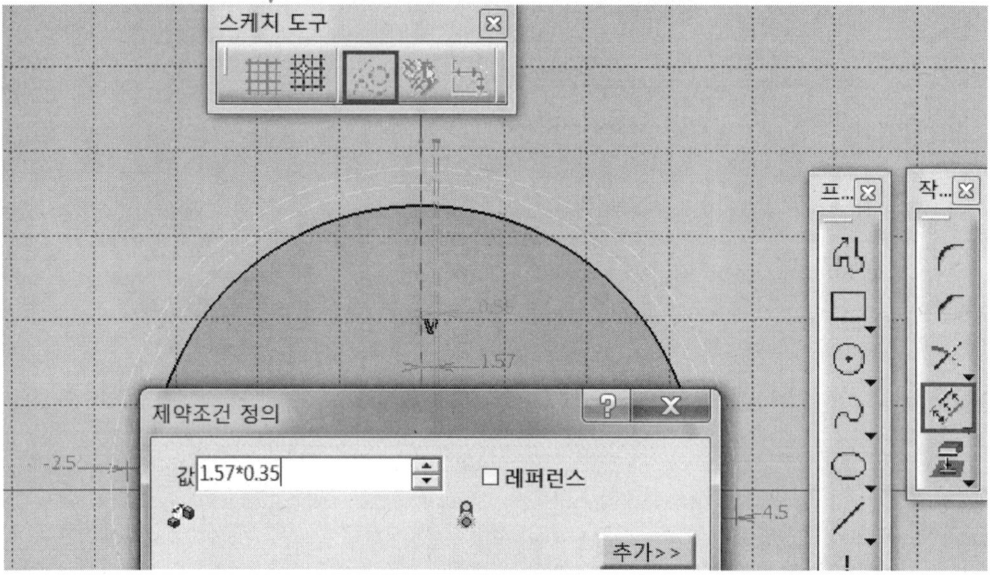

(9) 다시 1.57 mm 옵셋한 객체를 왼쪽으로 1.57×0.5 만큼 옵셋한다.

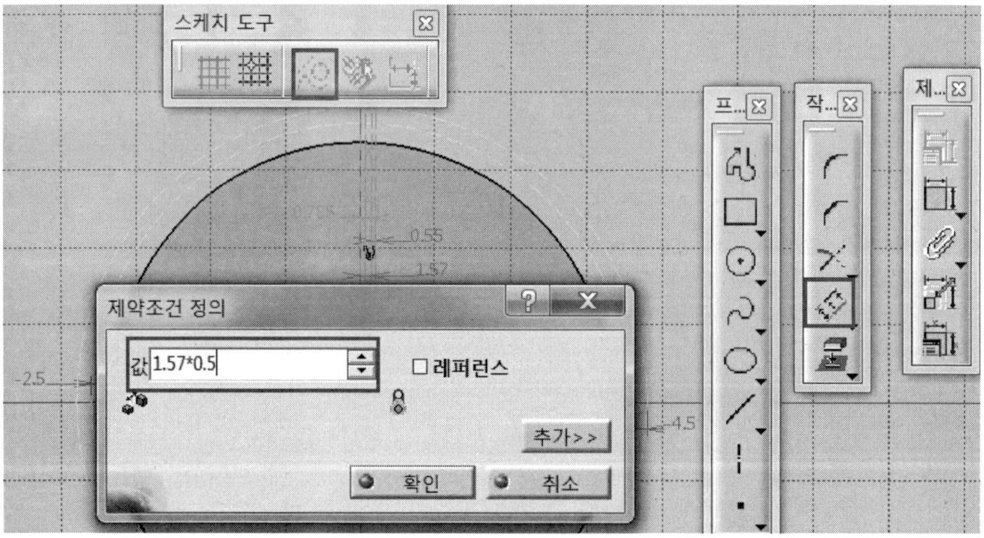

(10) 스플라인으로 각 교차점을 연결하고 형상 맞춤한다.(정확한 인볼류트 곡선은 Gear Profile 등 전문적인 도구를 활용한다.)

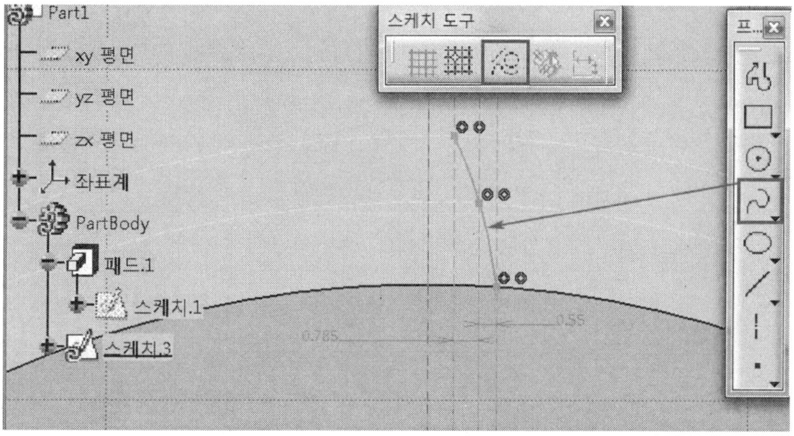

(11) 폐곡선으로 연결하기 위해 두 개의 호를 그리고 R 0.5로 코너를 지정한 다음 즉시 자르기하고 워크벤치 종료한다.

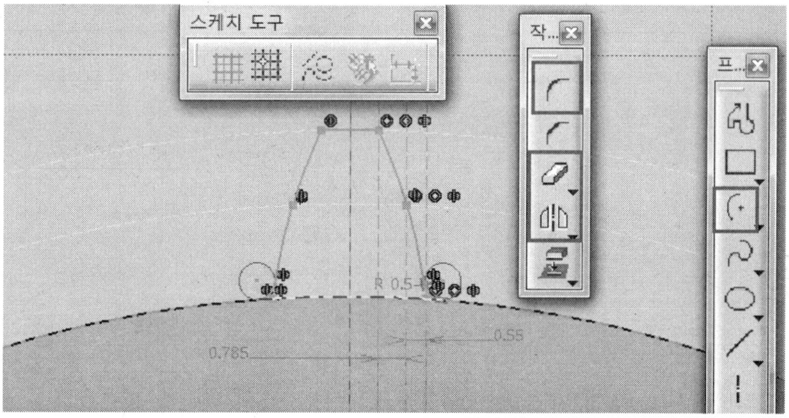

(12) 기어의 이를 Pad로 18 mm 지정하고 OK 한다.

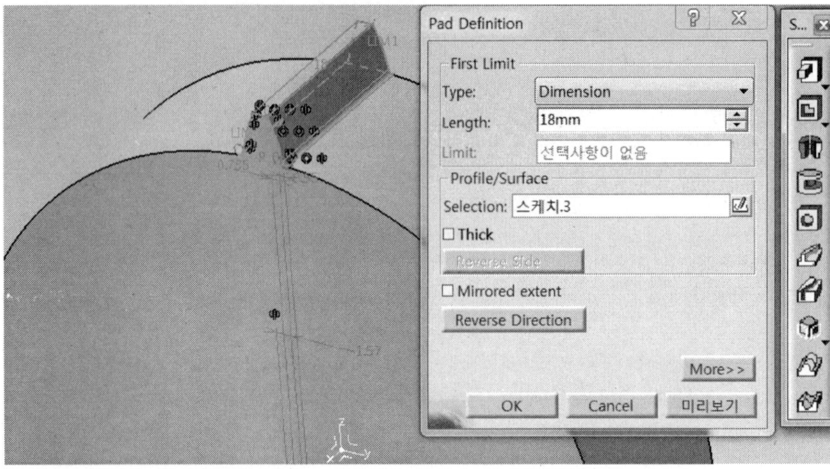

(13) 잇수가 36개이므로 원형패턴 한다.

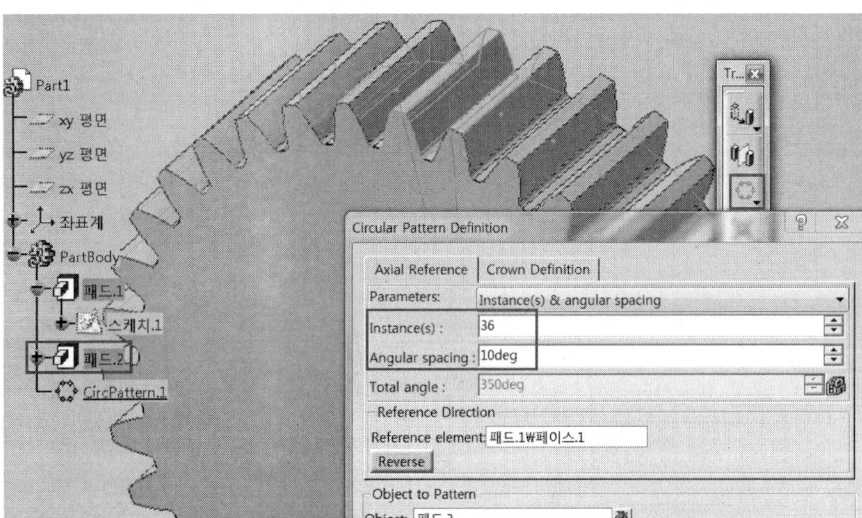

(14) 기어의 이에 2 mm 모따기를 주기 위해 삼각형을 그리고 치수와 형상 맞춤한 다음 H선을 기준으로 미러한다.

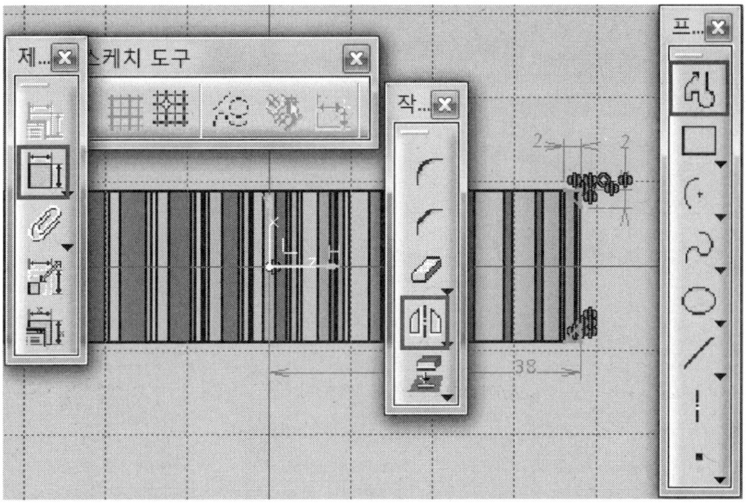

(15) 워크벤치 종료하고 모따기 부분을 Groove로 제거한다.

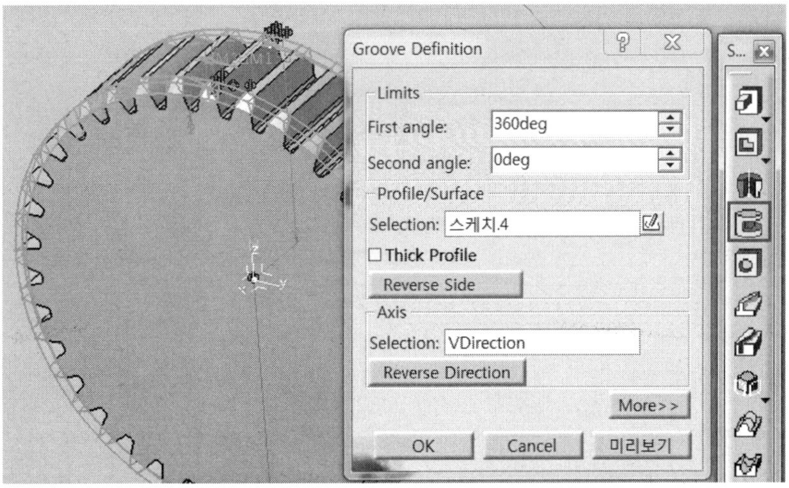

(16) 보스(Boss)를 스케치하기 위하여 yz 평면을 선택한다.

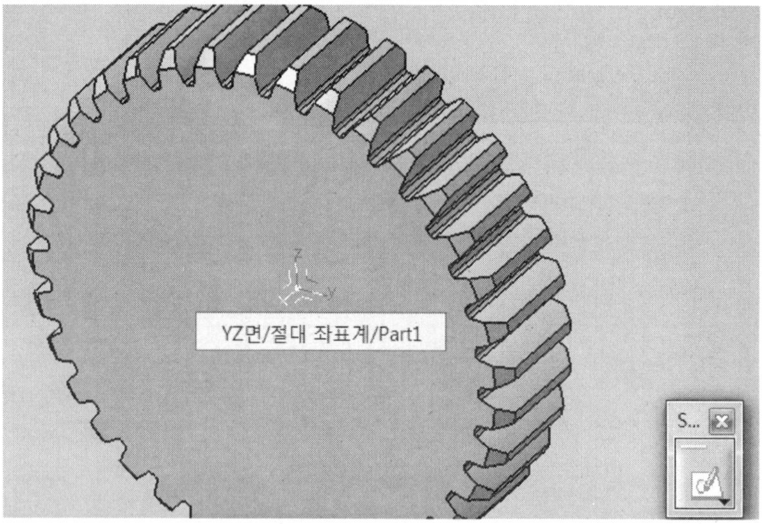

(17) 스케치 평면에서 원을 그리고 치수 D 30으로 치수 맞춤한 다음 워크벤치 종료한다.

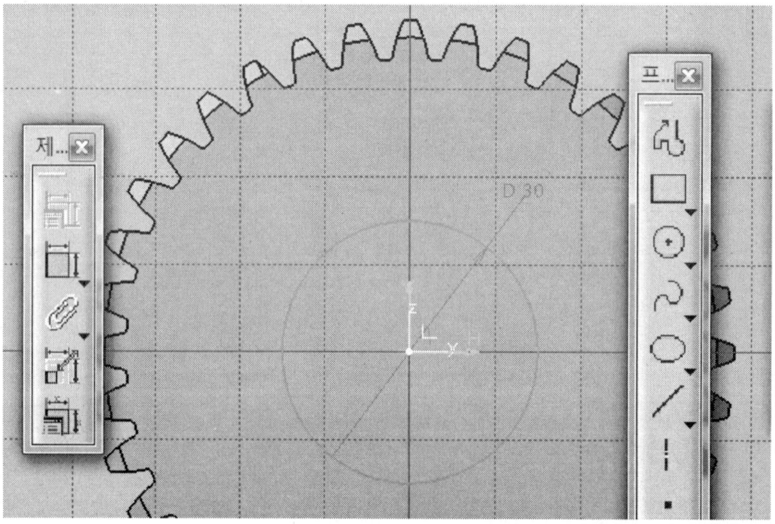

(18) 양방향으로 Pad, 11 mm 지정한다.

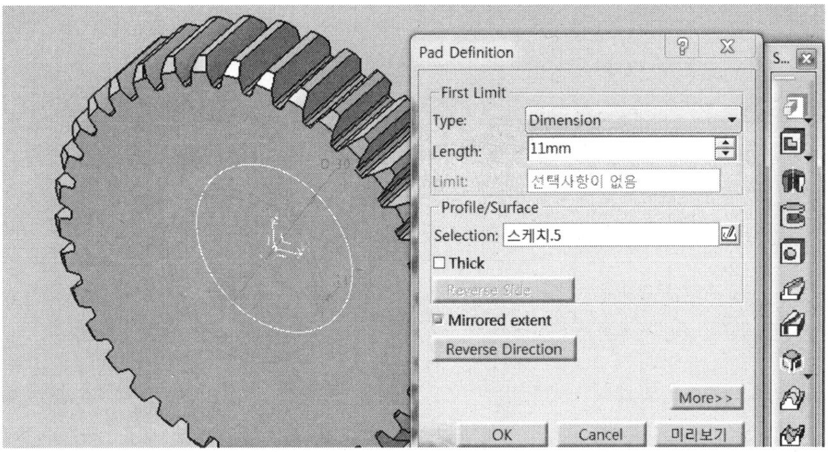

(19) 도시되고 지시 없는 R = 2mm, Edge Fillet 한다.

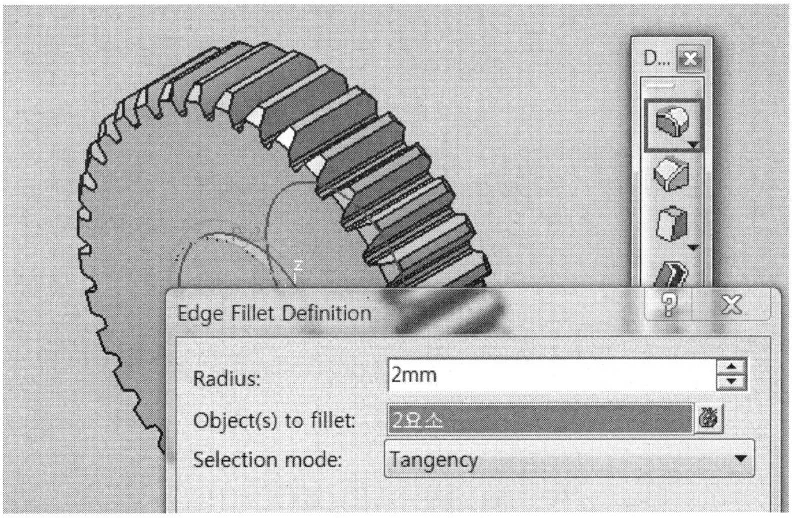

(20) 축 구멍을 스케치하기 위해 정면에서 원을 그리고 D 18 mm로 치수 맞춤하고 워크벤치 종료한다.

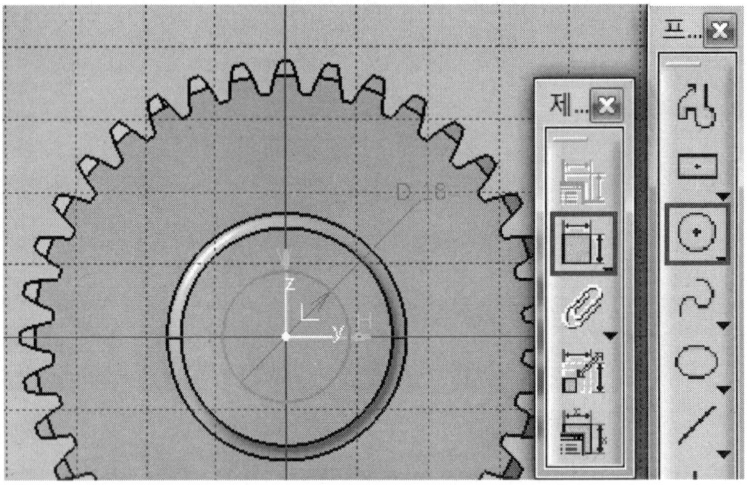

(21) Pocket, Up to last로 지정하고 OK 한다.

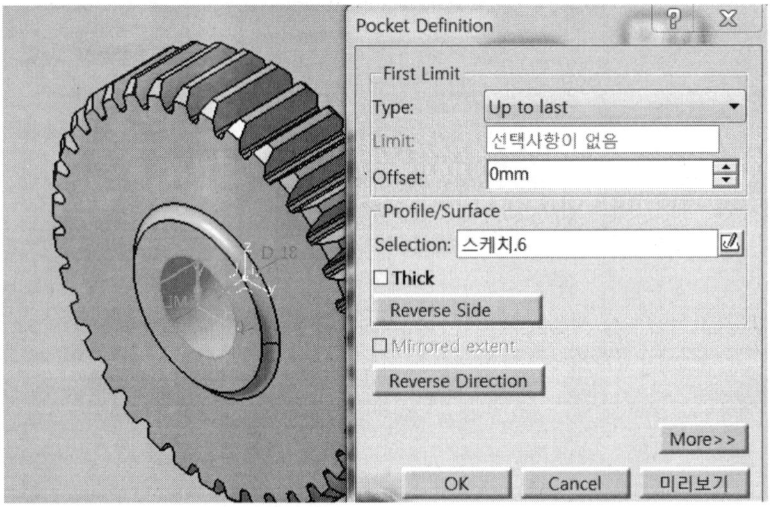

(22) 키 홈을 스케치할 평면을 선택하고 KS 규격을 참고하여 중심점 직사각형으로 그린 다음 워크벤치 종료한다.

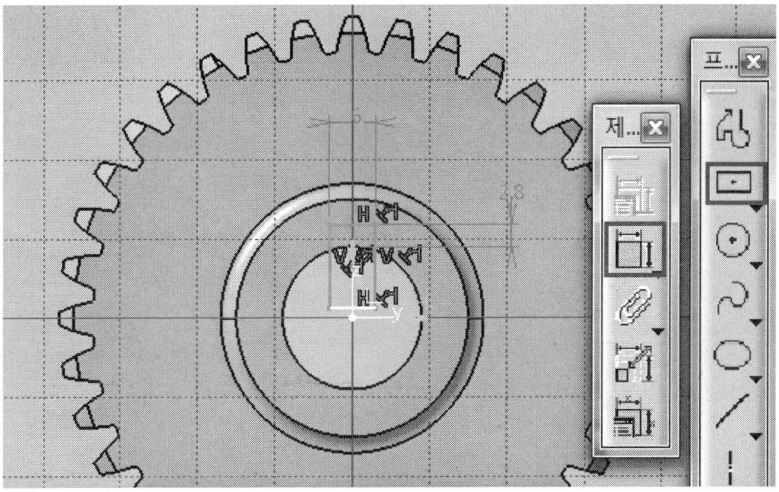

(23) Pocket으로 마무리하고 3D를 참고하여 2D 도면을 작성한다.

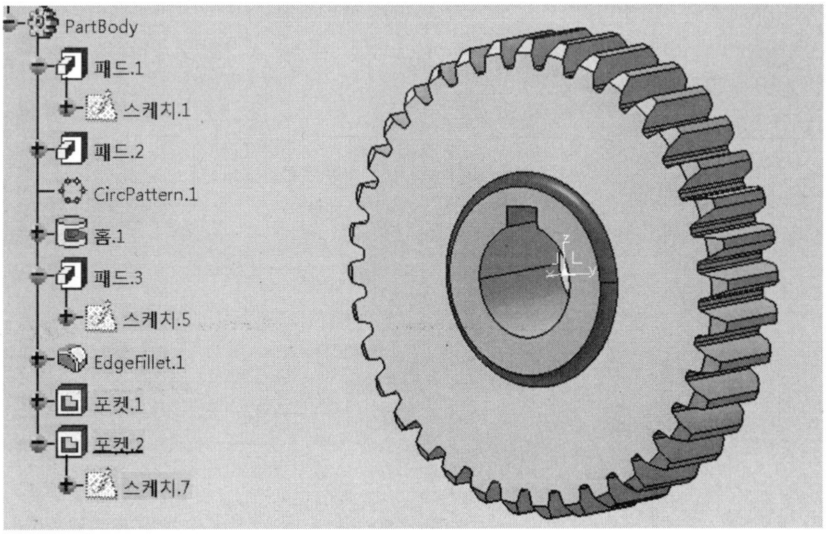

(24) 도면 모드에서 정면 뷰, 섹션 뷰를 작성하고 섹션 뷰에 누락된 피치원 지름과 이뿌리원은 수동으로 작성한다.

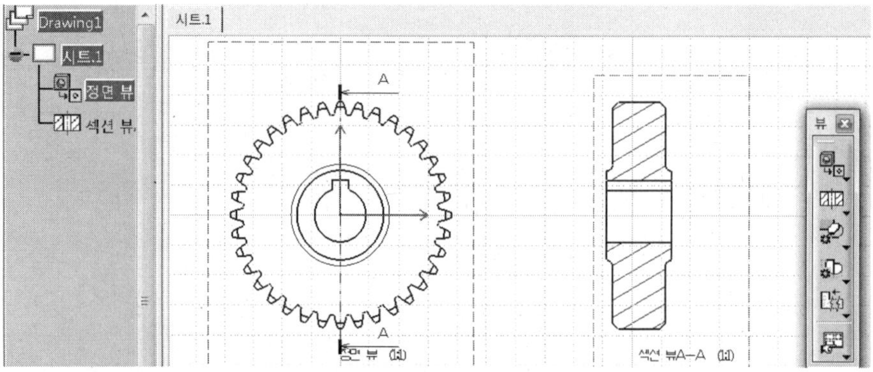

(25) 단순 모드 클리핑 뷰(국부 투상도)를 선택한다.

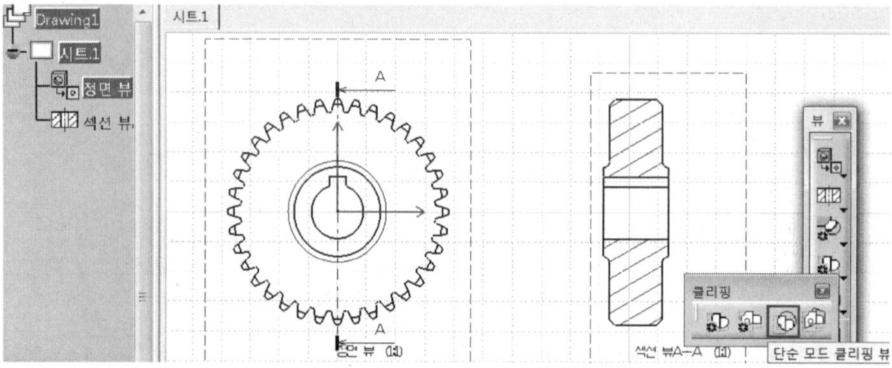

(26) 활성화된 정면 뷰에서 투상 영역을 원과 같이 지정한 다음 더블클릭하여 단순 모드 클리핑 뷰를 생성한다.

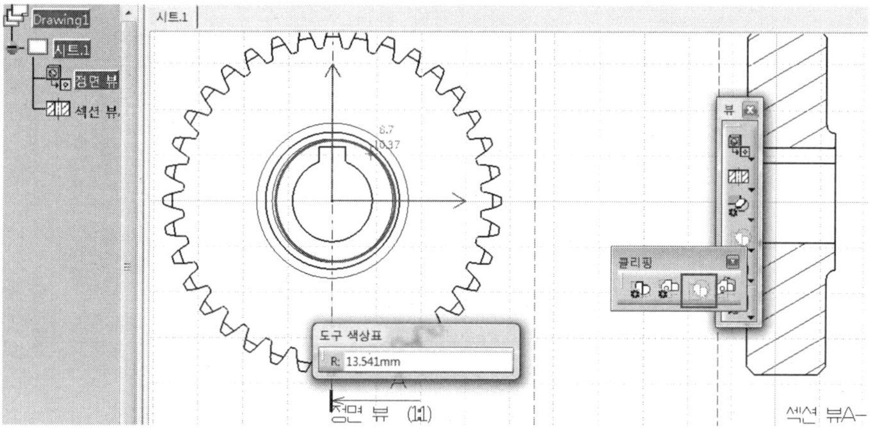

(27) 단순 모드 클리핑 뷰는 국부 투상도로 활용하고 스퍼 기어의 요목표도 규격집을 참고하여 반드시 작성한다.

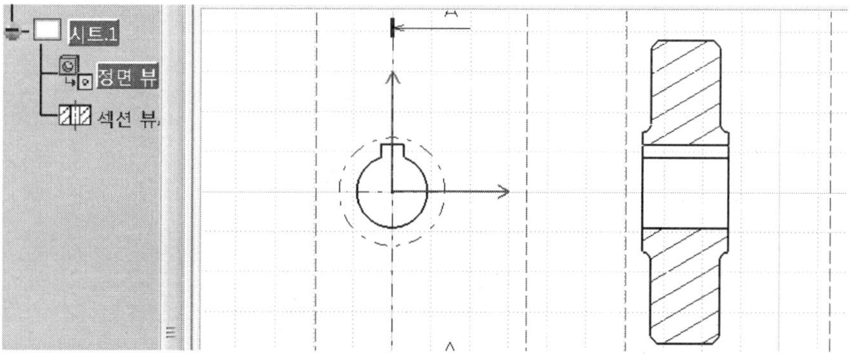

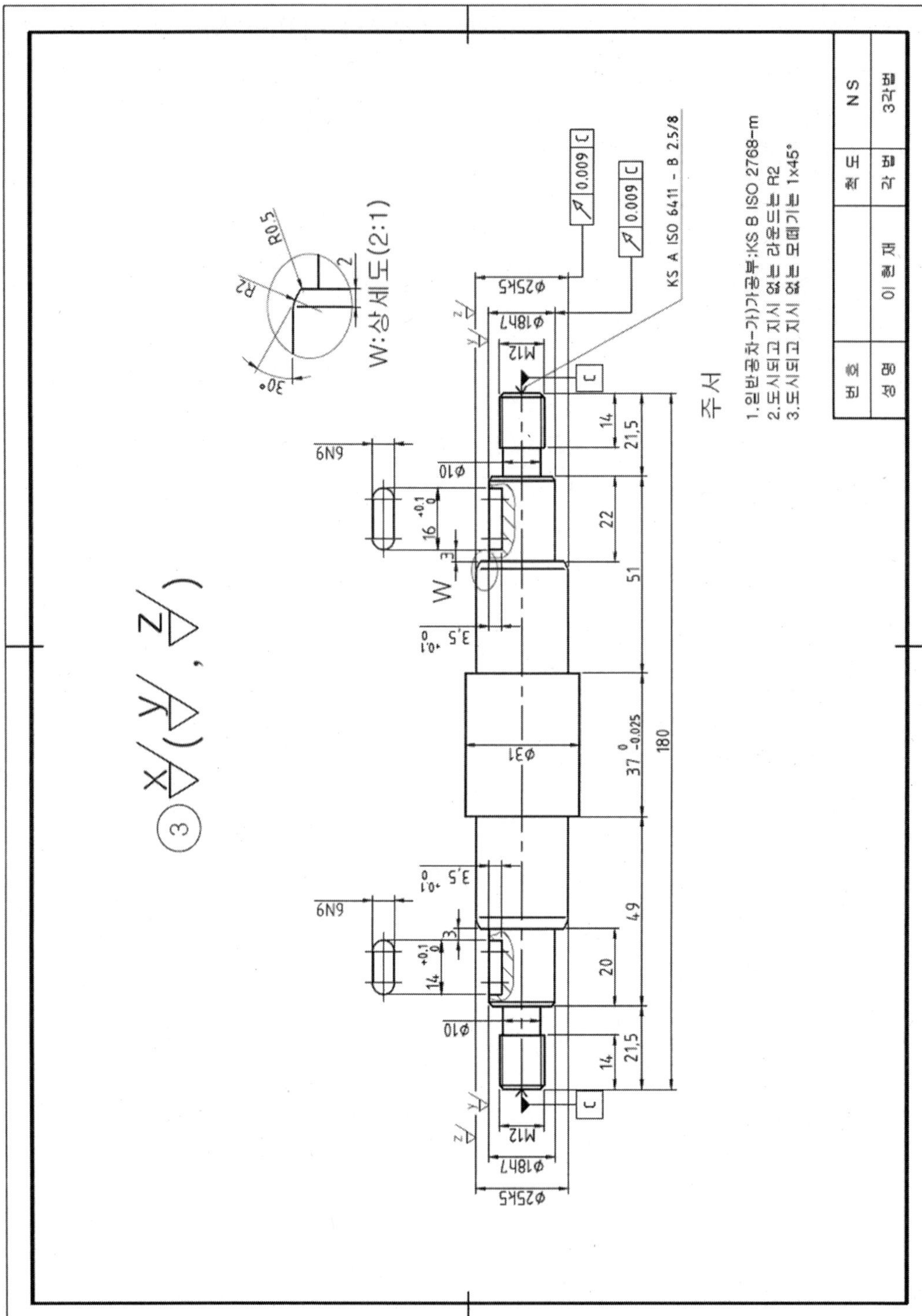
W:상세도(2:1)
KS A ISO 6411 - B 2.5/8
주서
1.일반공차-가)가공부:KS B ISO 2768-m
2.도시되고 지시 없는 라운드는 R2
3.도시되고 지시 없는 모떼기는 1x45°
척도 NS
각법 3각법

2-12 Shaft(축과 평행키 : KSB 1311) 모델링

(1) yz 평면에서 스케치한다.

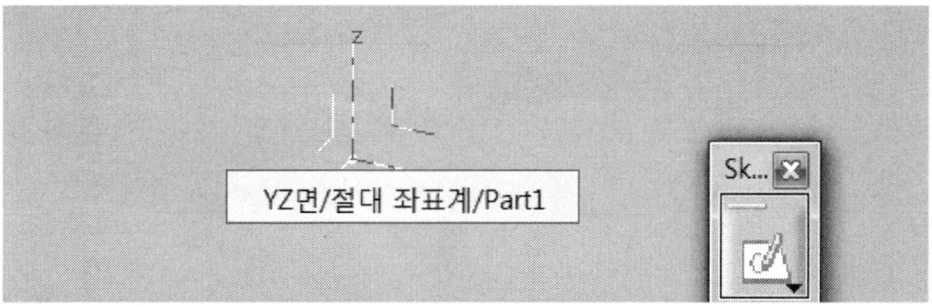

(2) 선반 작업에서 환봉의 재료를 준비하듯 직사각형으로 그리고 치수 180, 15.5, 107.5로 치수 맞춤한다.

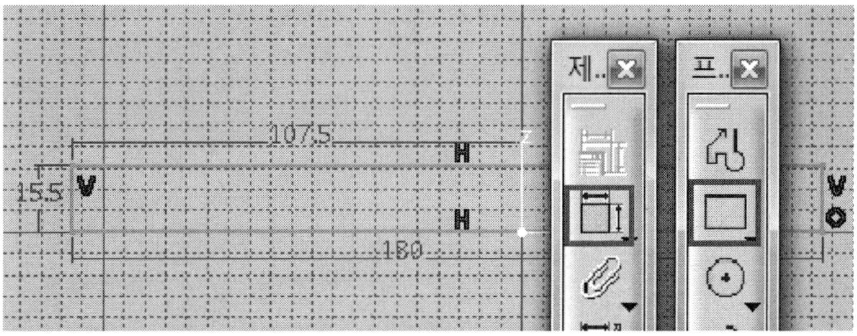

(3) 워크벤치 종료하고 Shaft로 360° 작업한다.

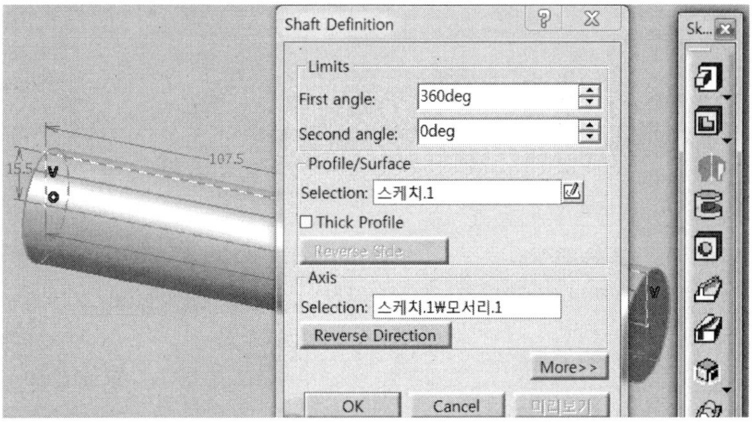

(4) yz 평면에서 스케치한다.

(5) 계단 모양을 프로파일로 그리고 6, 9, 21.5, 20, 12.5, 37으로 치수 맞춤하고 워크벤치 종료한다.

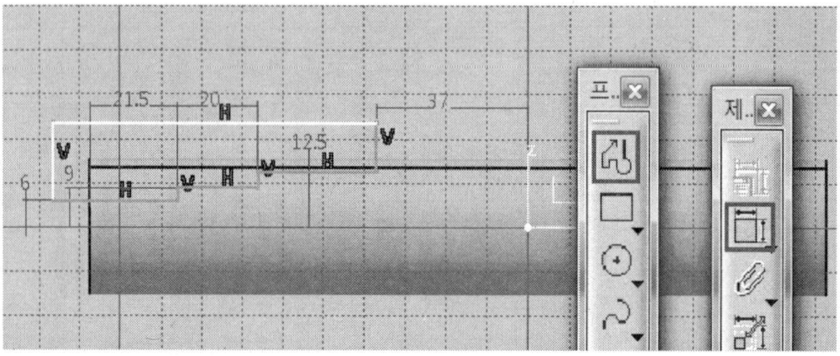

(6) Groove 작업을 축 기준으로 지정한다.

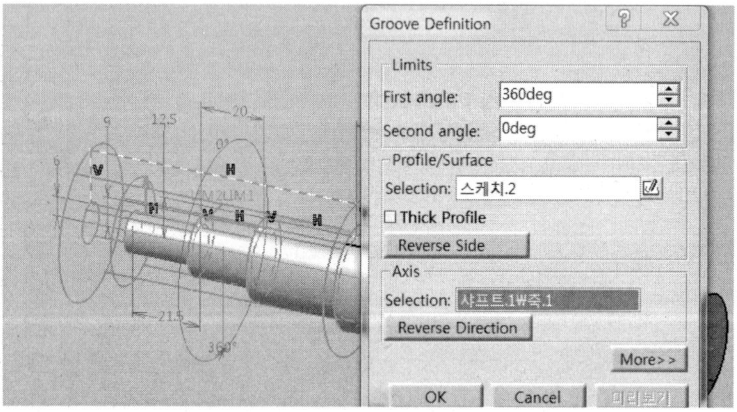

(7) yz 평면에서 스케치한다.

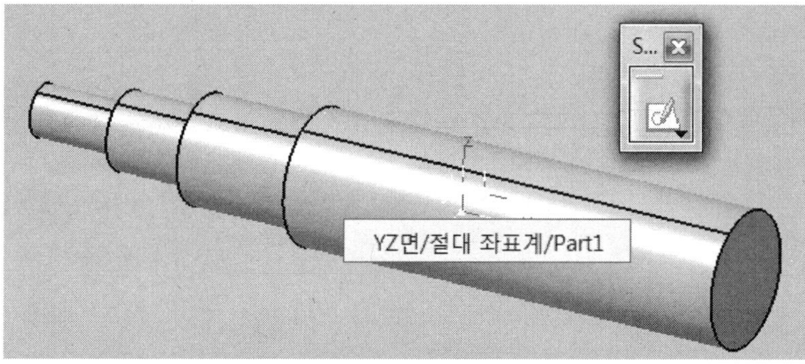

(8) 프로파일로 계단 형상으로 그리고 6, 9, 12.5, 22, 51로 치수 맞춤하고 워크벤치 종료한다.

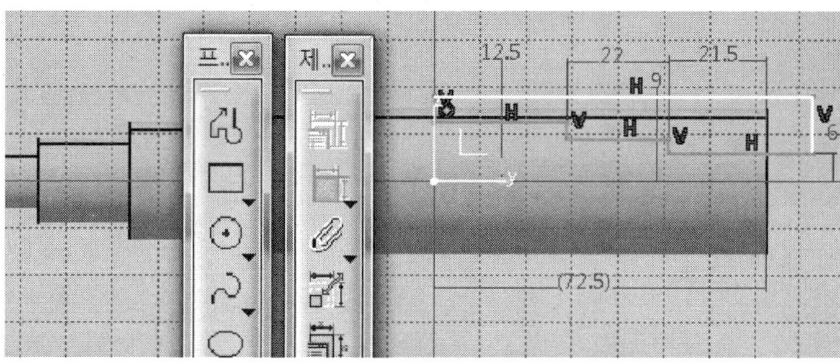

(9) Groove 작업을 축 기준으로 지정한다.

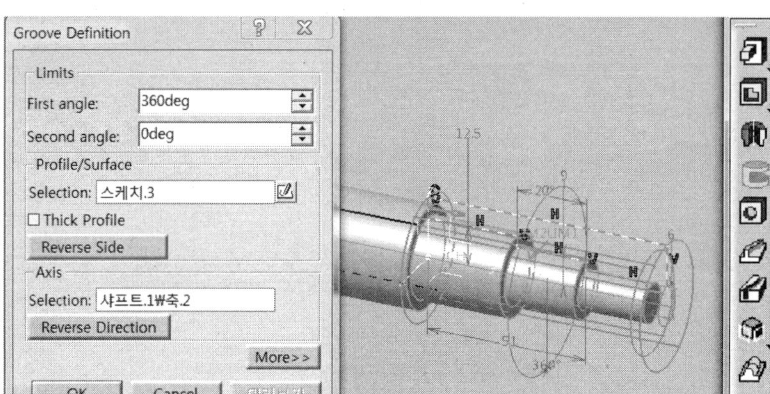

(10) yz 평면에서 스케치한다.

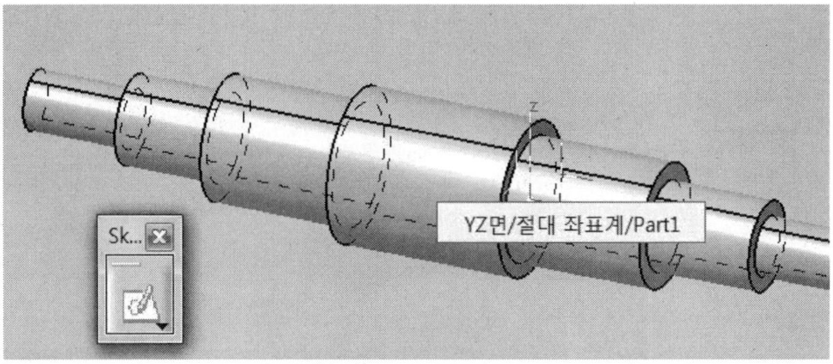

(11) 직사각형을 그리고 5, 14로 치수 맞춤하고 워크벤치 종료한다.

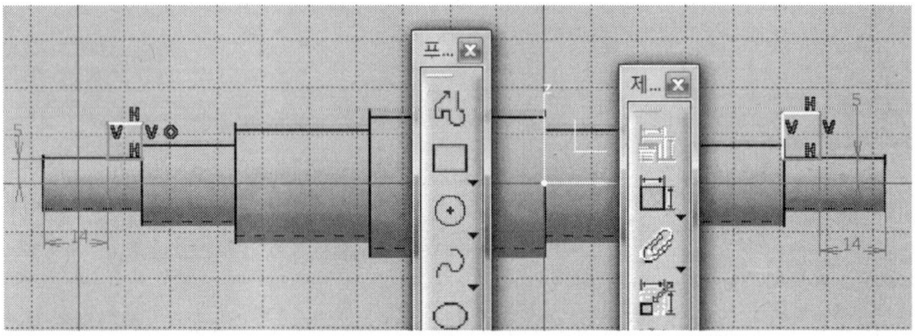

(12) Groove 작업을 축 기준으로 지정한다.

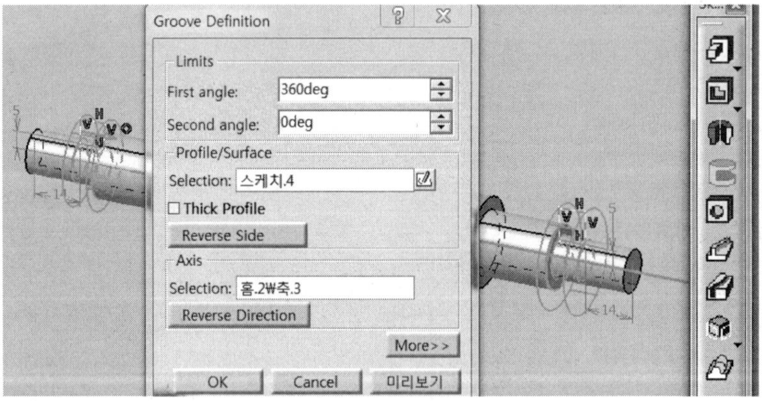

(13) 모깍기 1 mm 지정하고 OK 한다.

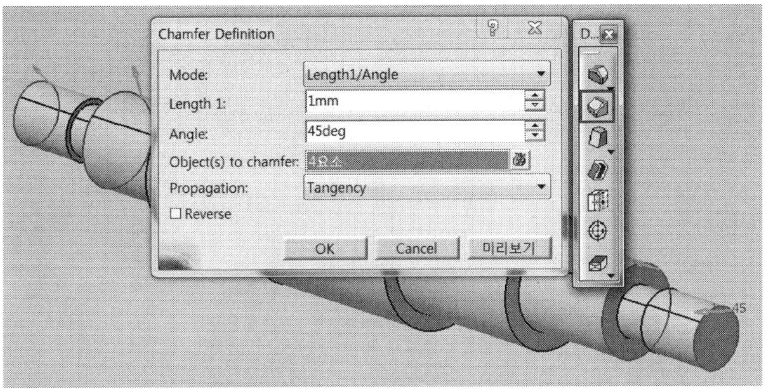

(14) 모깍기 2 mm 30 deg 지정하고 OK 한다.

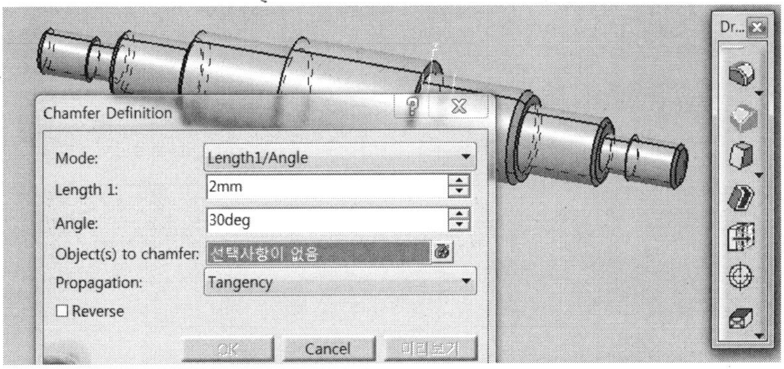

(15) 반대쪽 모깍기 2 mm 30 deg는 Reverse로 지정하고 OK 한다.

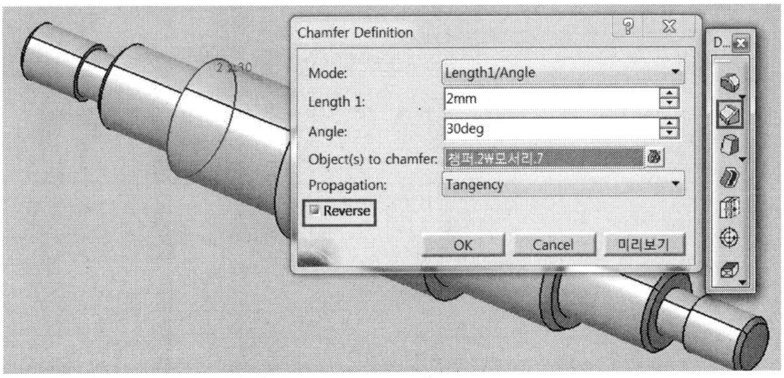

(16) xy 평면에서 9 mm 옵셋한 작업평면을 정의한다.

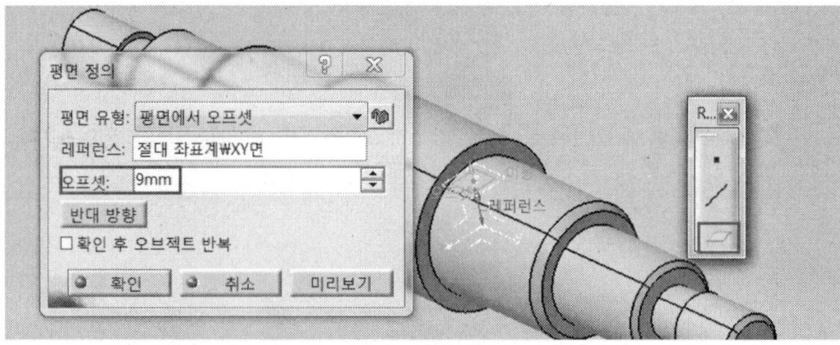

(17) 정의한 작업평면에서 스케치한다.

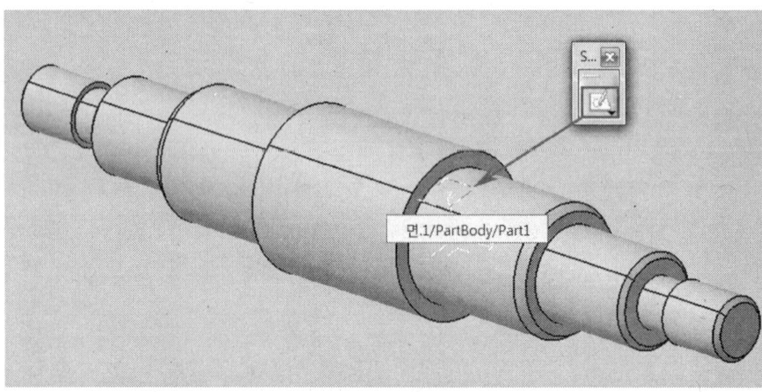

(18) 연장된 홀을 그리고 3, 16, 3으로 치수 맞춤한다.

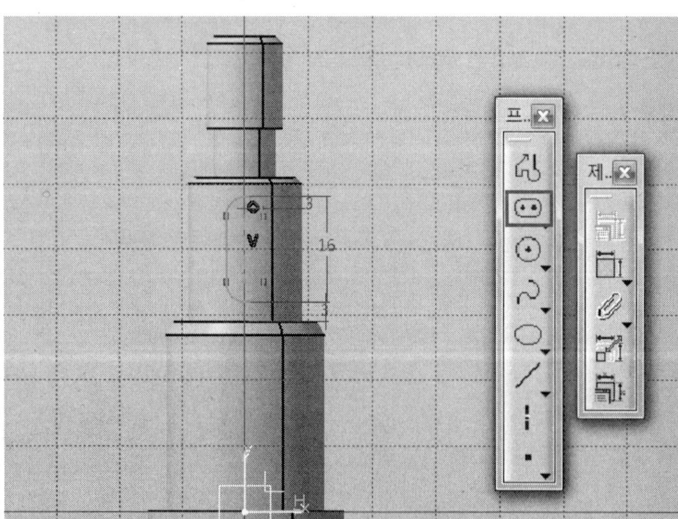

(19) 반대쪽 연장된 홈을 그리고 3, 14, 3으로 치수 맞춤하고 워크벤치 종료한다.

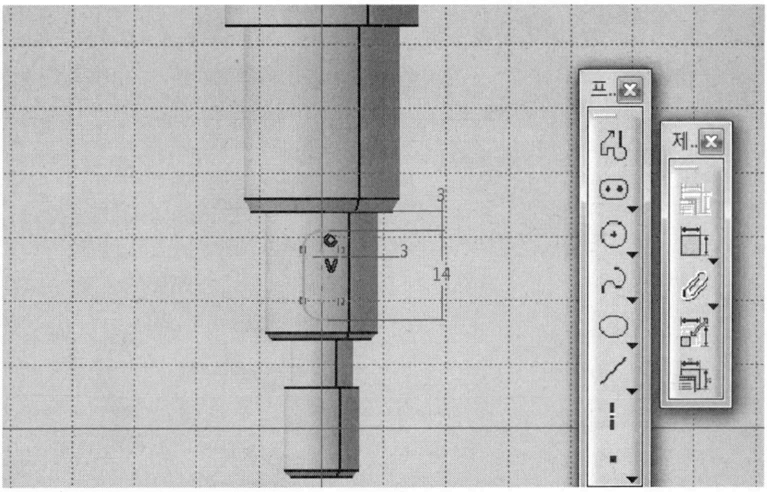

(20) KSB1311 평행키의 규격을 검색하면 축지름 18 mm는 17~22의 범위에서 키의 기준치수는 6 mm이다. 홈의 깊이(t1)는 3.5 mm를 포켓으로 적용하고 공차는 2D 도면에 $3.5^{+0.1}_{0}$ 라고 표기한다.

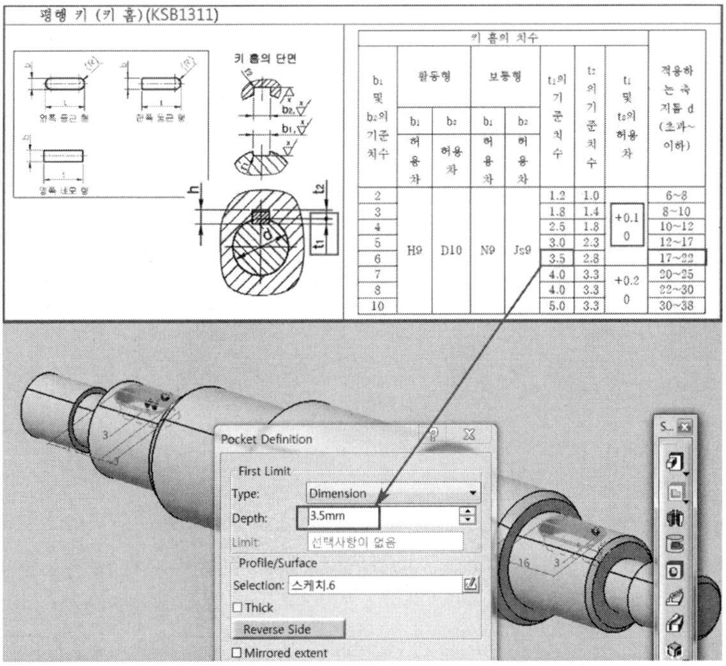

(21) Thread/Tap M 12를 지정한다. M 12 나사는 도면에서만 표시된다.

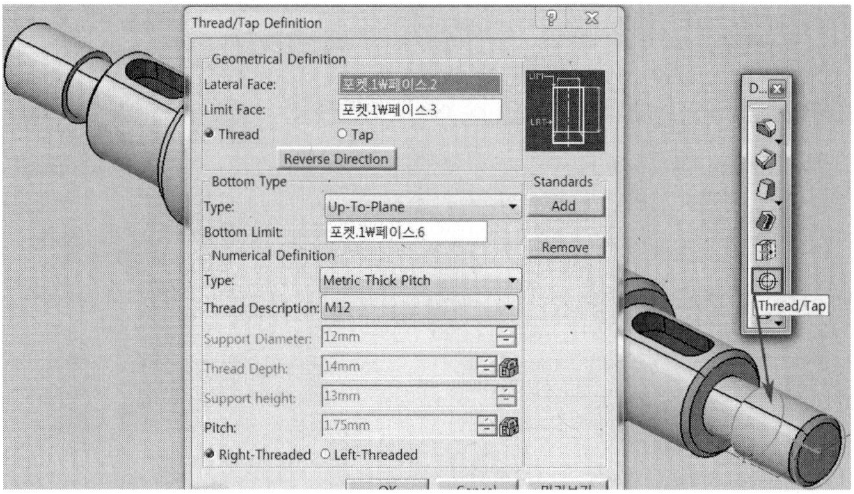

(22) 도면모드에서 은선, 축, 스레드를 활성화한다.

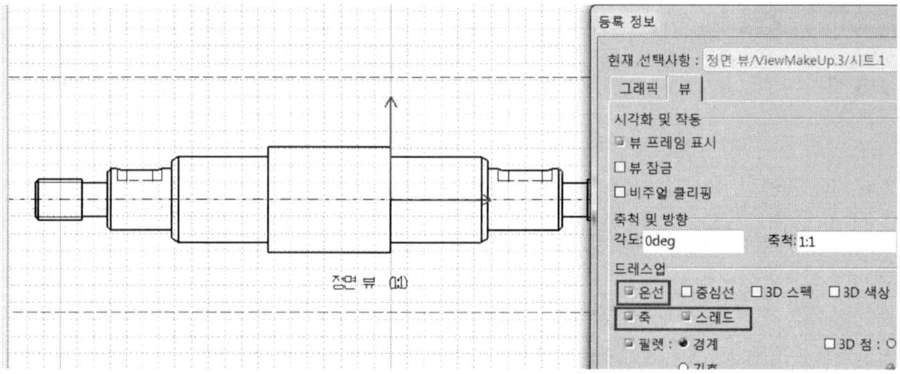

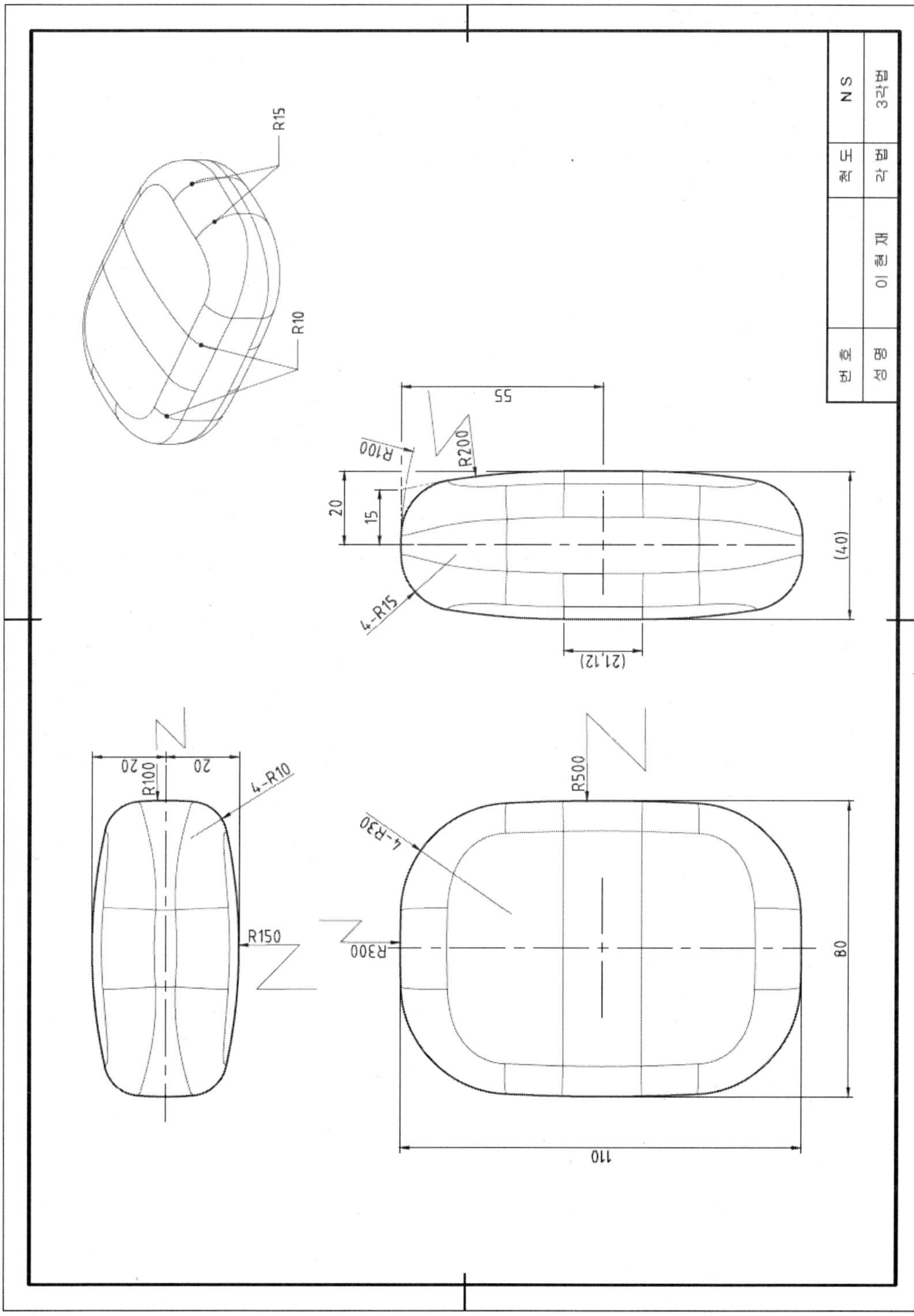
번호
성명
이현재
척도
N S
각법
3각법
R15
R10
55
R200
R100
20
15
(40)
4-R15
(21.12)
R500
4-R30
R300
80
110
R100
20
20
4-R10
R150

2-13 복합곡면 모델링

(1) 시작 ⇒ 기계 디자인 ⇒ Part Design을 실행하거나 즐겨찾기에서 Part Design을 선택한다.

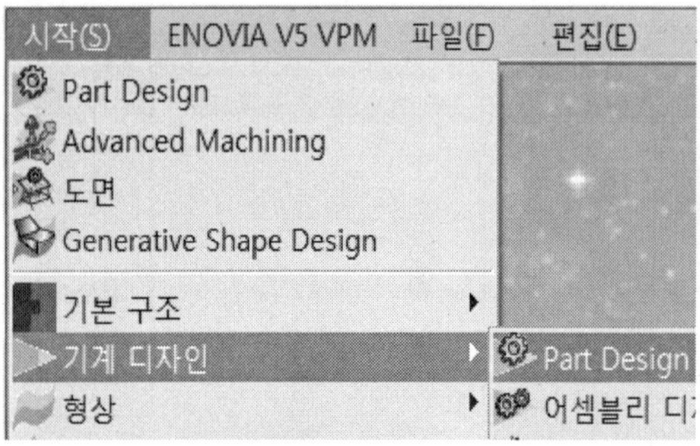

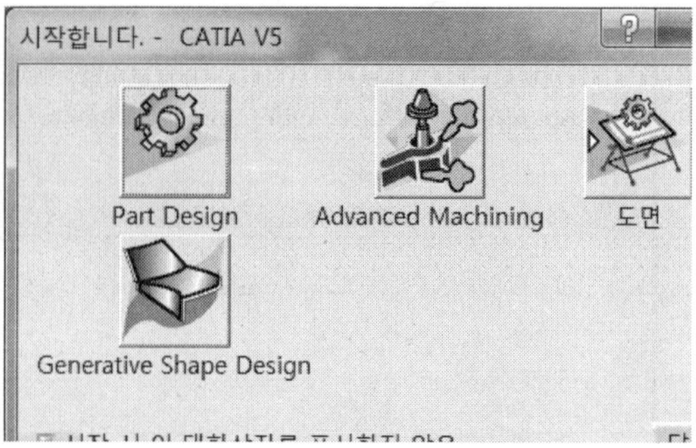

(2) Sketch를 선택하고 xy 평면(plane)을 클릭한다.

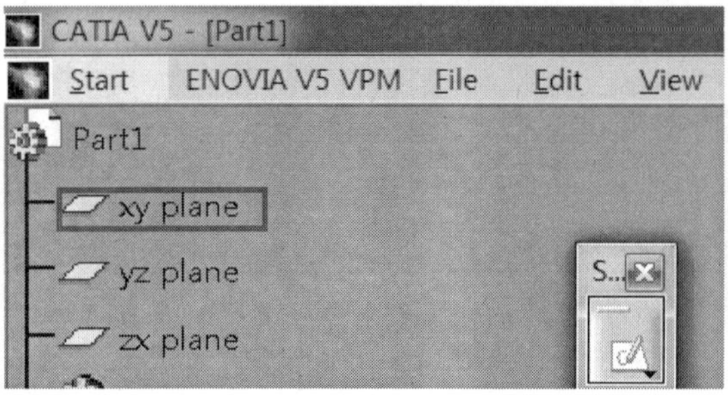

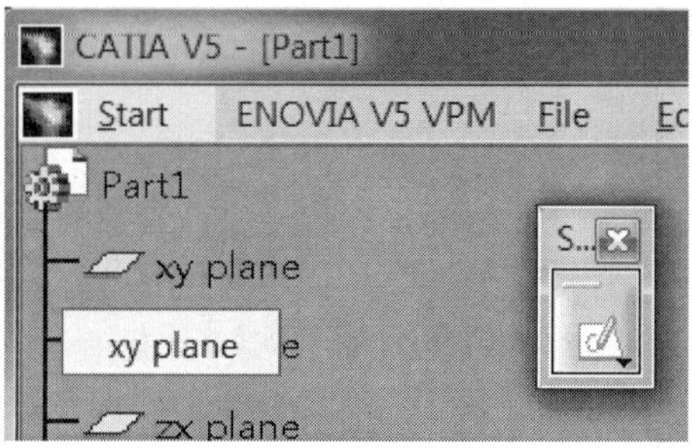

(3) 도면치수는 110×80×40 이나 120×90×50으로 설정하기 위해 중심 직사각형 그리기로 원점에 서 H (90), V (120) 근처를 클릭한다.

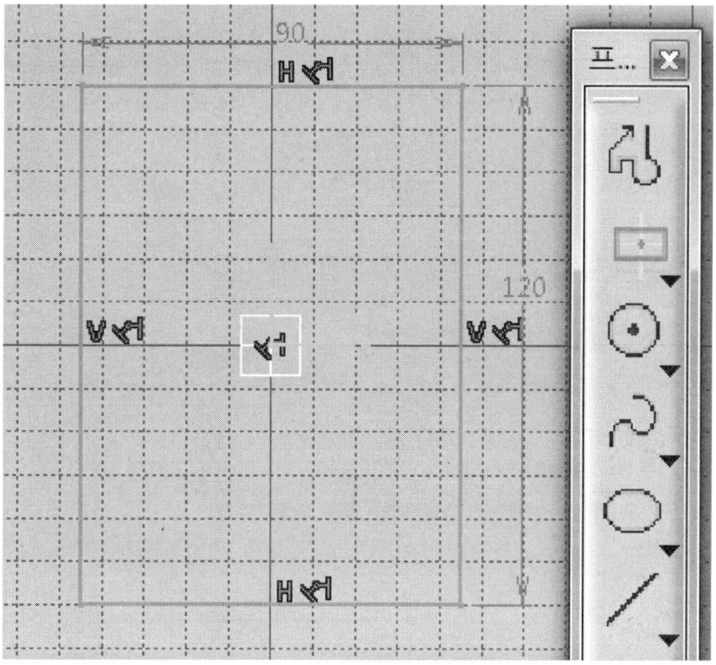

(4) 워크벤치 종료()한다.

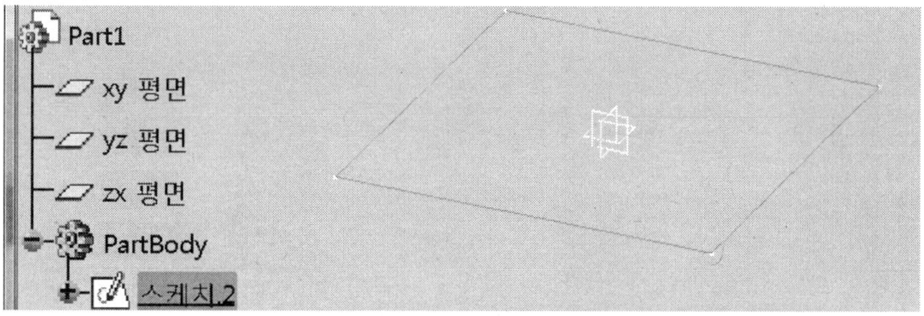

(5) Pad( )를 선택하고 양방향으로 25 mm 설정한다.

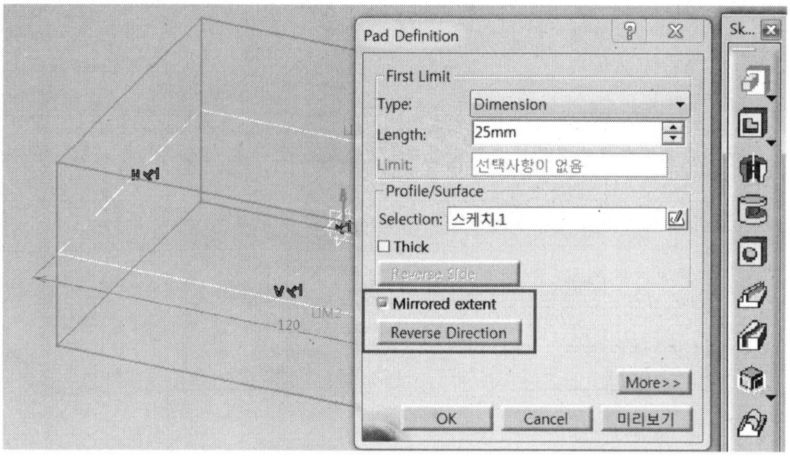

(6) 곡면을 생성하기 위해 워크벤치( )를 클릭하고 G · S · D로 전환한다.

※ G · S · D : Generative
Shape
Design

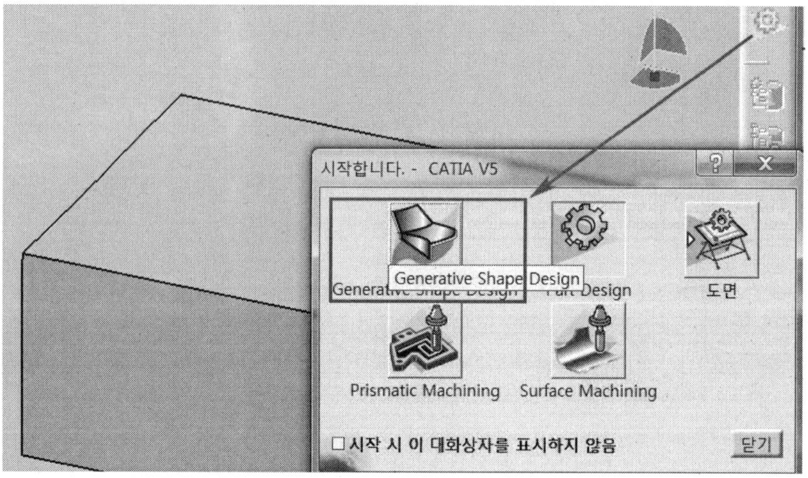

(7) G · S · D에서 Sketch를 선택하고 zx 평면(plane)을 클릭한다.

(8) 중심점 호를 그린 다음 치수 20, R 150으로 치수 맞춤하고 호의 양 끝점을 수직에 대칭으로 형상 맞춤한다.

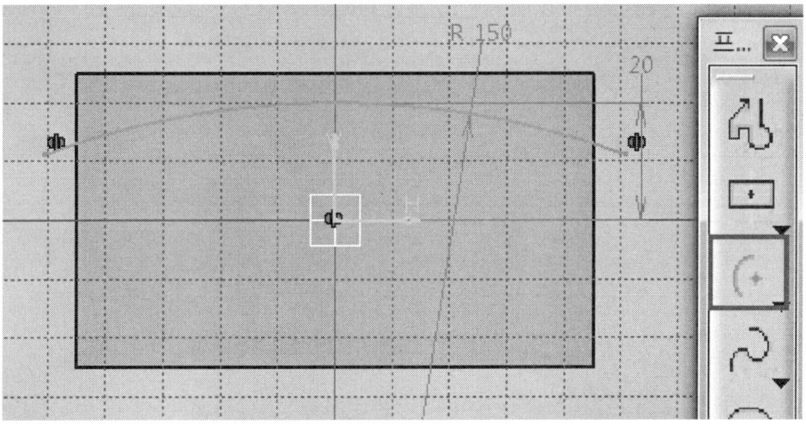

(9) 워크벤치 종료( )하고 Esc 를 누른 다음 yz 평면에서 스케치한다.

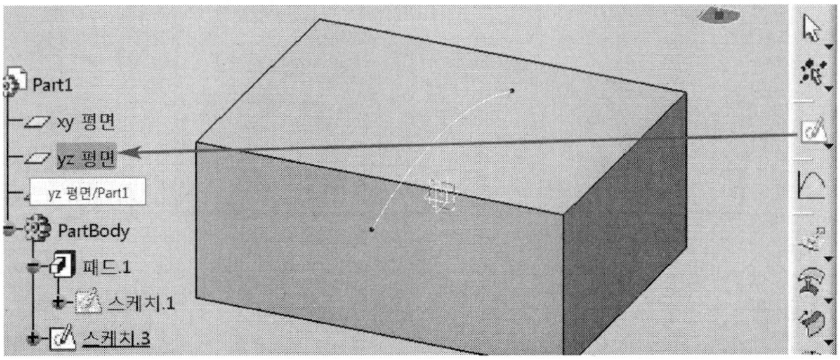

(10) 프로파일로 수평선, 접점호, 수평선을 차례로 이어서 절반만 그린다.

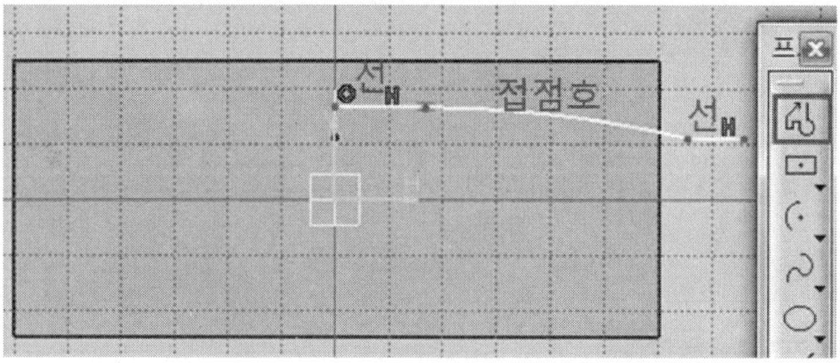

(11) 20, 15, 55, R 200으로 치수 맞춤한다.

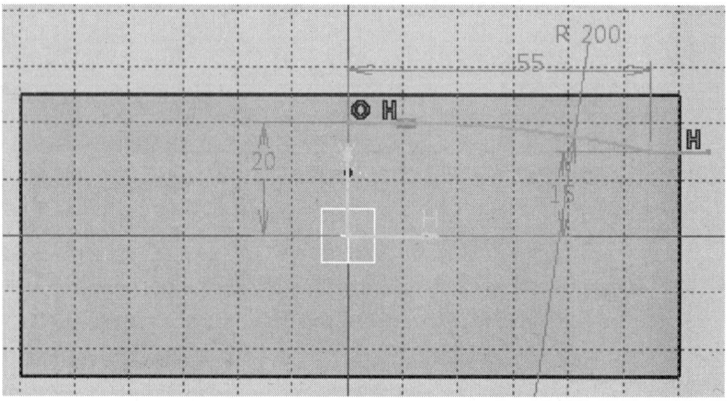

(12) 오른쪽 스케치를 V선 기준으로 미러하고 워크벤치 종료한다.

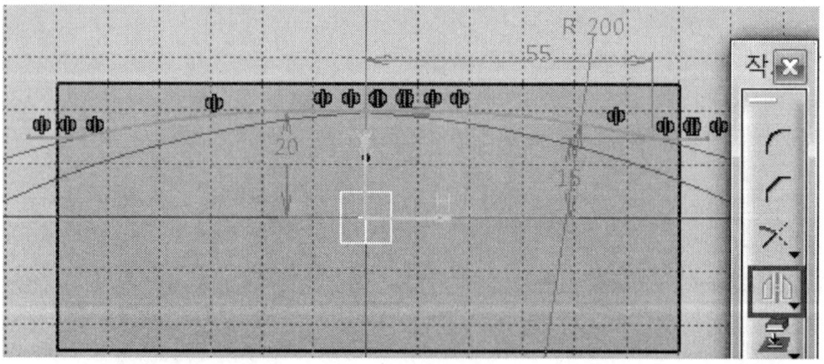

(13) Sweep 곡면을 정의하고 OK 한다.

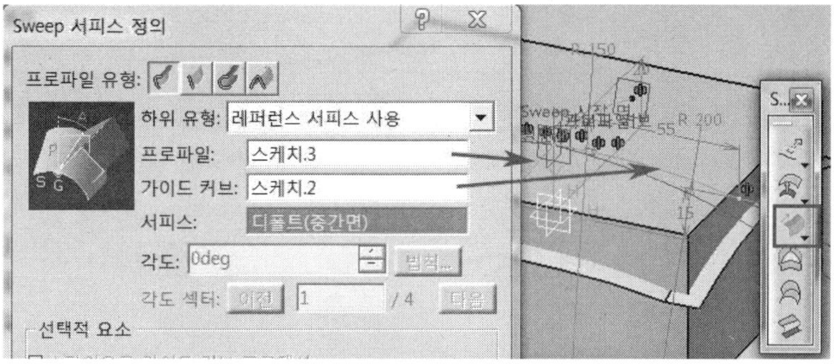

(14) 곡면을 xy 평면으로 대칭(미러)시키고 워크벤치에서 Part로 전환한다.

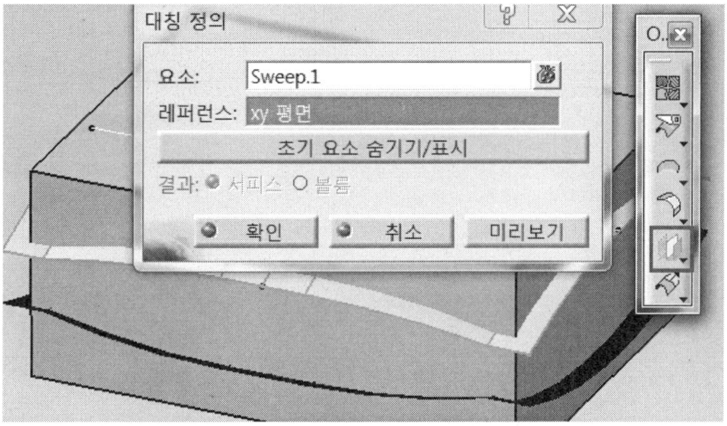

(15) 워크벤치에서 Part로 전환하여 곡면을 기준으로 Split(분할)한다.

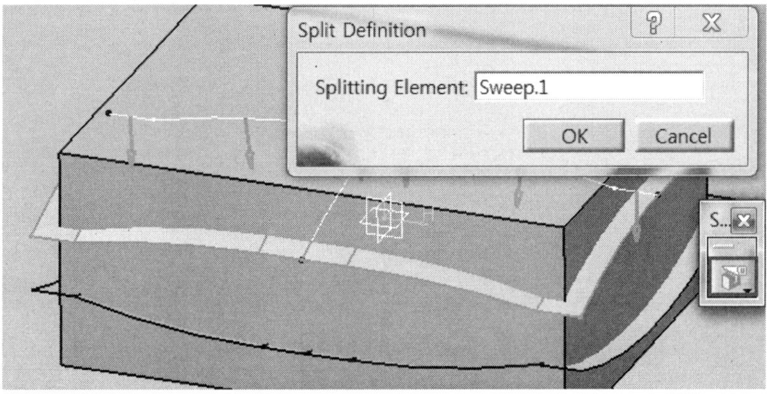

(16) 대칭 곡면도 Split(분할)한다.

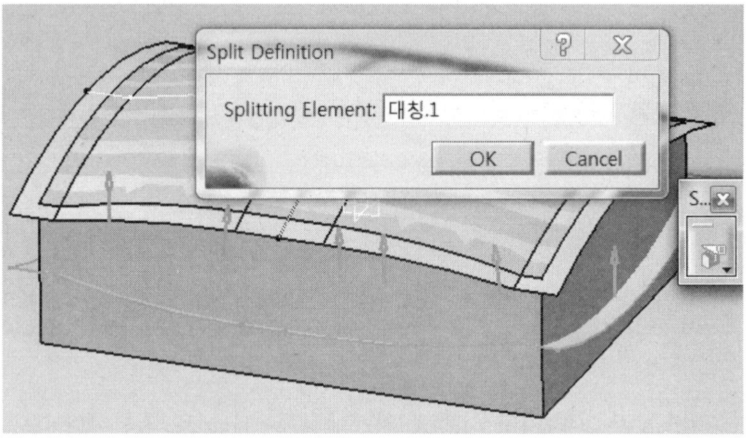

(17) 불필요한 객체는 숨긴다.

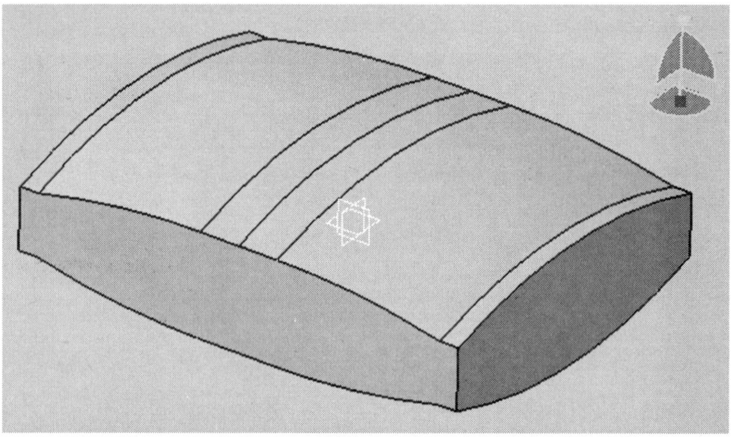

(18) 숨겨진 객체 보기이다.

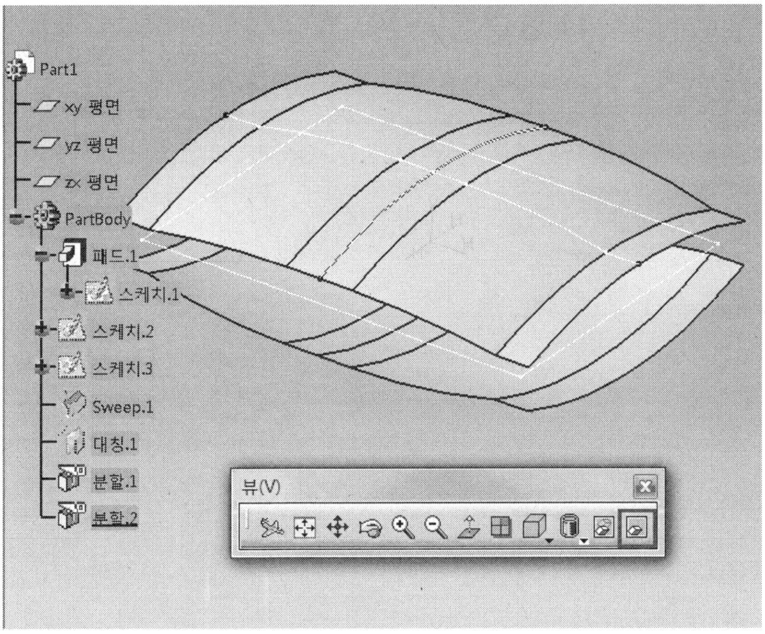

(19) yz 평면에서 스케치한다.

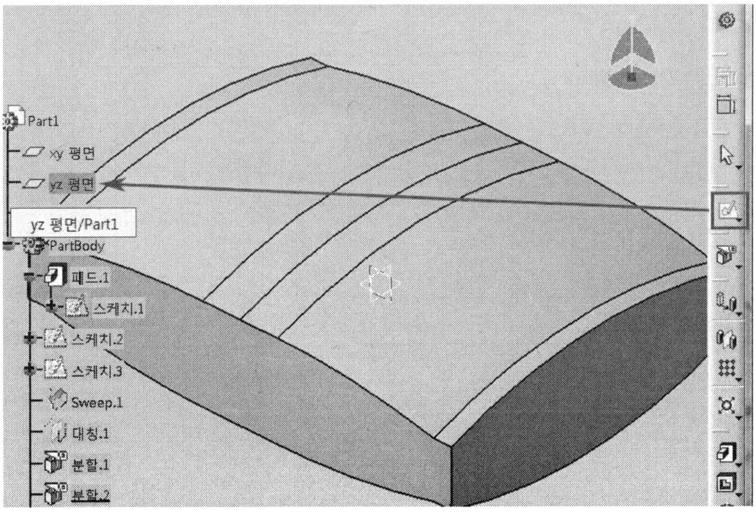

(20) 호를 그리고 55, R 100으로 치수 맞춤한다.

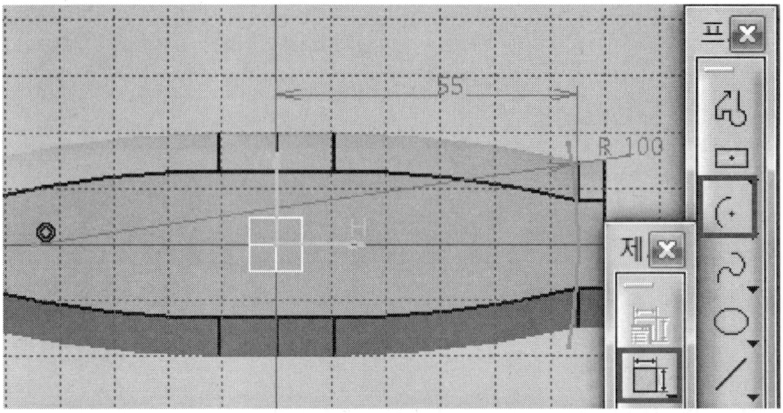

(21) 워크벤치 종료( )하고 Esc 를 누른 다음 xy 평면에서 스케치한다.

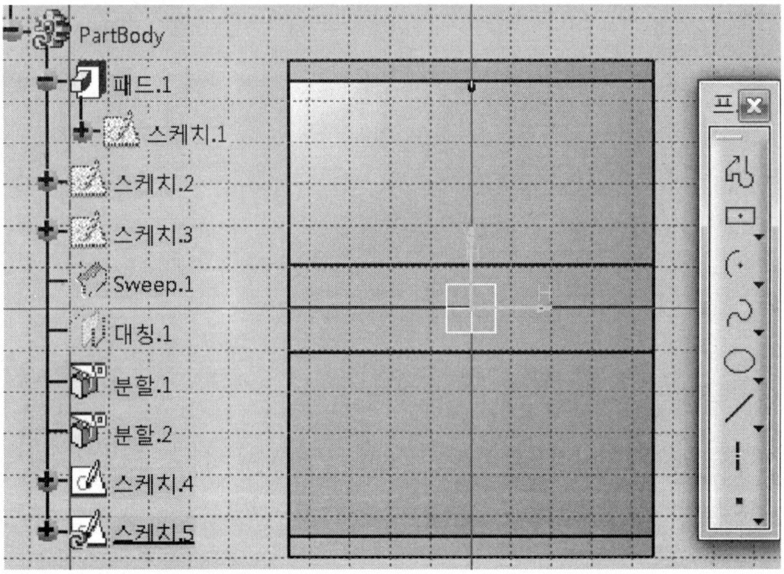

(22) 중심점 호를 그리고 55, R 300으로 치수 맞춤하고 워크벤치 종료한다.

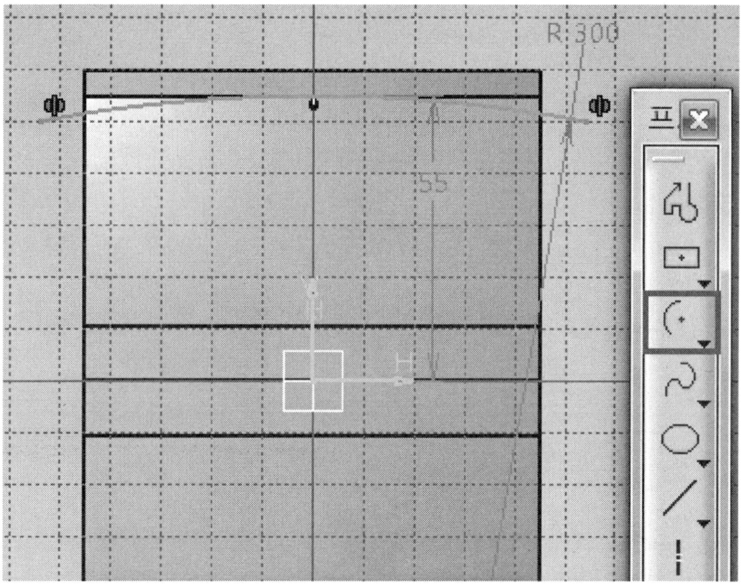

(23) G · S · D로 전환하여 작업한다.

※ 스케치는 G · S · D와 Part에서 공유된다.

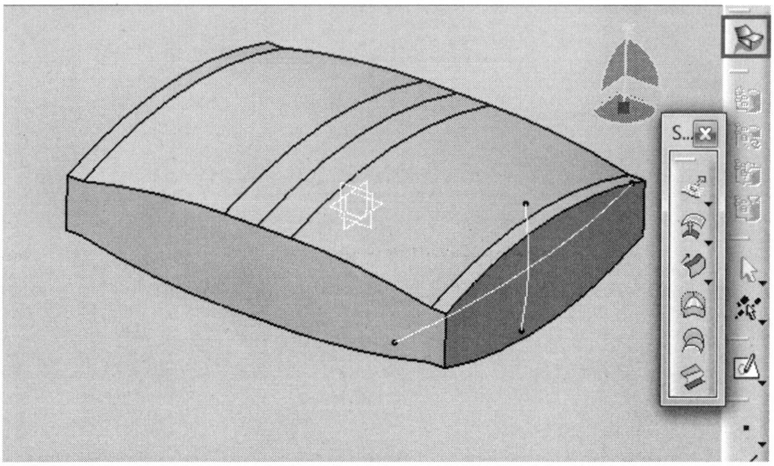

(24) Sweep 곡면을 정의하고 OK 한다.

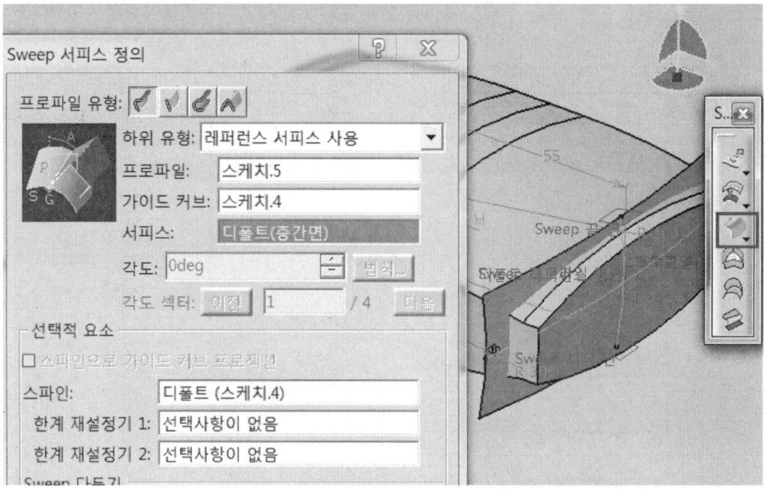

(25) Sweep 곡면을 zx 평면을 기준으로 대칭시킨다.

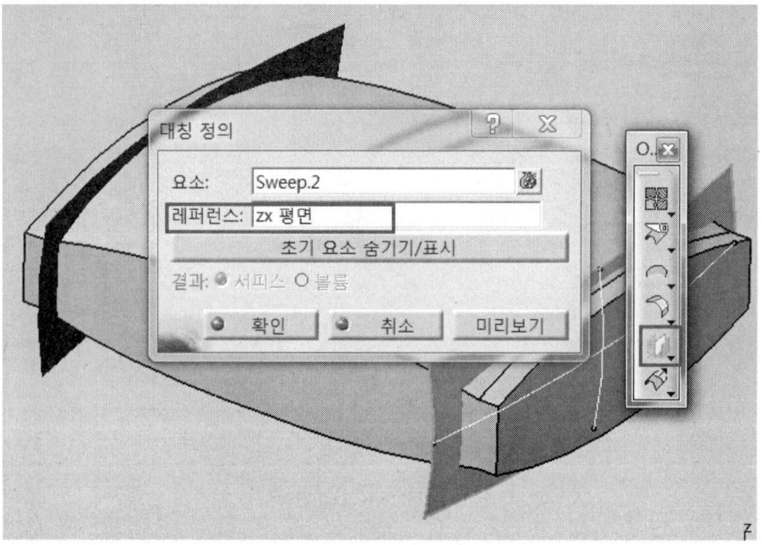

(26) 워크벤치에서 Part로 전환하여 곡면을 기준으로 분할한다.

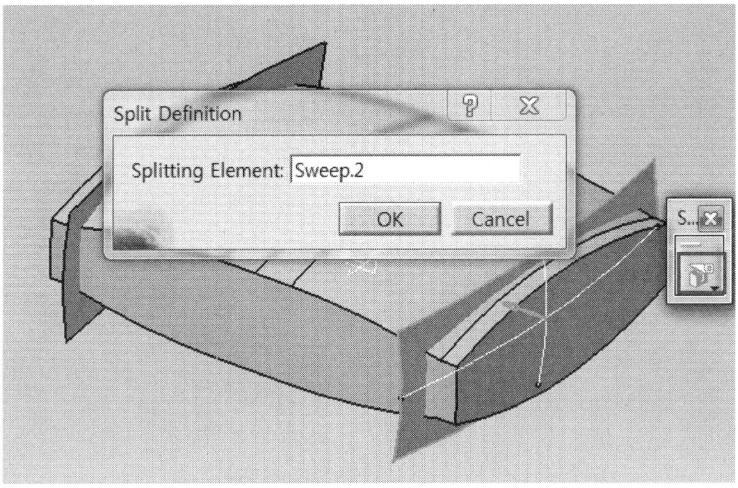

(27) 대칭 곡면도 분할한다.

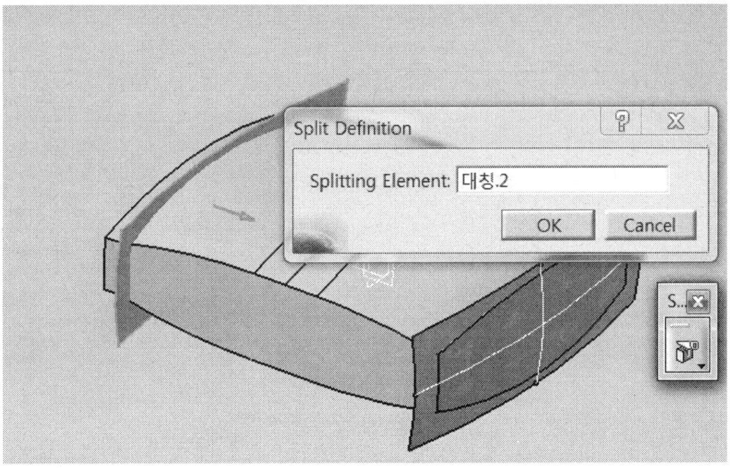

(28) 불필요한 객체는 숨긴다.

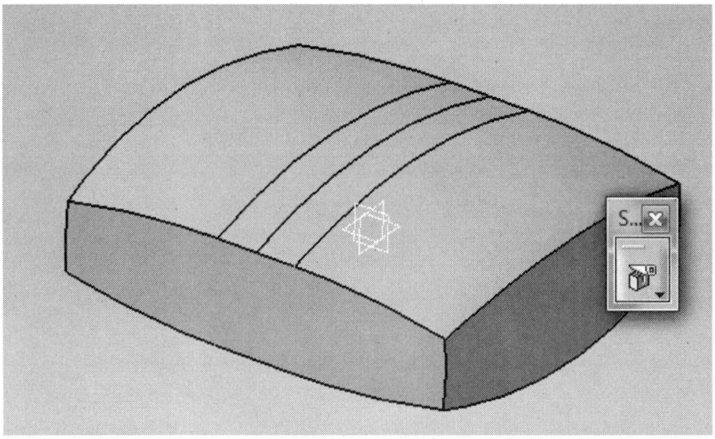

(29) xz 평면에서 중심점 호를 그리고 40, R 100 치수 맞춤하고 워크벤치 종료한다.

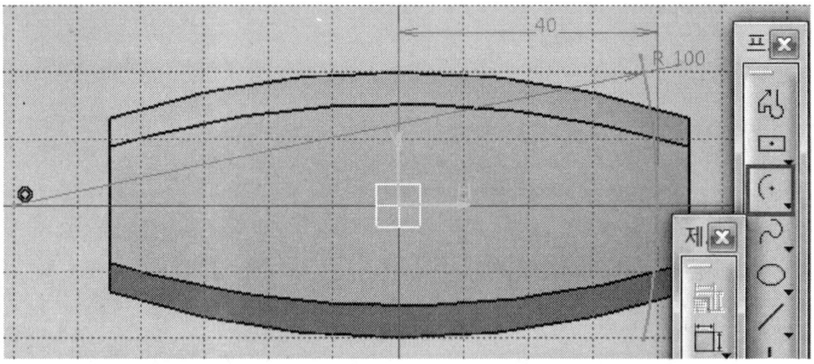

(30) xy 평면에서 중심점 호를 그리고 40, R 500 치수 맞춤하고 워크벤치 종료한다.

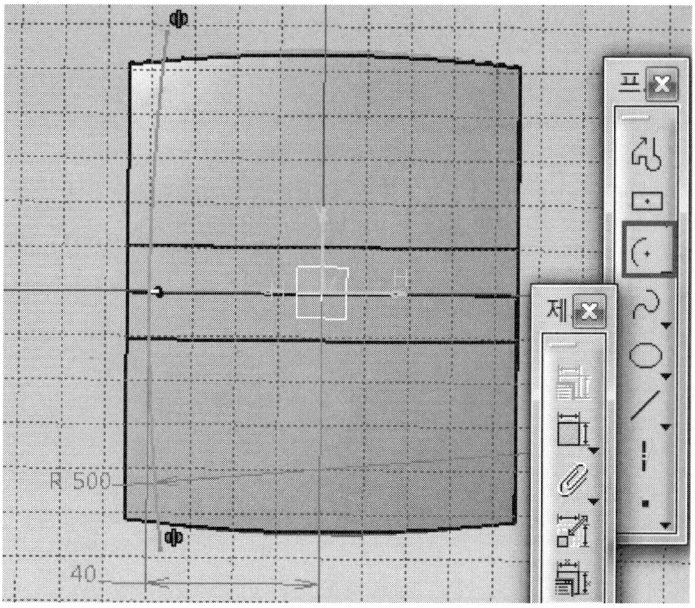

(31) G · S · D로 전환하여 Sweep 곡면을 생성하고 곡면을 yz 평면으로 대칭시킨다.

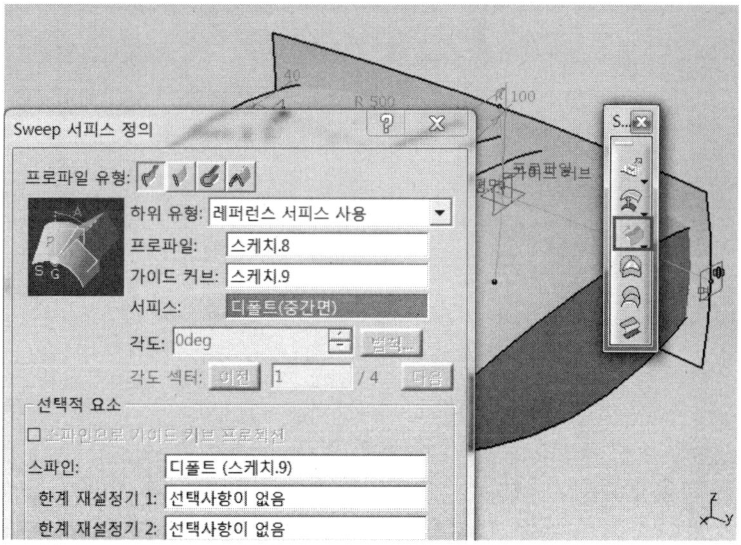

(32) Part로 전환하여 곡면을 기준으로 양쪽 모두 분할한다.

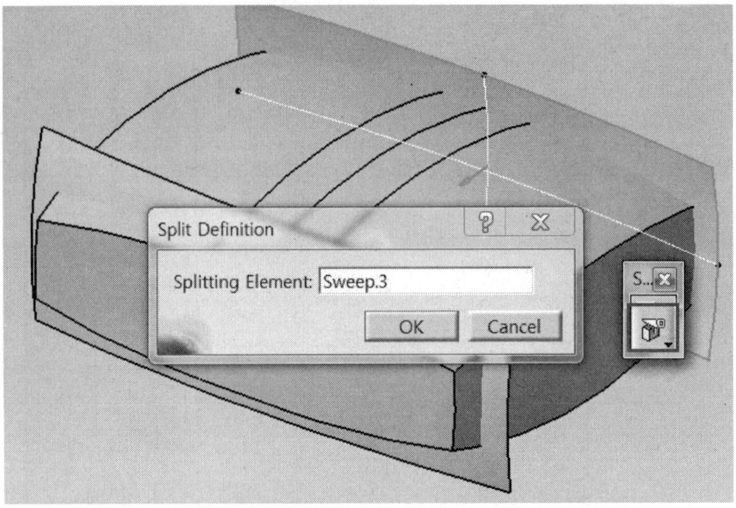

(33) 불필요한 객체는 숨기고 R 30으로 Edge Fillet을 한다.

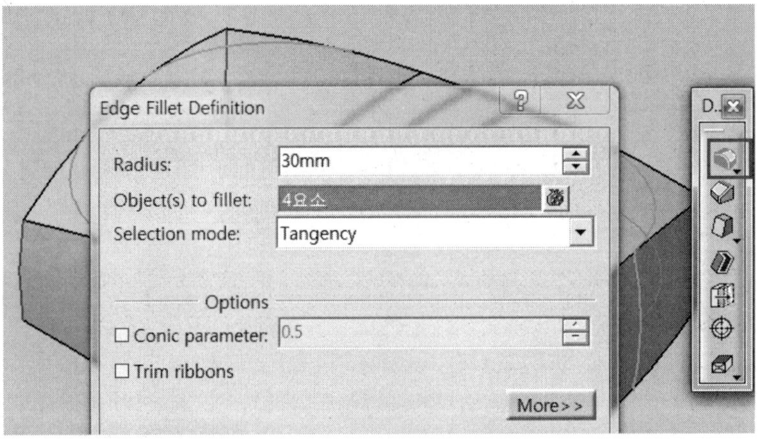

(34) 가변 필렛만 완성하면 된다.

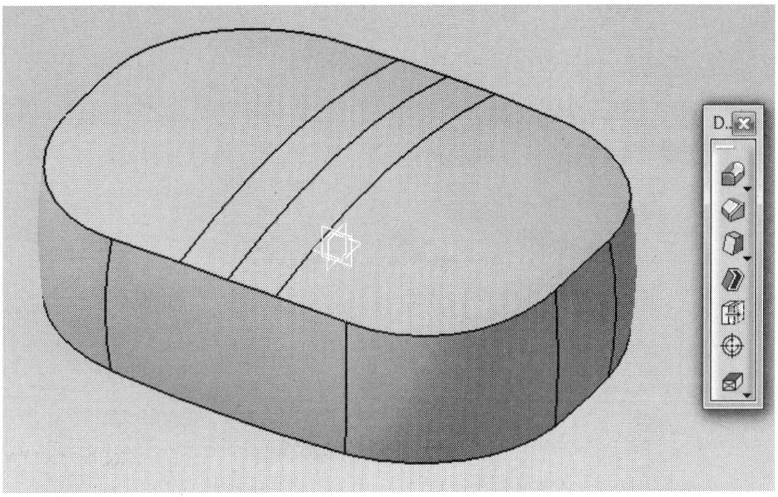

(35) 가변 필렛은 반지름 값이 각각 다르므로 반지름을 지정할 포인트 16개소를 지정한다.

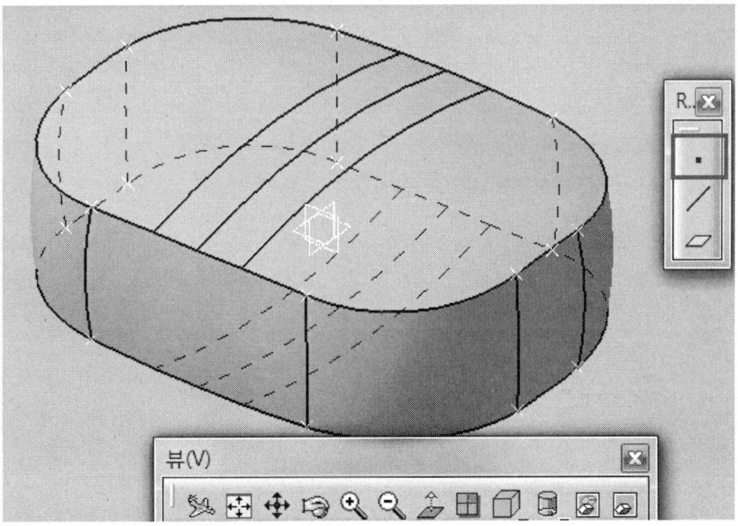

(36) 가변 필렛에서 반지름에 15 mm 입력하고 필렛 엣지선을 클릭하면 불필요한 정점에 R 15 mm가 표시되는 경우가 있다. 이때 Points 항에서 마우스 우클릭으로 선택 지우기한 다음 엣지선상에 있는 8개의 포인트를 차례로 클릭한다.

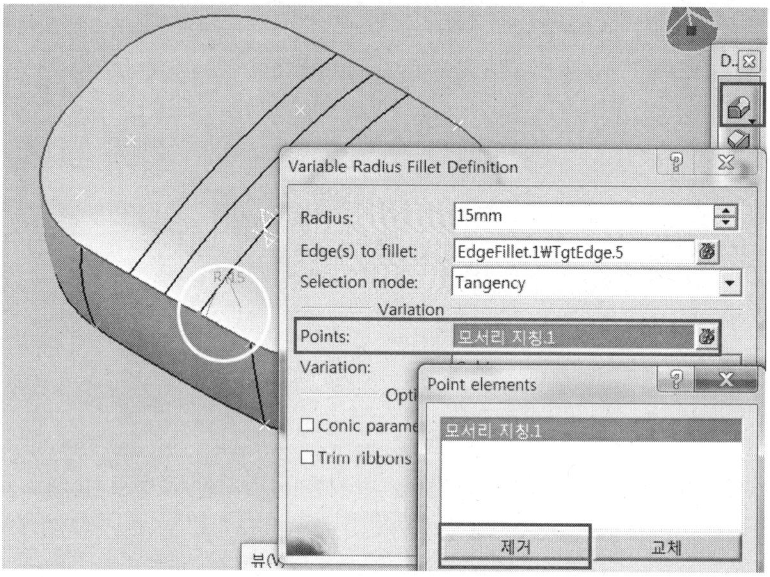

(37) 가변 필렛 15 mm로 지정하고 OK 한다.

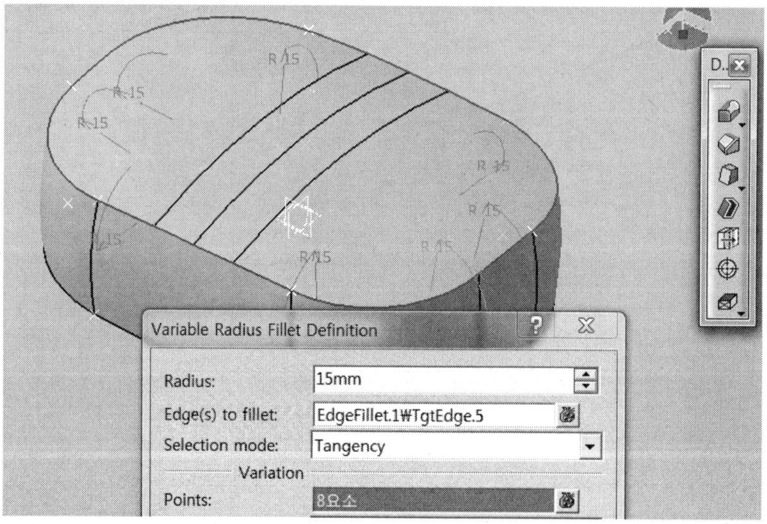

(38) 필렛 값이 10 mm인 포인트만 더블클릭하여 10 mm로 변경한다.

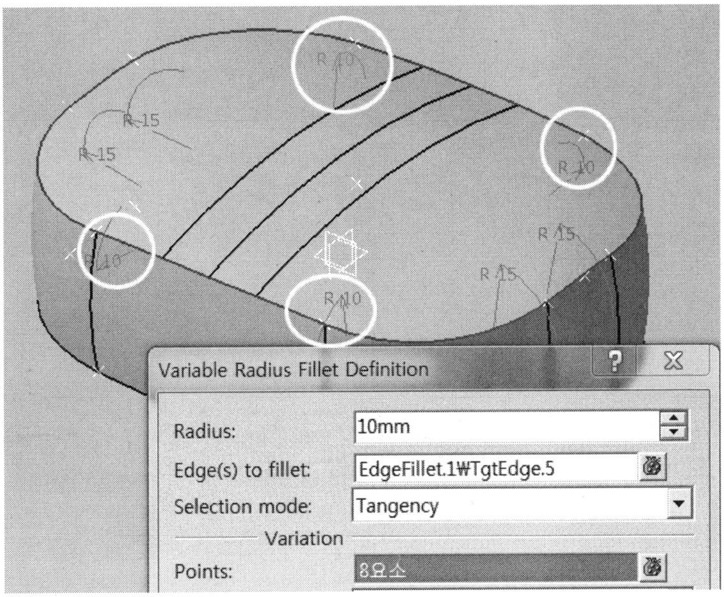

(39) 반대쪽 가변 필렛도 동일하게 완성한다.

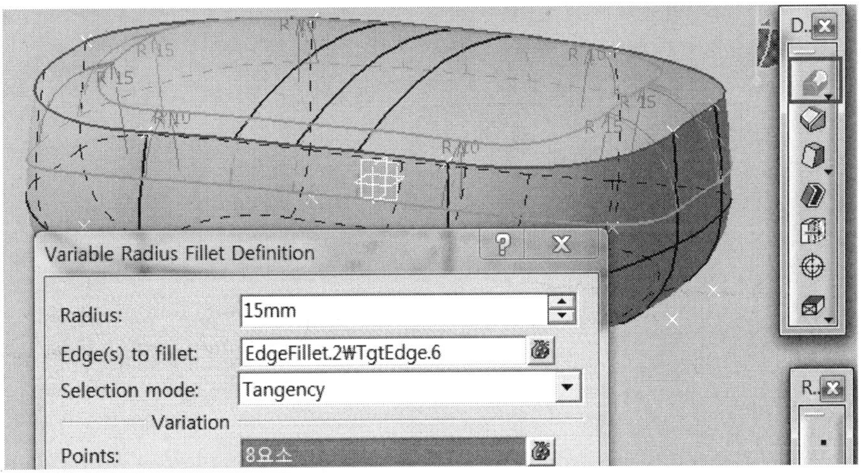

(40) 16개소의 포인트를 숨기기하여 모델링을 마무리한다.

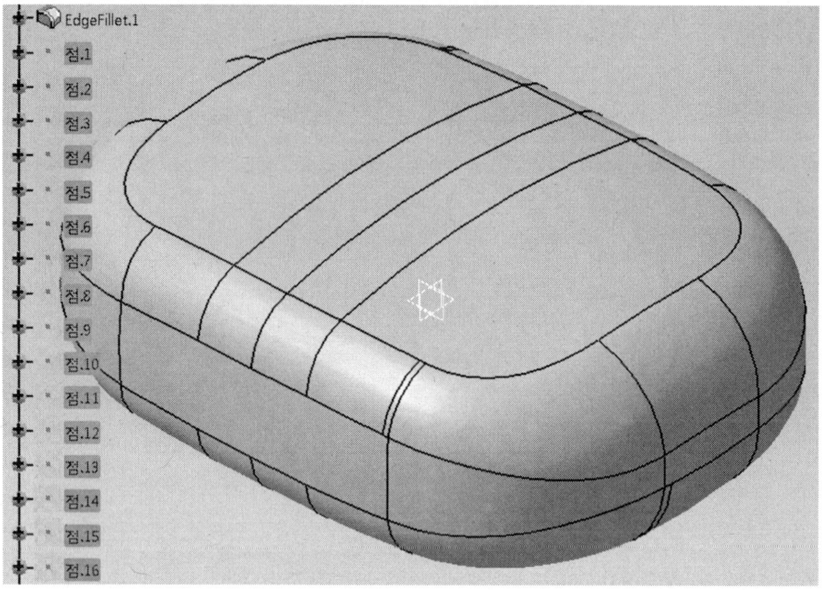

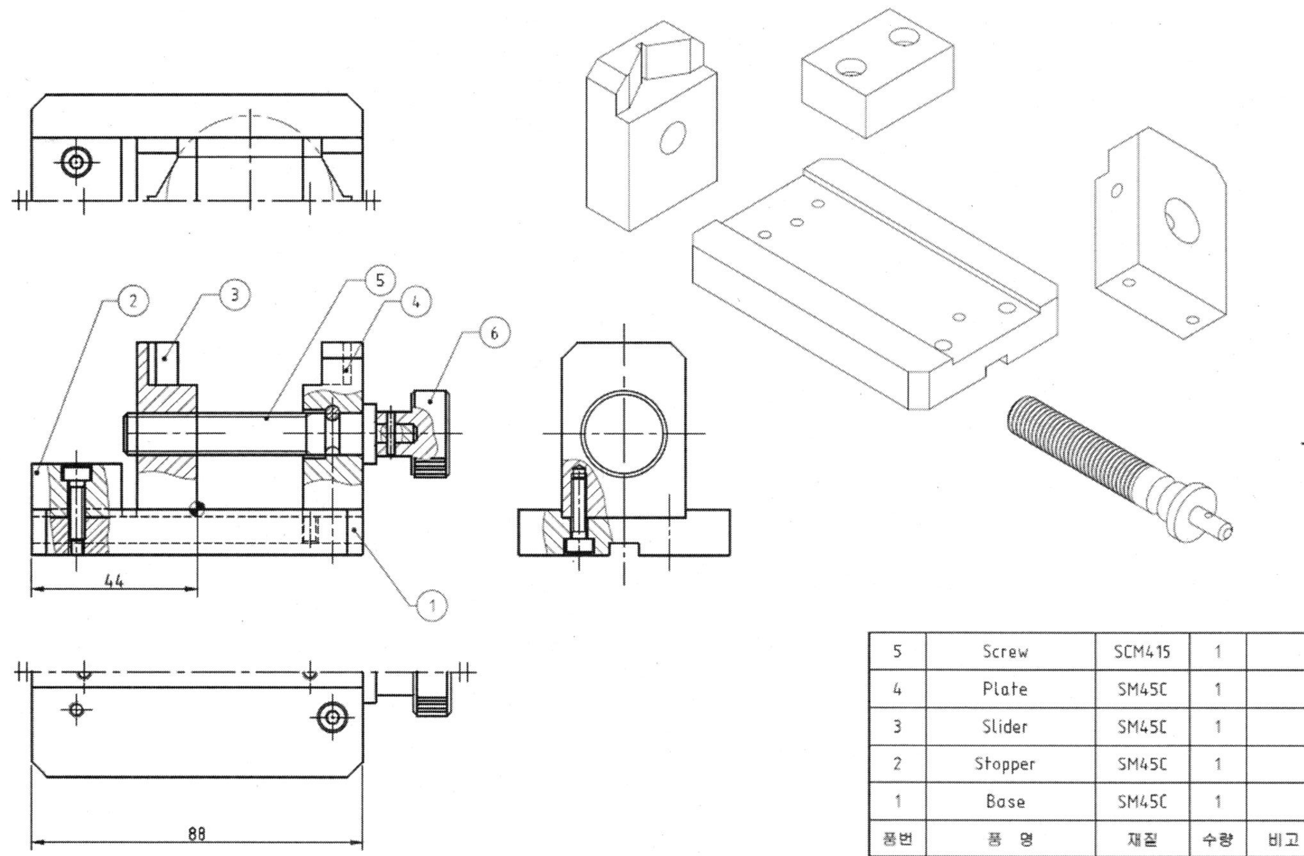

5	Screw	SCM415	1	
4	Plate	SM45C	1	
3	Slider	SM45C	1	
2	Stopper	SM45C	1	
1	Base	SM45C	1	
품번	품 명	재질	수량	비고
작품명	Vise		척도	1:1
			각법	3각법

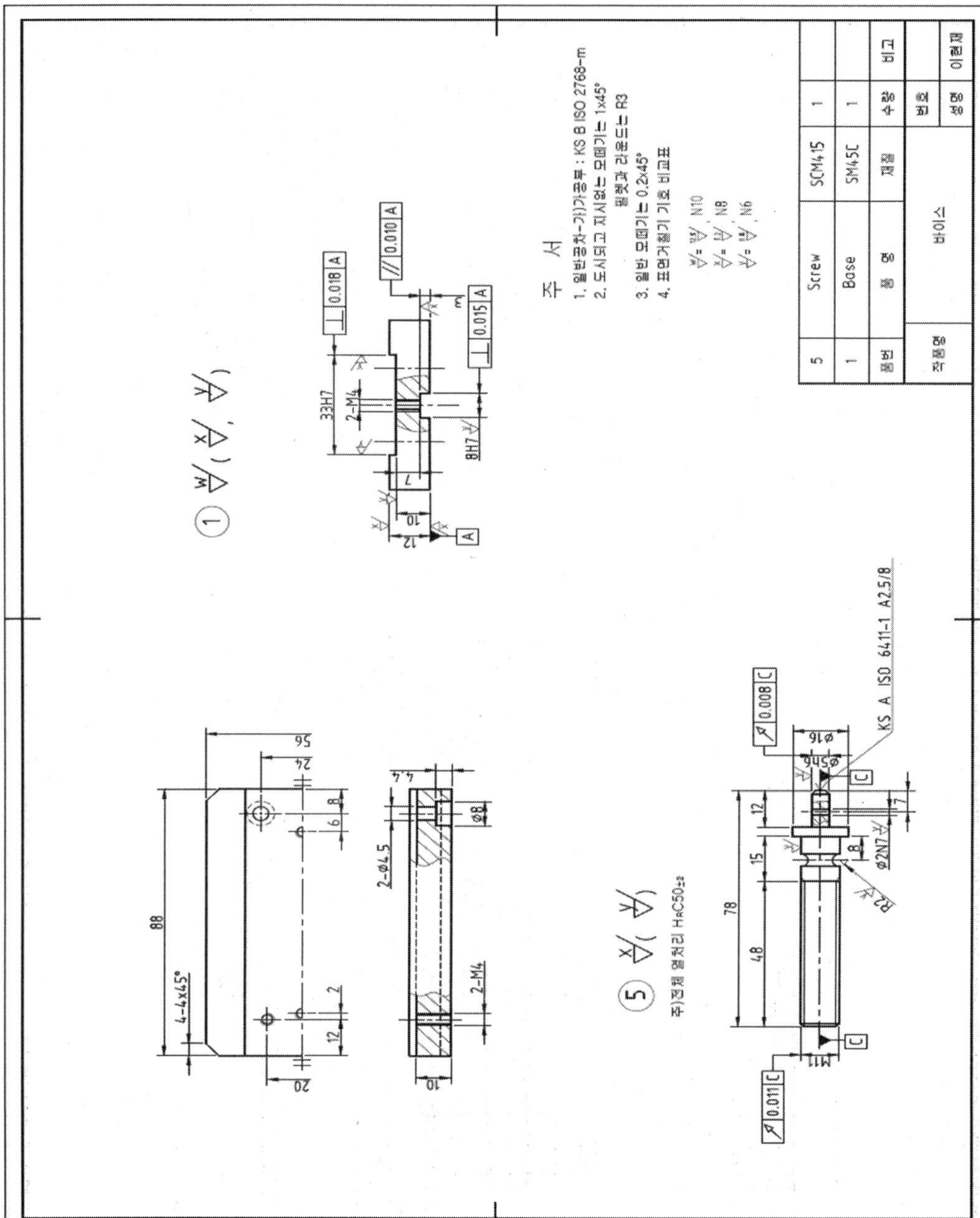

주 서
1. 일반공차-가)가공부 : KS B ISO 2768-m
2. 도시되고 지시없는 모떼기는 1x45° 필렛과 라운드는 R3
3. 일반 모떼기는 0.2x45°
4. 표면거칠기 기호 비교표
주)전체 열처리 HRC50±2
KS A ISO 6411-1 A2.5/8
5 Screw SCM415 1
1 Base SM45C 1
품번 품명 재질 수량 비고
작품명 바이스

2-14 Part에서 Base 모델링

(1) 메뉴에서 도구 => 옵션, 기본구조 => 파트 인프라스트럭처 => 파트문서 항의 좌표계 작성을 선택한다.

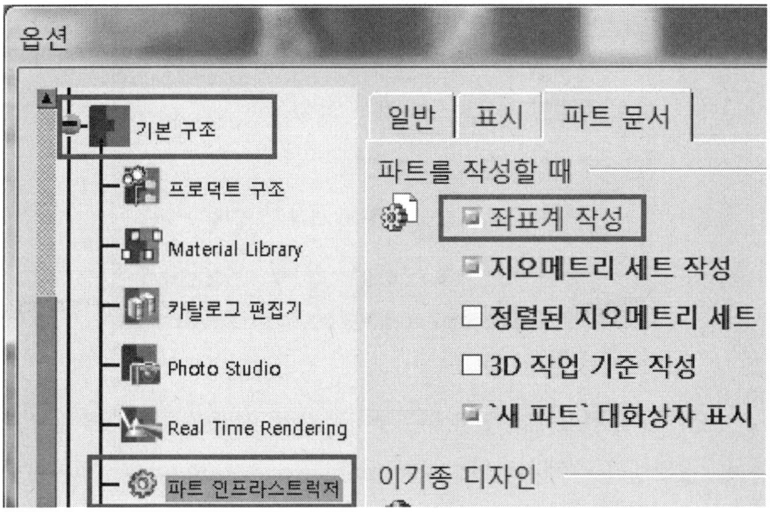

(2) " '새 파트' 대화상자 표시"에 체크하고 CATIA를 재실행한다.

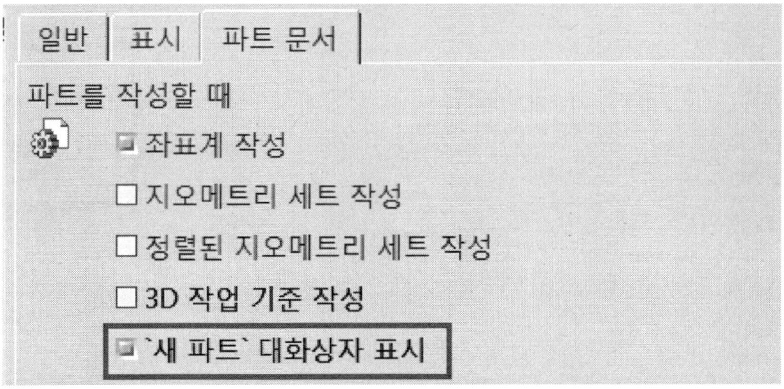

※ 단원 2-14와 2-15의 실제 크기 도면은 책 뒤의 도면을 절취하여 활용하세요.

(3) 파트 이름 입력에 'Base'로 입력하고 확인한다.

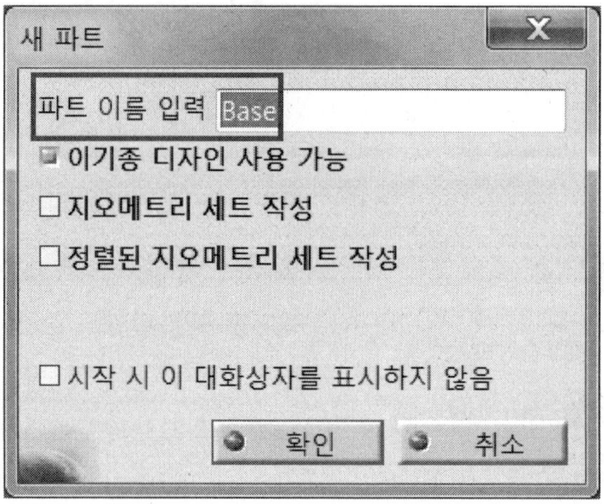

(4) ①번 부품은 Part에서 모델링하고 ②번 부품부터는 ①번 부품을 기준으로 조립품에서 모델링하기 위해 xy 평면에서 스케치한다.

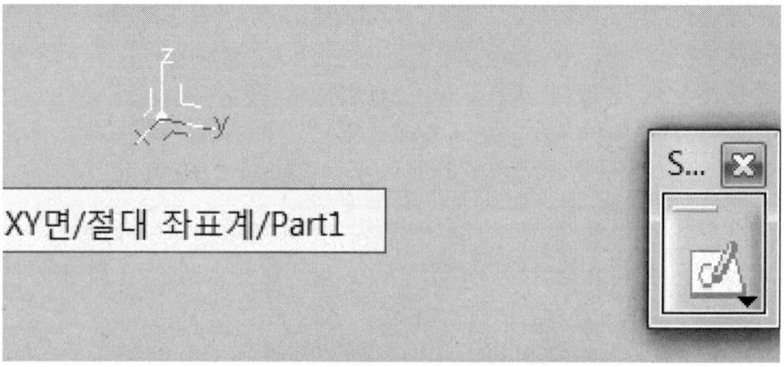

(5) Centered Rectangle (중심점 직사각형)을 선택하고 H, V 교차점에서 ①과 ②의 순서로 클릭한다.(또는 스케치 도구에서 H에 88/2, V에 56/2를 입력하고 엔터)

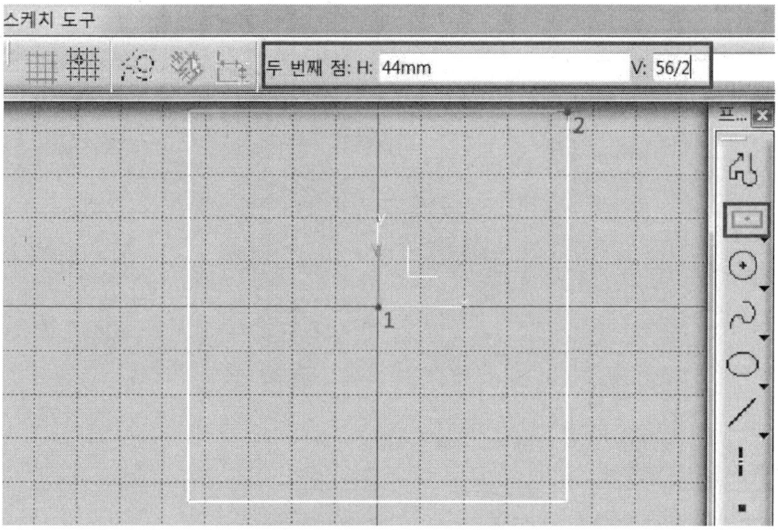

(6) 44, 28로 치수 맞춤을 확인하고 워크벤치 종료한다.

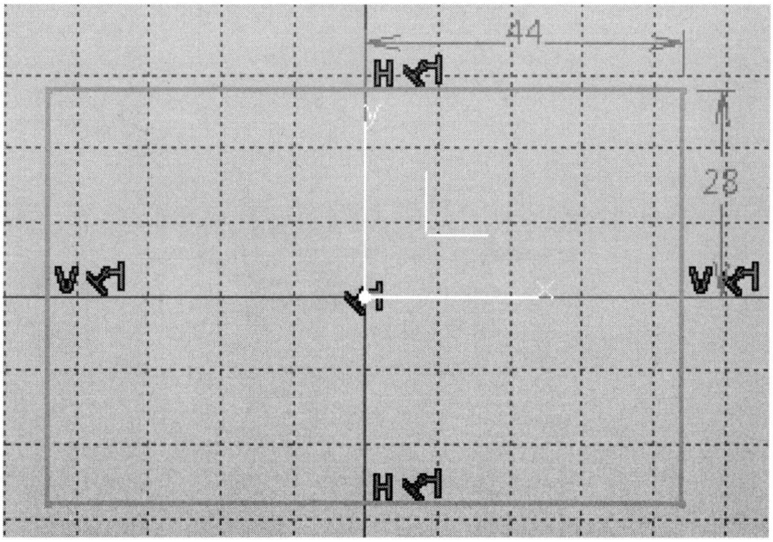

(7) Pad( )를 선택하고 12 mm 지정한다.

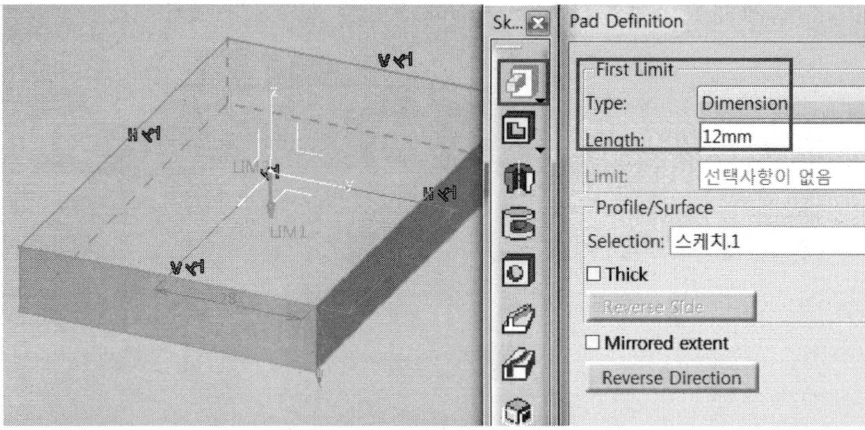

(8) yz 평면에서 Sketch한다.

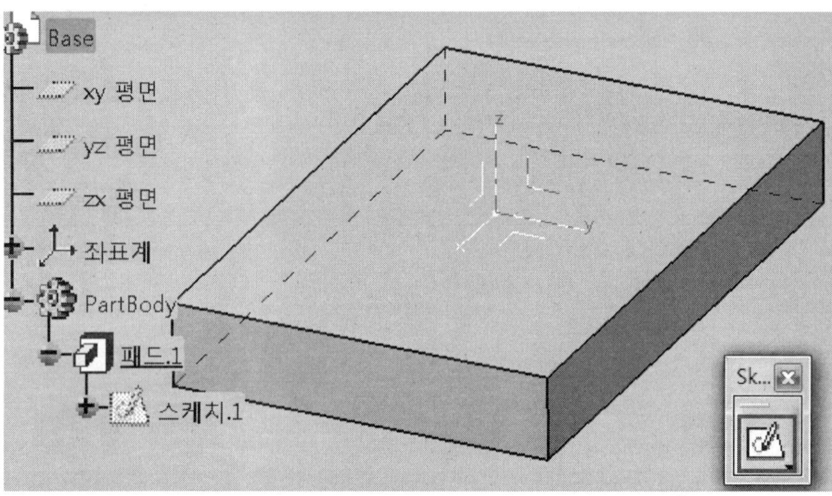

(9) 두 개의 중심점 직사각형을 그리고 33, 2, 8, 3 mm로 치수 맞춤하고 워크벤치 종료한다.

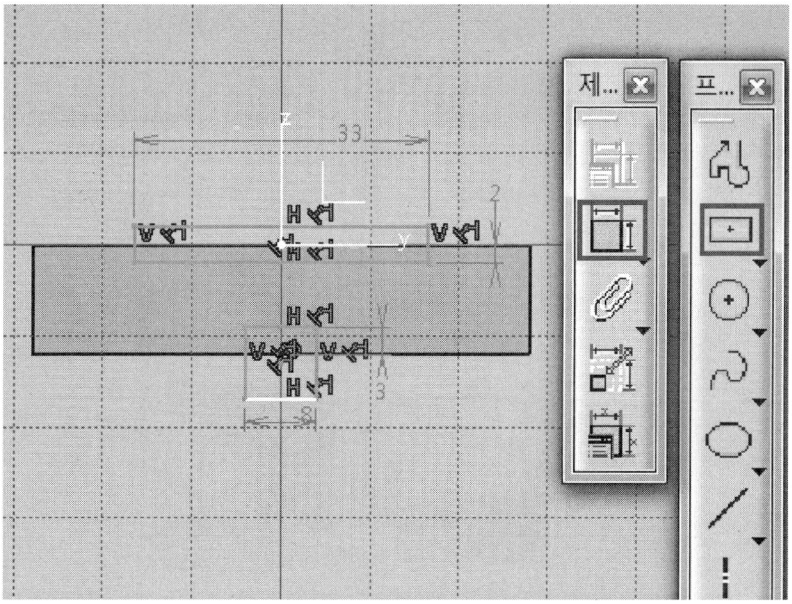

(10) Pocket ( )으로 조건을 지정하고 OK 한다.

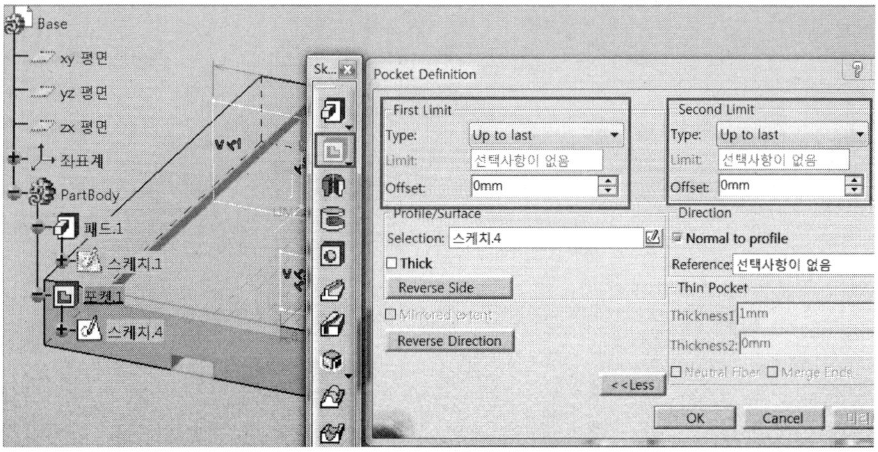

(11) 4개소의 모서리를 4×45° 모따기 한다.

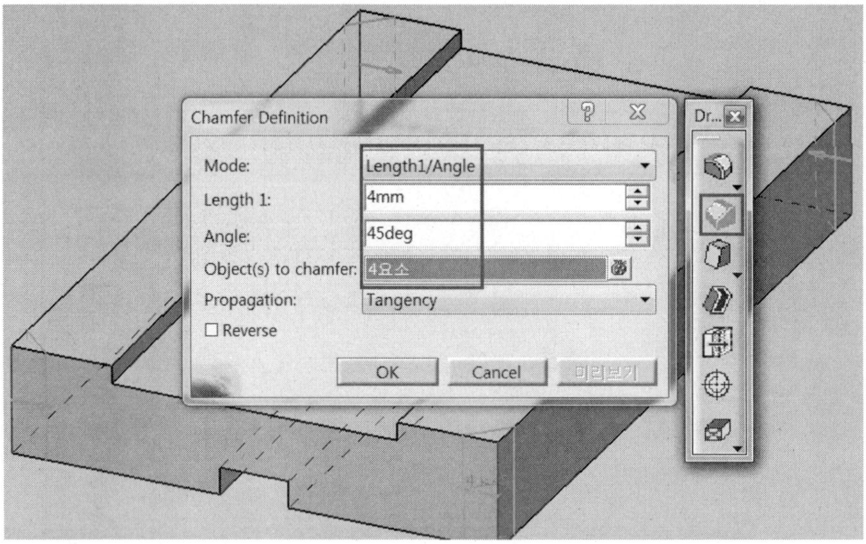

(12) 카운터 보어 작업을 위한 Hole을 선택하고 부품의 바닥면을 클릭한다.

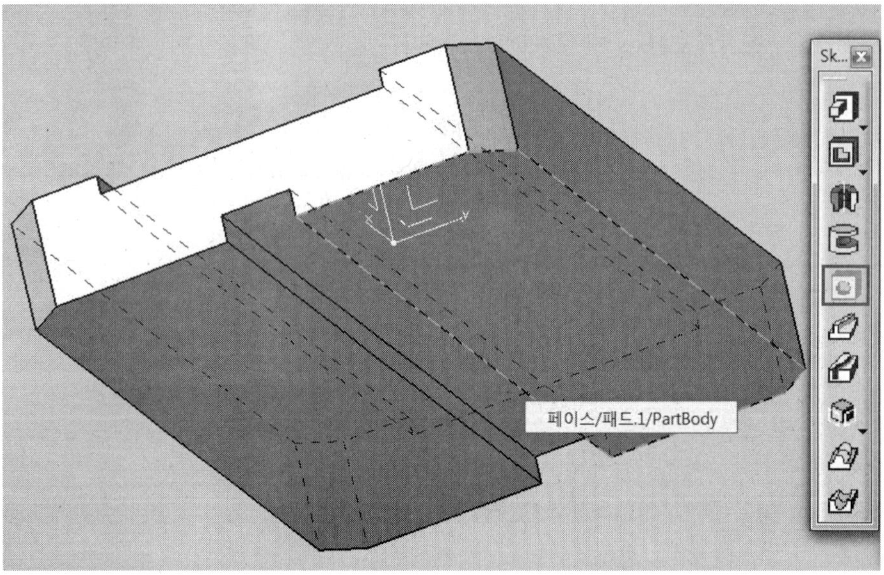

(13) Hole 정의 대화상자, Extension 항에서 Up to last, Diameter 4.5를 입력하고 Positioning Sketch를 선택한다.

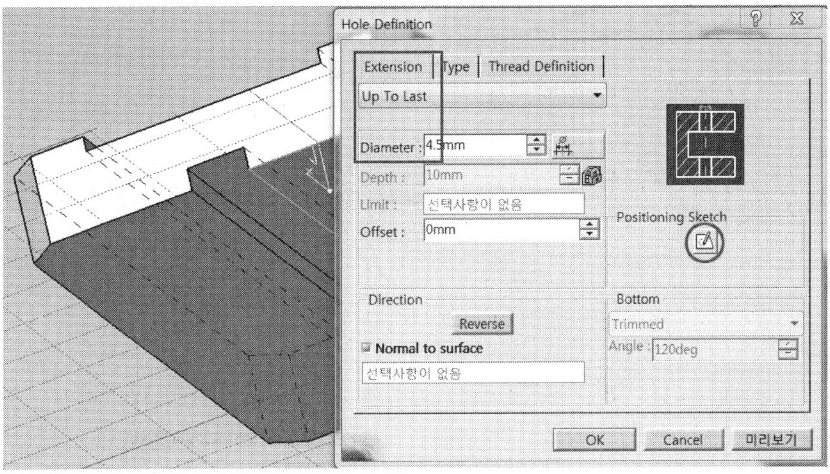

(14) 12, 8 mm로 치수 맞춤하고 워크벤치 종료한다.

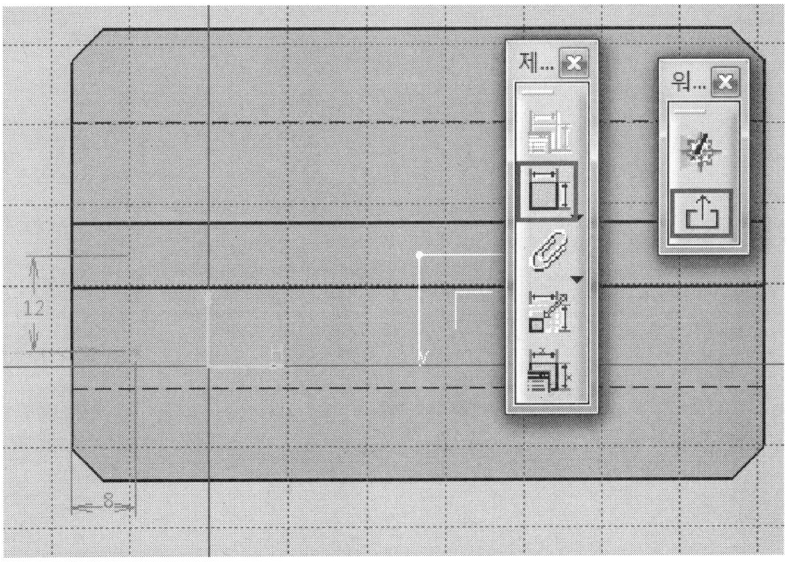

(15) Hole 정의 대화상자, Type 항에서 Counterbored, 지름 8 mm, 깊이 4.4 mm로 지정하고 OK 한다.

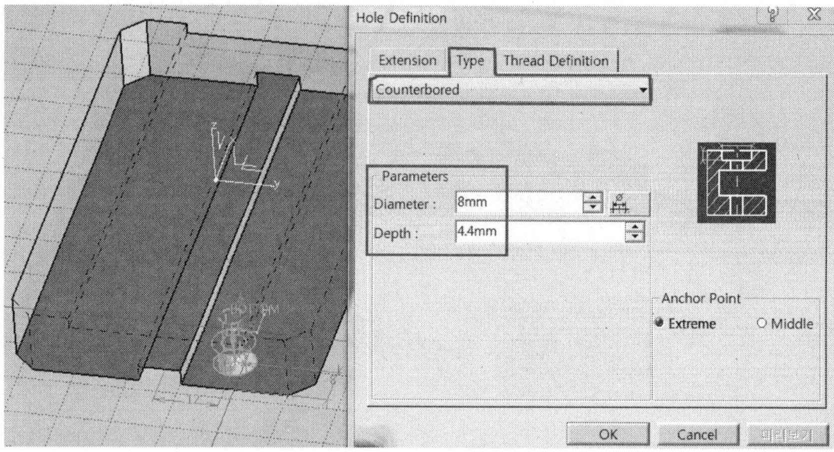

(16) 직사각형 배열을 선택하고 대화상자에서 Instance(s) 2, Spacing 24 mm, Reference element 항은 Edge 선택하고 OK 한다.

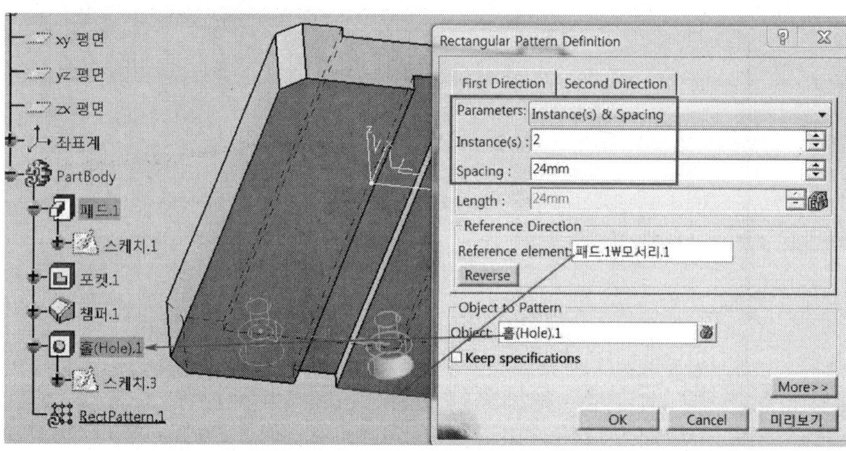

(17) 2-M4 나사 작업을 위한 Hole을 선택하고 부품의 윗면을 클릭한다.

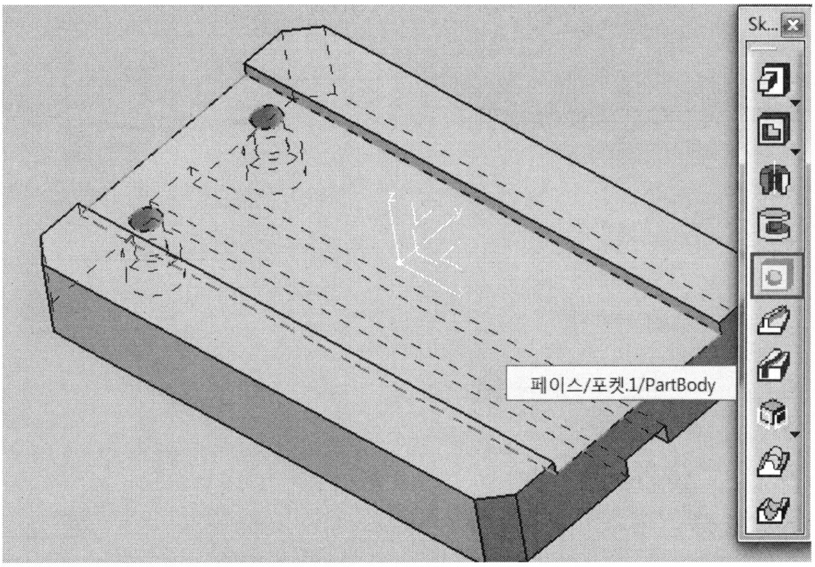

(18) Hole 대화상자에서 Threaded 체크하고 Bottom Type에 Support Depth, Thread Definition 항에 Metric Thick Pitch, M4로 지정한다.(Metric Thick Pitch : 보통나사를 의미)

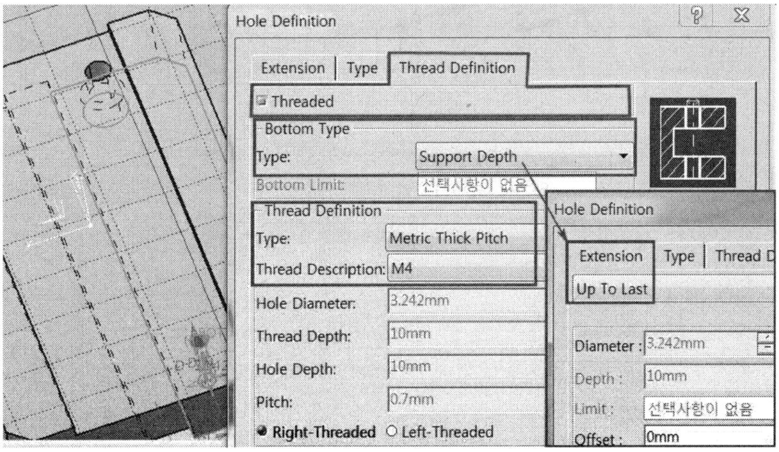

(19) Type 항에 Simple, Extension 항에 Up to last 지정하고 Positioning Sketch를 선택한다.

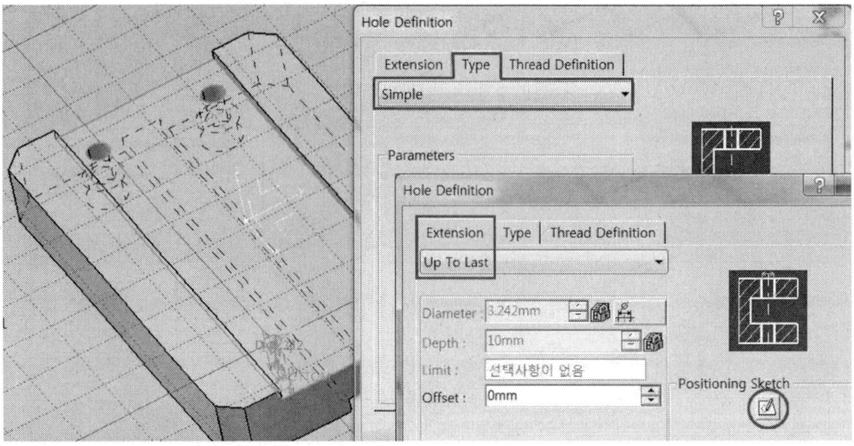

(20) 10, 12 mm로 치수 맞춤한 다음 워크벤치 종료한다.

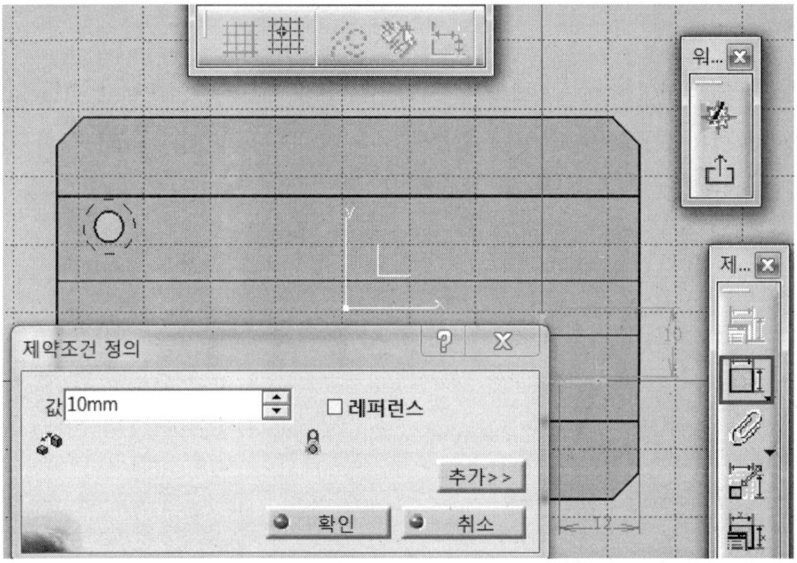

(21) Hole.2를 선택하고 직사각형 배열로 완성한다.

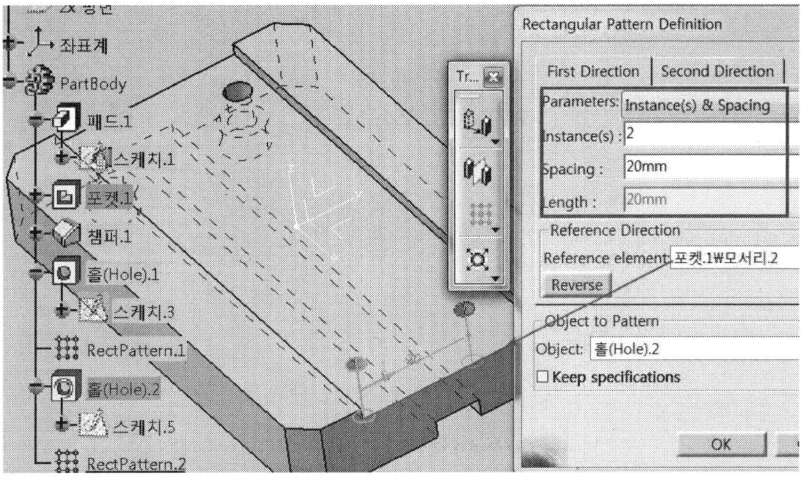

(22) Hole 아이콘을 선택하고 부품의 밑바닥 홈을 클릭한다.

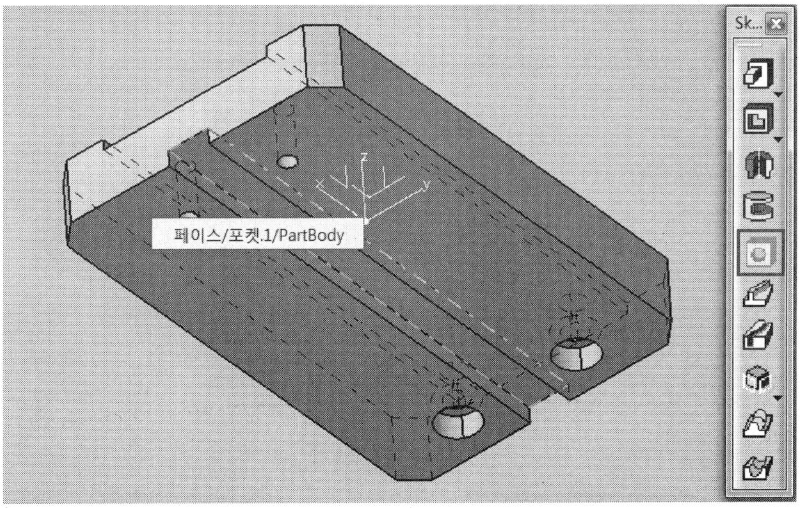

(23) Hole 정의 대화상자 Extension항, Positioning Sketch를 선택한다.

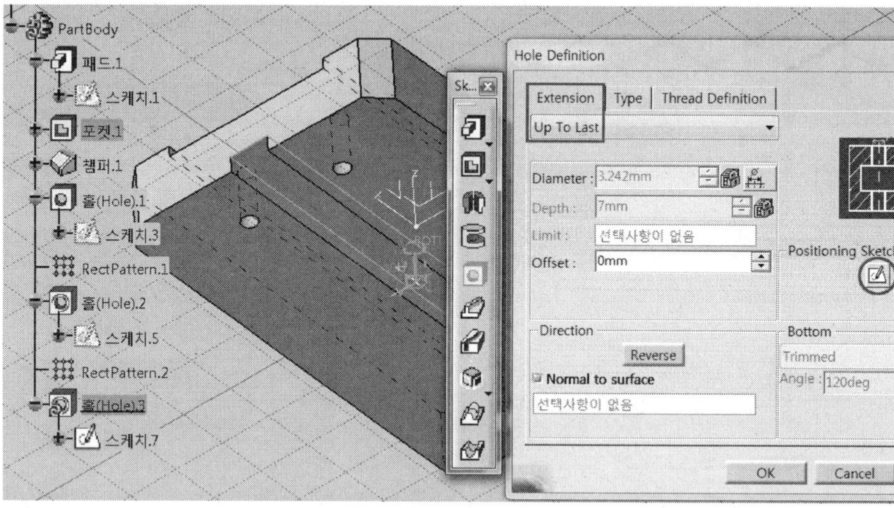

(24) 28, 14 mm로 치수 맞춤한 다음 워크벤치 종료한다.

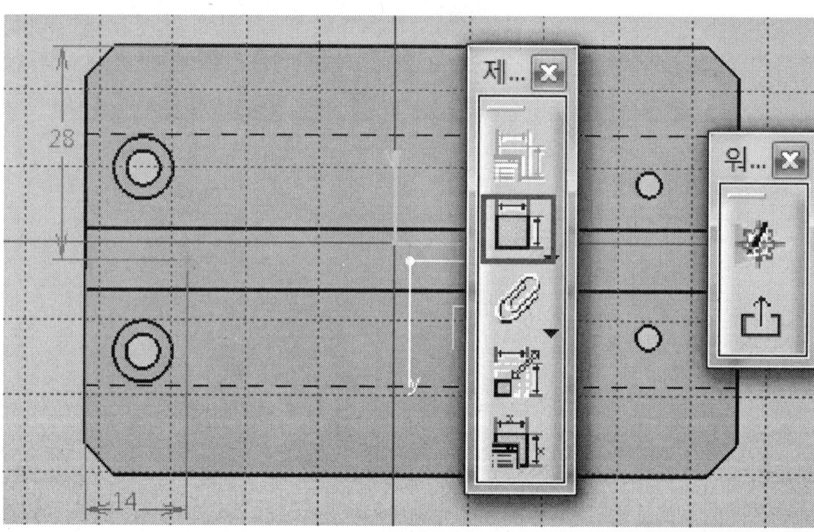

(25) 나사(Thread) 정의를 확인하고 OK 한다.

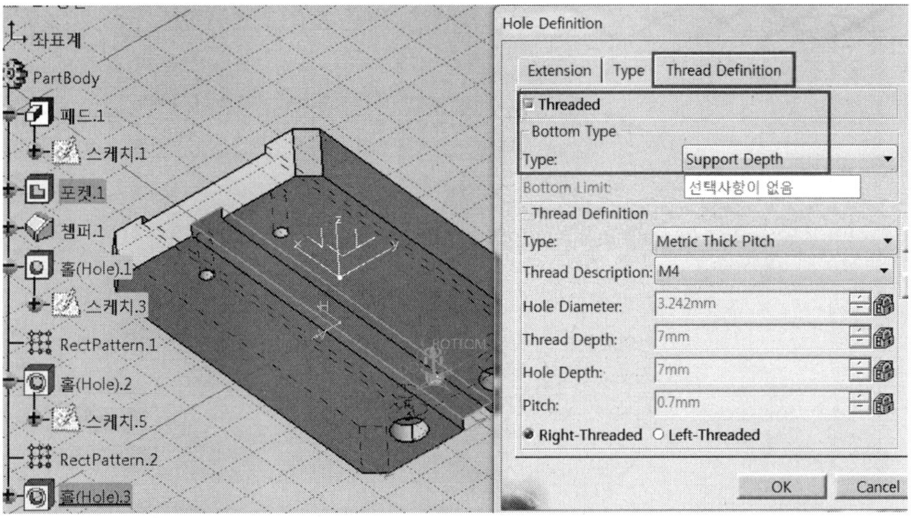

(26) Hole.3를 선택하고 직사각형 배열로 방향이 맞지 않으면 Reverse를 적용하여 OK 한다.

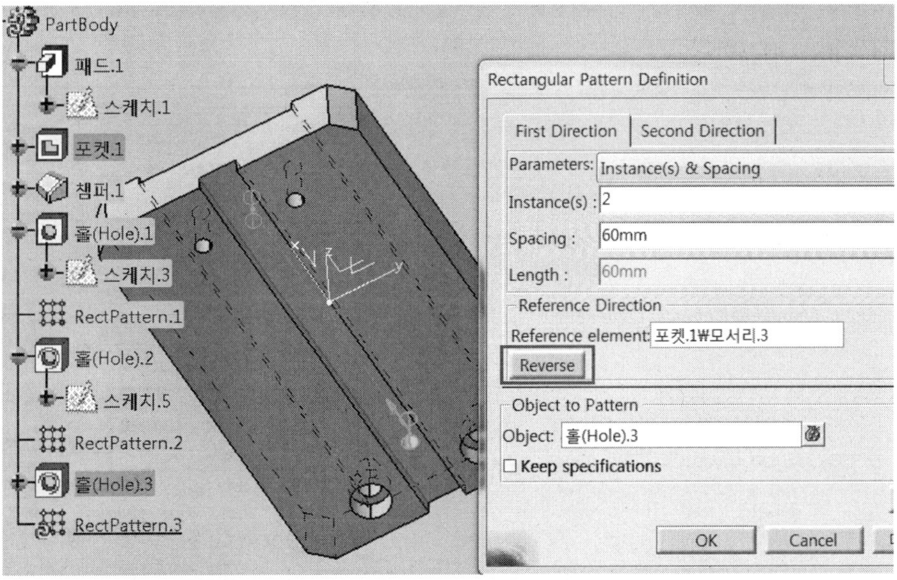

(27) 4개의 암나사와 2개의 카운터 보어가 완성되었다.

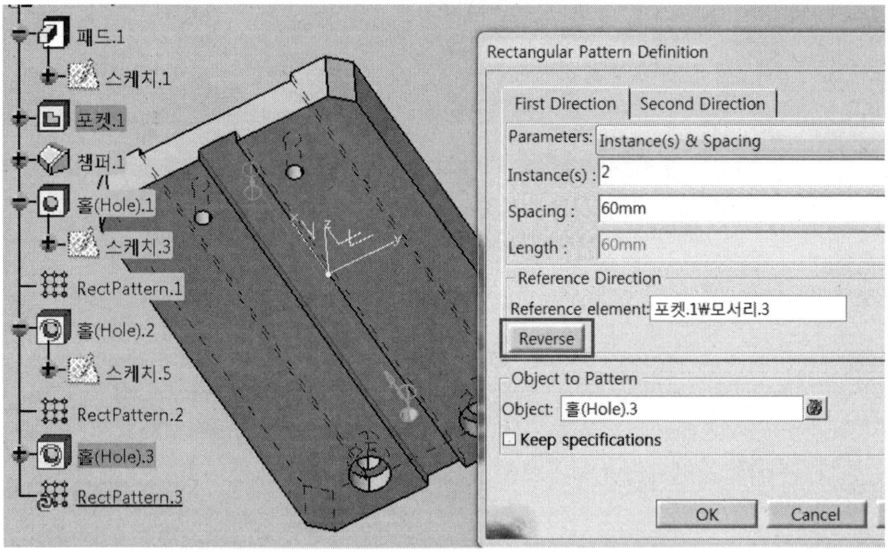

(28) 도면모드 해당 뷰에서 마우스 우클릭하여 등록정보 은선, 중심선, 스레드를 활성화하고 3D 색상은 해제한다.

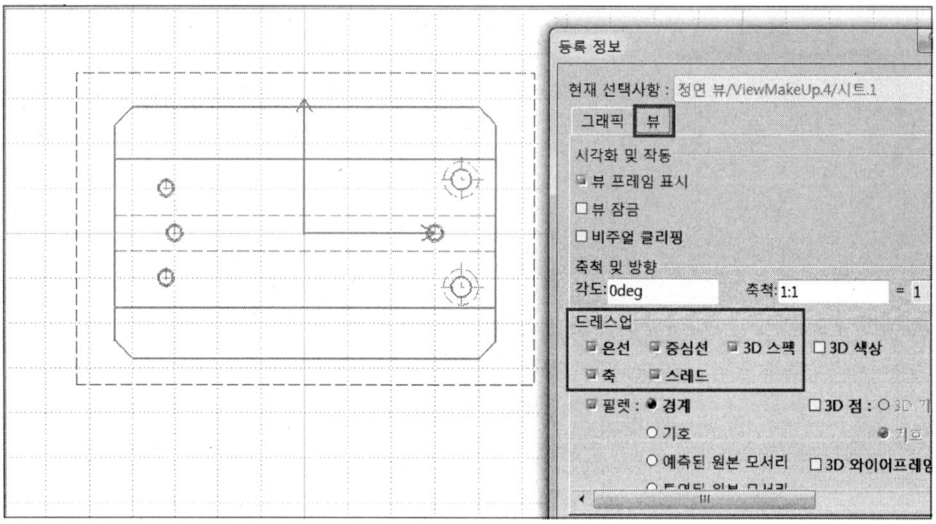

(29) 도면모드에서 단면도를 작성하고 필요한 부분만 수정 추출한다.

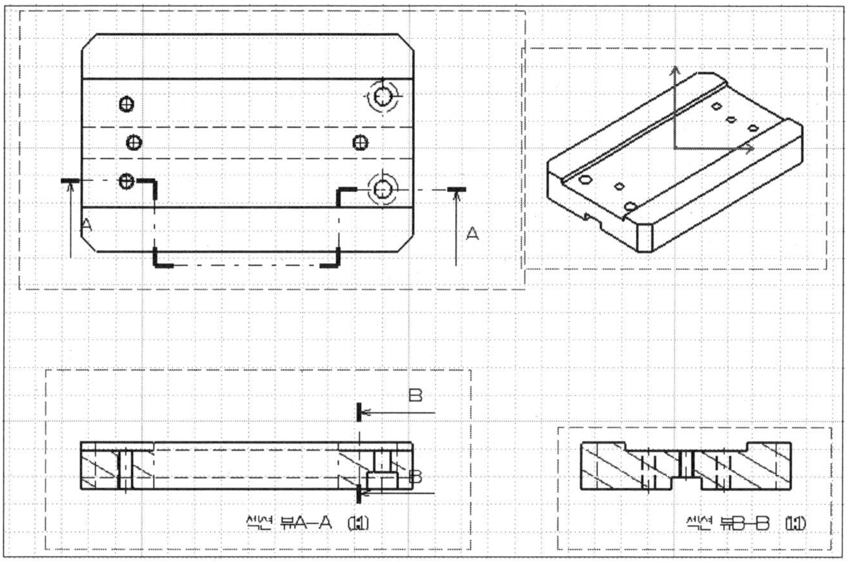

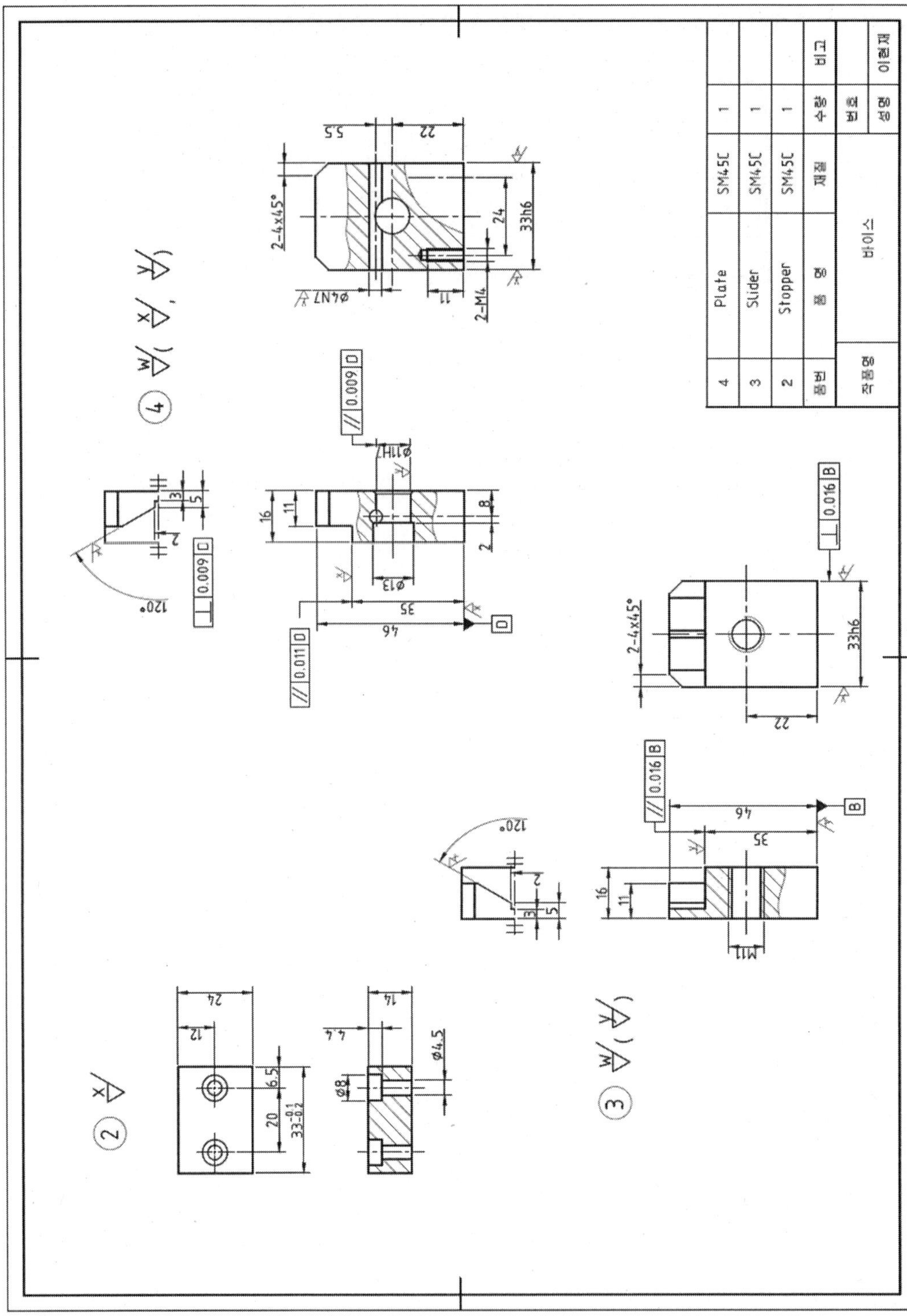
4 Plate SM45C 1
3 Slider SM45C 1
2 Stopper SM45C 1
품번 품명 재질 수량 비고
작품명 바이스

2-15 조립품에서 각 부품 모델링

여기서는 부품 상호간의 Link(연관성)를 활용하여 모델링하는데 그렇게 하면 조립되는 각 부품의 형상과 치수 및 구멍의 위치 등을 맞춰가며 모델링할 수 있을 것이다.

(1) CATIA 메뉴, 도구 => 옵션에서 프로덕트 구조 탭의 수동 입력에 체크하고 재실행한다.

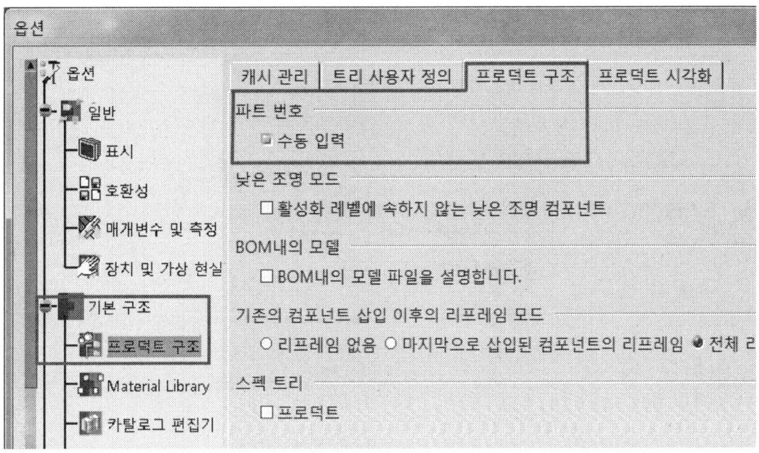

(2) CATIA V5 메뉴에서 시작 => 기계디자인 => 어셈블리 디자인을 클릭하거나 워크 벤치에서 즐겨찾기에 등록된 어셈블리 디자인을 선택한다.

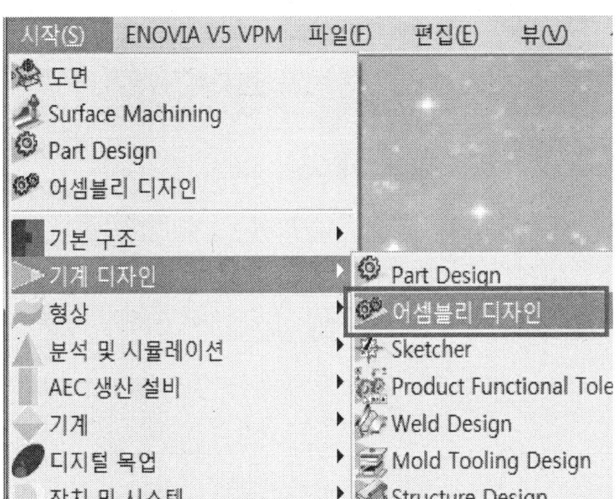

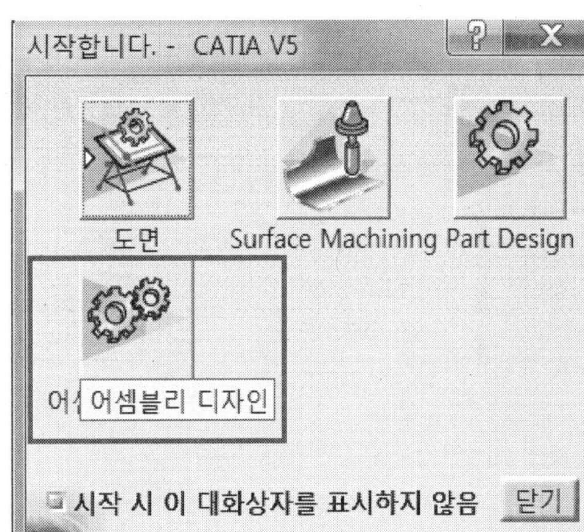

(3) 파트 번호에서 확인한다.(여기서 파트 번호와 프로덕트 번호가 같으면 충돌함)

(4) 기존 컴포넌트( )를 선택하고 스펙트리에서 Product1을 클릭한다.

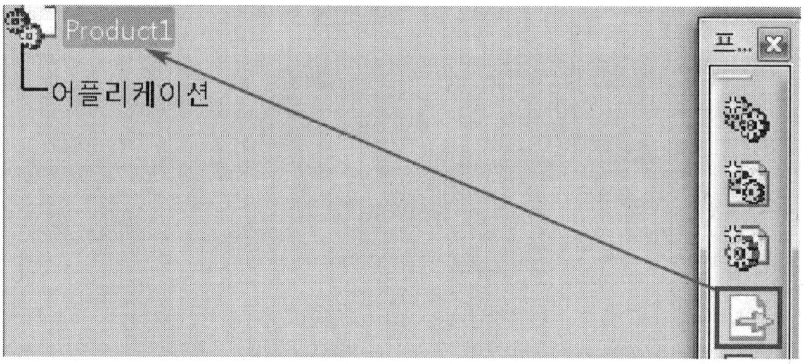

(5) 파일 선택에서 삽입할 부품 파일을 선택한다.

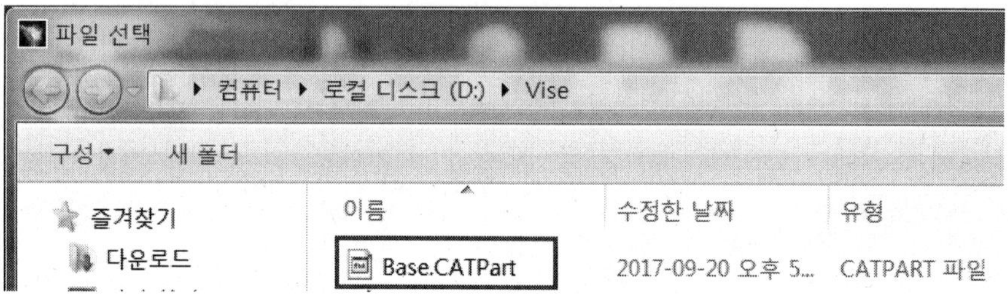

(6) Stopper를 모델링하기 위하여 Product1을 선택하고 파트를 클릭, 파트 번호 대화상자에 'Stopper'라고 입력한다.

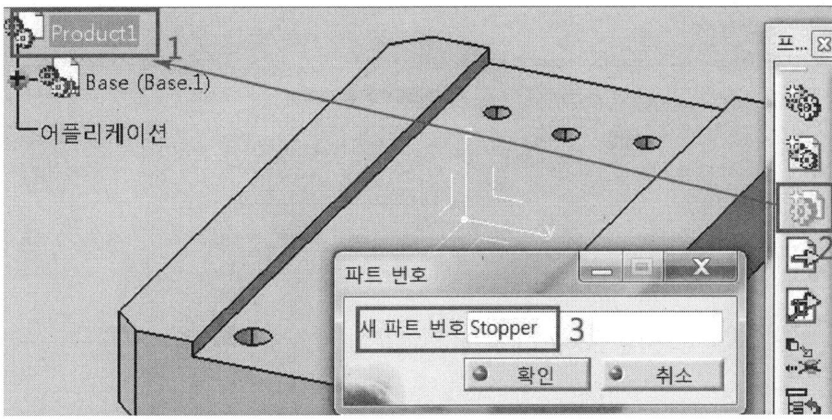

(7) 새 파트 : 원본 위치에 대한 정의에서'예'를 선택한다.

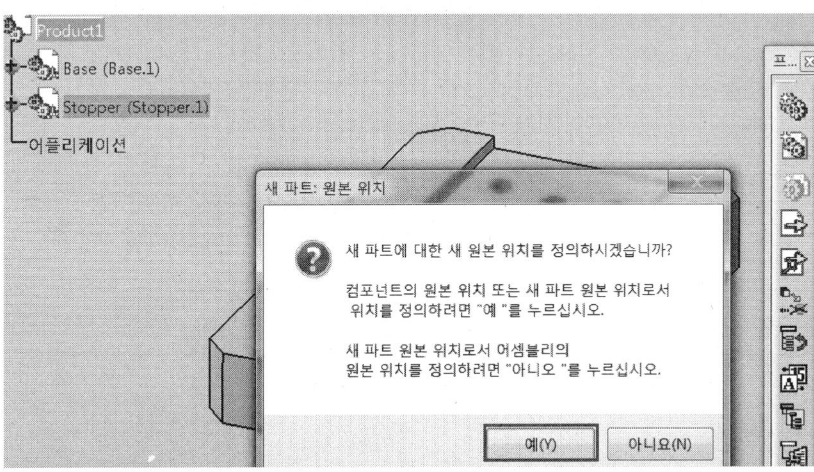

(8) Base는 참조하기에 편하도록 등록정보에서 그래픽과 투명도를 변경한다.

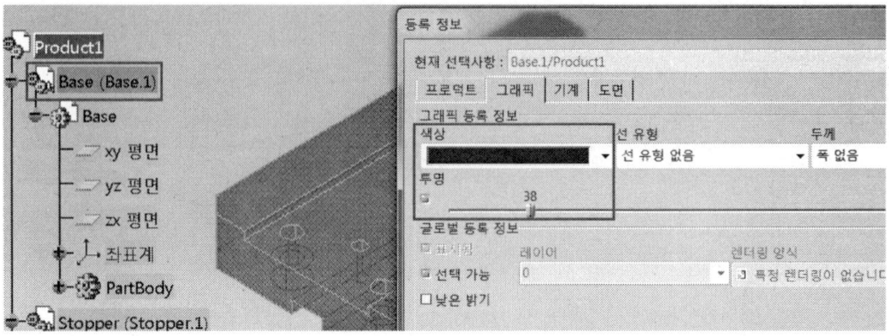

(9) 스펙트리, Stopper를 더블클릭하면 Part 모델링으로 전환된다.

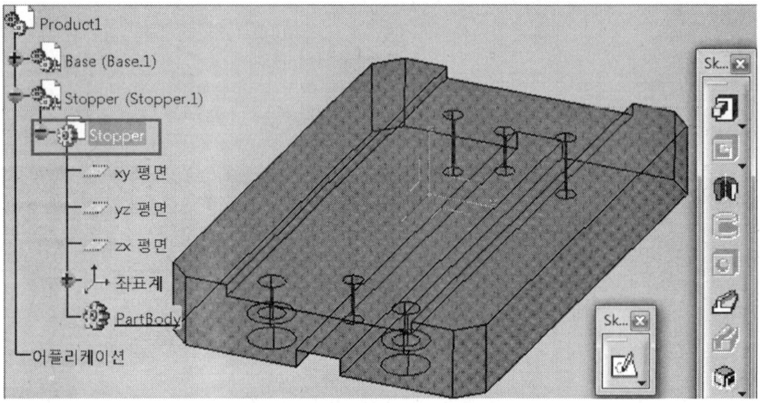

(10) 스케치( )를 선택하고 Base (①번 부품)의 측면을 클릭한다.

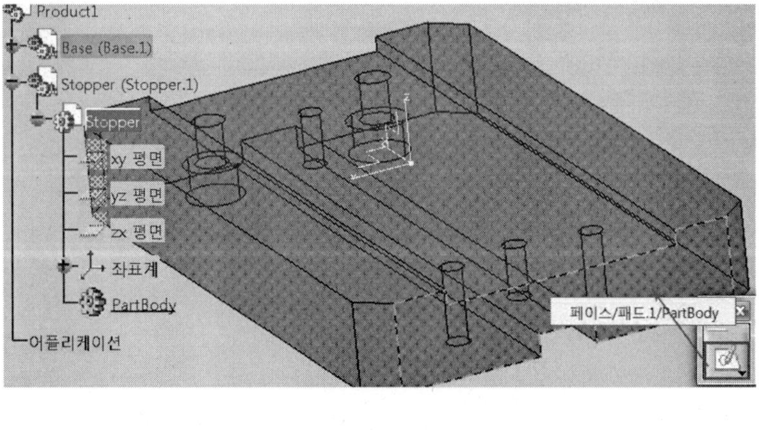

(11) 3D 요소 프로젝트로 상관선을 추출한다.

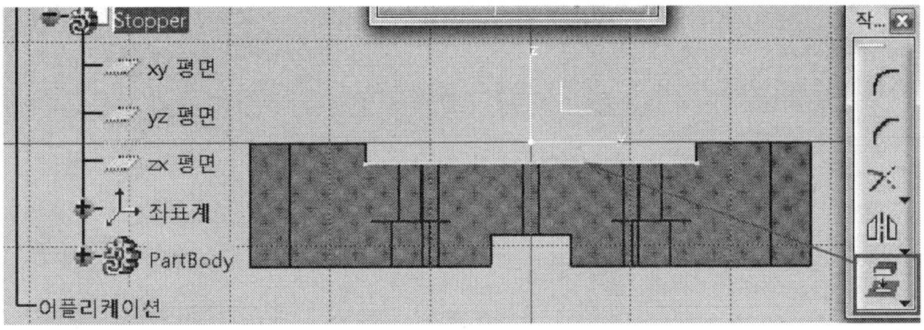

(12) 프로파일로 투영선과 끝점을 연결한 다음 14 mm로 치수 맞춤한다.

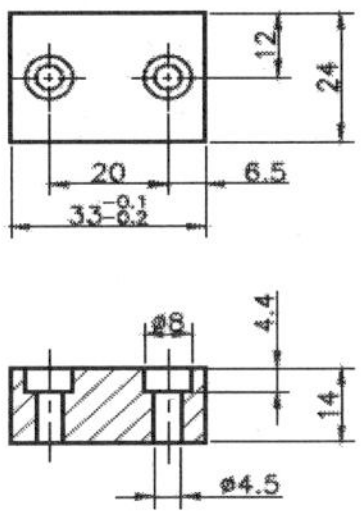

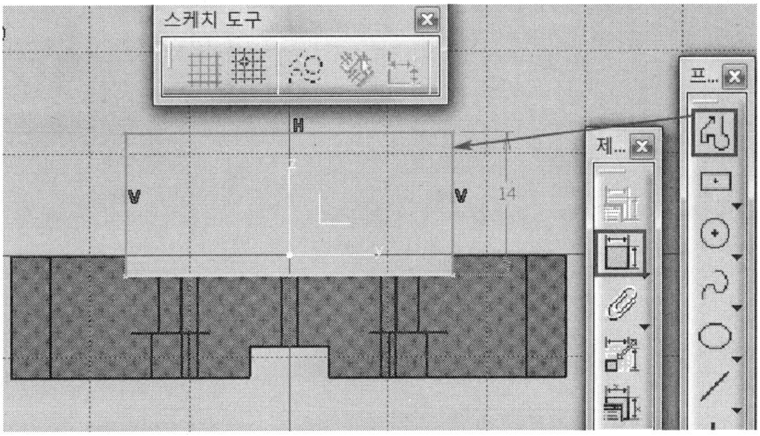

(13) 워크벤치 종료하고 Pad( ) 한다.

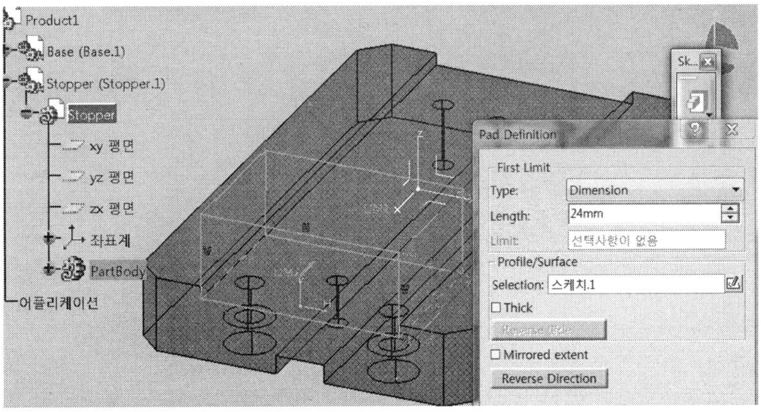

(11-1) (11)에 이어 다른 방법으로 서피스에 두께를 주어 솔리드를 생성하는 방법이 있다. G · S · D로 전환한다.

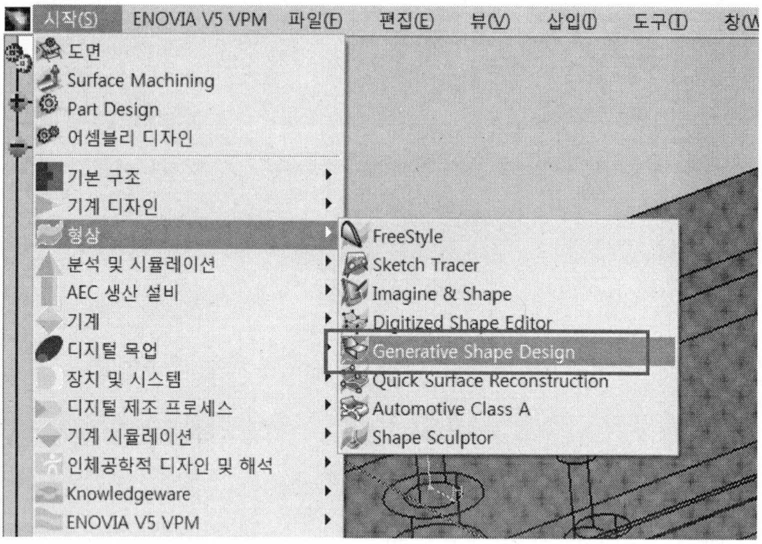

(11-2) 투영한 직선을 서피스로 만드는 압출을 Z방향으로 14 mm 지정하여 확인한다.

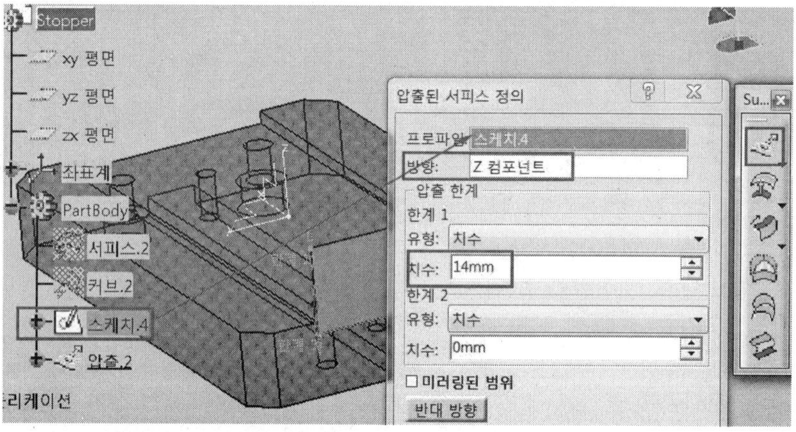

(11-3) Part 모델링으로 전환하여 서피스에 두께를 주는 Thick Surface를 선택하고 24 mm 입력한 다음 OK 한다.

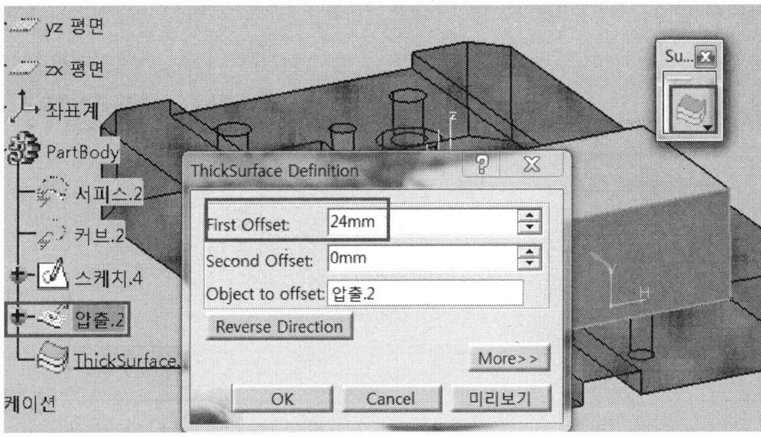

(14) 카운터보어 작업을 위한 Hole을 선택하고 부품의 윗면을 클릭한다.

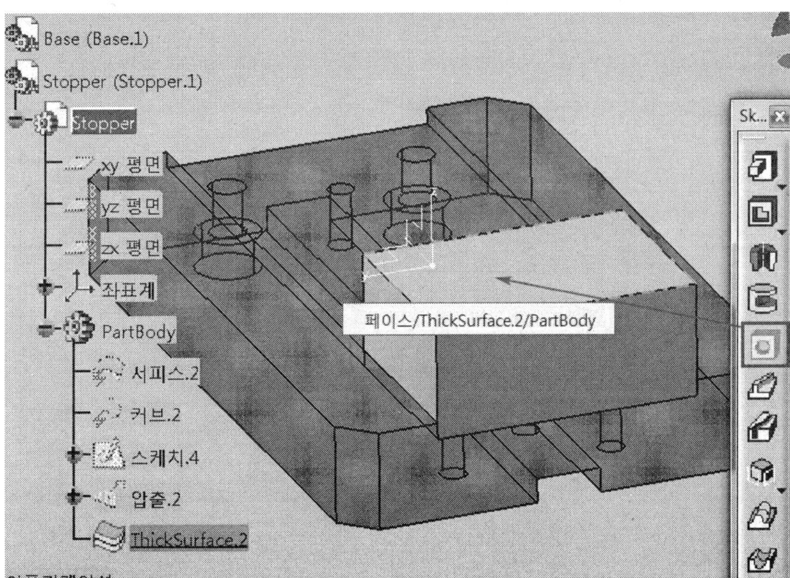

(15) Hole 정의 대화상자, Extension 항에서 Up to last, Diameter 4.5를 입력하고 Positioning Sketch를 선택한다.

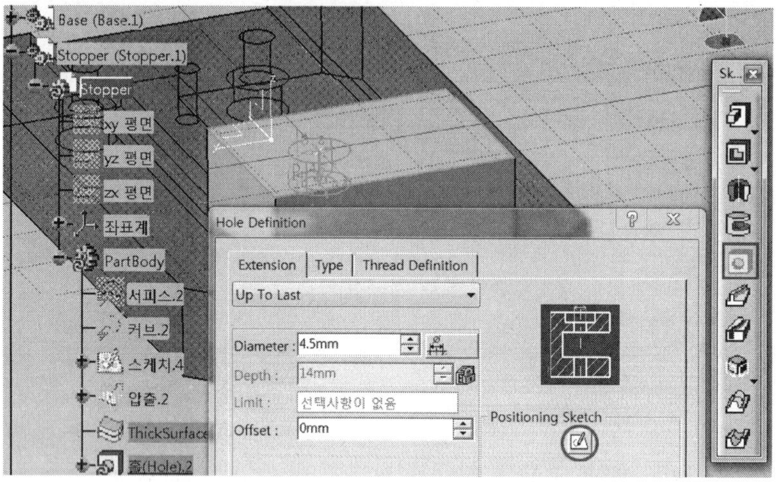

(16) Base의 나사 구멍과 카운터보어의 중심이 등심성으로 형상 맞춤하거나 12, 6.5 mm로 치수 맞춤하여 워크벤치 종료한 다음 Base는 숨긴다.

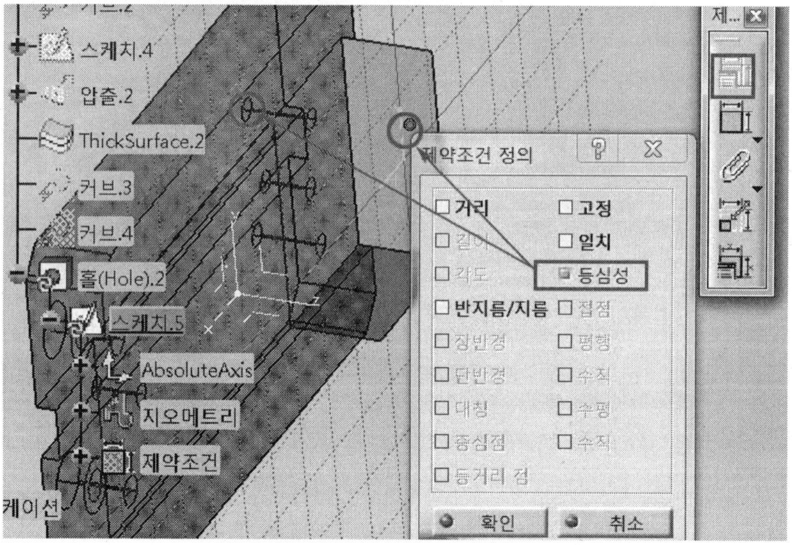

(17) Hole 정의 대화상자, Type 항에서 Counterbored, 지름 8 mm, 깊이 4.4 mm로 지정하고 OK 한다.

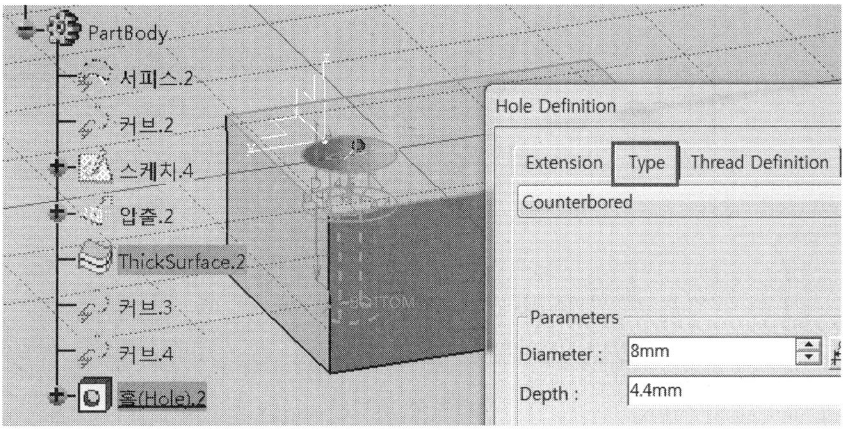

(18) 직사각형 배열을 선택하고 대화상자에서 Instance(s) 2, Spacing 20mm, Reference element 항은 Edge 선택하고 OK 한다.

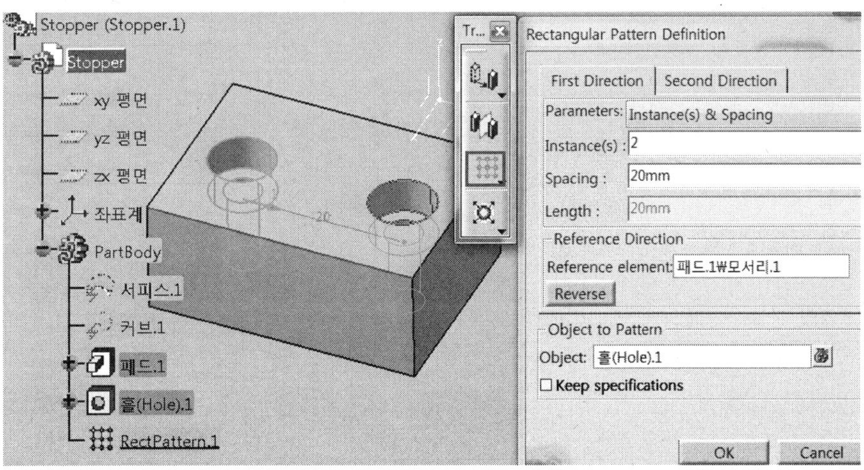

(19) Slider(③번)는 Base를 참조하여 모델링한다.

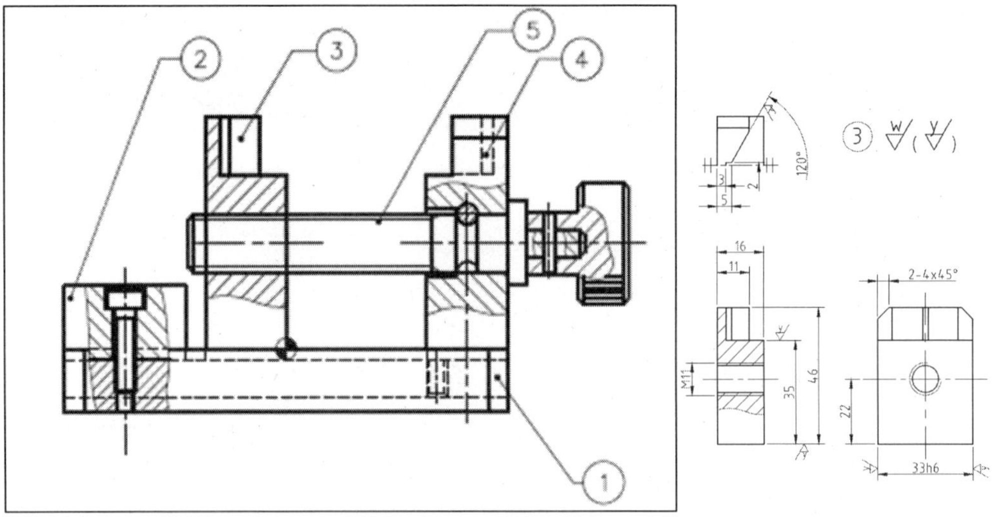

(20) Stopper(②번)는 숨기고 Base는 표시한다.

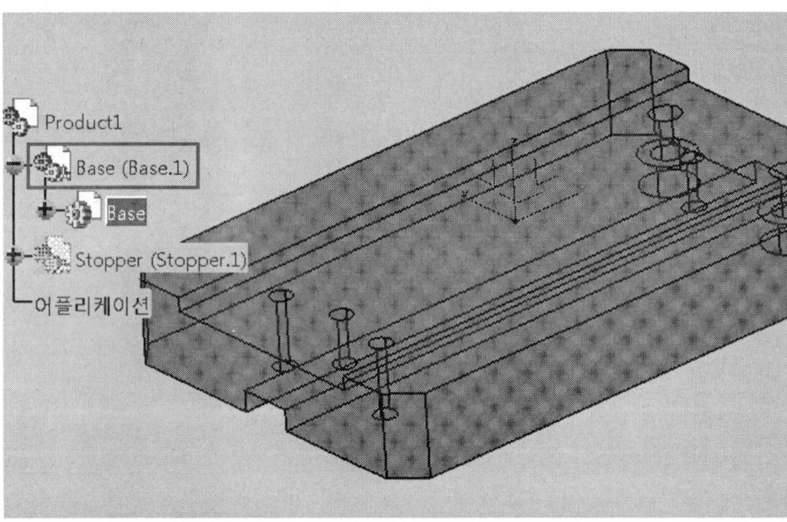

(21) Product1을 더블클릭하여 조립품 모델링으로 전환하고 파트를 삽입한 다음 새 파트 번호에 'Slider'로 입력한다.

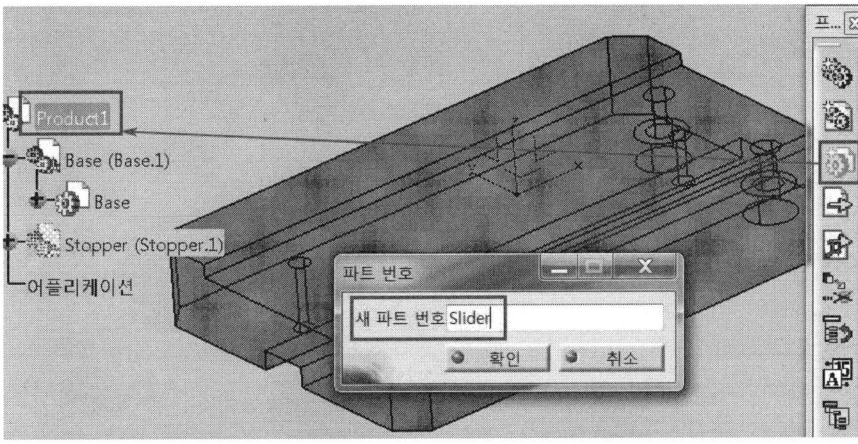

(22) Slider를 더블클릭하여 Part 모델링으로 전환하고 yz 평면에서 스케치한다.

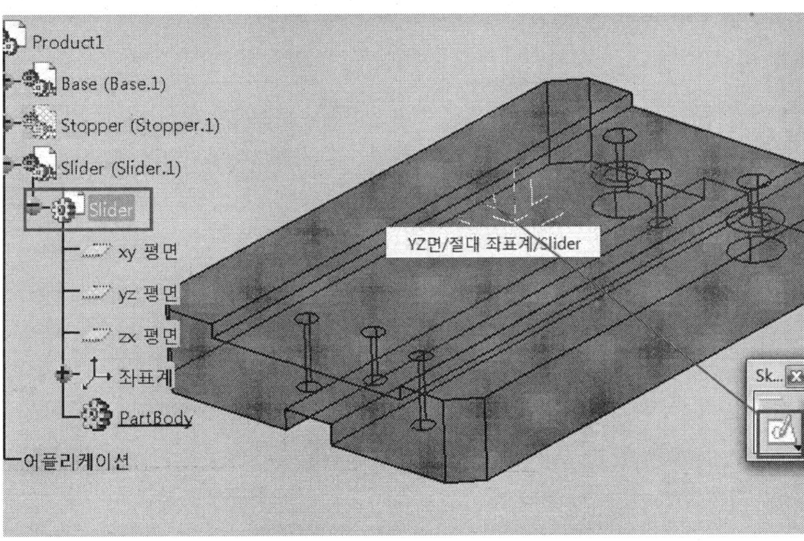

(23) yz 평면에 수평선을 3D 요소 프로젝트(투영)로 추출하고 워크벤치 종료한다.

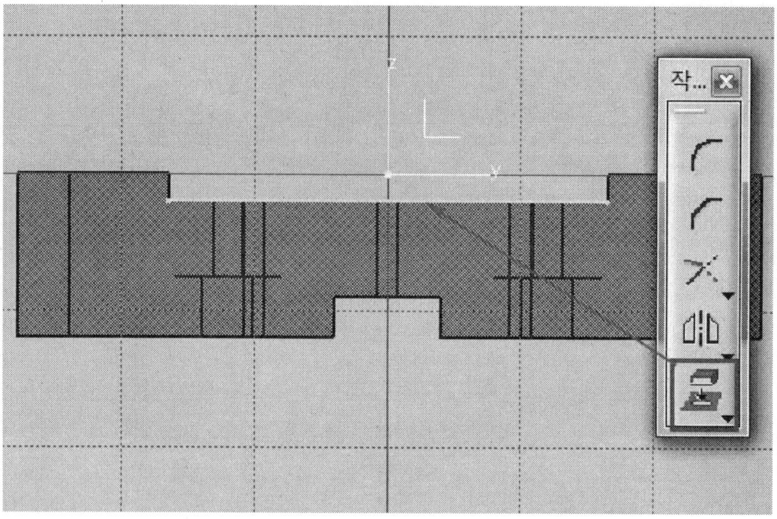

(24) G · S · D로 전환한 다음 Slider가 자리한 위치를 확인하여 방향에 맞게 치수 16 mm 압출하고 Part로 전환한다.

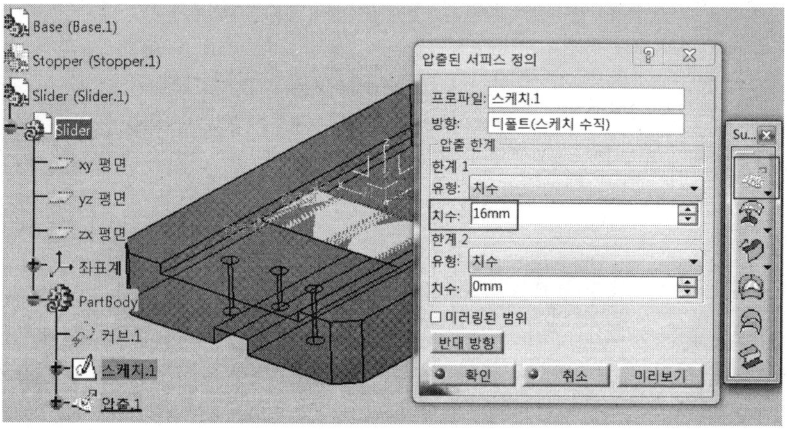

(25) Part에서 압출된 서피스를 선택하여 Thick Surface 46 mm를 지정하고 방향을 확인한 다음 OK 한다.

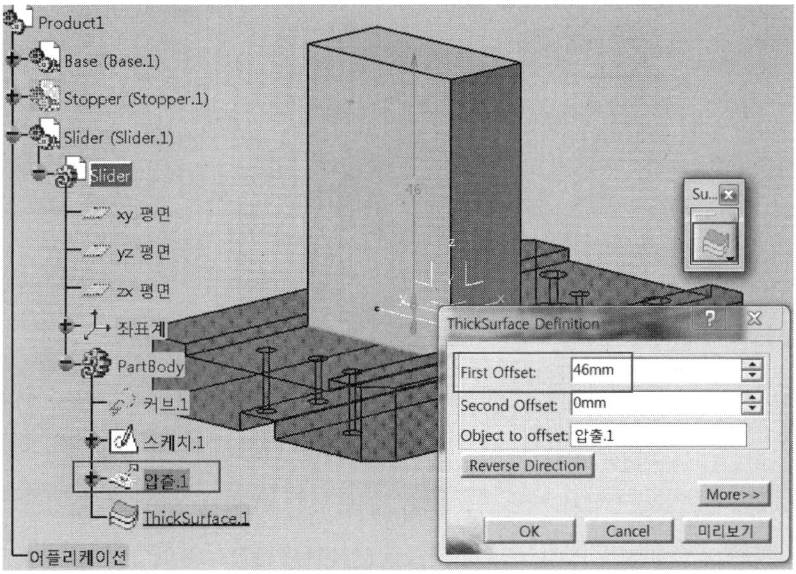

(26) 이제 Base는 숨기고 Slider의 윗면에서 스케치한다.

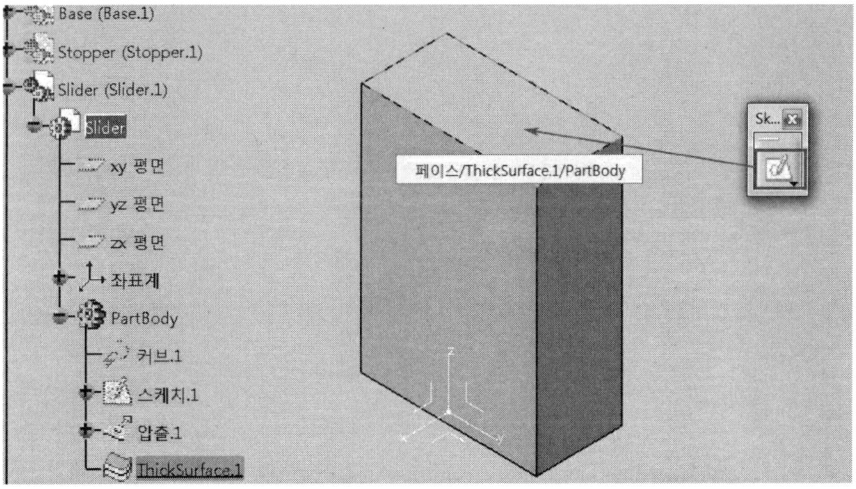

(27) 프로파일로 스케치한 다음 11, 3, 2, 1, 60°로 치수 맞춤한다.

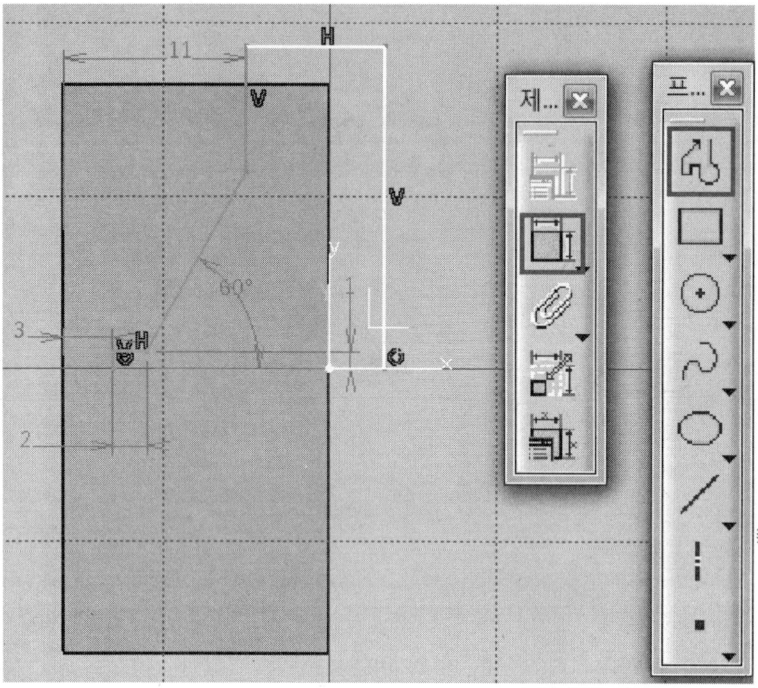

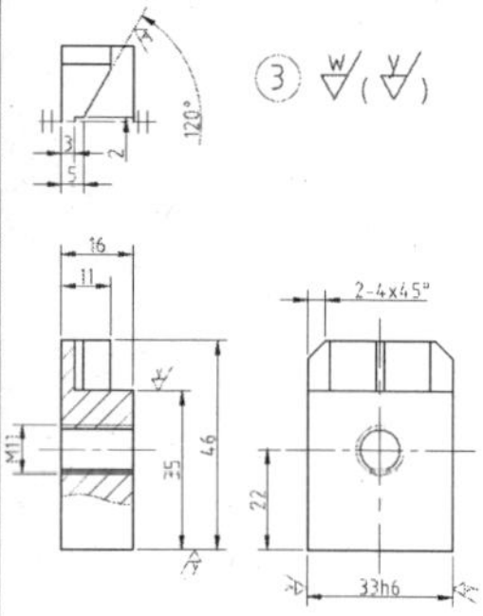

(28) Ctrl 키와 함께 전체 커브를 선택하고 미러 복사한 후 워크벤치 종료한다.

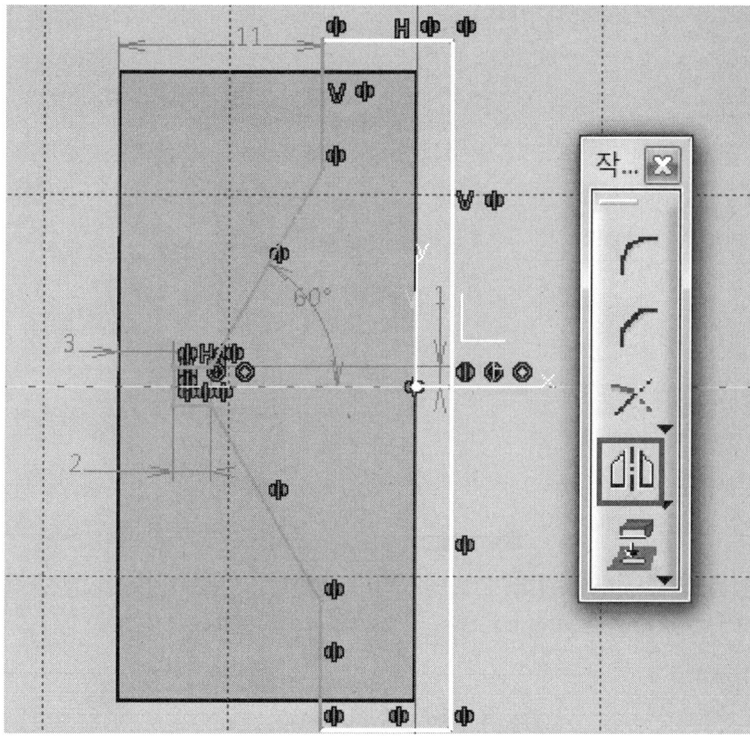

(29) Pocket, 11 mm 지정하고 OK 한다.

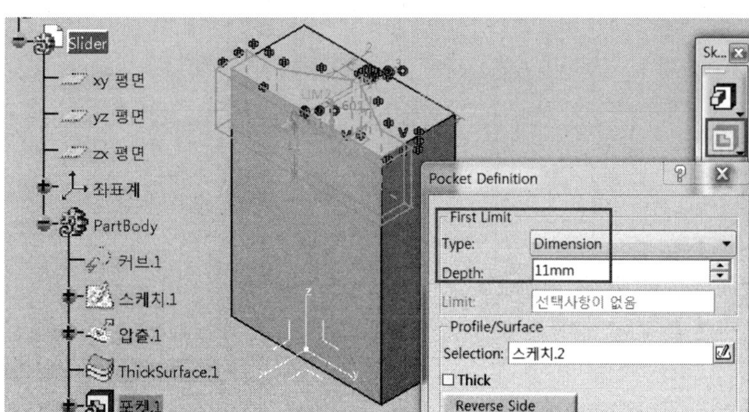

(30) Chamfer 4 mm 지정하고 OK 한다. Slider의 암나사는 Screw 축(⑤번)을 모델링한 후에 축을 제거하는 방법으로 완성한다.

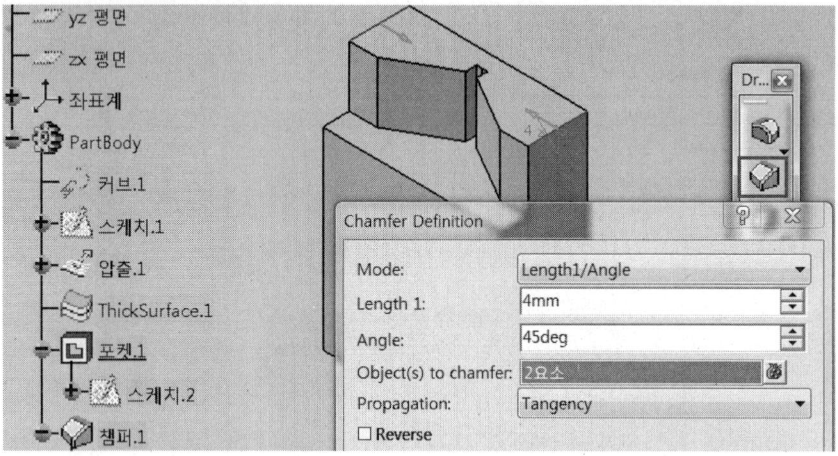

(31) Plate(④번)를 모델링하기 위하여 조립도를 확인한다. Slider와 Plate의 간격은 28 mm로 측정되었다. 두 부품의 중간에 평면을 생성하여 평면 기준으로 Slider(③번)를 Plate(④번)로 대칭 복사한다.

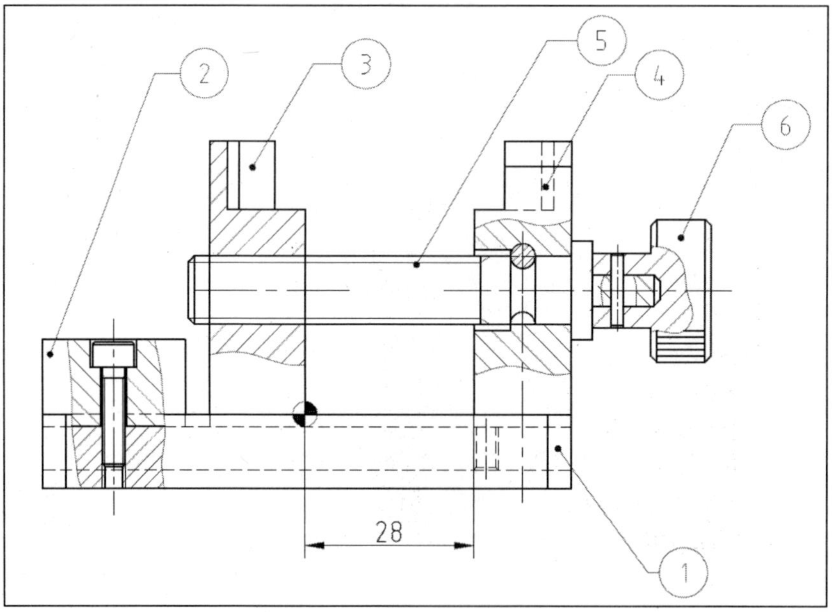

(32) Slider 보다 Plate의 작업 공정이 더 많아 Slider를 기준으로 Plate를 대칭시키기 위해 Slider의 한 쪽 면에서 14mm 오프셋 한 평면을 작성한다.

(33) 어셈블리 피처에서 대칭을 선택하고 1(대칭면), 2(Slider)의 순서로 클릭하고 완료한 후 닫기 한다.

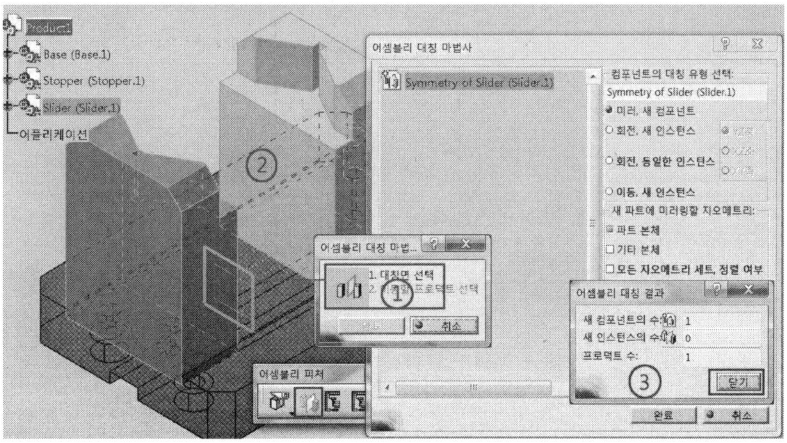

(34) 스펙트리에서 대칭복사한 부품의 등록정보에서 파트번호, 인스턴트 이름도 Plate로 변경한다.

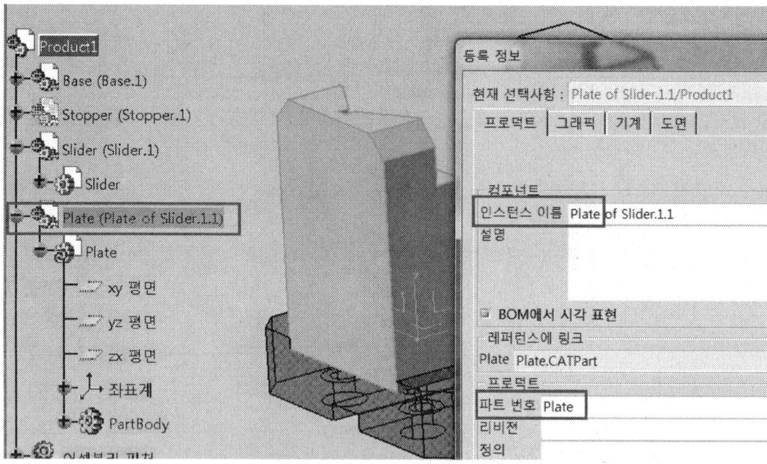

(35) Plate, PartBody 등록정보에서 색상과 투명도도 녹색으로 변경해본다.

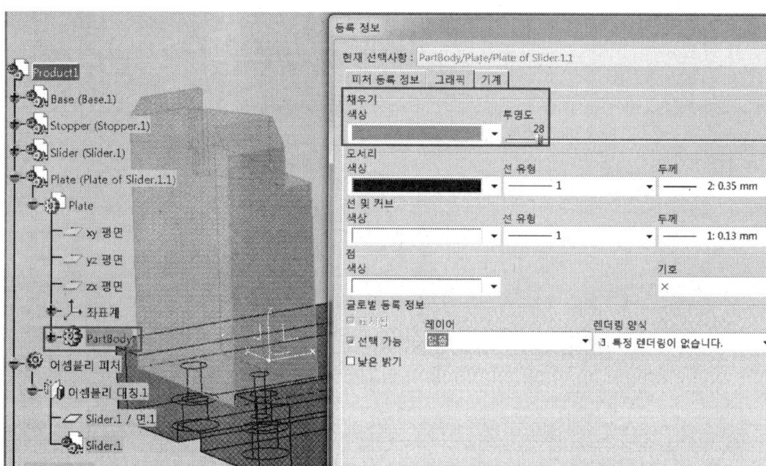

(36) Plate의 PartBody를 더블클릭하여 Part 모델링으로 전환하고 Base는 숨기기 한다.

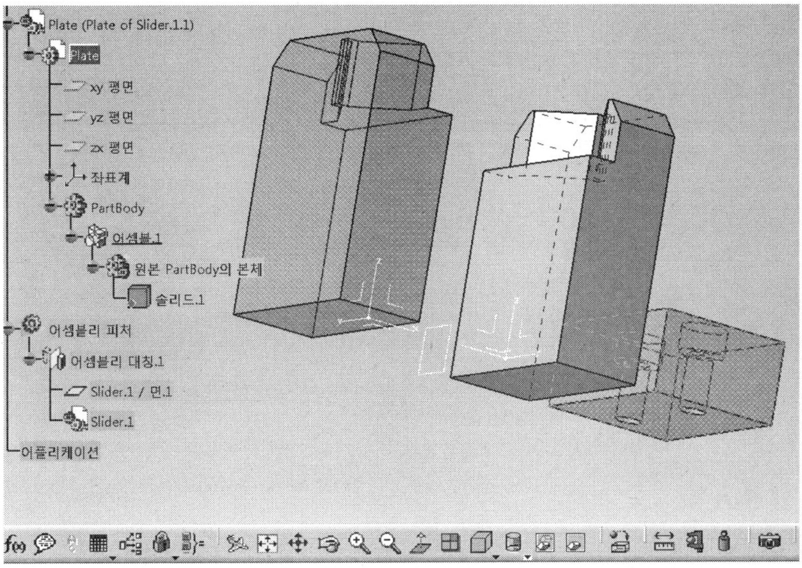

(37) 숨긴 모델들은 <u>표시 가능 스페이스 스왑</u>으로 확인 가능하다. 다시 클릭하면 표시된다.

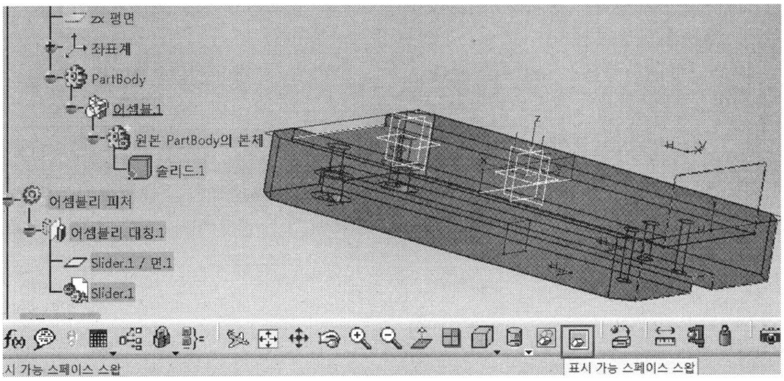

(38) M4 암나사를 작업하기 위한 Hole을 선택하고 Plate의 바닥면을 클릭한다.

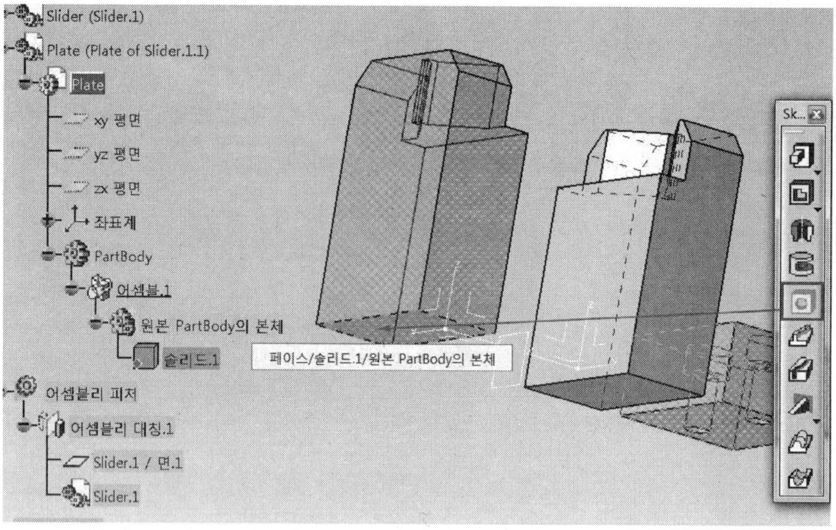

(39) Hole 대화상자에서 Threaded에 체크하고 보통나사(Metric Thick Pitch), M4, 나사 깊이와 홀 깊이를 입력한다.(Thick Pitch란 굵은 나사란 뜻이나 KS에서는 보통나사임)

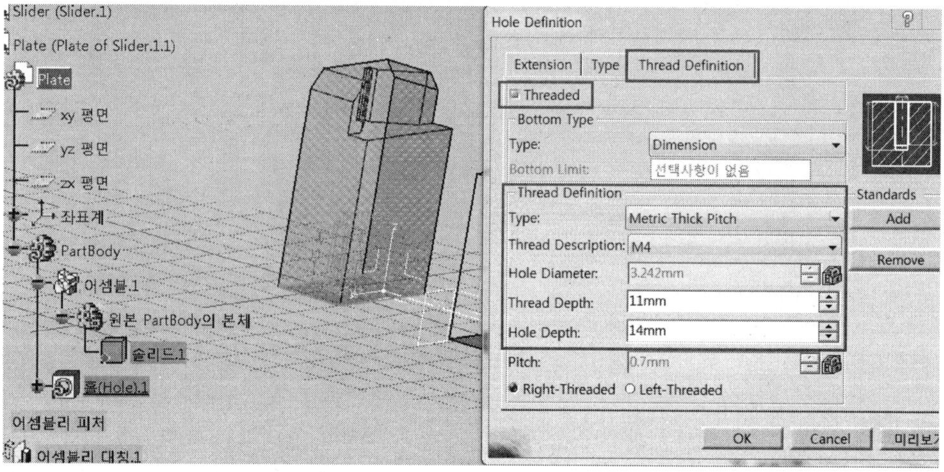

(40) 다시 Extension항에서 구멍의 정확한 위치를 지정하기 위하여 Positioning Sketch를 선택한다.

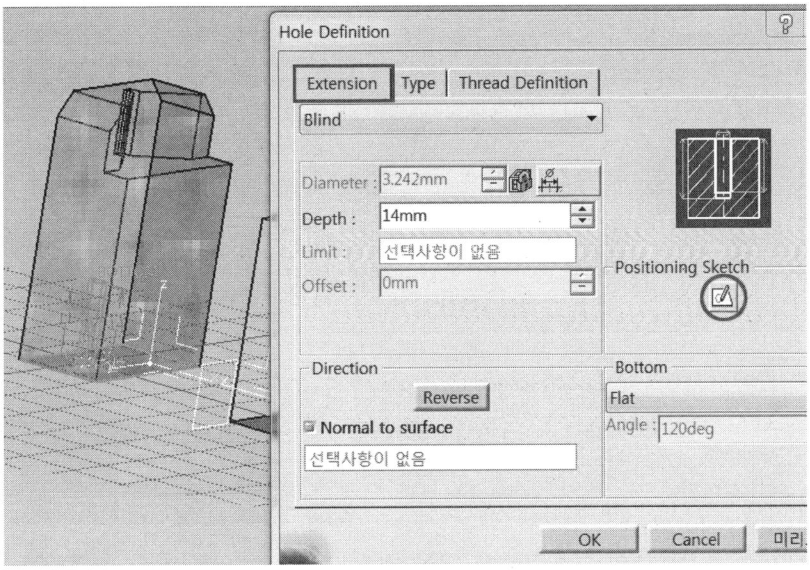

(41) 모델들이 화면에서 사라지면 전체 화면 맞춤을 클릭하여 화면을 정리한다.

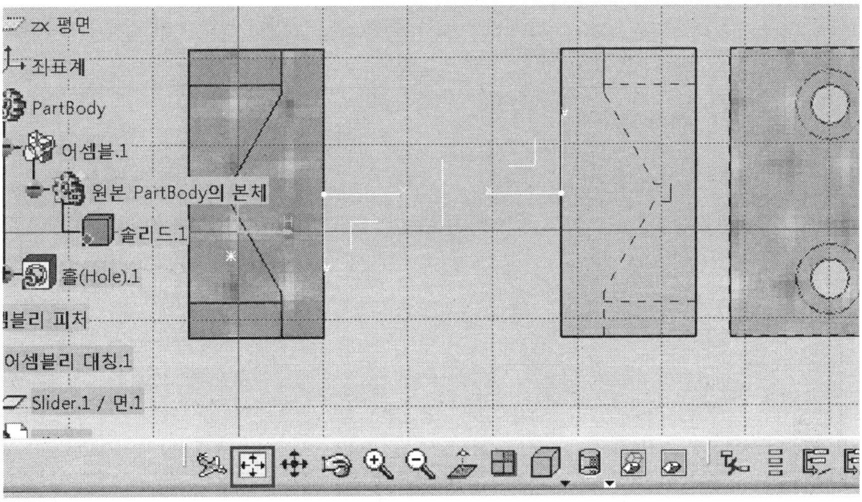

(42) Plate의 암나사(M4) 중심과 Base의 볼트 구멍 중심이 동심이다. Ctrl를 누르고 Plate의 작업점을 선택하고 표시 가능 스페이스 스왑(숨겨진 창)에서 원호를 클릭하여 형상 맞춤(동심성) 한다.

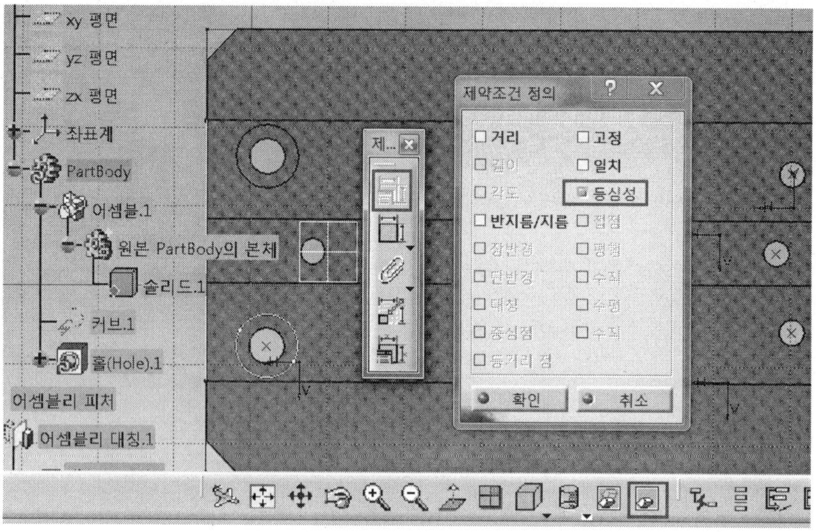

(43) 워크벤치 종료하고 표시 가능 스페이스 스왑(표시 창)으로 전환한 다음 OK 한다.

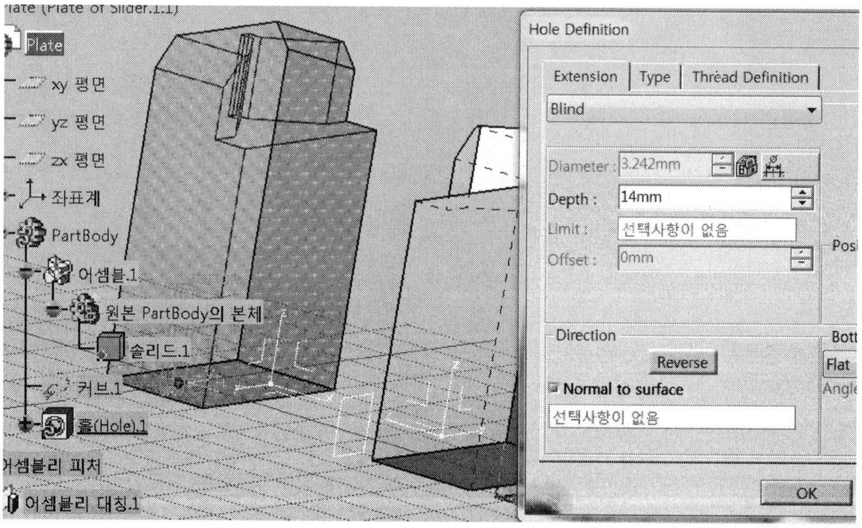

(44) 홀을 선택하고 직사각형 배열한다.

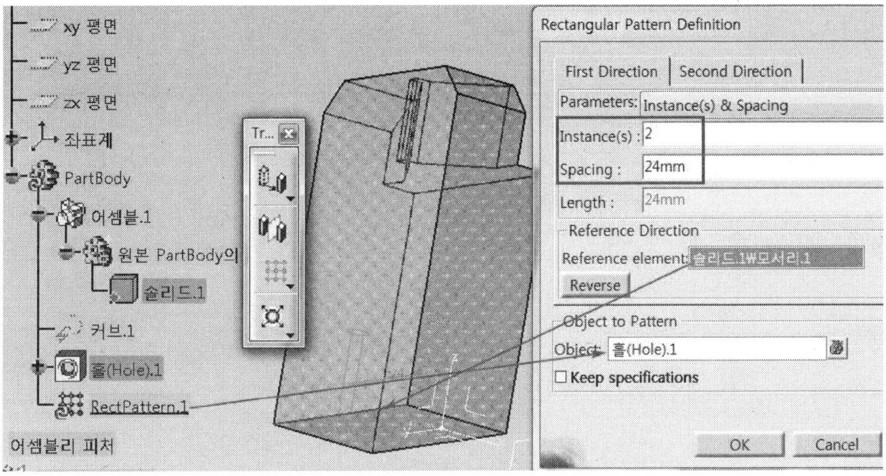

(45) 지름 11, 13 mm의 깊이가 다른 홀을 스케치하기 위하여 면을 선택한다.

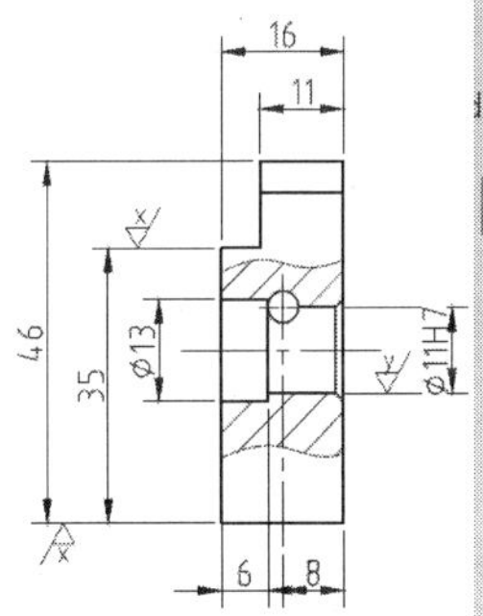

(46) V선(수직)을 추적하여 두 개의 원 그리기로 D 11, D 13과 중심거리 22로 치수 맞춤한다.

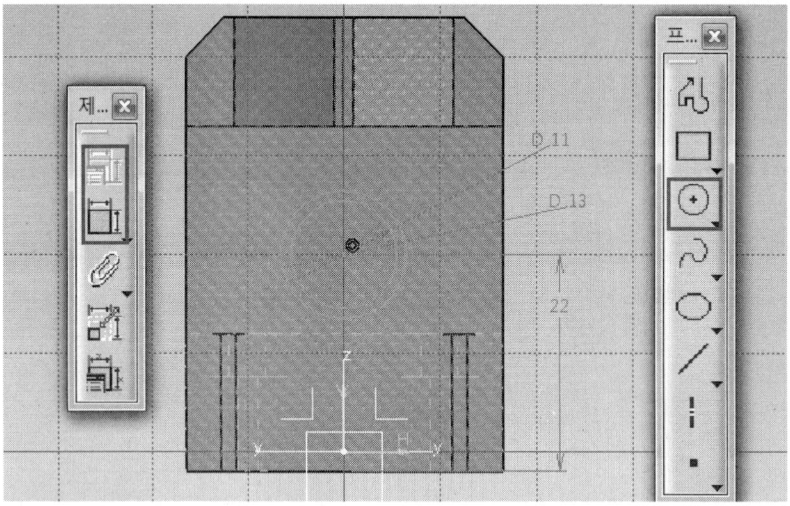

(47) D 13인 원은 지름과 깊이가 달라 따로 Pocket 작업을 해야 되므로 출력피처를 선택하고 워크벤치 종료한다.

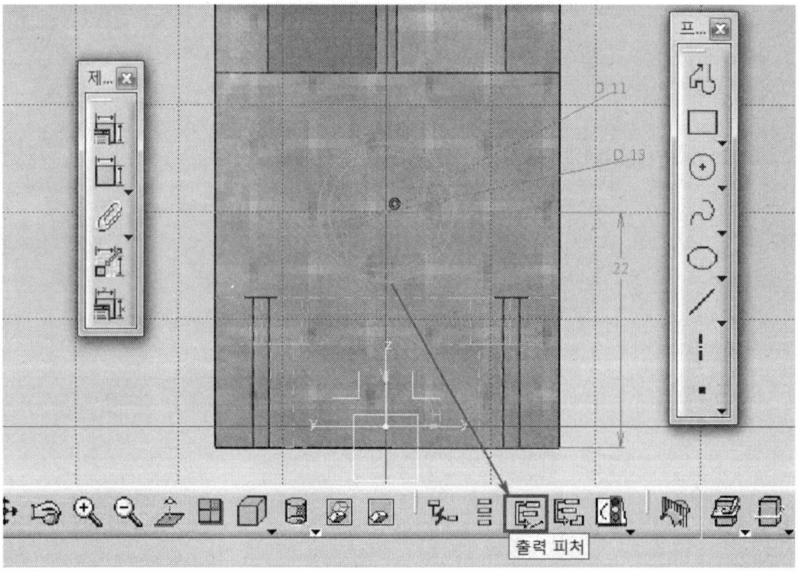

(48) D 11인 원은 Up to last로 Pocket 한다.

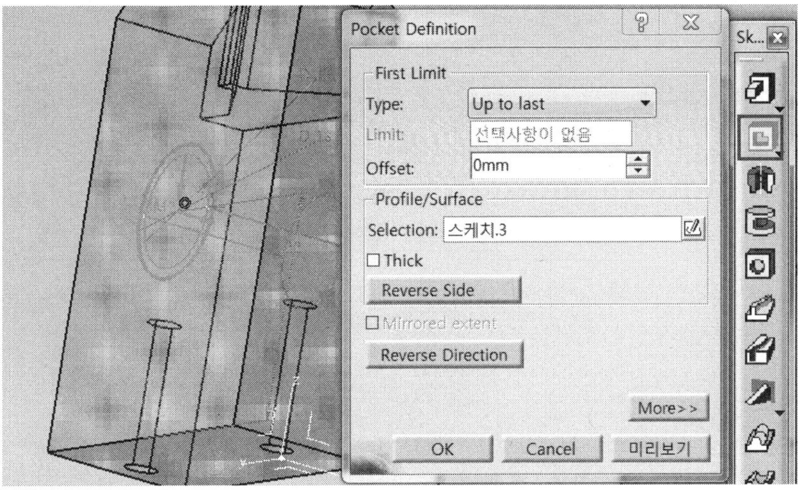

(49) D 13인 원의 깊이는 대화상자를 확장하여 -10 mm로 지정하여 Pocket 한다.

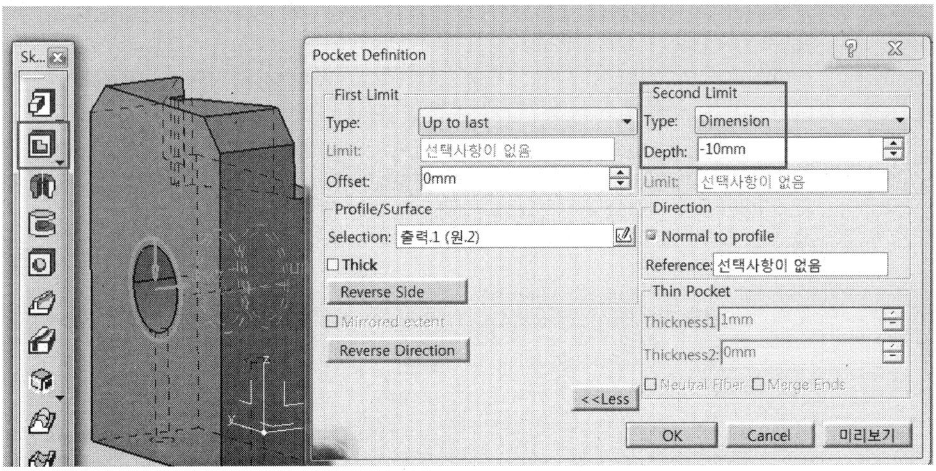

(50) 등각뷰로 보기 하여 각 구멍의 위치들이 제자리에 배치되었는지 확인하고 핀 구멍을 스케치 하기 위하여 평면을 선택한다.

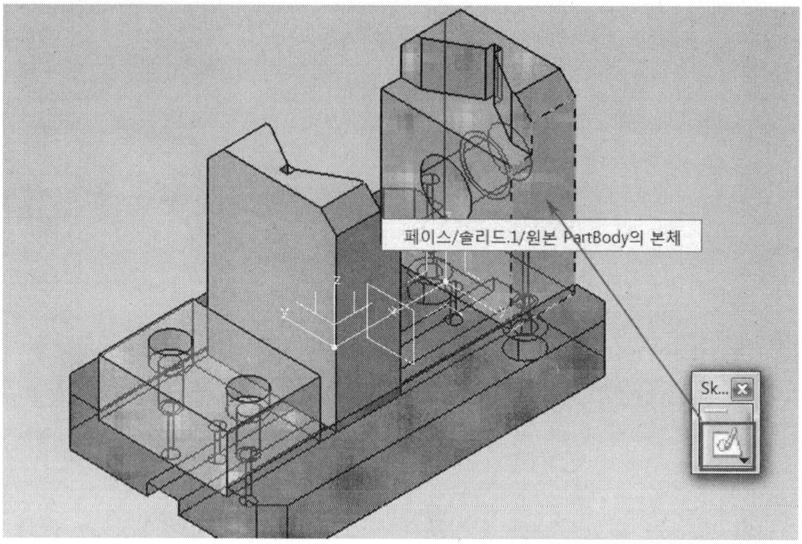

(51) 핀 구멍의 중심은 좌우 엣지와 등거리점으로 형상 맞춤하고 윗 엣지에서 18.5 mm와 지름은 D 4로 치수 맞춤한다.

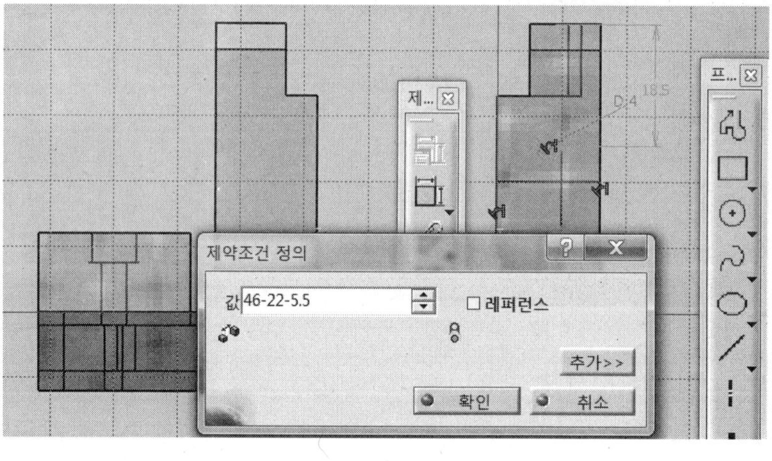

(52) 워크벤치 종료하고 핀 구멍을 Up to last로 Pocket 한다.(단순한 구멍 등은 복잡한 Hole 작업보다 Pocket 작업이 간단함)

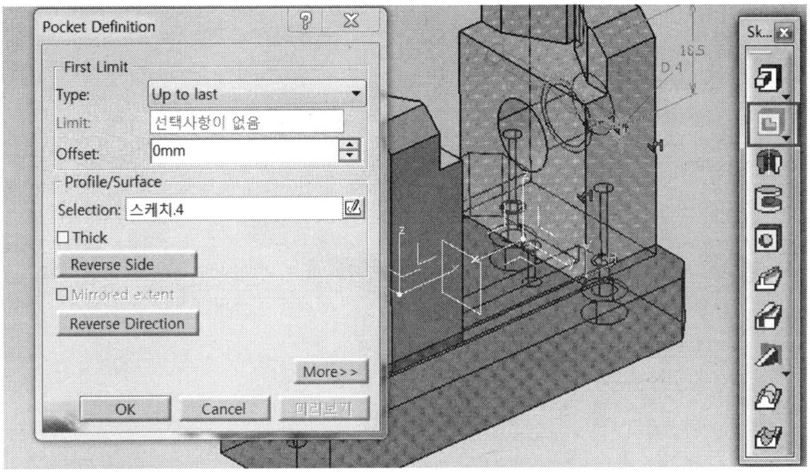

(53) 여기서 모델링을 중간 점검해 보자. Dynamic Sectioning을 선택한다.

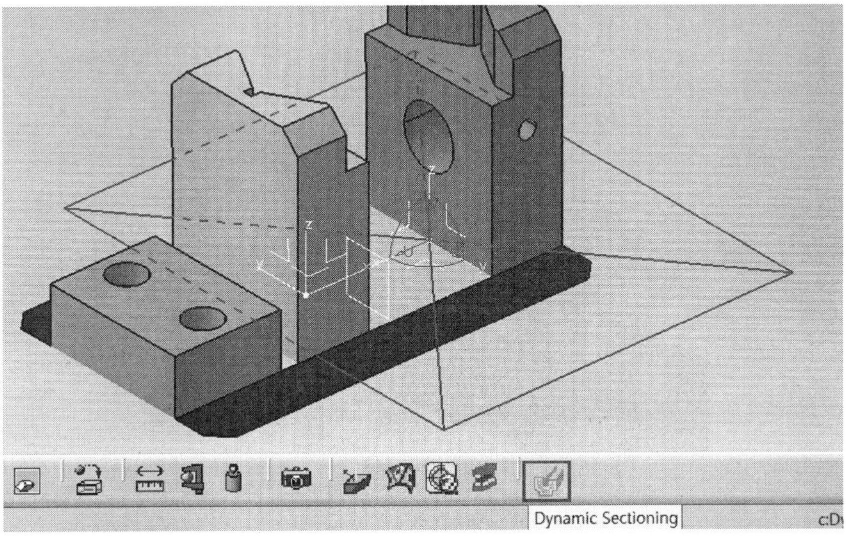

(54) 단면보기 할 면으로 모델과 평행한 면을 선택한다.

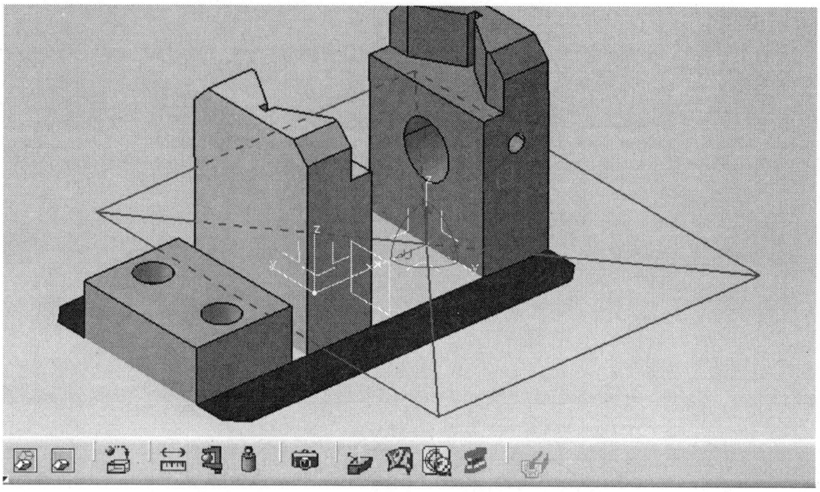

(55) 보기 방향을 변경할 경우 W축에서 마우스 우클릭하여 Reverse section을 선택한다.

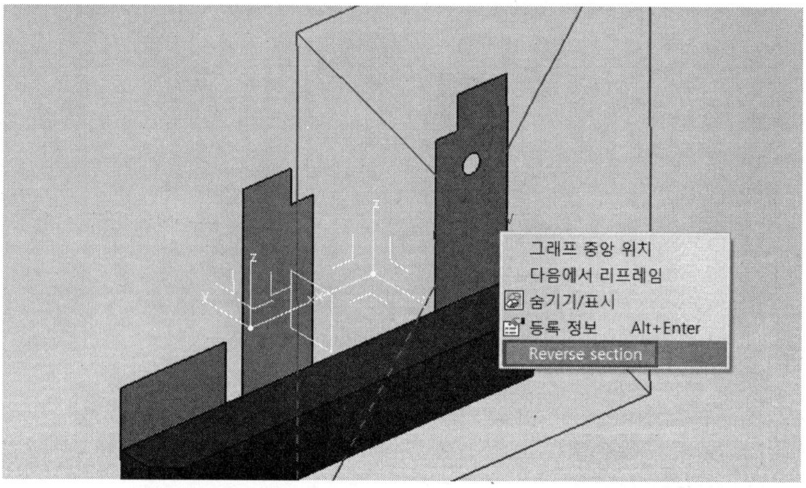

(56) 대각선 아무 곳이나 마우스로 끌어가면서 각 구멍들의 위치를 확인한다.

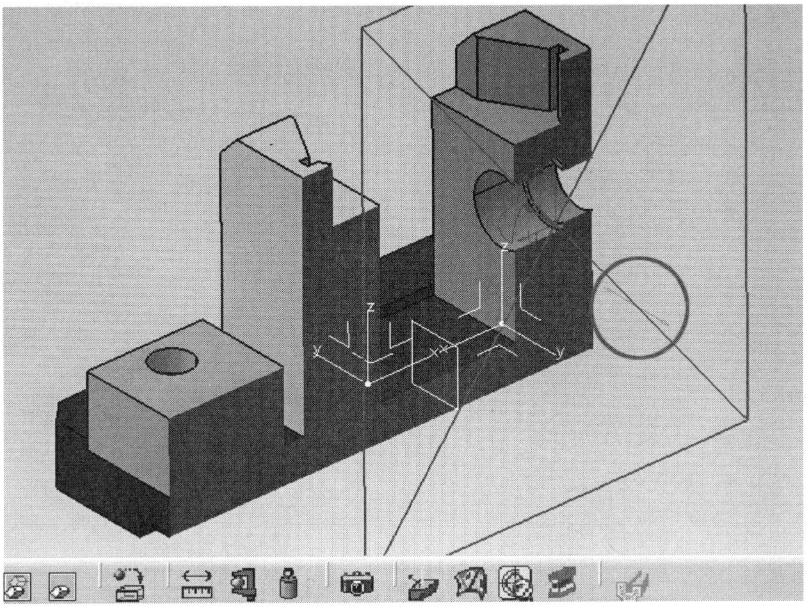

(57) 모델링에 이상이 없으면 조립품 모델링에서 저장하지 않은 Part들을 저장 관리에서 저장할 수 있다.

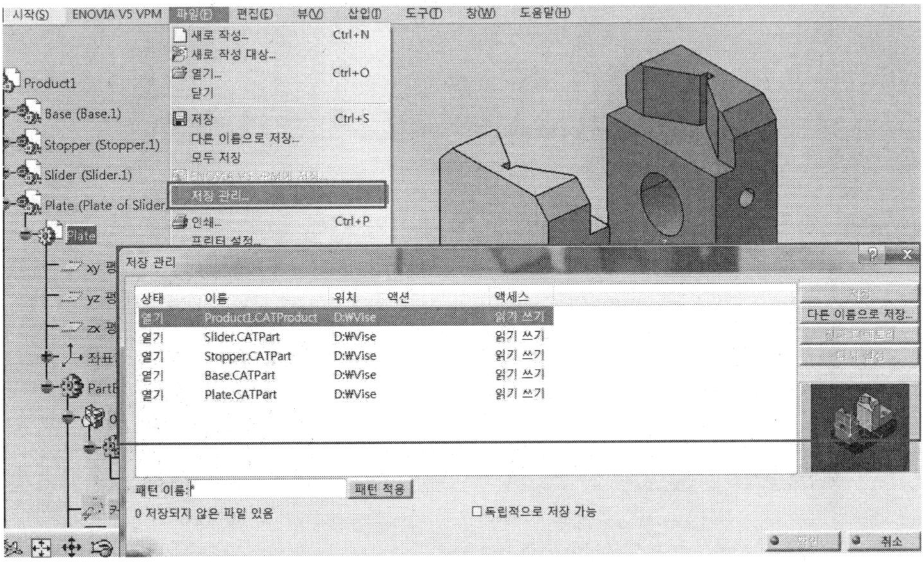

(58) 탐색기에서 조립품, 부품들의 파일을 확인해 본다.

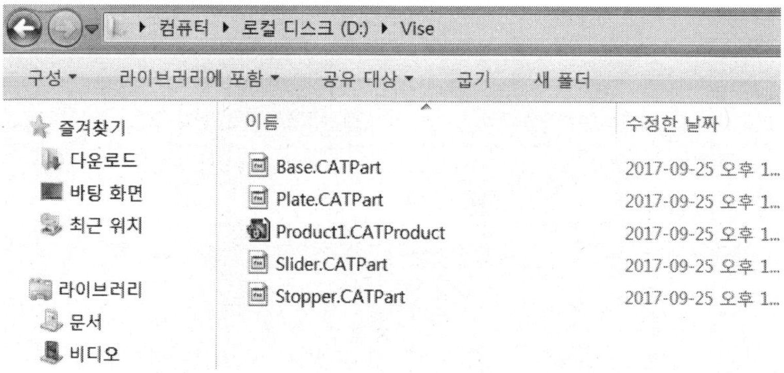

(59) 다음은 Screw를 모델링하기위해 Product1을 더블클릭하여 파트를 삽입하고 새 파트 번호에 Screw(⑤번)를 추가한다.

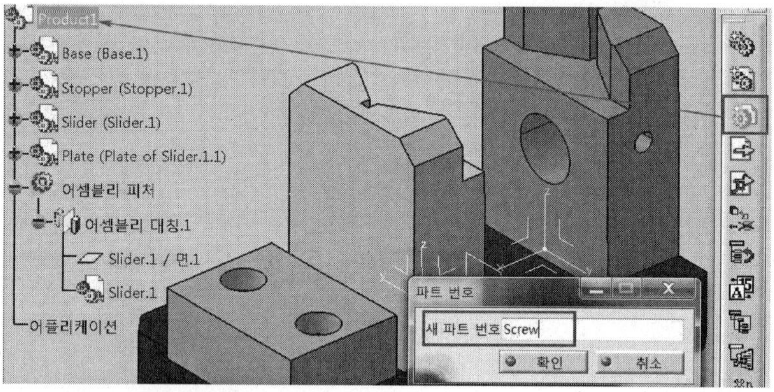

(60) Screw만 제외하고 Base, Stopper, Slider는 숨기기 한다.

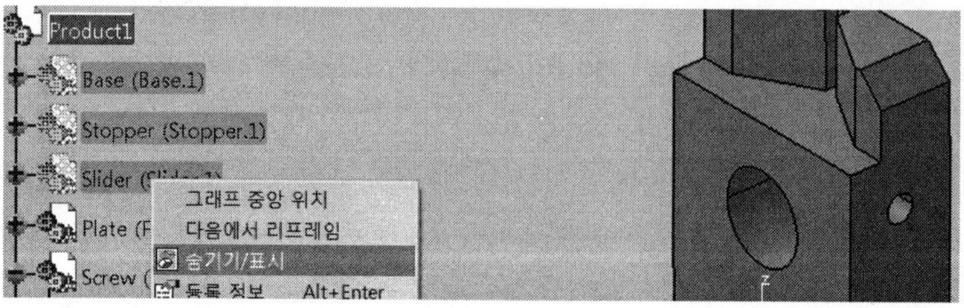

(61) Screw의 PartyBody를 더블클릭하고 zx 평면에서 스케치한다.

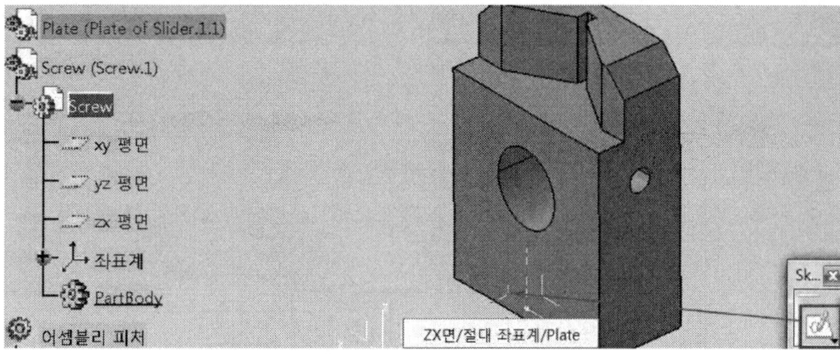

(62) 스케치 면으로 파트 잘라보기 하여 Plate와 연관시켜 프로파일로 비슷하게 그린다.

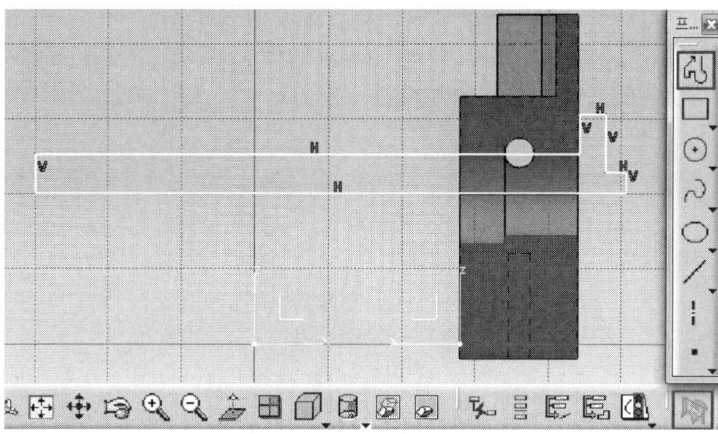

(63) 도면 치수를 확인한다.

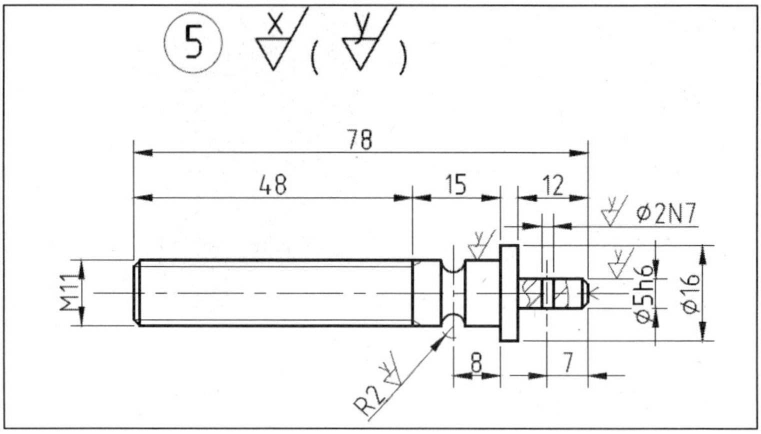

(64) 2.5, 8, 3, 12, 5.5, 78의 순서로 치수 맞춤하고 수평선과 원통의 축선, 오른쪽 엣지와 수직선을 일치로 각각 형상 맞춤한다.

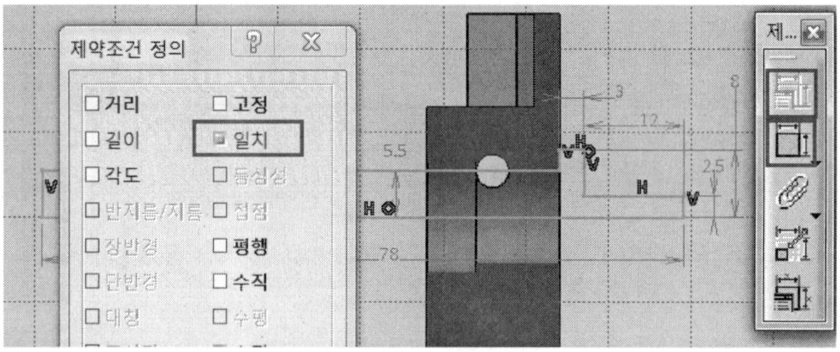

(65) 워크벤치 종료하여 Shaft로 360°, 축선을 선택한 다음 OK 한다.

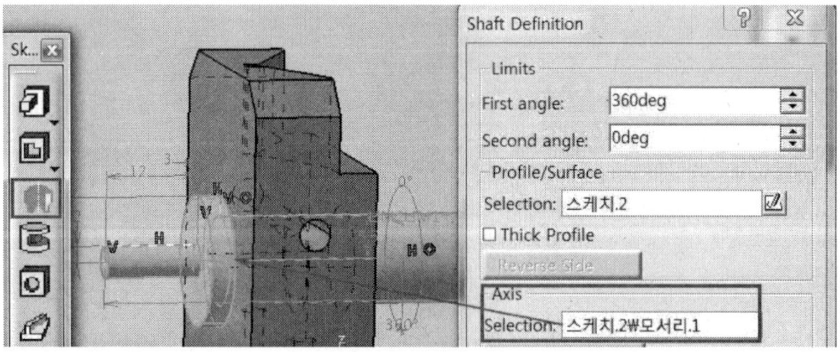

(66) Screw에 핀 자리를 파내기 위하여 zx 평면에서 스케치한다.

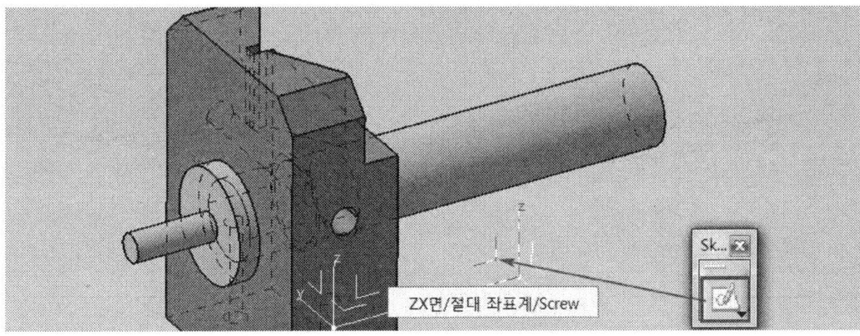

(67) 3D 요소 프로젝트(투영)로 핀 구멍을 추출하고 워크벤치 종료한다.

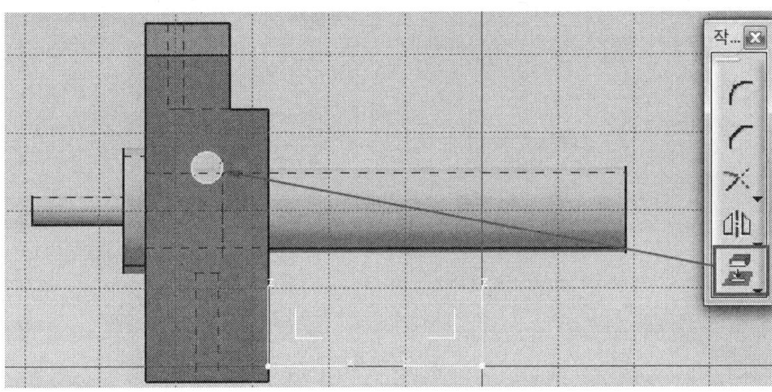

(68) Groove로 Screw의 중심축을 참조하여 투영한 원으로 핀 자리를 제거한다.

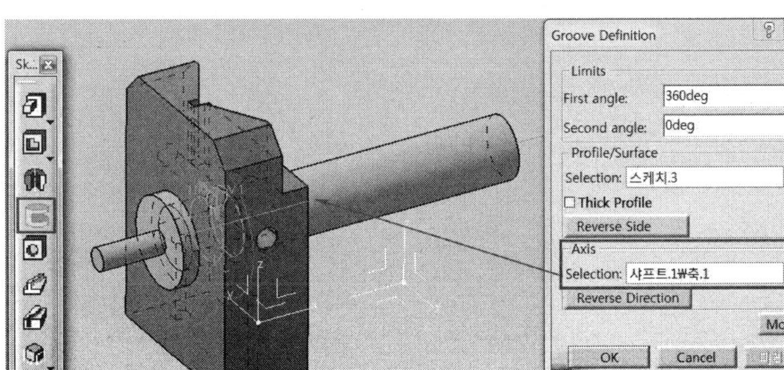

(69) Plate는 감추기 한 다음 2개소의 모따기(C = 1.0)와 지름 2 mm인 다른 핀 구멍도 완성하고 워크벤치 종료한다.

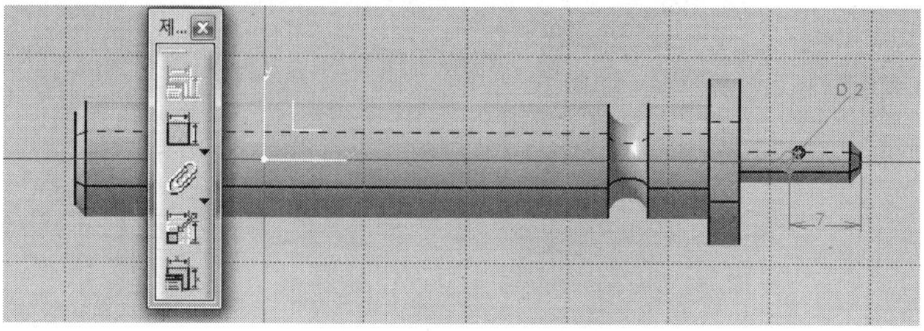

(70) 나선은 G · S · D에서 스케치한다. 나선을 스케치하기 위하여 G · S · D로 전환한다.

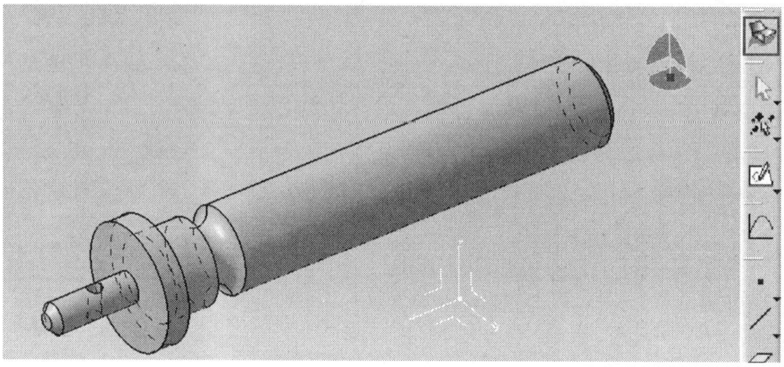

(71) Screw의 측면(단면)에서 스케치한다.

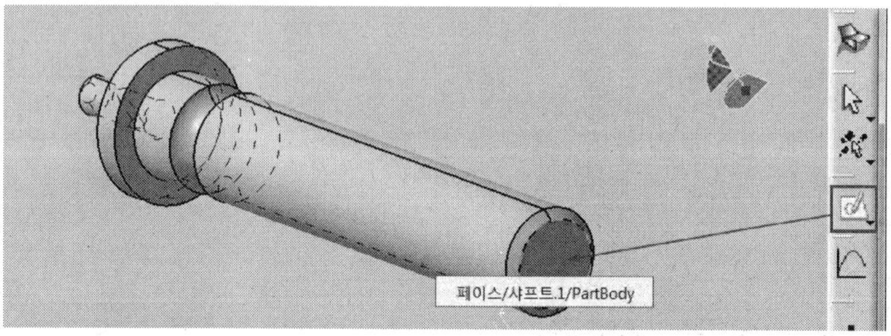

(72) V선(수직)을 추적하여 점을 정의하고 지름 11 mm인 원주상의 엣지와 일치로 형상 맞춤하고 워크벤치 종료한다.

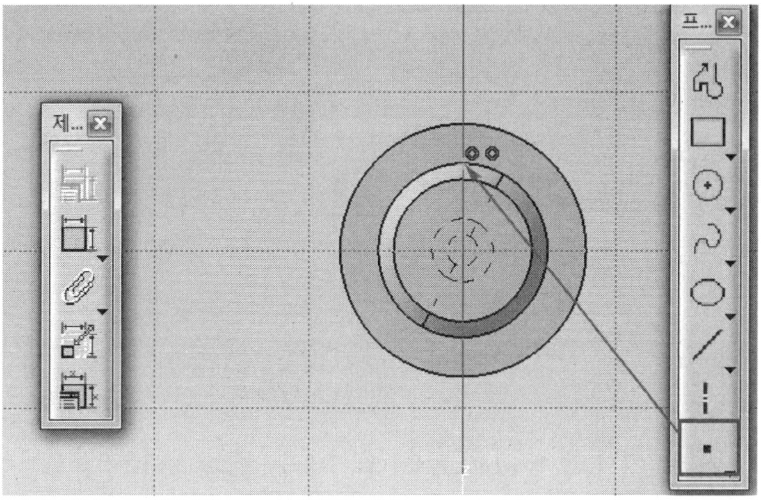

(73) Wireframe 도구들에서 축을 지정한다.

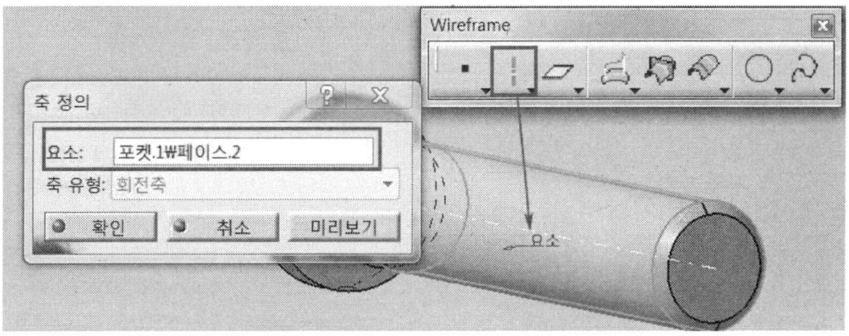

(74) Wireframe 도구들에서 나선을 선택한다.

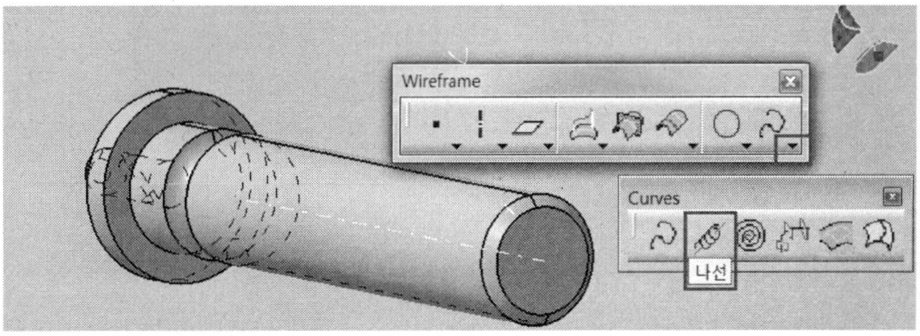

(75) 나선의 시작점과 축을 차례로 선택하고 피치와 높이(나사산 길이)를 지정하고 확인한다.

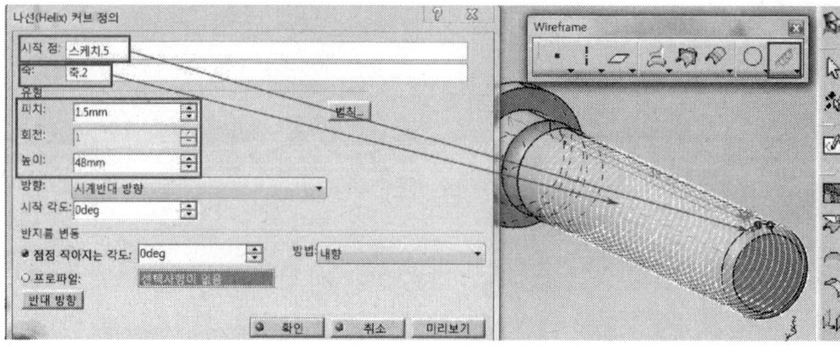

(76) 워크벤치 G · S · D에서 Part Design으로 전환한다.

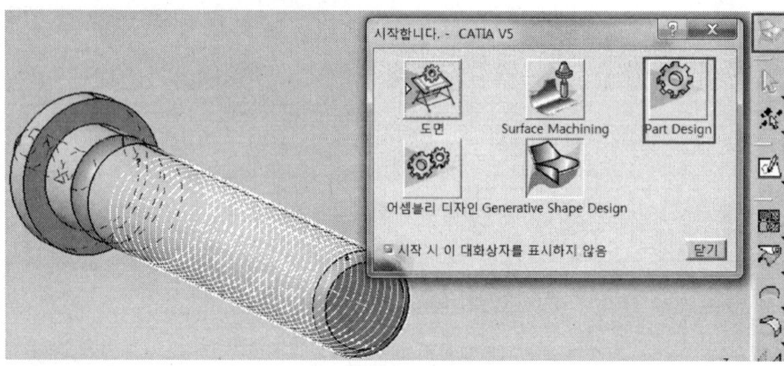

(77) 나선의 끝점에 평면을 정의한다.

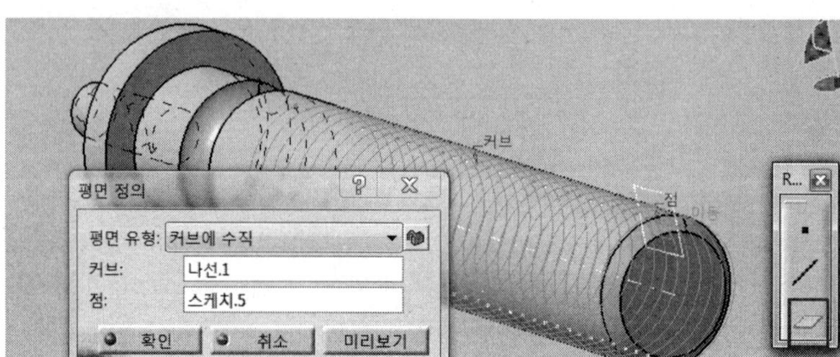

(78) 정의된 평면에서 스케치한다.

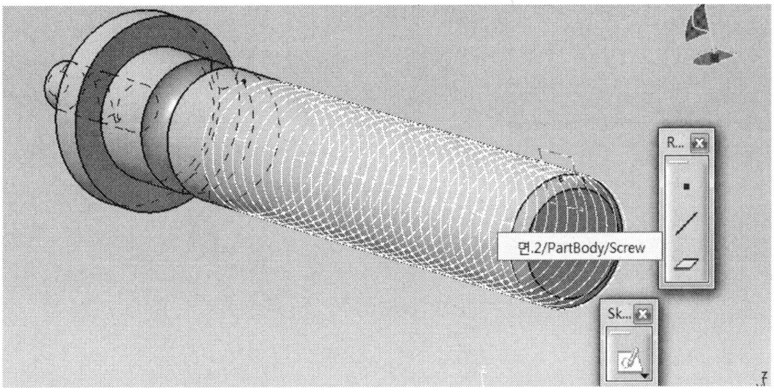

(79) 프로파일로 나사 바이트의 팁 모양의 삼각형을 그리고, 노즈 반경은 R 0.2, 중심과의 거리 약 5.6, 나사의 골지름 4.7, 각도 60°로 치수 맞춤과 형상 맞춤한다.

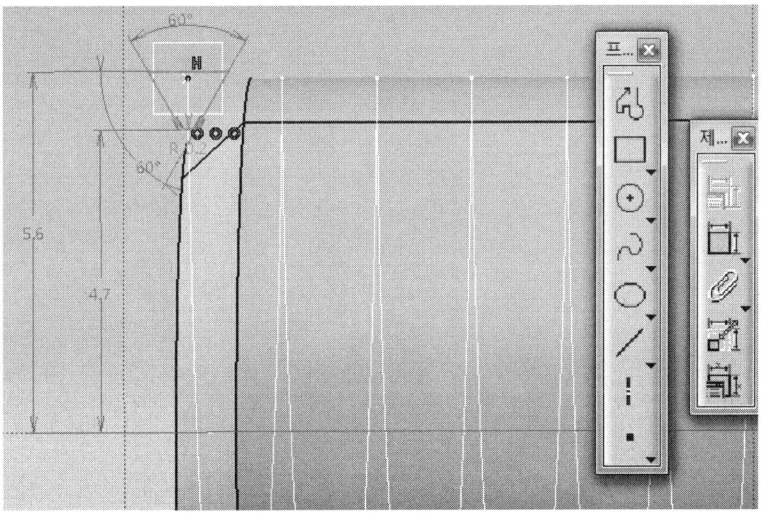

(80) Slot으로 Profile은 스케치한 삼각형을 Center curve는 나선 선택, Pulling direction으로 변경하고 원통 축을 클릭한 다음 OK 한다.

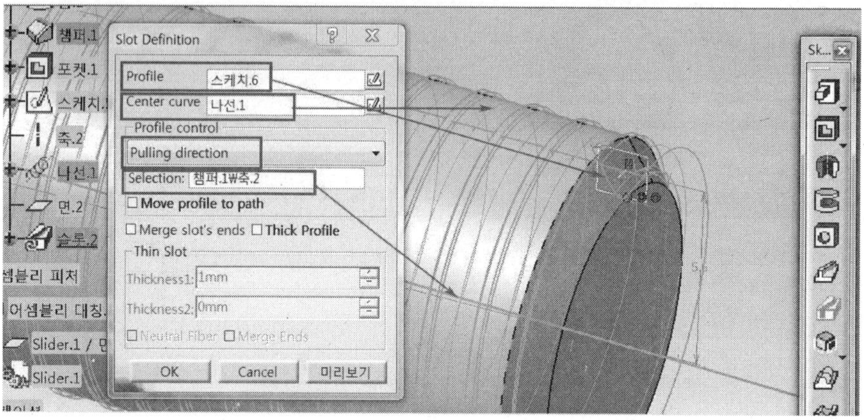

(81) Slot 작업 후 남아 있는 부분은 스케치에서 3D 요소 프로젝트로 투영한 다음 Pockct으로 마무리한다.

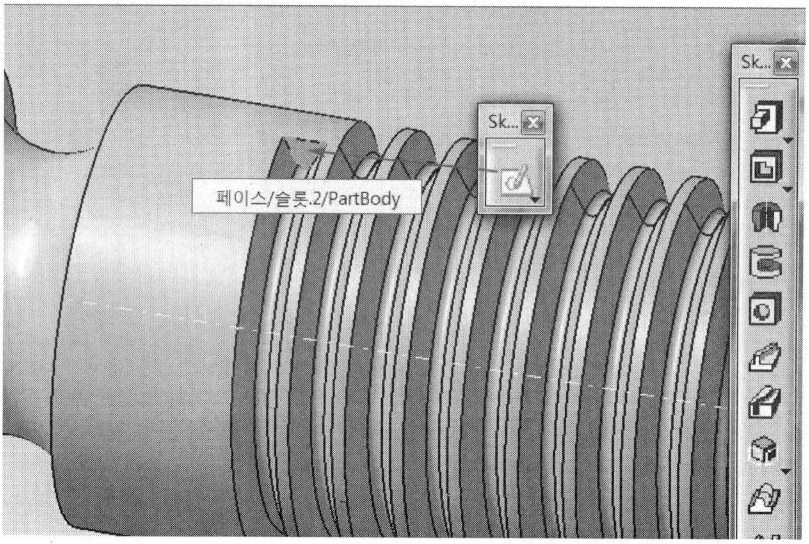

(82) Screw의 등록정보에서 그래픽도 변경한다.

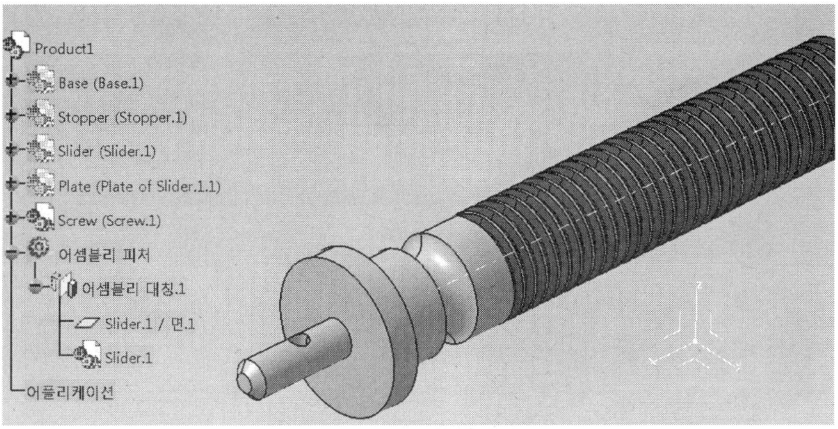

(83) 조립품 모델링에서 Screw를 Slider에서 제거하면 Slider에 암나사의 흔적을 남기게 된다. 어셈블리 피처 도구에서 제거를 선택한다.

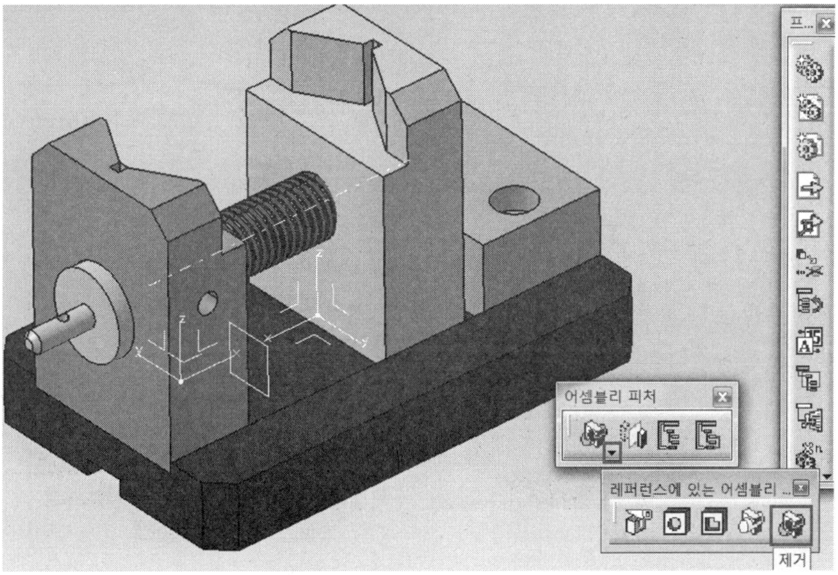

(84) Screw를 클릭하고 영향을 미칠 Slider만을 선택한다.

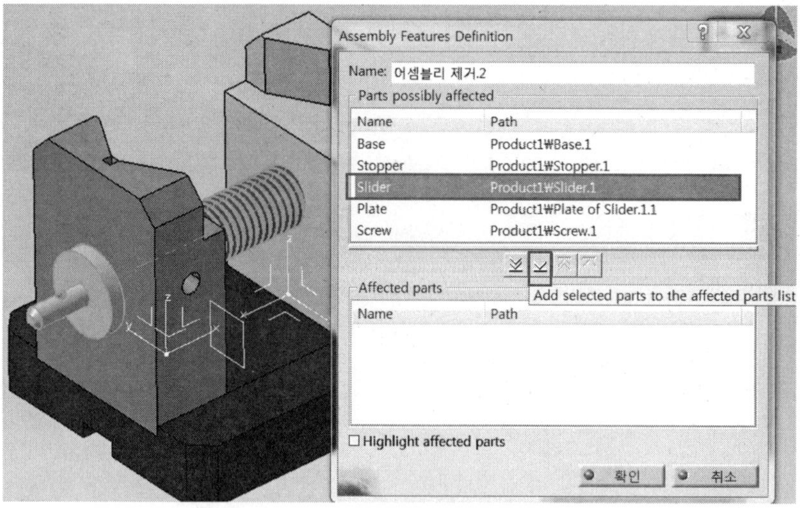

(85) 제거 대화상자에서 확인한다.

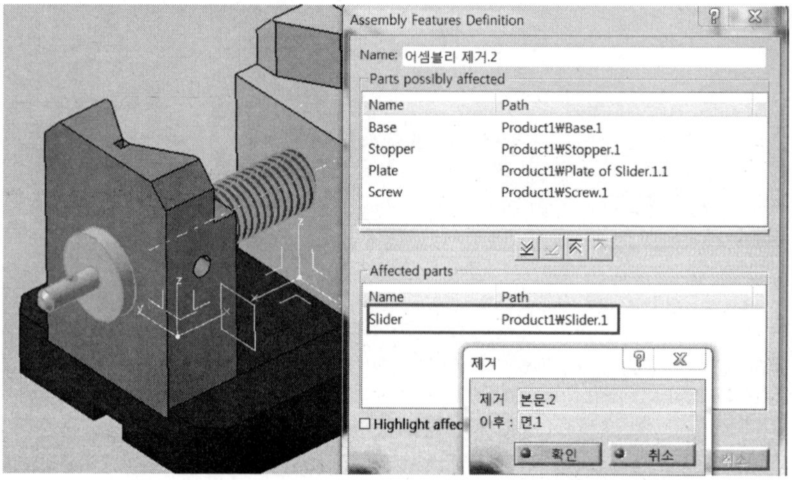

(86) Screw를 숨기기 하면 Slider에 암나사가 생성되어 있으며 Plate는 색깔로 갱신(Update)을 요구하고 있어 Slider와의 링크를 끊어야한다.

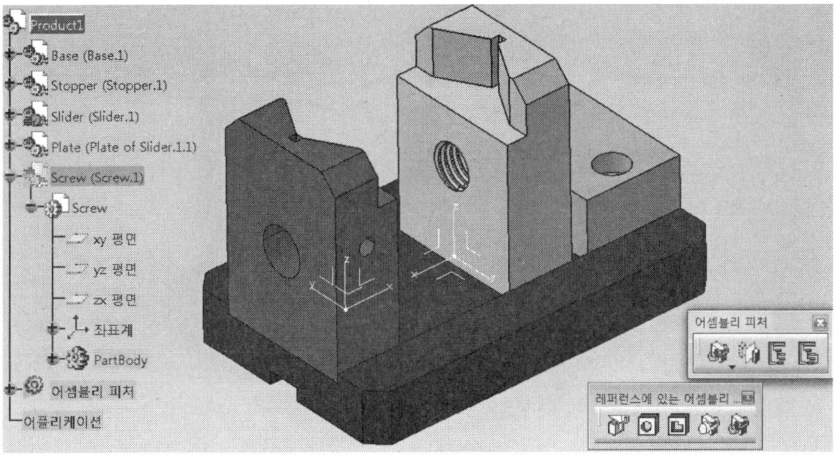

(87) Plate를 더블클릭하여 PartBody - 어셈블.1 - 솔리드에서 우클릭 - 솔리드1 오브젝트 - 분리를 선택하면 Slider와 Plate의 링크는 끊기고 단독 Part가 생성된다.

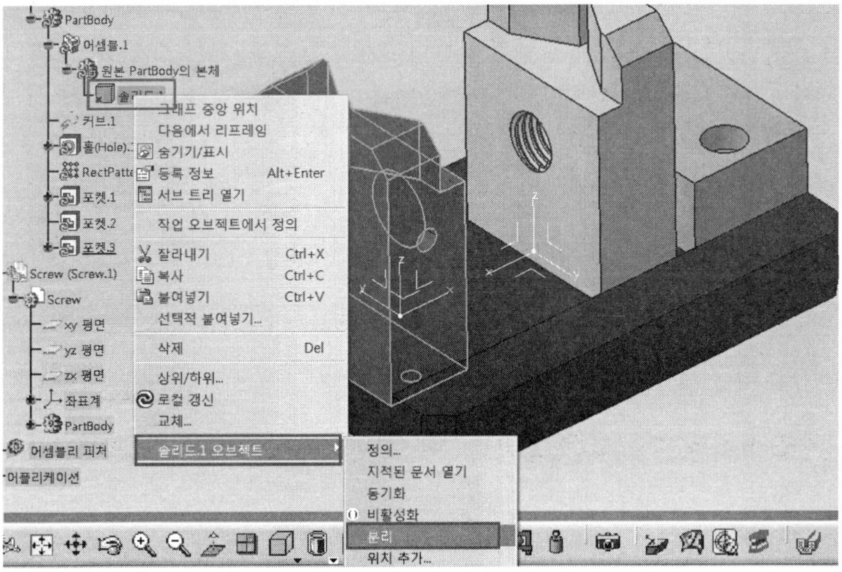

(88) 조립품 모델링에서 육각 홈 붙이 볼트를 삽입하기 위한 카탈로그 탐색기에서 ISO Standards, Screws를 선택한다.

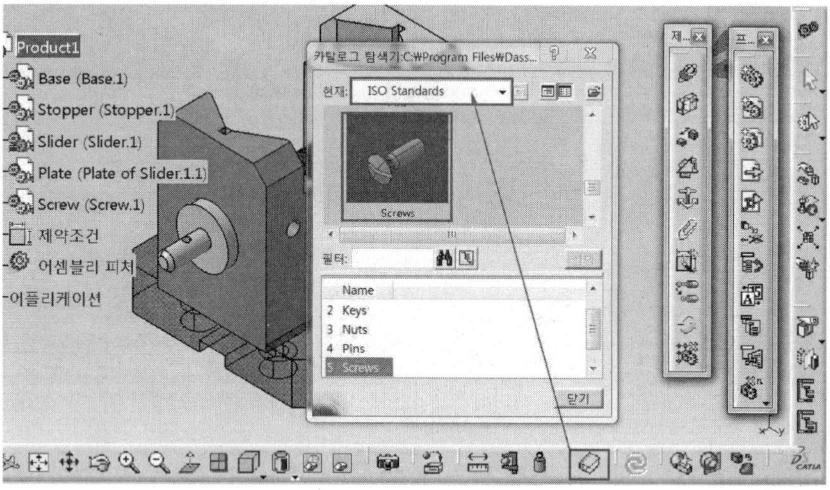

(89) ISO 47 ··· CAP를 클릭하고 세부목록에서 ISO 4762 SCREW M4×16을 더블클릭한다.

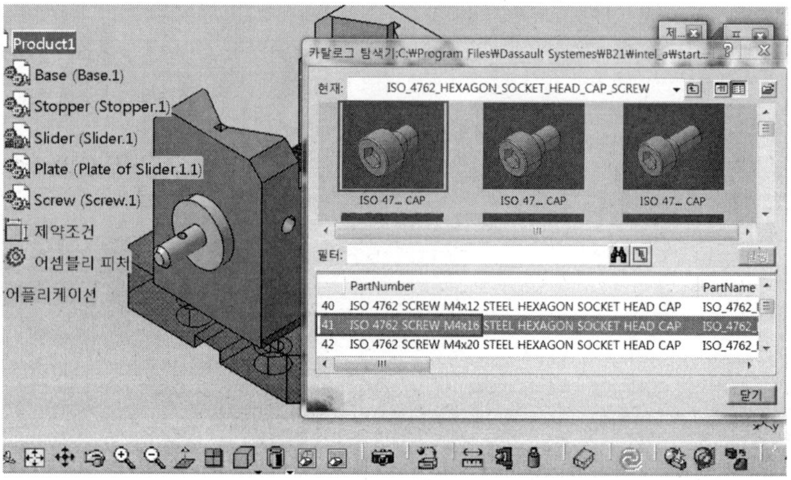

(90) 확인한다.

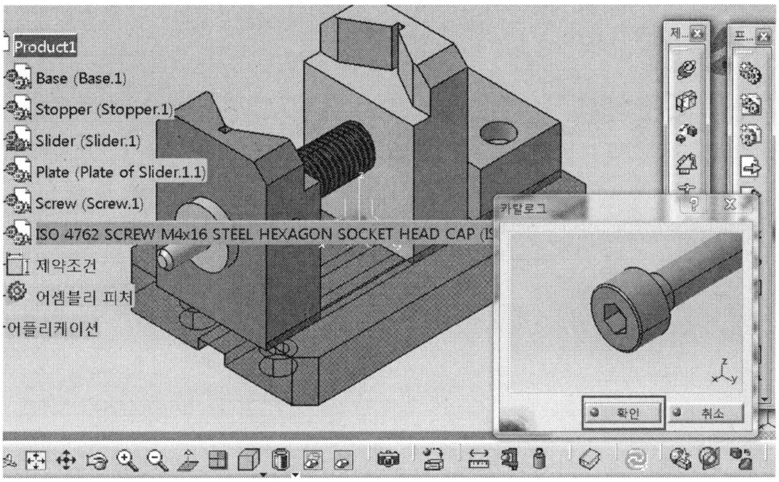

(91) 파트 번호의 문자열이 너무 길어 등록정보에서 수정한 후 파일을 저장한다.

(92) 이동 도구를 선택하고 조작 매개 변수 y를 클릭한다.

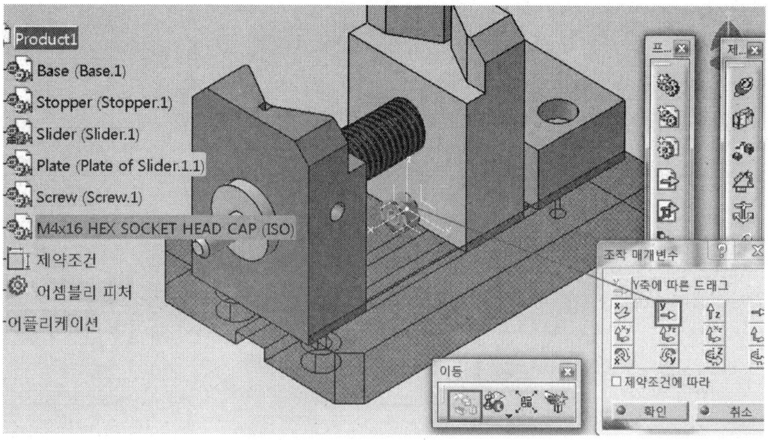

(93) 육각 홈 붙이 볼트를 y방향으로 이동시키고 확인한다.

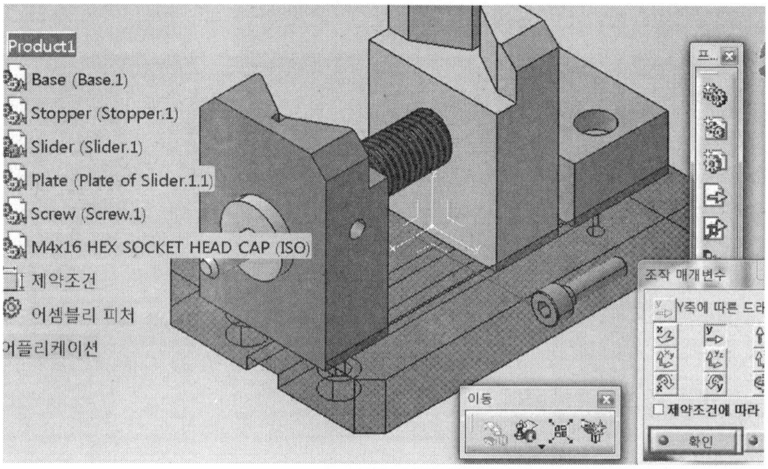

(94) 먼저 중심을 일치시켜야 하므로 일치 제약조건을 클릭하고 볼트의 원통 면을 먼저 선택한다.

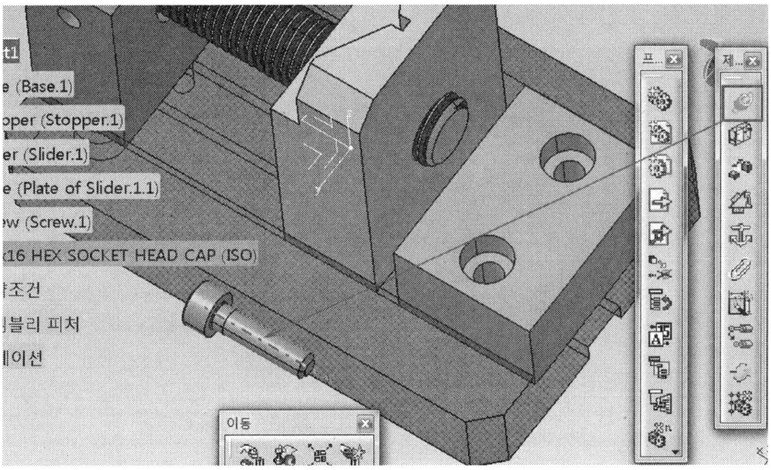

(95) 카운터보어 중심축에 일치되어야 하므로 홈의 원통중심을 클릭한다.

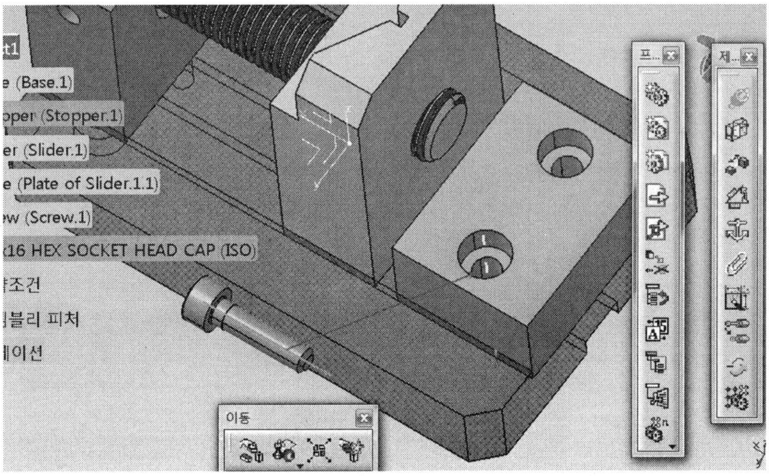

(96) 중심이 일치되었으면 다시 일치 제약 조건을 클릭하고 볼트의 머리 아래 평면과 홈의 평면을 선택한다. 방향이 동일하지 않다.

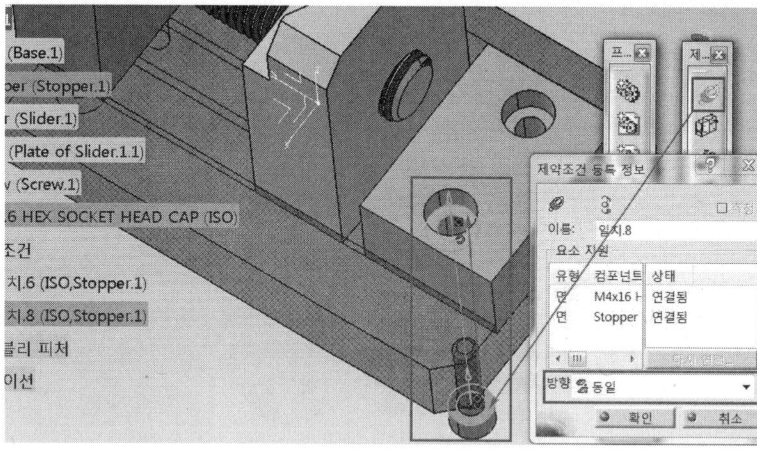

(97) 방향을 반대로 선택하고 확인한 다음 갱신(Update)한다.

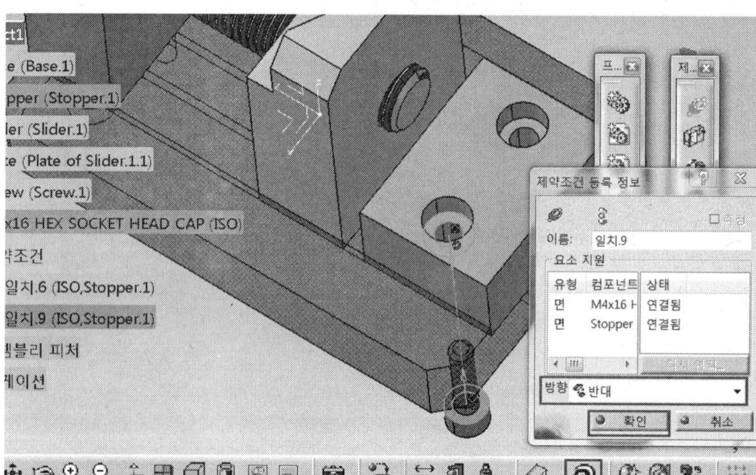

(98) 나머지 육각 홈 붙이 볼트 3개를 더 추가하기 위해 기존 컴포넌트를 클릭하고 Product1을 선택하여 탐색기에서 볼트를 선택한다.

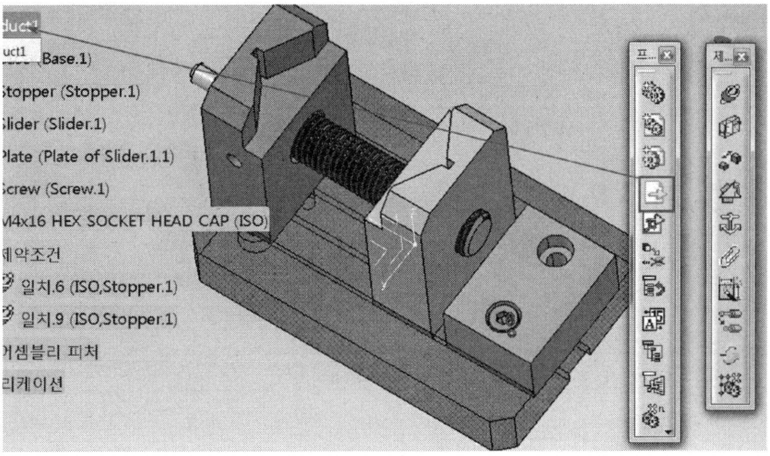

(99) 4개의 육각 홈 붙이 볼트를 모두 조립한다.

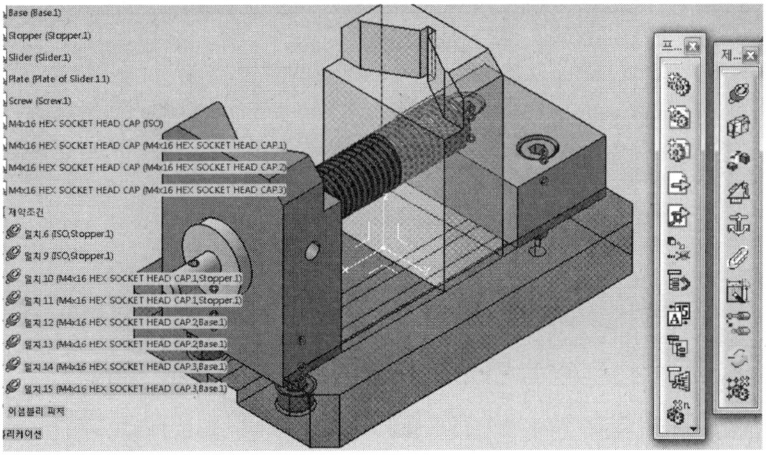

(100) Nov Handle을 모델링하고 핀은 카탈로그 탐색기에서 찾아 조립하여 마무리한다.

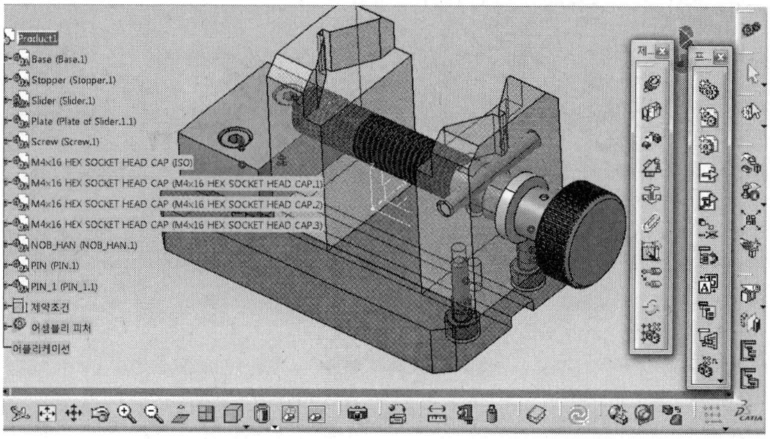

(101) 도면 모드에서 조립도와 단면도를 작성해 보고 Screw의 M 11 수나사는 비활성화하고 필요한 부분만 수정 추출한다.

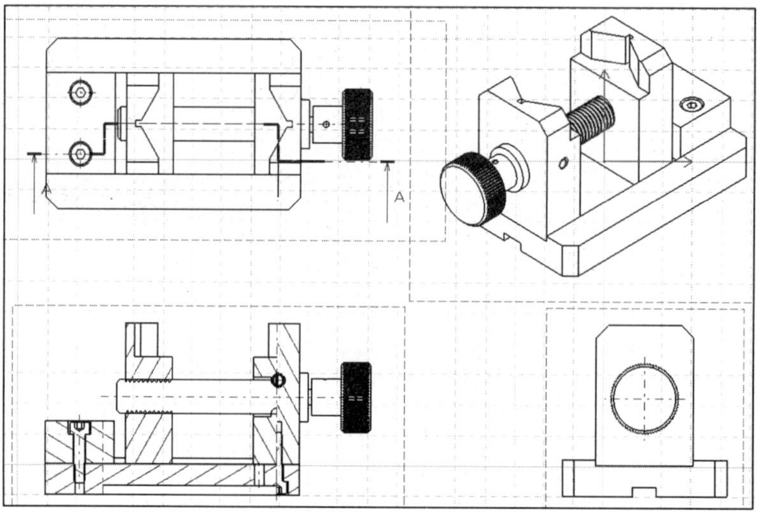

3

Digital Mockup, DMU Kinematics로 시뮬레이션하기

(1) 메뉴, File에서 각 부품이 조립된 CATproduct 문서를 연다.

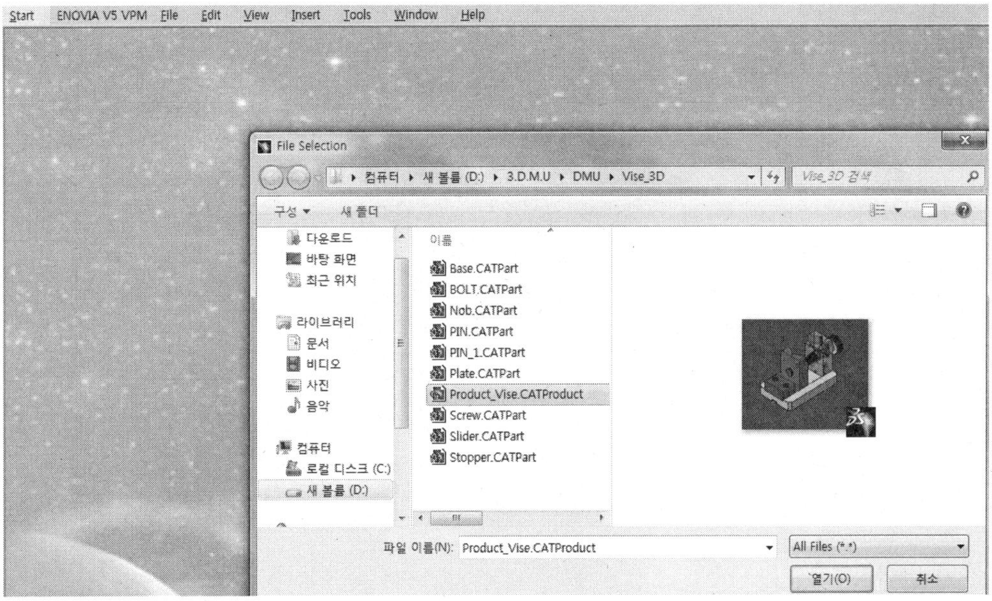

(2) Start -> Digital Mockup -> DMU Kinematics의 순서로 진입한다.

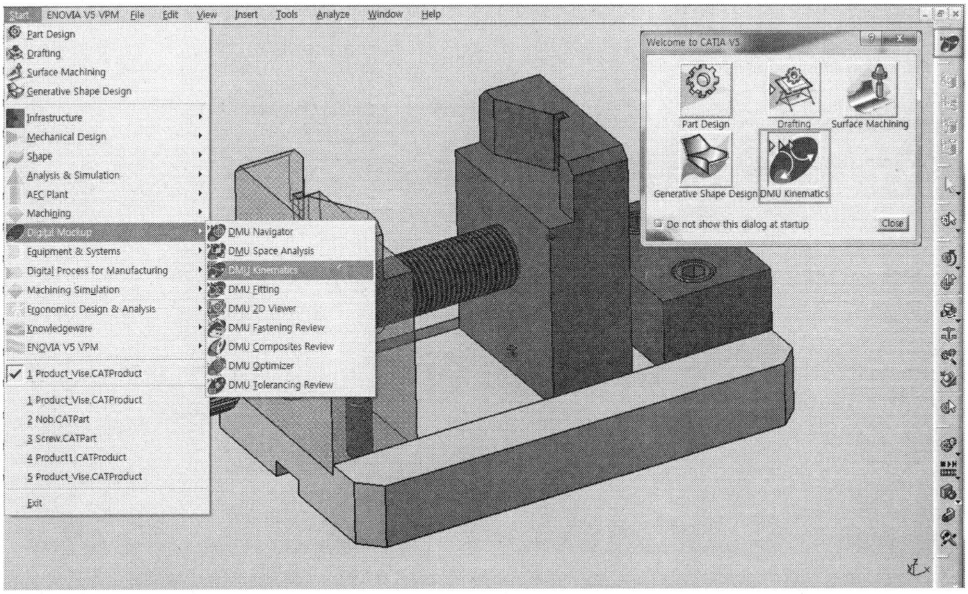

(3) 시뮬레이션에 필요한 주요 부품들이 삽입되었는지 확인한다.

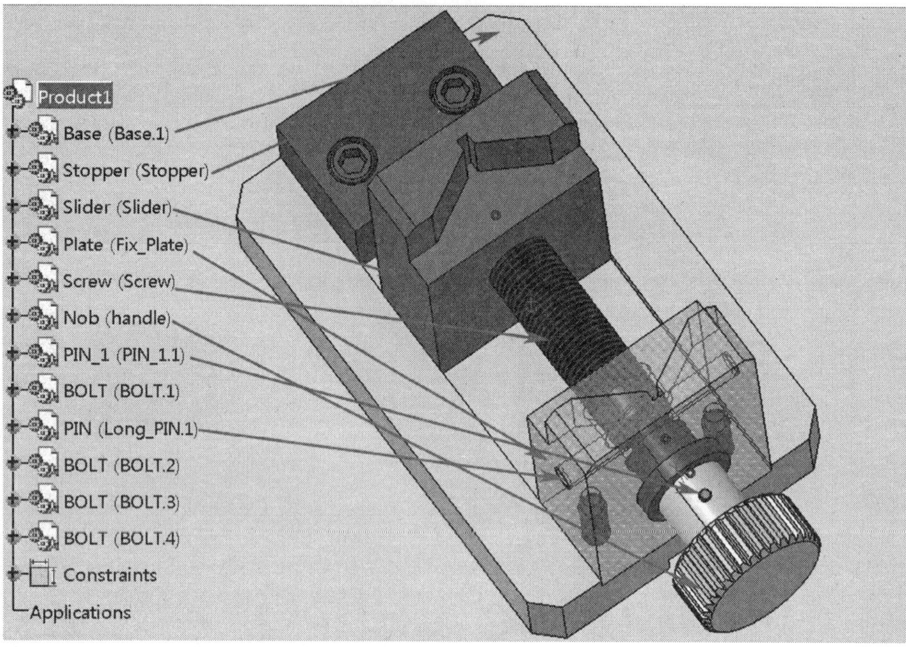

(4) 조립품인 Vise는 Nob를 회전시키면 Nob와 Pin, Pin과 Screw가 연결되어 Nob의 회전수에 따라 Slider는 직선운동을 한다. 다음은 시뮬레이션에 필요한 여러 가지 도구들이다.

	Revolut joint : 고정된 기준면을 기준으로 회전운동을 한다.
	Rigid joint : 두 부품을 하나로 묶어 동기화 시킨다.
	Screw joint : 축(Screw)이 회전하면 나사의 리드 값으로 회전수 만큼 상대 직선운동을 한다.
	Prismatic joint : 상대적 선형운동을 한다.
	Cylindrical joint : Cylinder를 기준으로 직선 왕복운동을 한다.

(5) 시뮬레이션 순서는 다음과 같다.

1) "Revolut joint"( )로 Screw와 Plate를 서로 상대면을 기준으로 Screw를 회전시킨다.

2) "Fixed Part"( )로 Plate를 고정시킨다.

3) "Rigid joint"( )로 Pin과 Screw, Nob와 Pin을 각 각 고정 한다.

4) "Screw joint"( )로 Screw를 25회전(=9,000°/360°)시켜 Slider를 25mm 직선운동 시킨다.

5) "Simulation"( )으로 시뮬레이션

(6) Revolute joint( )를 클릭하여 나타난 대화상자에서 New Mechanism(New Mechanism)을 선택하면 새로운 "Mechanism name"에 기본 값으로 OK(OK)한다.

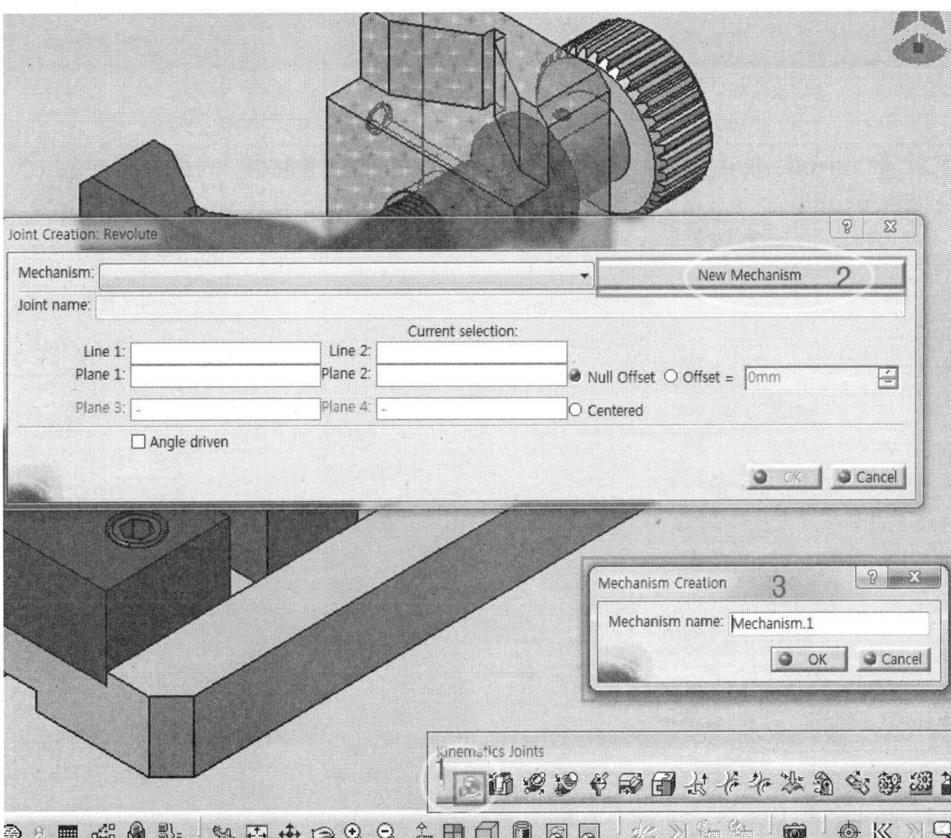

(7) "Line 1" 항을 클릭하고 Screw의 원통면을 가리켜 축선이 나타나면 클릭한다.

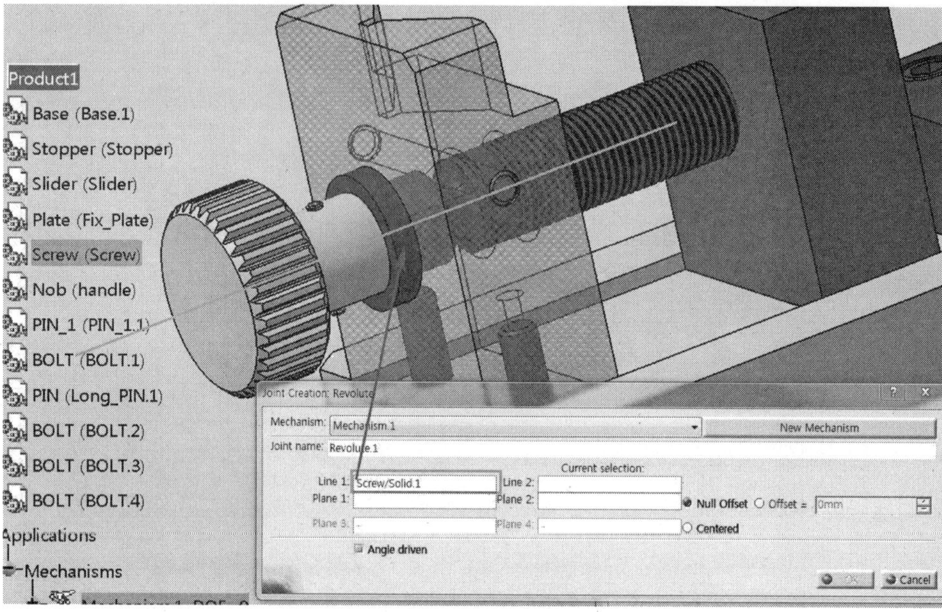

(8) Screw는 마우스 우클릭으로 숨기고(hide) "Line 2" 항에 Plate의 내부 원통면을 가리켜 축선이 나타날 때 클릭한다.

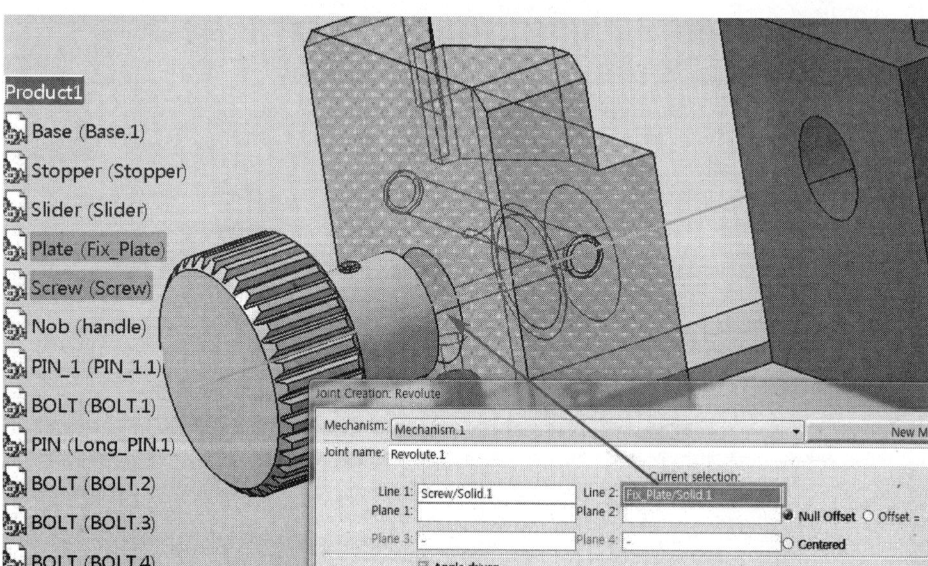

(9) Swap visible space(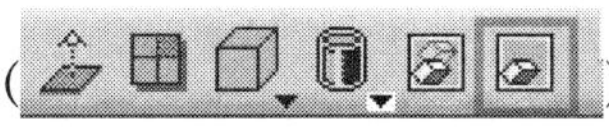)로 전환하여 숨겨진 창으로 변환하여 대화상자의 "Plane 1" 항에 Screw의 원형 평면을 클릭한다.

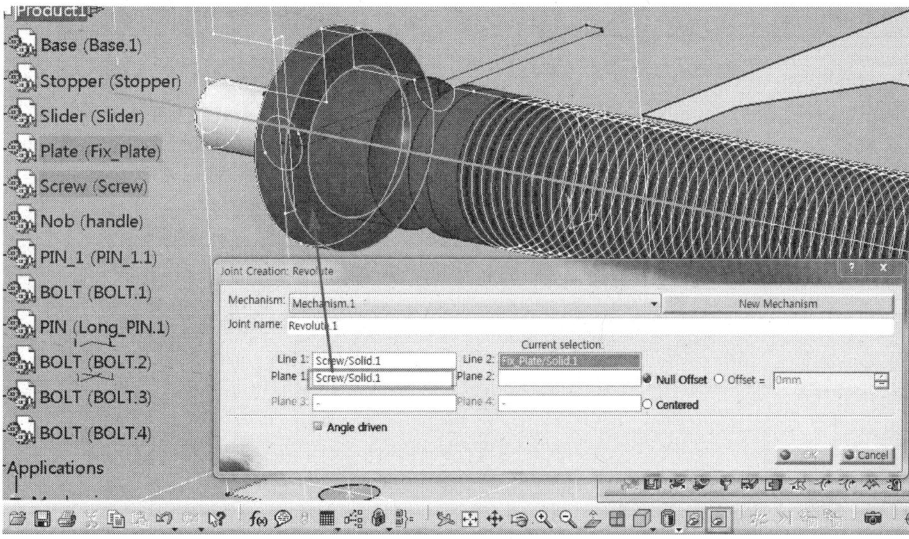

(10) Swap visible space()로 보이기 창으로 전환하여 대화상자 "Plane 2" 항에 Plate의 평면을 클릭한 다음 반드시 "Angle driven"에 체크하고 OK 한다.

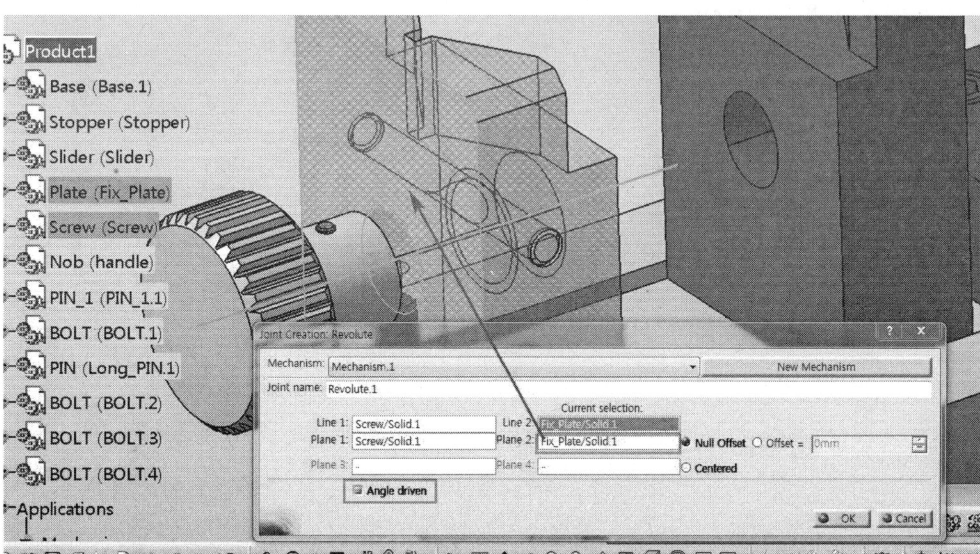

(11) Plate를 고정하기 위하여 Fixed Part( )를 선택하면 "New Fixed Part" 대화상자를 보여준다.

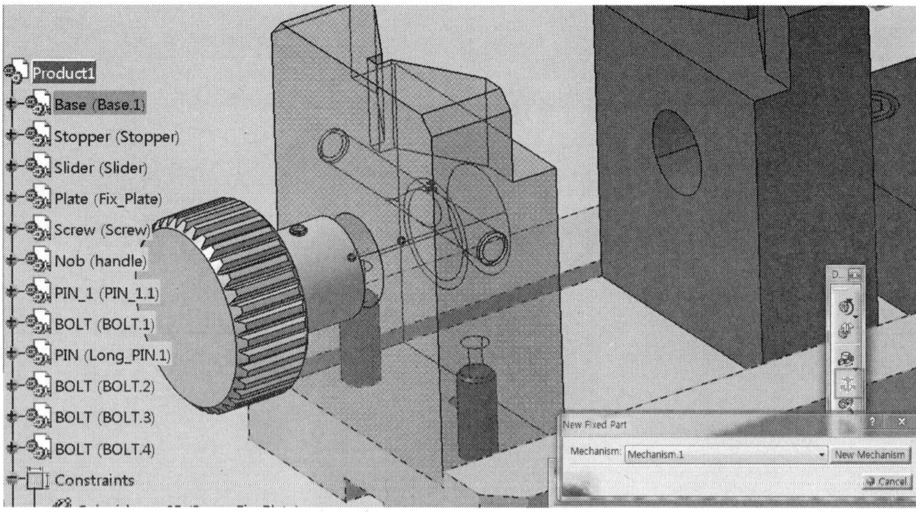

(12) 고정할 Plate를 선택하면 "The mechanism can be simulation(매커니즘을 시뮬레이션 할 수 있다)" 이 나타난다. 반드시 확인하고 OK 한다.

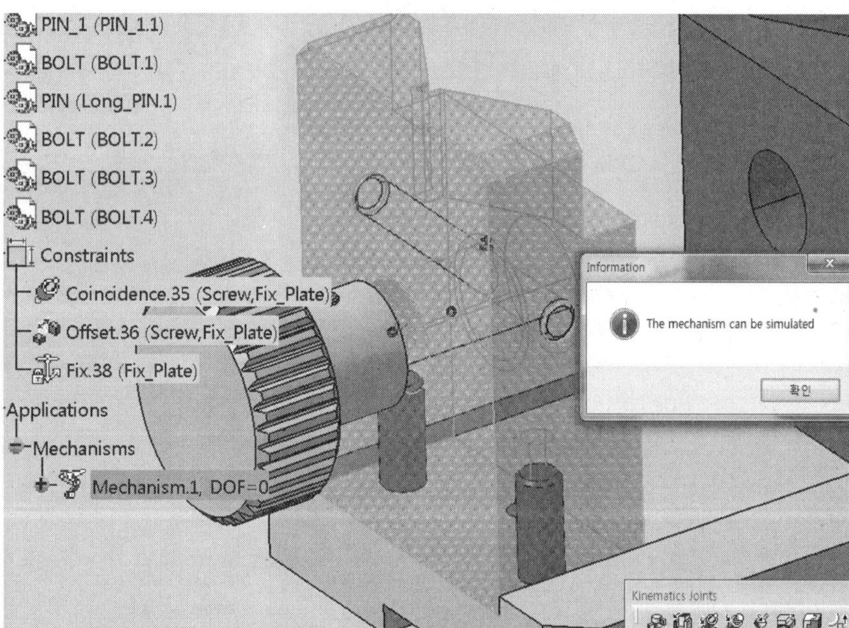

(13) Pin은 단순히 Screw에 고정되어 있다. "Rigid joint( )"를 클릭하면 "Joint Creation Rigid" 대화상자가 나타난다. Part 1에 "Pin"을 Part 2에 Screw를 선택하고 OK 한다.

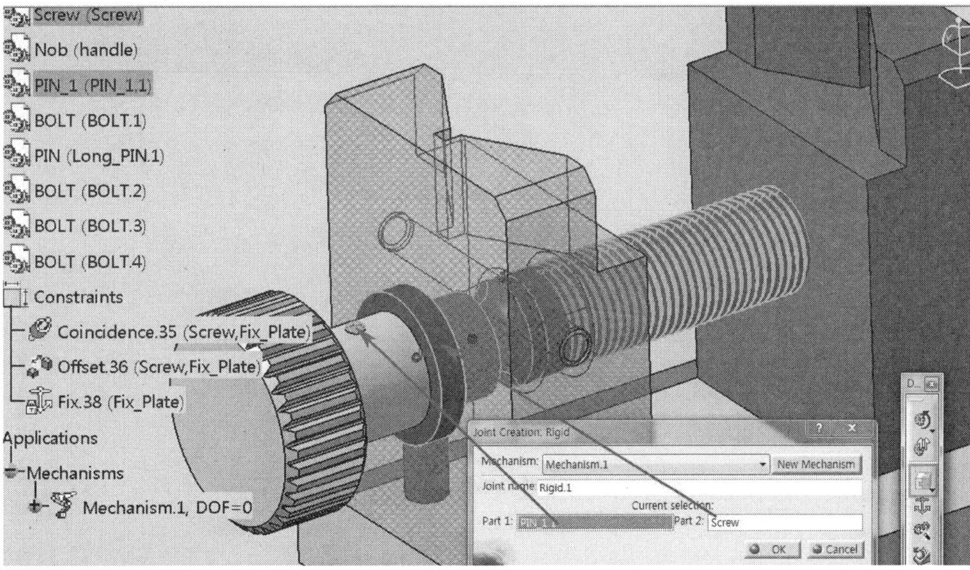

(14) 다시 "The mechanism can be simulation(매커니즘을 시뮬레이션 할 수 있다)"을 반드시 확인한다.

(15) handle도 단순히 Pin에 "Rigid joint( )"로 고정시키면 된다. "Rigid joint( )"을 클릭하고 "Joint Creation Rigid" 대화상자에서 Part 1에 "handle"을 Part 2에 "pin"을 선택한다.

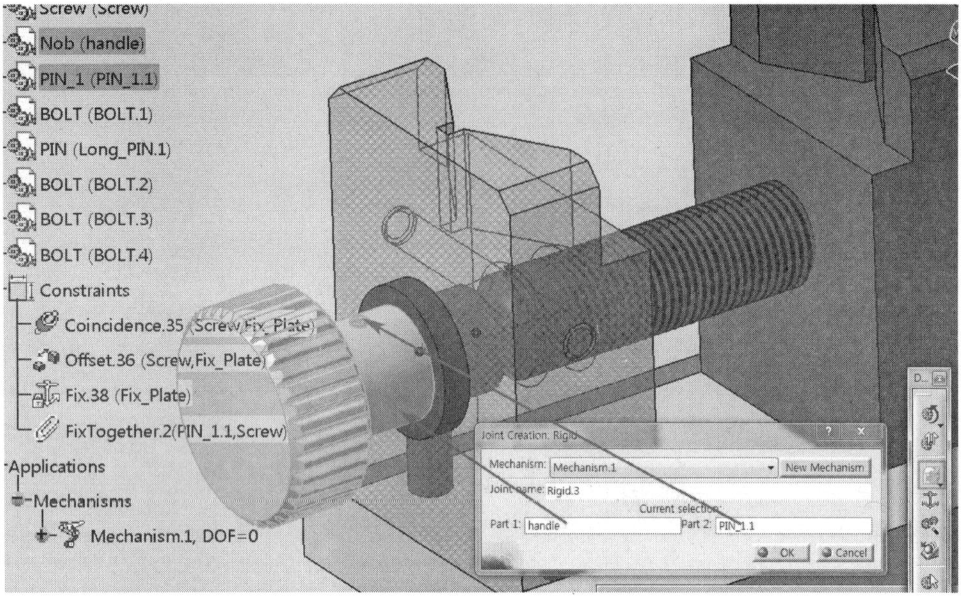

(16) 다시 "The mechanism can be simulation(매커니즘을 시뮬레이션 할 수 있다)"을 확인한다.

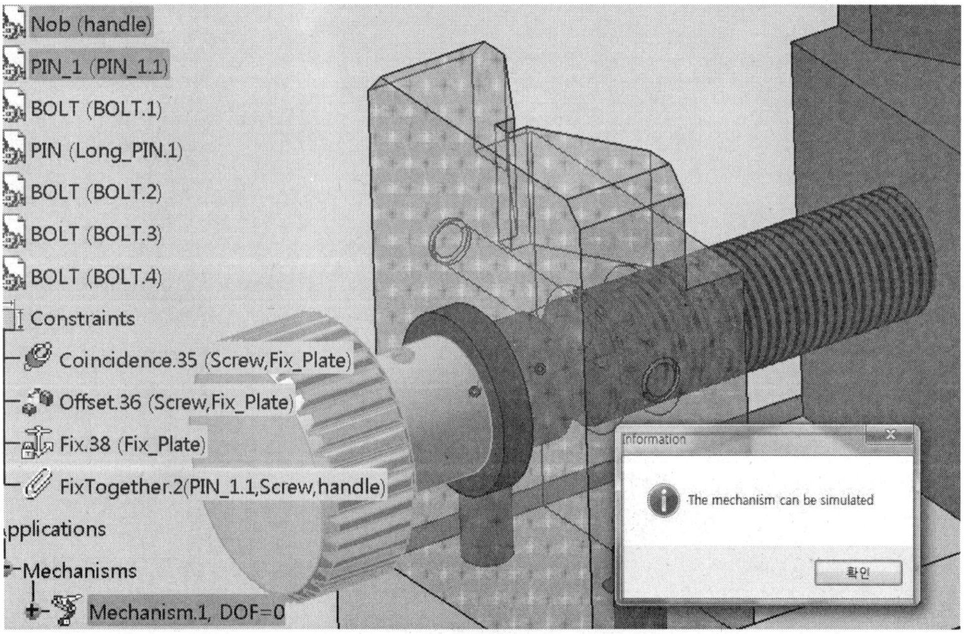

(17) "Screw joint()"를 선택하고 대화상자에서 "Line 1"에 Screw의 축선이 나타나는 위치 원통 면을 클릭하고 Screw는 숨긴(hide)다.

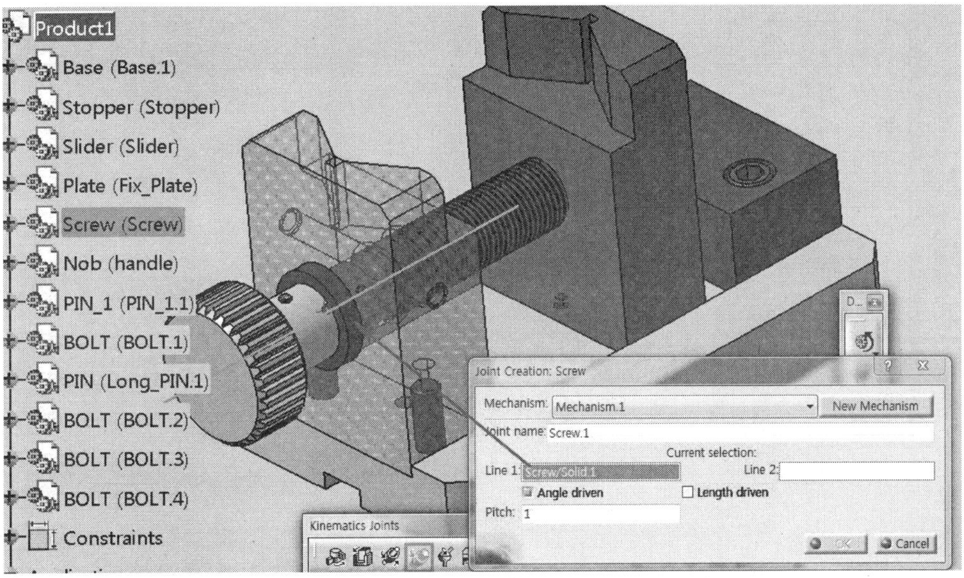

(18) "Line 2"에 Slider의 축선이 나타나는 원통 면을 클릭한 다음 "Angle driven"에 체크하고 숨겨진 창으로 전환하여 Screw는 보이기(Show) 한다.

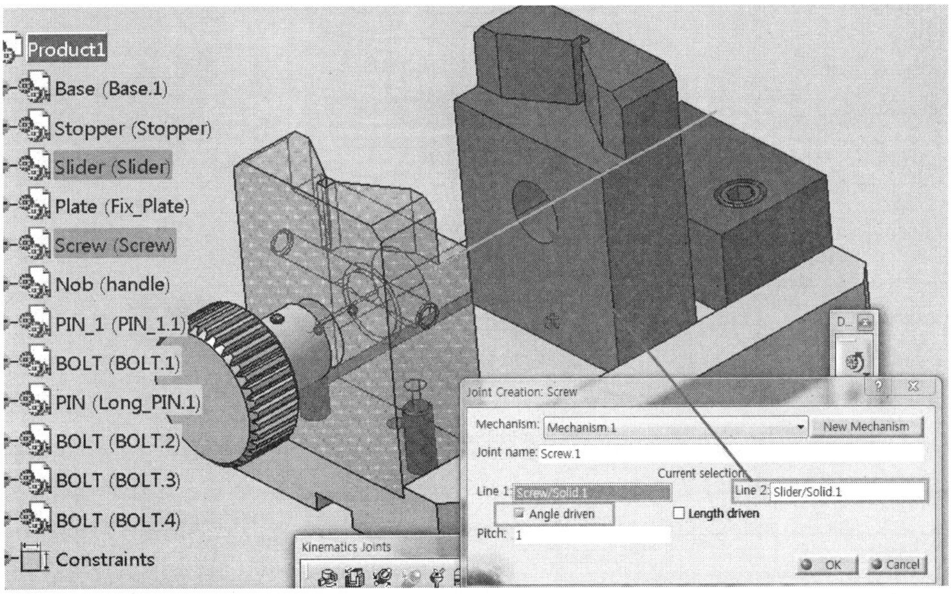

(19) "Simulation( )"을 클릭하여 대화상자 "Select"에서 "Mechanism 1"을 선택하고 OK 한다.

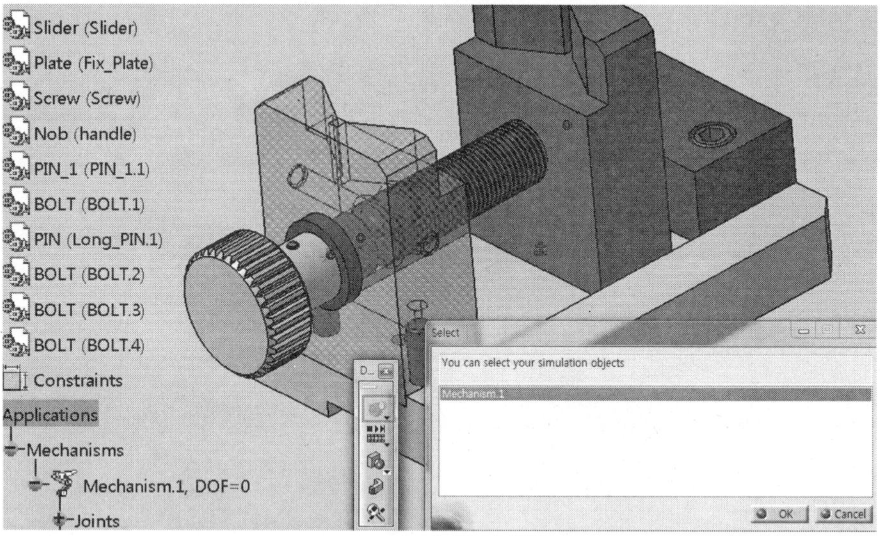

(20) "Edit Simulation"과 "Kinematics Simulation"의 두 개의 대화상자가 나타나면 시뮬레이션이 가능하다. "Kinematics Simulation"의 대화상자에서 "Cmommand 1"과 "Cmommand 2"의 맨 오른쪽 박스(...)를 각각 클릭하여 Highest value 값을 약 9000(=25회전*360)으로 변경하고 OK 한다.

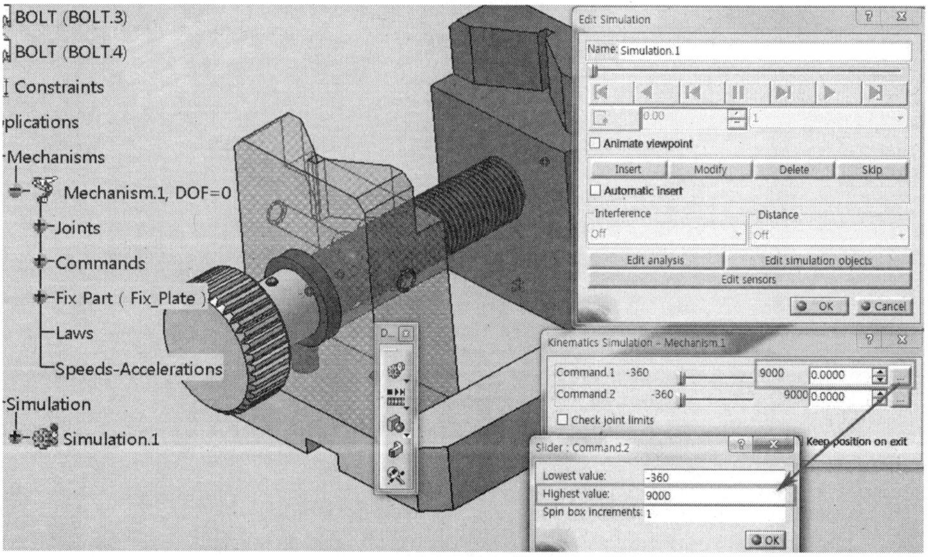

(21) "Kinematics Simulation" 대화상자의 "Cmommand 1"과 "Cmommand 2"의 스크롤바를 각각 오른쪽으로 이동시키고 "Edit Simulation" 대화상자에서 "Insert" 한다.

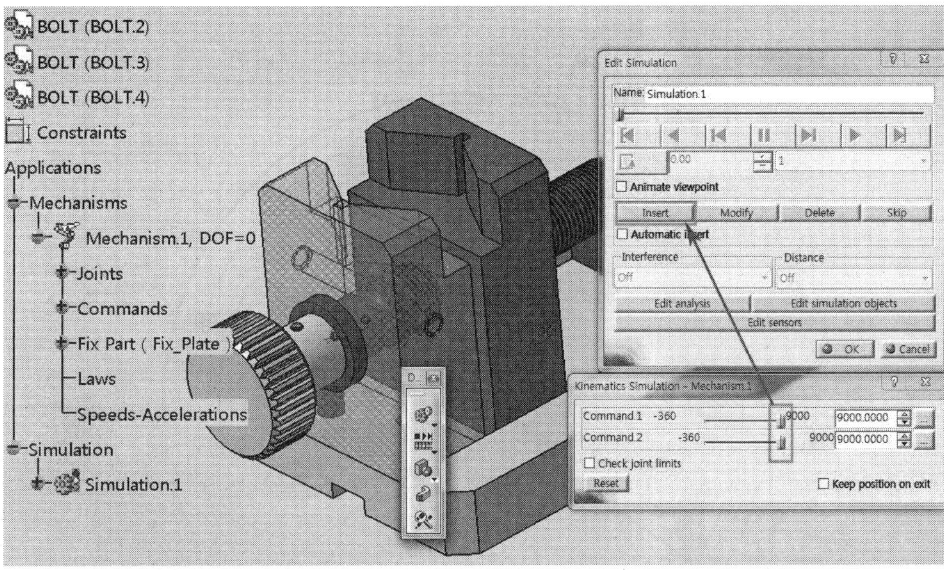

(22) "Edit Simulation" 대화상자가 활성화되면, ①시뮬레이션의 반복 여부 지정(), ②속도를 0.01로 설정하고 ③Play(▶) 한다.

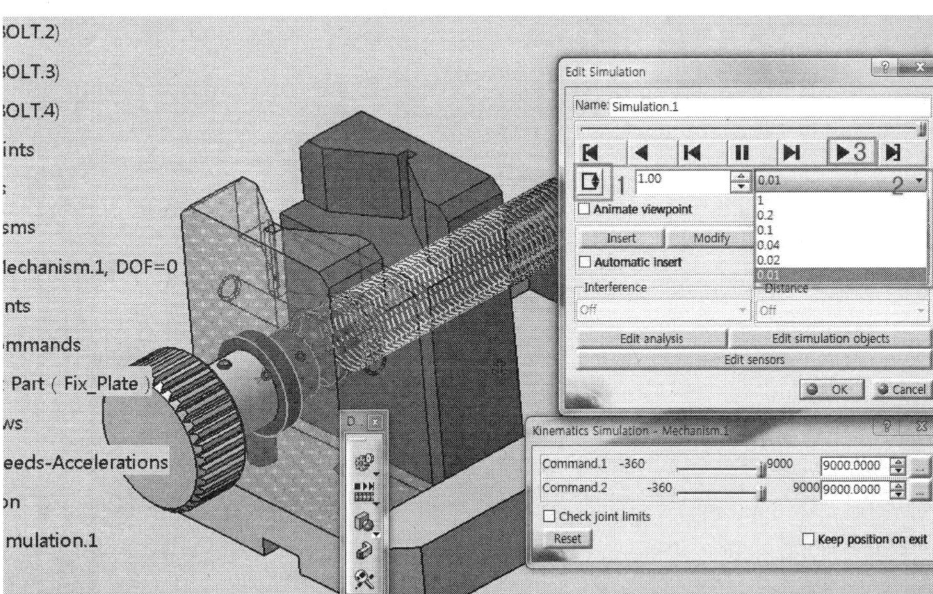

(23) Screw의 회전에 따라 Slider가 좌, 우 직선 운동하는 것을 확인하고 OK한 다음 파일을 저장한다.

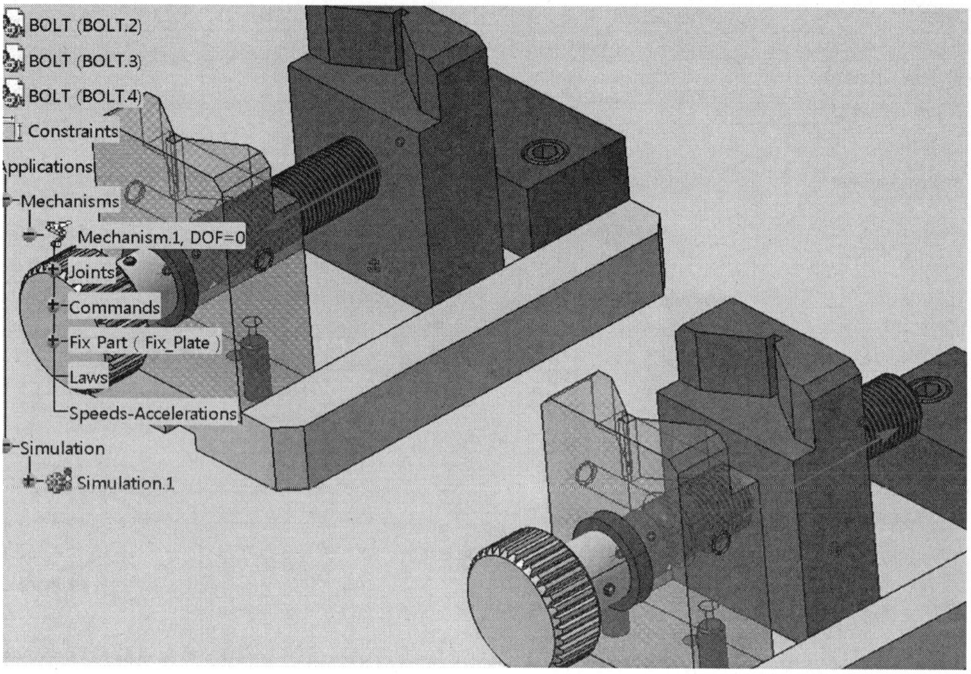

부록

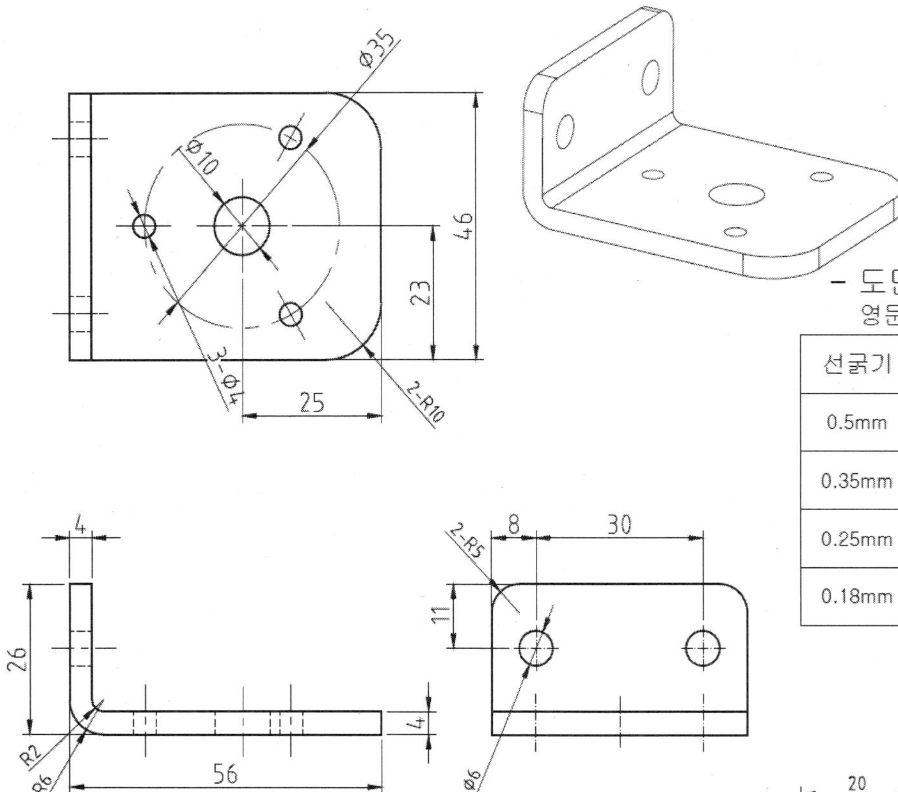

주서

1. 일반 모따기 C=0.2

- 도면 출력시 선 굵기

영문자, 치수는 iso체, 한글은 굴림체로 설정

선굵기	문자높이	색 상	용 도
0.5mm	7.0mm	파란색, 하늘색	윤곽선
0.35mm	5.0mm	초록색	외형선, 개별주서
0.25mm	3.5mm	노란색	숨은선, 치수문자, 일반주서
0.18mm	2.5mm	흰색, 빨강	해칭, 치수선, 중심선, 3D도면, 공차

20	35	15	30
번 호		척 도	N S
성 명	이 현 재	각 법	3각법

10 10

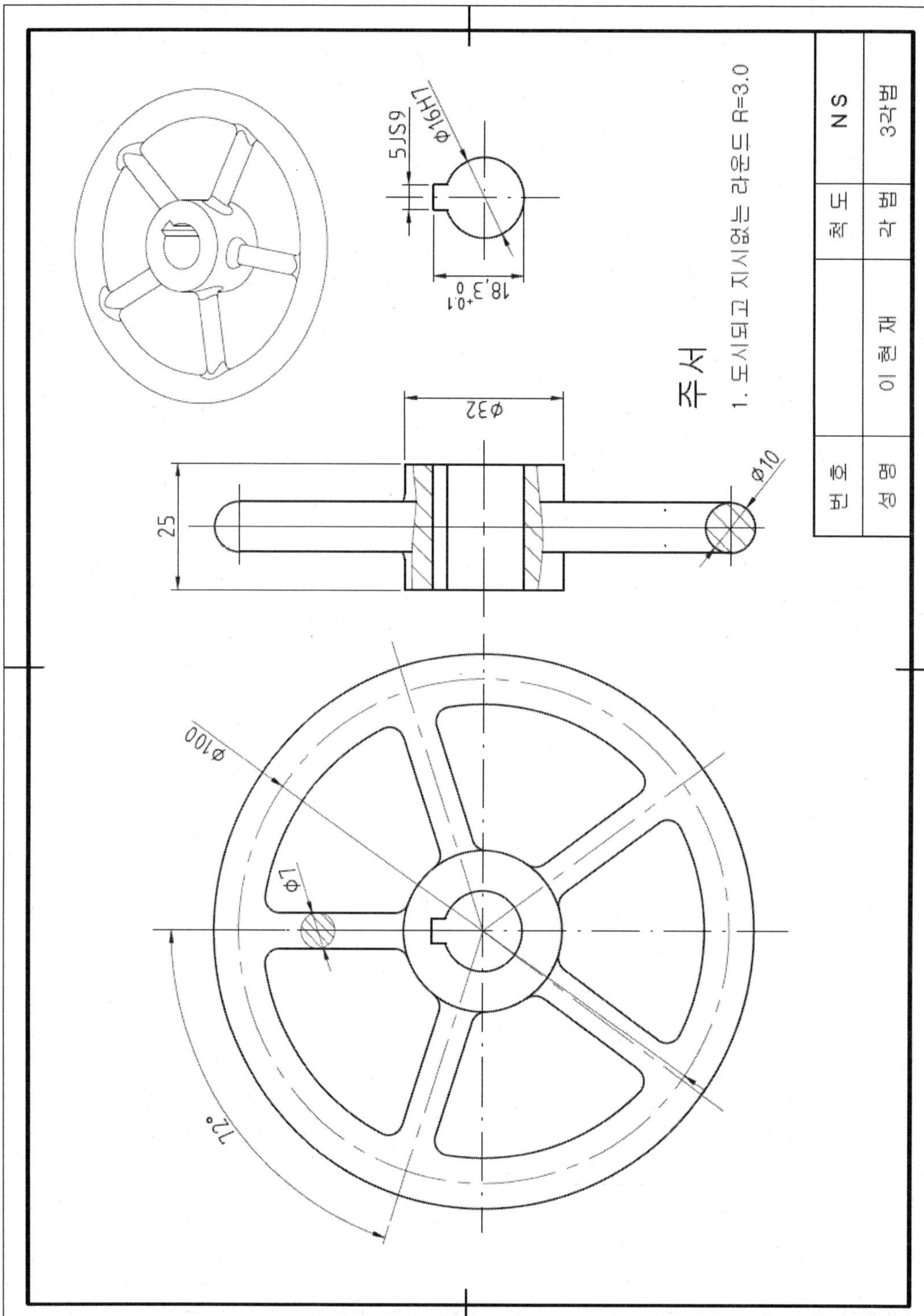
주서
1. 도시되고 지시없는 라운드 R=3.0
번호
성명
이현재
척도
NS
각법
3각법
φ100
φ7
72°
25
φ32
φ10
5JS9
φ16H7
18.3 +0.1 0

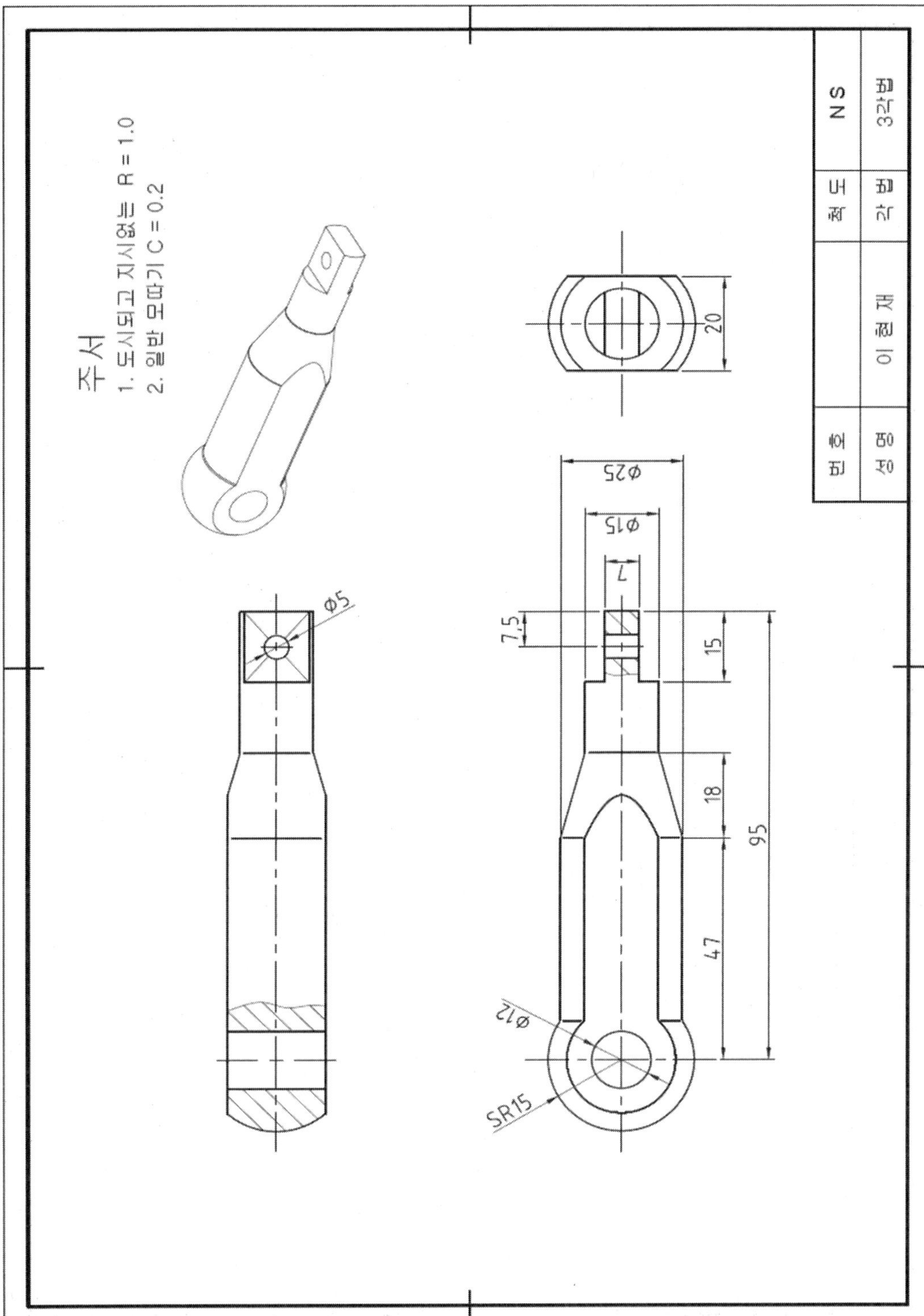
주서
1. 도시되고 지시없는 R = 1.0
2. 일반 모따기 C = 0.2
Φ5
7.5
15
18
95
47
Φ12
SR15
7
Φ15
Φ25
20
번호
성명
이 현 재
척도
각법
NS
3각법

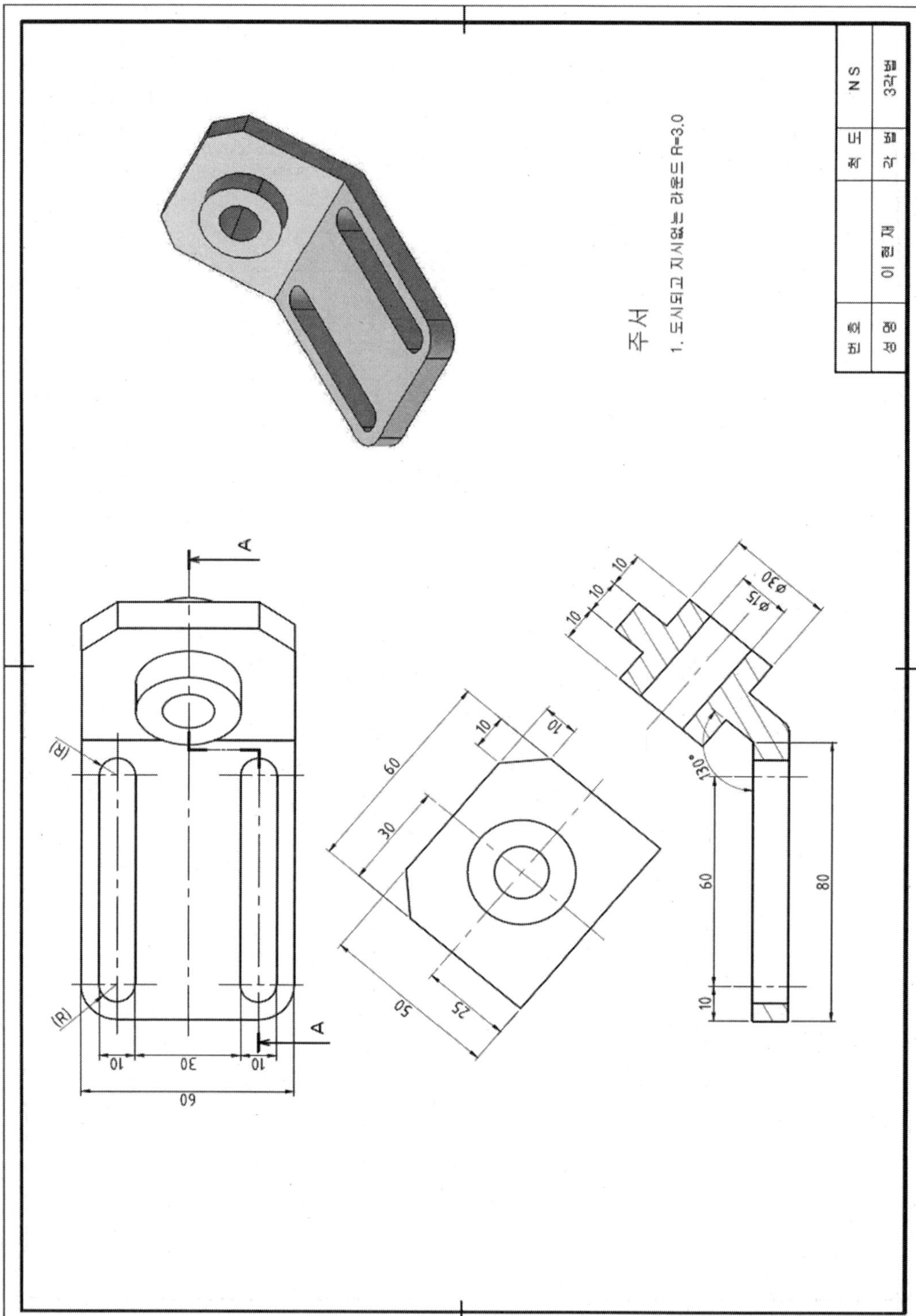
주서
1. 도시되고 지시없는 라운드 R=3.0
번호
성명
이 현 재
척도
NS
각법
3각법

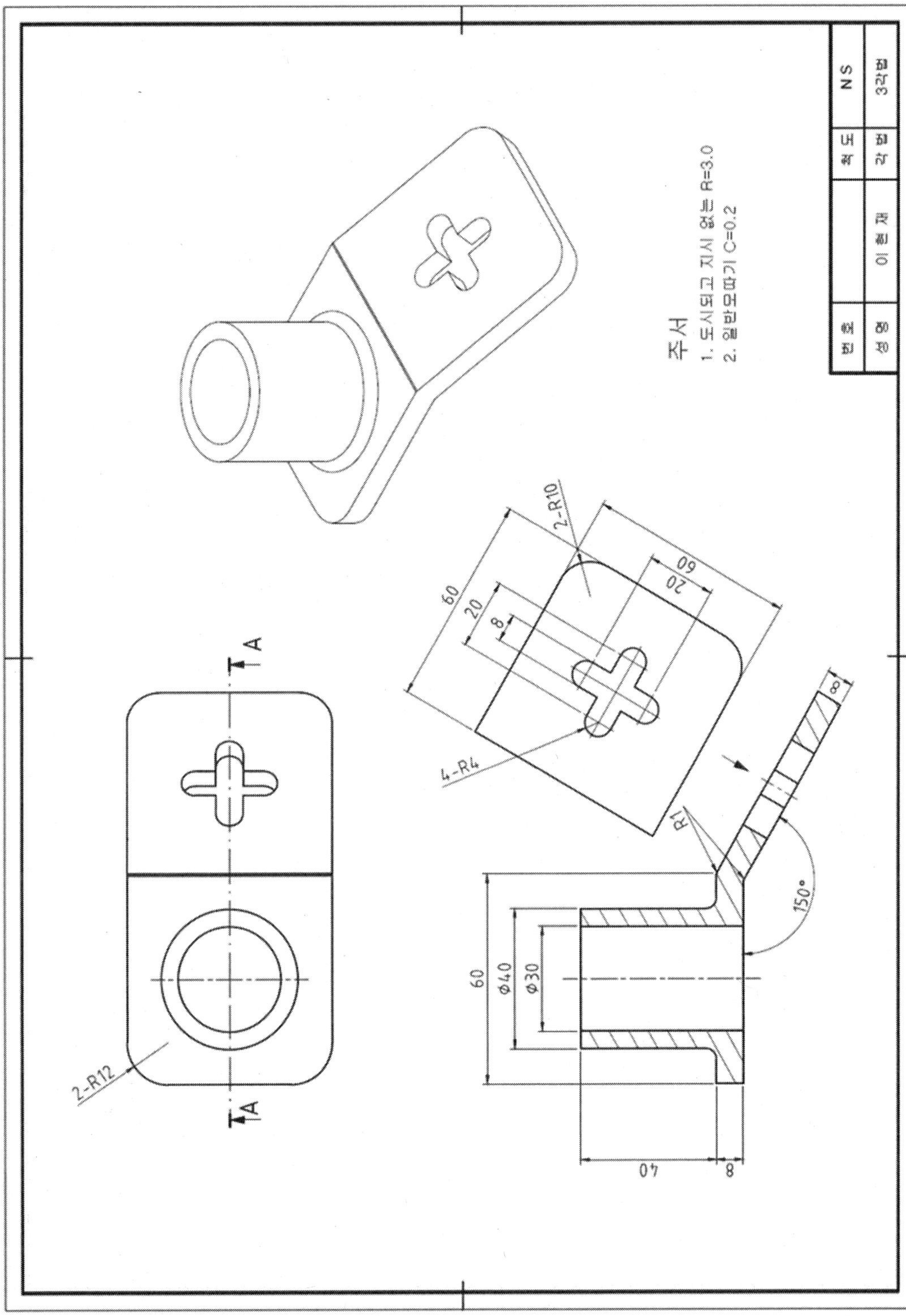
주서
1. 도시되고 지시 없는 R=3.0
2. 일반모따기 C=0.2
번호
척도
NS
성명
이현재
각법
3각법
A
2-R12
2-R10
4-R4
R1
60
20
8
Ø40
Ø30
40
150°

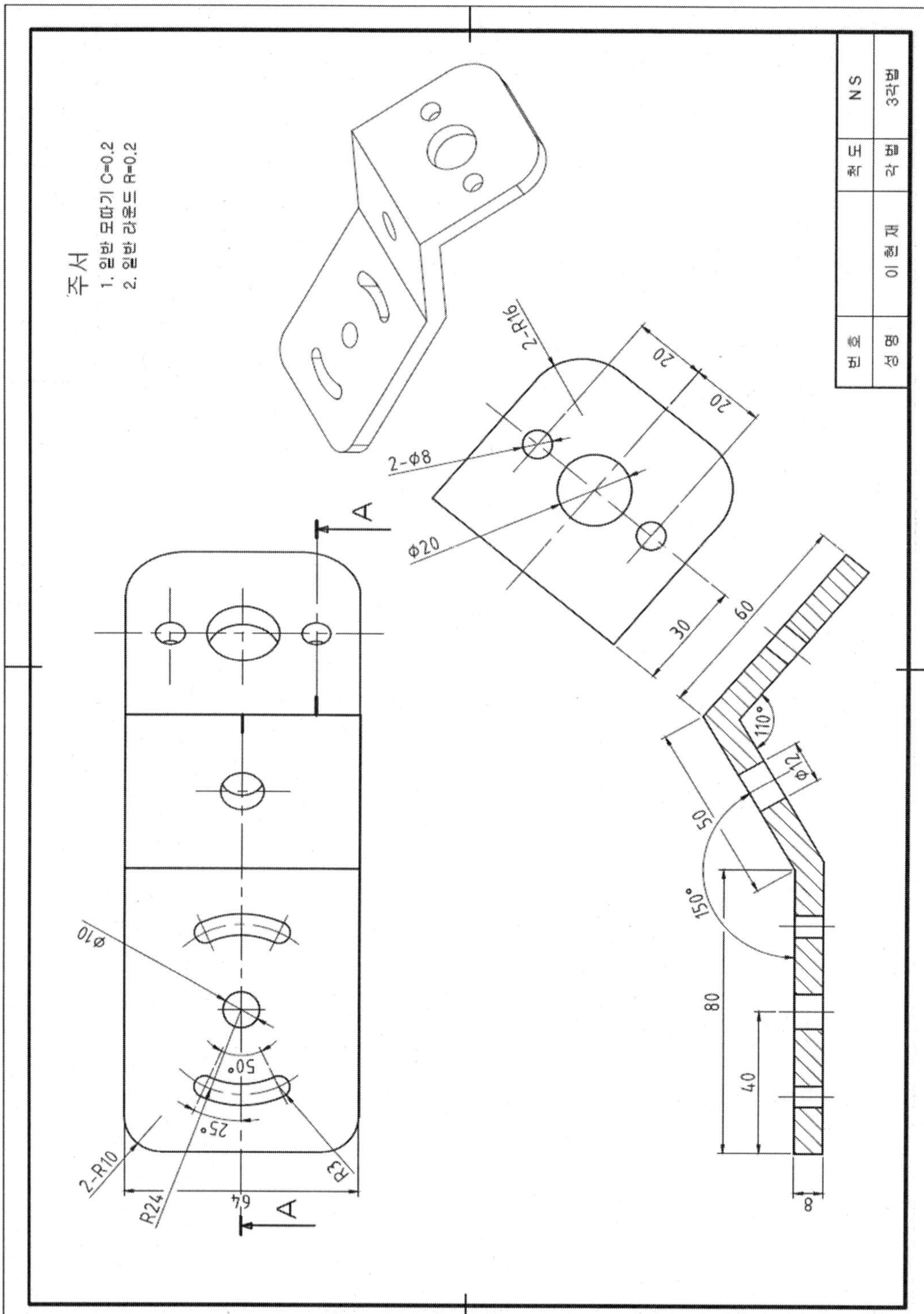
주서
1. 일반 모따기 C=0.2
2. 일반 라운드 R=0.2
번호
성명 이현재
척도 NS
각법 3각법

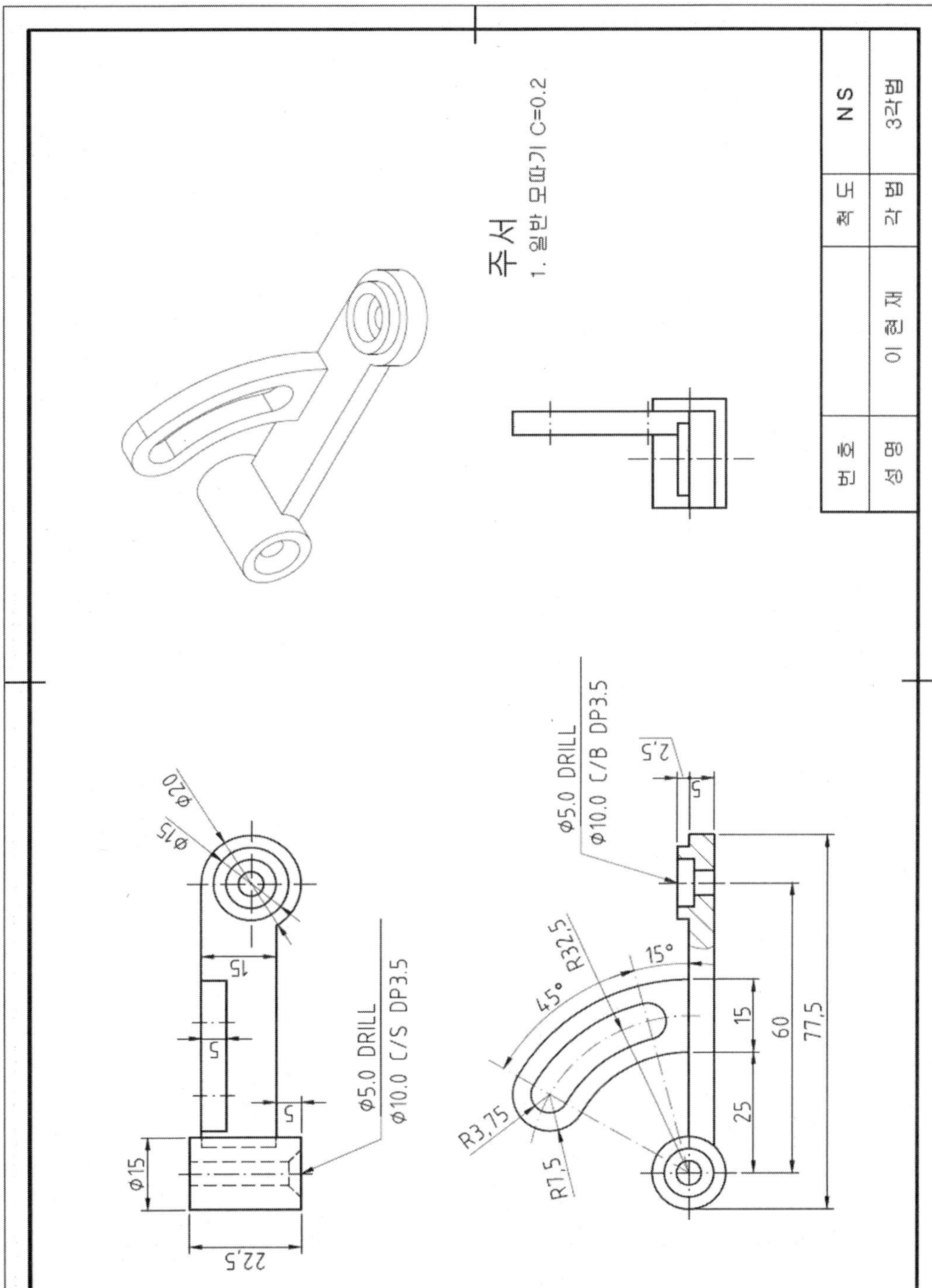

주서
1. 일반 모따기 C=0.2
번 호
성 명
이 현 재
척 도
NS
각 법
3각법
Ø5.0 DRILL
Ø10.0 C/S DP3.5
Ø5.0 DRILL
Ø10.0 C/B DP3.5
Ø20
Ø15
Ø15
22.5
15
5
5
R32.5
45°
15°
R3.75
R7.5
2.5
5
15
25
60
77.5

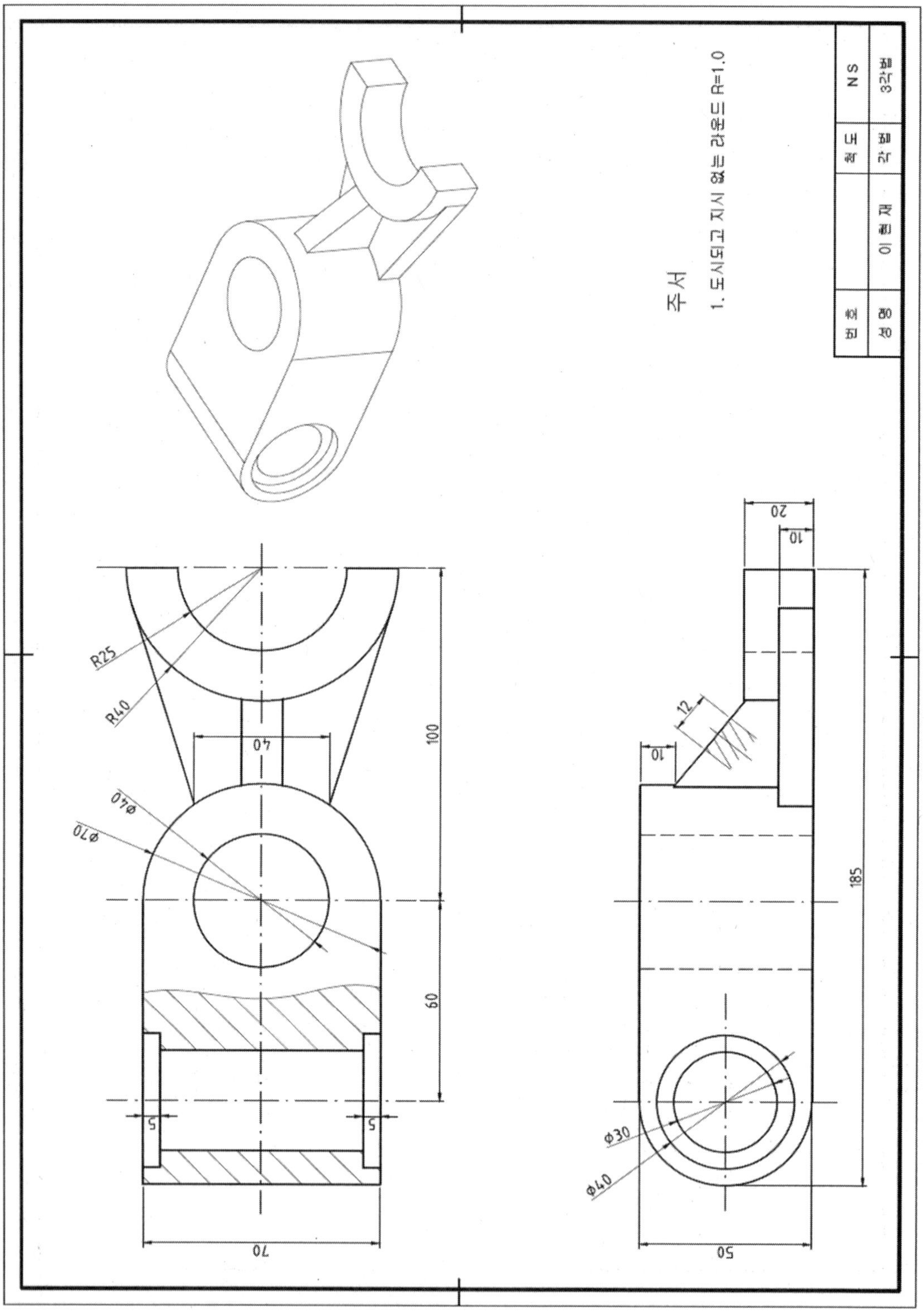
주서
1. 도시되고 지시 없는 라운드 R=1.0
번호
성명
이 현 재
척도
NS
각법
3각법
R25
R40
40
100
60
φ40
φ70
5
5
70
20
10
12
10
185
φ30
φ40
50

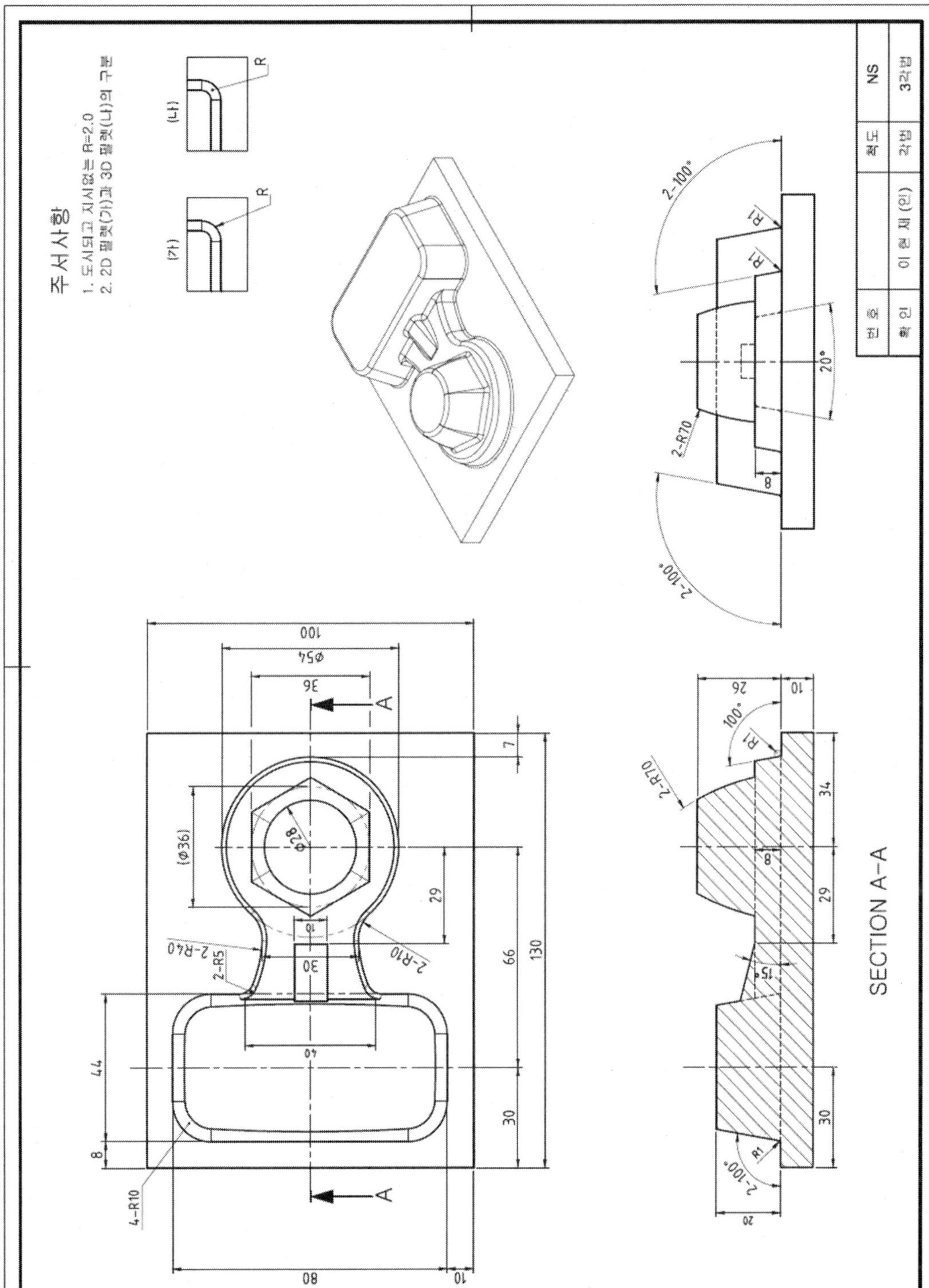
주서사항
1. 도시되고 지시없는 R=2.0
2. 2D 필렛(가)과 3D 필렛(나)의 구분
(가)
(나)
SECTION A-A
번호
확인
이현재(인)
척도
NS
각법
3각법

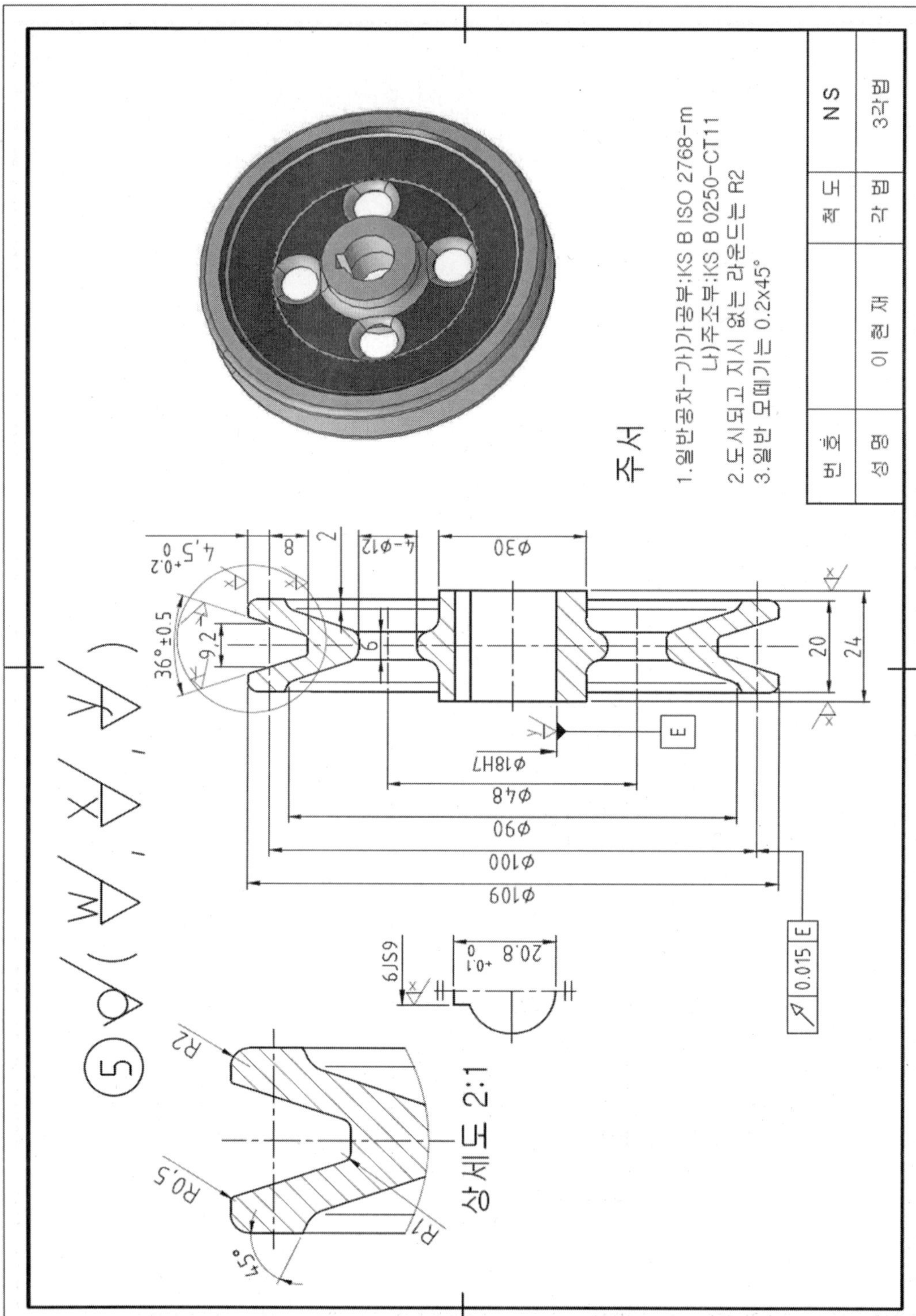
⑤
상세도 2:1
R2
R0.5
R1
45°
6JS9
20.8 +0.1 0
0.015 E
φ109
φ100
φ90
φ48
φ18H7
E
36°±0.5
9.2
4.5 +0.2 0
8
2
4-φ12
φ30
6
20
24
주서
1.일반공차-가)가공부:KS B ISO 2768-m
나)주조부:KS B 0250-CT11
2.도시되고 지시 없는 라운드는 R2
3.일반 모떼기는 0.2x45°
번호
척도
NS
성명
이 현 재
각법
3각법

④ 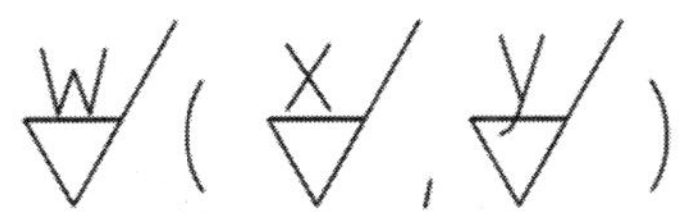

스퍼기어 요목표		
기어 치형		표준
공구	모듈	2
	치형	보통이
	입력각	20°
전체 이 높이		4.5
피치원 지름		P.C.Dϕ72
잇 수		36
다듬질 방법		호브절삭
정밀도		KS B ISO 1328-1급

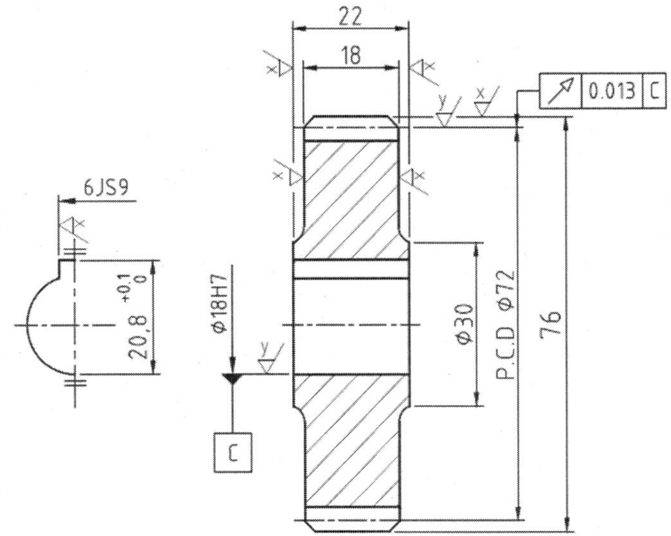

주서

1.일반공차-가)가공부:KS B ISO 2768-m
　　　　　나)주조부:KS B 0250-CT11
2.도시되고 지시 없는 라운드는 R2
3.도시되고 지시 없는 모떼기는 2x45°

번 호		척 도	NS
성 명	이 현 재	각 법	3각법

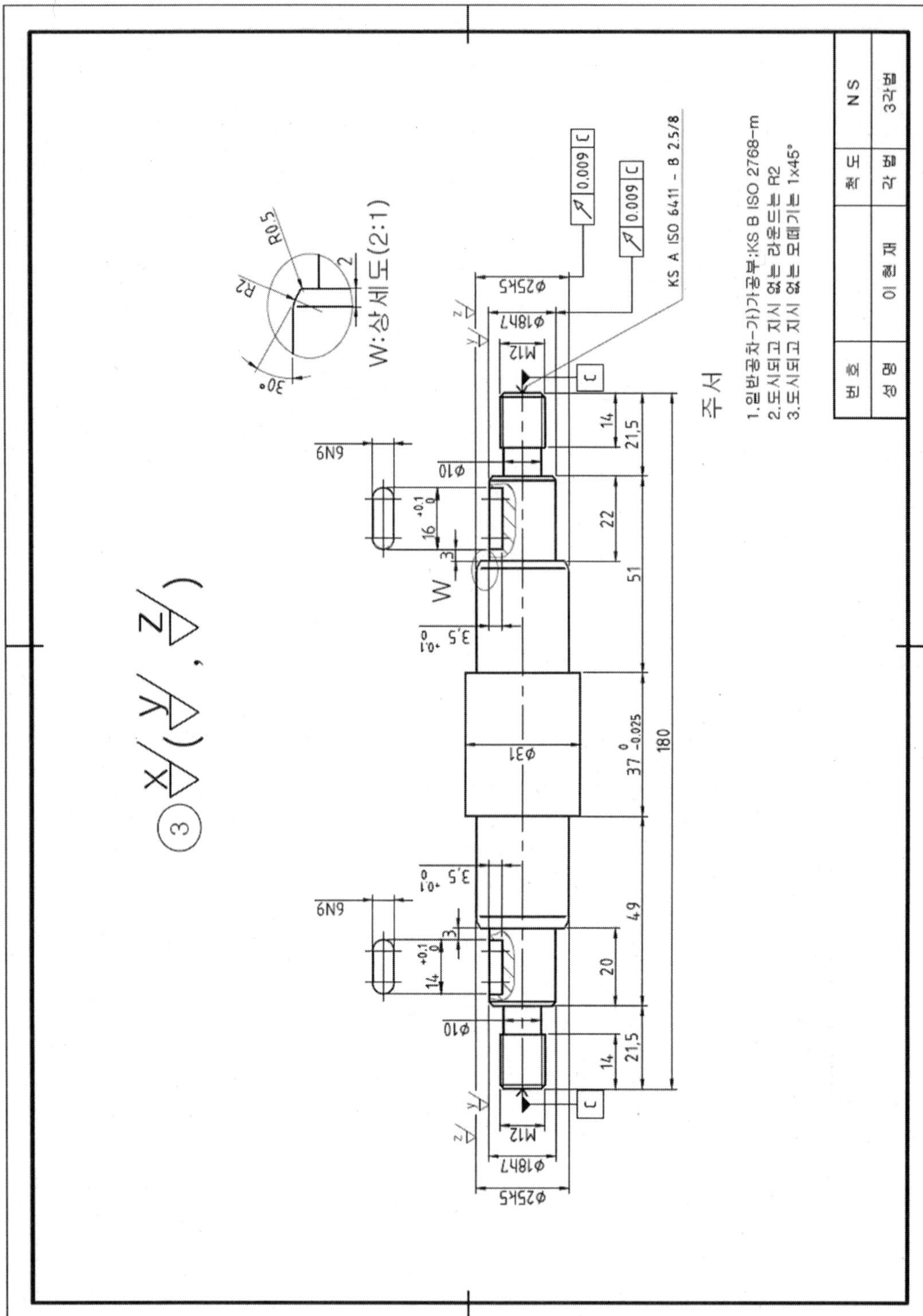
③ x/▽(y/▽, z/▽)
W:상세도(2:1)
R0.5
R2
2
30°
KS A ISO 6411 - B 2.5/8
0.009 C
주서
1.일반공차-가)가공부:KS B ISO 2768-m
2.도시되고 지시 없는 라운드는 R2
3.도시되고 지시 없는 모떼기는 1x45°
번호
성명
이현재
척도
NS
각법
3각법

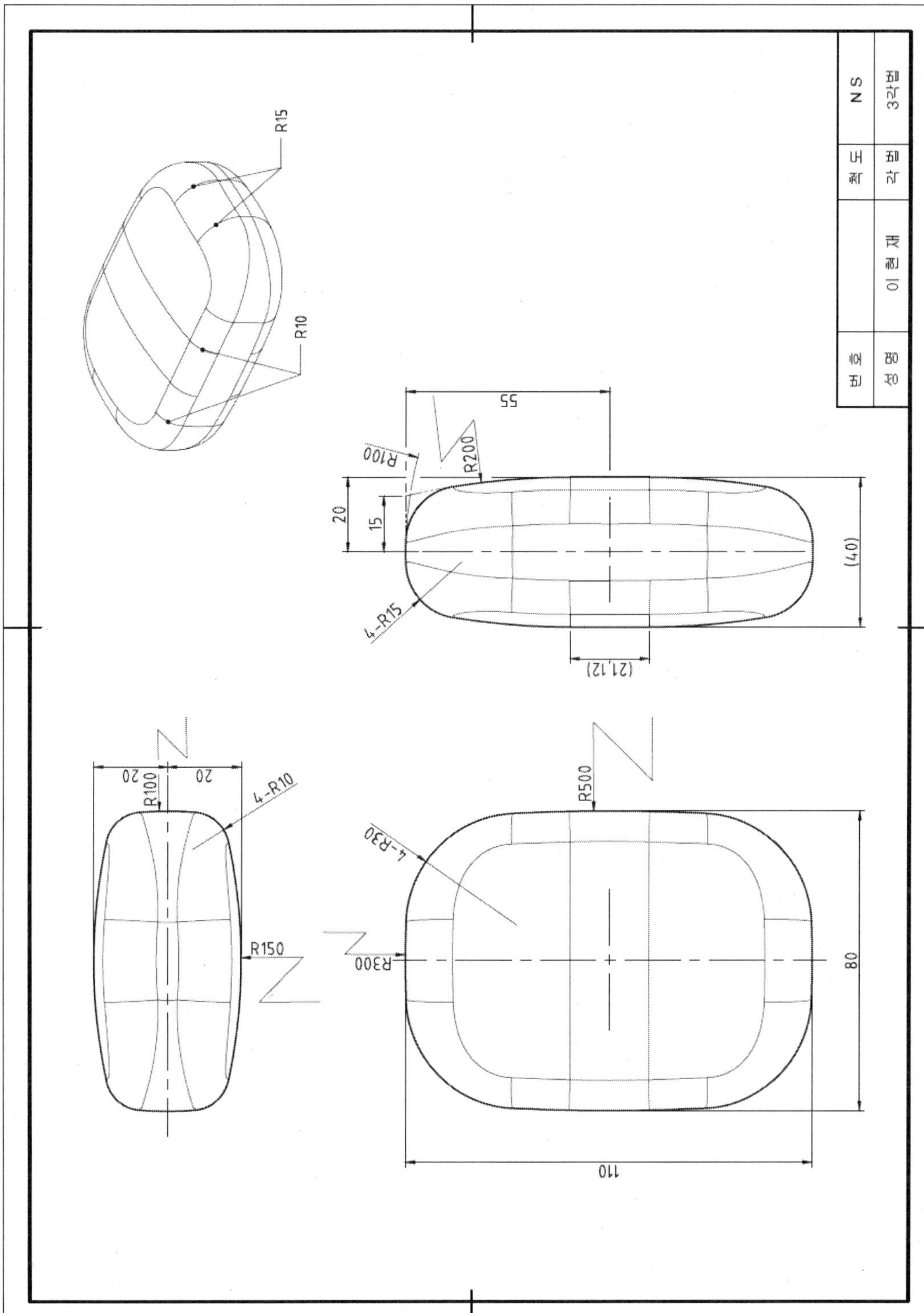
번호
성명
이현재
척도
NS
각법
3각법
R15
R10
R200
R100
55
20
15
(40)
4-R15
(21.12)
R500
4-R30
R300
80
110
R100
20
20
4-R10
R150

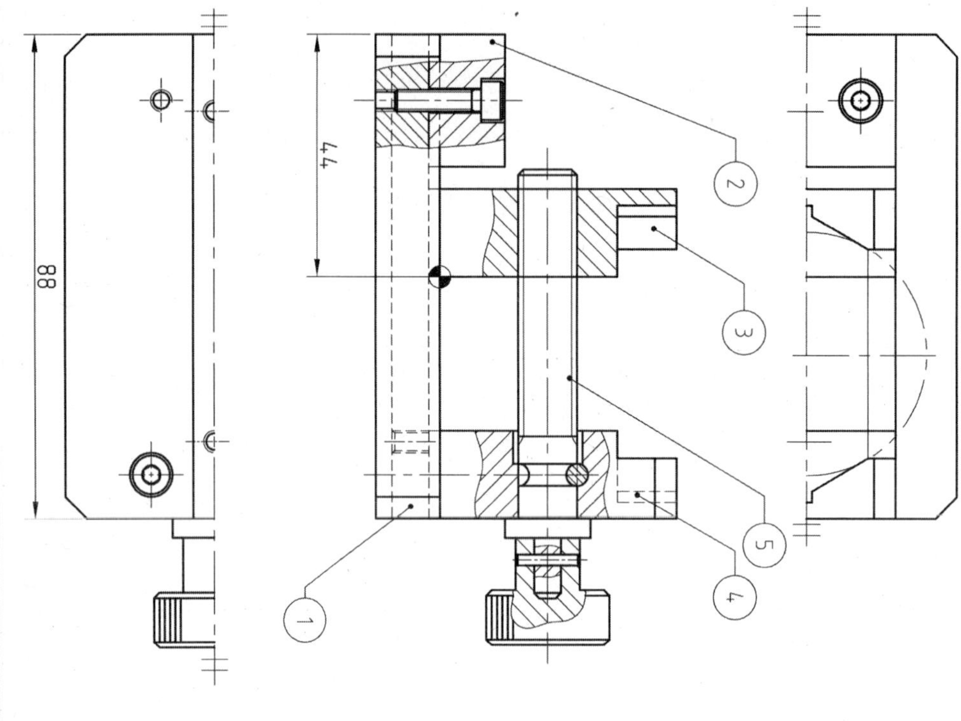

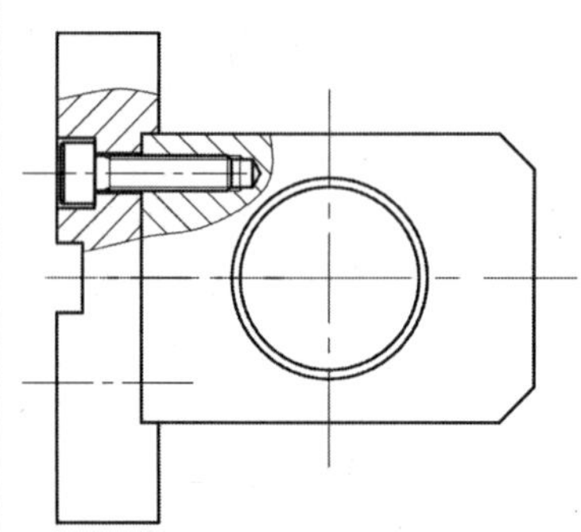

품번	품 명	재질	수량	비고
5	Screw	SCM415	1	
4	Plate	SM45C	1	
3	Slider	SM45C	1	
2	Stopper	SM45C	1	
1	Base	SM45C	1	
작품명	Vise		척도	1:1
			각법	3각법

* 본 페이지의 실제 사이즈 도면을 책 뒤에 첨부하였습니다.

[평가문제–작업장 평가]

시험시간 : 각 도면별 60분 이내

1. 요구사항

가) 주어진 각 도면을 CAD 및 3D 모델링 프로그램을 이용하여 알맞은 용지 사이즈를 설정하고 1:1 축척과 제3각법으로 제도하시오.

나) 작업 완료 후 A4 (297×210) 크기의 용지에 수험자가 직접 흑백으로 출력하여 제출하시오.

다) 문자, 숫자, 기호의 크기, 선 굵기, 색상, 용도는 반드시 다음 표에서 지정한 내용으로 제도하시오.

문자, 숫자, 기호의 높이	선 굵기	색 상	용 도
	0.50 mm	청(파란)색(Blue)	윤곽선(테두리)
5.0 mm	0.35 mm	초록(Green)	외형선, 부품번호, 개별주서, 중심마크 등
3.5-2.5 mm	0.25 mm	황(노란)색(Yellow)	숨은선, 치수문자, 기호, 일반주서 등
	0.18 mm	흰색(White) 빨강(Red)	해치선, 치수선, 치수보조선, 중심선, 가상선 등

라) 아라비아 숫자, 로마자는 컴퓨터에 탑재된 ISO체를 사용하고, 한글은 굴림체를 사용하시오.

마) 미리 작성한 문자 스타일, 치수 스타일 등과 블록은 일체 사용을 금합니다.

바) 표제란의 규격은 아래 그림을 참고하되 도면의 크기 등을 고려하여 각자 스타일대로 작성하시오.

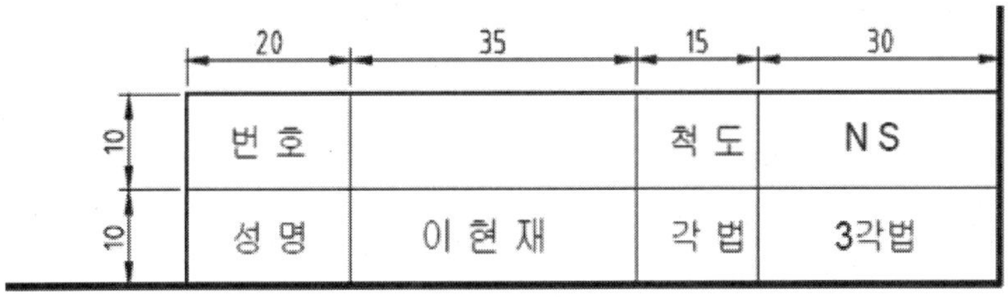

사) 요구사항에서 제시하지 않은 사항은 배부한 도면대로 작성하시오.

아) 치수가 제시되지 않은 부분은 부품의 특성에 알맞게 작업하시오.

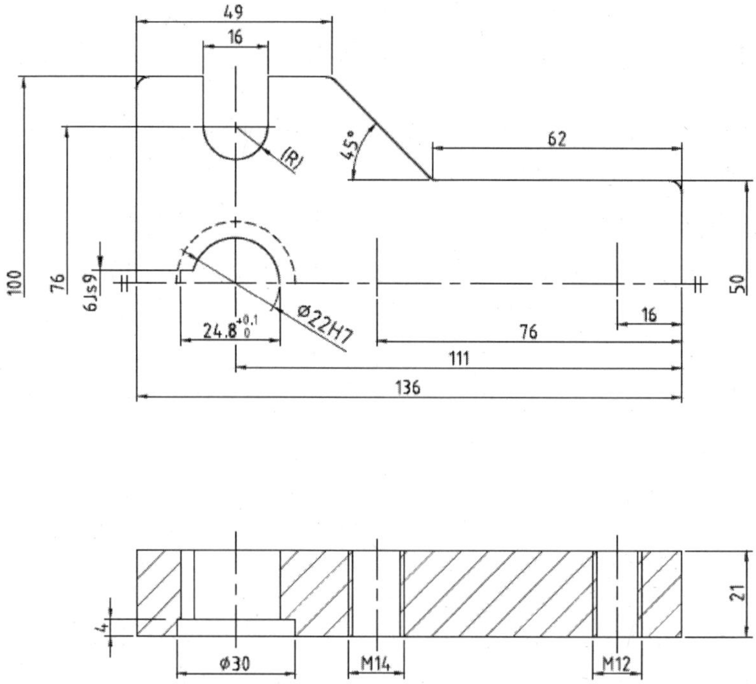

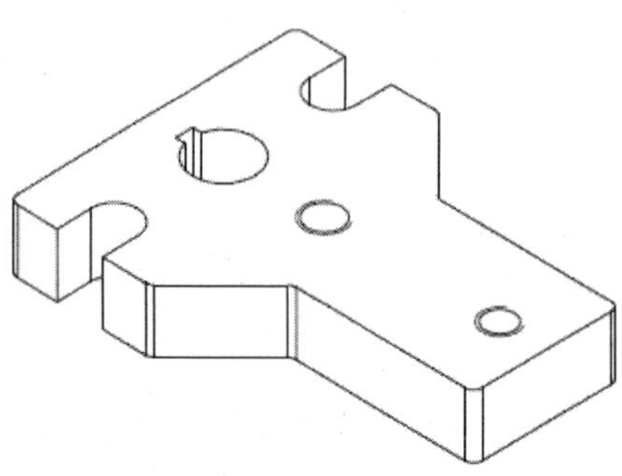

주서

1. 도시되고 지시없는 라운드 R=3.0

과제명	평가과제1	척도	1:1
성명		각법	3각법

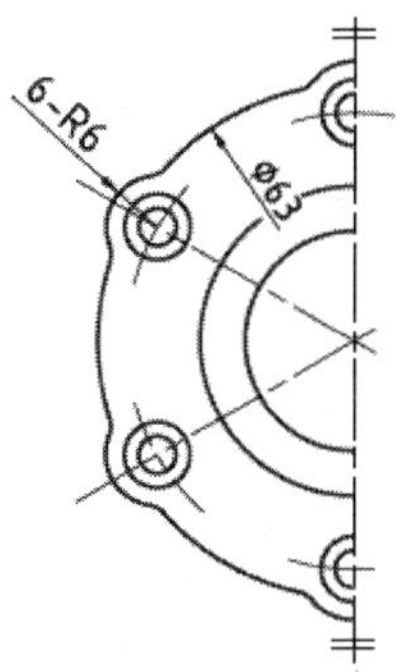

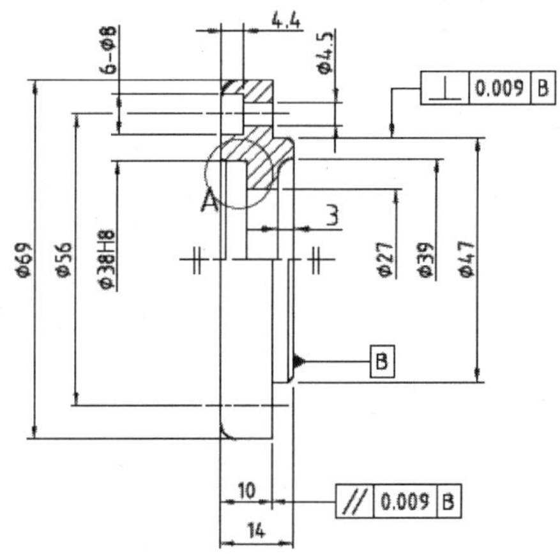

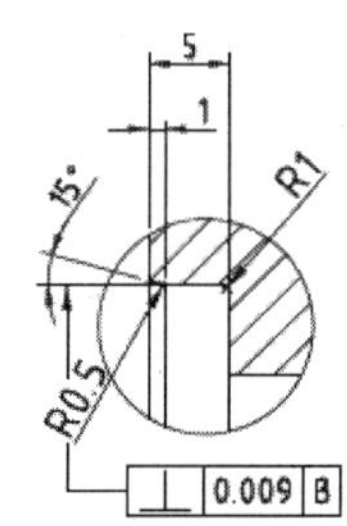

A부확대도 (2:1)

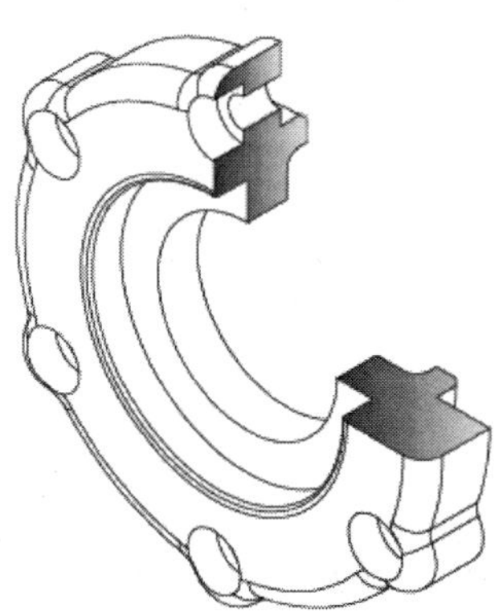

주서

1. 도시되고 지시없는 라운드 R=3.0
2. 모떼기 C=1.0

과제명	평가과제2	척도	1:1
성명		각법	3각법

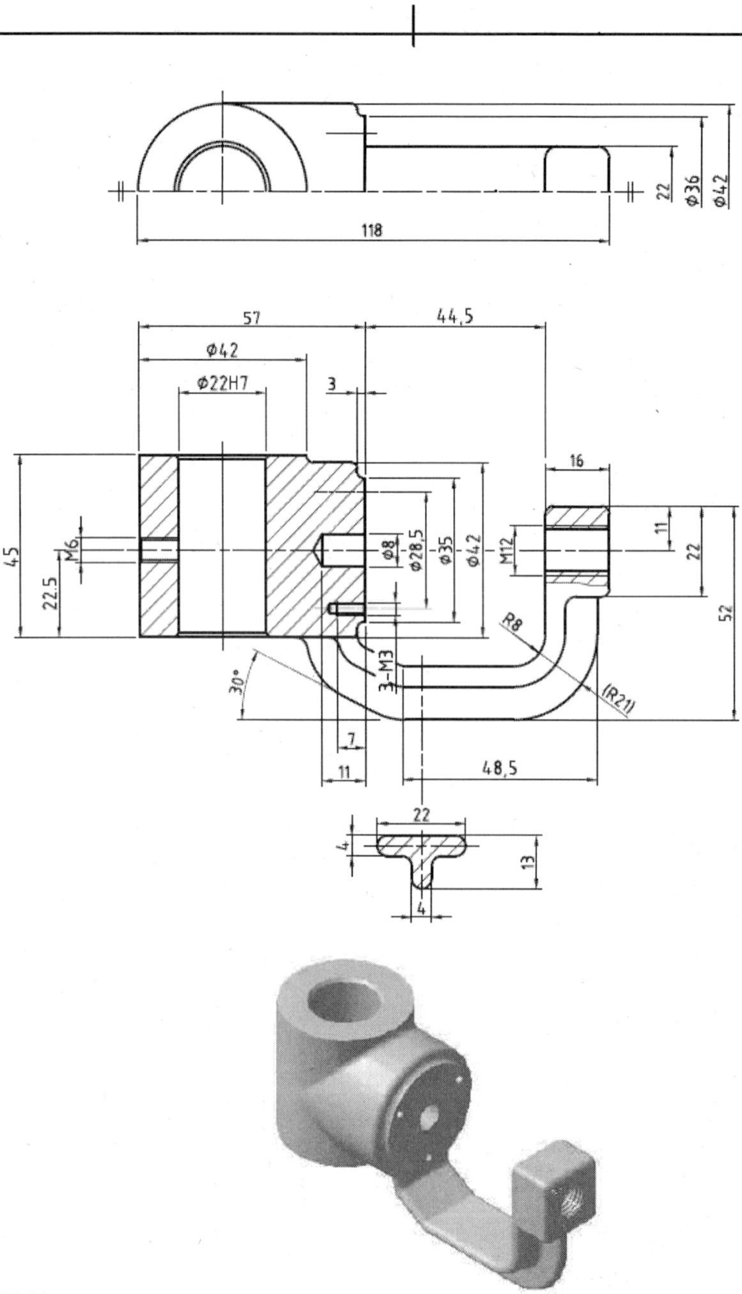

주서

1. 도시되고 지시없는 라운드 R=2.0
2. 도시되고 지시없는 모따기 C=1.0

과제명	평가과제3	척도	1:1
성명		각법	3각법

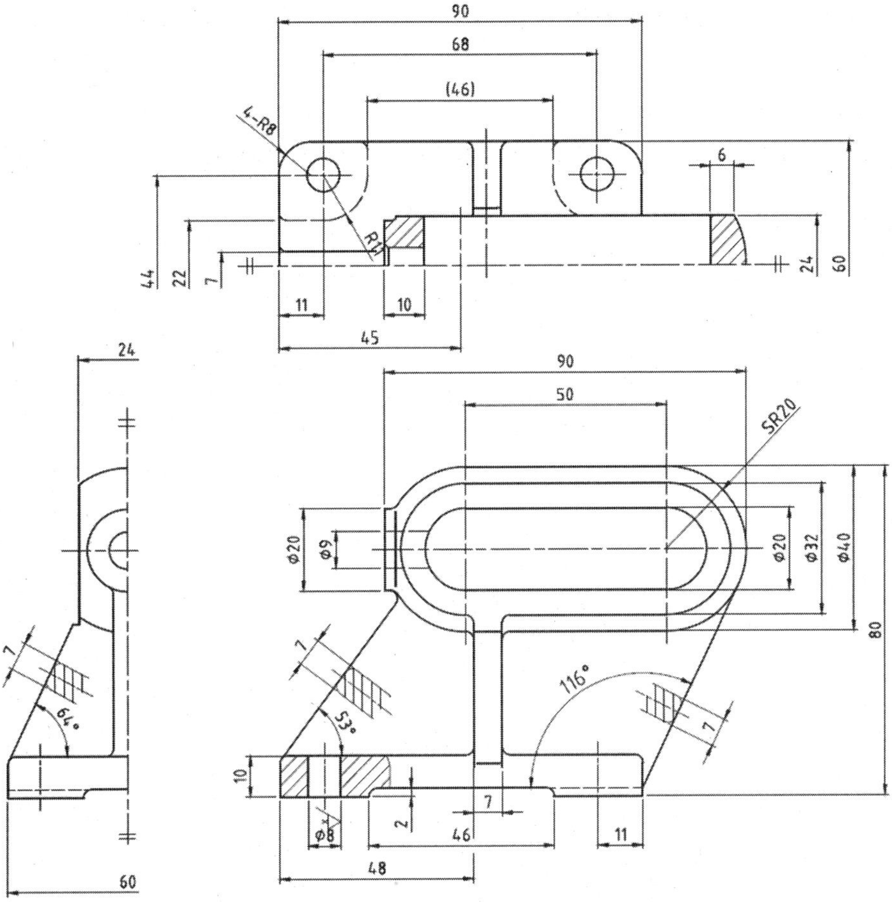

도시되고 지시없는 라운드 R=2.0

과제명	평가과제4	척도	1:1
성명		각법	3각법

□ **국가직무능력표준(NCS, National Competency Standards) :**

산업현장에서 직무를 수행하기 위해 요구되는 지식 · 기술 · 태도 등의 내용을 국가가 체계화한 것이다.

1. 국가직무능력단위 분류 15.기계 – 01.기계설계 – 02.기계설계 – 01.기계요소설계

2. 능력단위 구조도

직능수준 \ 직능유형	01. 기계요소설계	02. 기계시스템설계	03.구조해석설계	04. 기계제어설계
7		설계관리 레이아웃설계	진동/소음해석 최적화해석	
6	요소설계검증	메커니즘구성 동력전달장치설계	내구해석	제어로직설계 제어인터페이스설계 제어시뮬레이션
5		요소부품재질검토 요소부품제작성검토 유공압시스템설계 설계품질관리		기계제어요구사항분석 기계제어요소선정 제어사양서작성 공정흐름도작성 제어신호처리 제어프로그램작성 제어성능시험평가
4	요소공차검토 요소부품재질선정 유공압요소설계	요소부품설계검토 치공구설계	해석용모델링 정적구조해석 열응력해석 유동해석 동적구조해석	
3	체결요소설계 동력전달요소설계 치공구요소설계 도면분석 도면검토	형상모델링작업 형상모델링검토		
2	2D도면작업 2D도면관리 3D형상모델링작업 3D형상모델링검토			

3. 과정/과목명 : 1501020113_16v3 3D형상모델링 작업

- 훈련개요

훈련목표	3D형상모델링 작업이란 CAD 프로그램을 사용자 작업 환경에 맞도록 설정하고, 모델링하는 능력이다.
수 준	2
훈련시간	50(±50%)
훈련가능시설	실습실 또는 컴퓨터실
권장훈련방법	집체훈련

- 편성내용

단원명 (능력단위 요소명)	훈련내용 (수행준거)	평가 시 고려사항
3D형상모델링 작업 준비하기	1.1 명령어를 이용하여 3D CAD 프로그램을 사용자 환경에 맞도록 설정할 수 있다. 1.2 3D형상모델링에 필요한 부가 명령을 설정할 수 있다. 1.3 작업 환경에 적합한 템플릿을 제작하여 도면의 형식을 균일화 시킬 수 있다.	- 평가자는 다음의 사항을 평가해야 한다. • KS 및 ISO 제도규격에 관한 파악 능력 • 투상 능력 • 3D CAD 프로그램 활용 능력 • 모델링이력 구성능력 • 형상 표현의 정확성
3D형상모델링 작업하기	2.1 KS 및 ISO 관련 규격을 준수하여 형상을 모델링 할 수 있다. 2.2 스케치 도구를 이용하여 디자인을 형상화할 수 있다. 2.3 디자인에 치수를 기입하여 치수에 맞게 형상을 수정할 수 있다. 2.4 기하학적 형상을 구속하여 원하는 형상을 유지 시키거나 선택되는 요소에 다양한 구속 조건을 설정할 수 있다. 2.5 특징형상 설계를 이용하여 요구되는 3D형상 모델링을 완성할 수 있다. 2.6 연관복사 기능을 이용하여 원하는 형상으로 편집하고 변환할 수 있다. 2.7 요구되는 형상과 비교 검토하여 오류를 확인하고 발견되는 오류를 수정할 수 있다.	

- 지식 · 기술 · 태도

구 분	주 요 내 용
지 식	• 3D형상모델링에 관한 기초지식 • KS 및 ISO 규격 등 산업규격의 이해와 활용방법 • 제도 규격에 관한 지식
기 술	• 3D CAD 프로그램 환경설정 능력 • 3D 투상능력 • 3D CAD 프로그램 활용 능력
태 도	• 단순화, 균일화, 규격화에 관한 책임감 • 도면 형식에 관한 자료요청 및 수집을 위한 분석적 태도 • 도면 및 요구되는 형상에 대하여 세밀하고 다양하게 분석할 수 있는 적극적 태도

- 장비

장비명	단위	활용구분(공용/전용)	1대당 활용인원
• 컴퓨터	대	공용	1
• 프린터, 빔 프로젝터	대	공용	-
• CAD 프로그램	개	공용	1
• 측정용구	개	공용	1

※ 장비는 주장비만 제시한 것으로 그 외의 장비와 공구는 별도로 확보

- 재료

재료 목록
• 복사지
※ 재료는 주재료만 제시한 것으로 그 외의 재료는 별도로 확보

4. 적용범위 및 작업상황

고려사항

- 이 능력단위는 물체의 형상을 이해하고 이를 3D로 표현할 수 있고 표현된 정보를 전달하고 저장할 수 있는 능력을 포함한다.
- 도면의 작성은 KS 및 ISO 규격에 따라 작성되어야 한다.

자료 및 관련 서류

- KS 및 ISO 국내외 규격
- 표준 부품 카탈로그
- 설계절차서

장비 및 도구

- 컴퓨터
- 프린터, 플로터
- CAD 프로그램
- 측정용구

재료

- 복사지
- 토너 및 카트리지

5. 평가지침

평가방법

- 평가자는 능력단위 3D형상모델링 작업의 수행준거에 제시되어 있는 내용을 평가하기 위해 이론과 실기를 나누어 평가하거나 종합적인 결과물의 평가 등 다양한 평가 방법을 사용할 수 있다.
- 피 평가자의 과정평가 및 결과평가 방법

평가방법	평가유형	
	과정평가	결과평가
A. 포트폴리오		✔
B. 문제해결 시나리오	✔	
C. 서술형시험		
D. 논술형시험		
E. 사례연구	✔	
F. 평가자 질문		✔
G. 평가자 체크리스트	✔	
H. 피평가자 체크리스트		
I. 일지/저널	✔	
J. 역할연기		
K. 구두발표		
L. 작업장평가	✔	✔
M. 기타		

평가 시 고려사항

- 수행준거에 제시되어 있는 내용을 성공적으로 수행할 수 있는지를 평가해야 한다.
- 평가자는 다음 사항을 평가해야 한다.
  - KS 및 ISO 제도규격에 관한 파악 능력
  - 투상 능력
  - 3D CAD 프로그램 활용 능력
  - 모델링 이력 구성 능력
  - 형상 표현의 정확성

6. 개발 이력

구분		내용
직무명칭		기계요소설계
능력단위 보완유형		분할
분류번호	기존	1501020202_14v2
	보완	1501020113_16v3, 1501020114_16v3
개발연도	현재	2016
	2차	2014
	최초(1차)	2008
버전번호		v3
개 발 자	현재	한국기계산업진흥회
	2차	한국기계산업진흥회
	최초(1차)	한국기계산업진흥회
향후 보완 연도(예정)		2021
능력단위 보완사유		능력단위 크기조정

7. 직무 기본 정보

직　　무	기계요소설계	능력단위분류번호	1501020113_16v3
		능력 단위	3D형상모델링 작업
직무 목적	3D형상모델링 작업이란 CAD 프로그램을 사용자 작업 환경에 맞도록 설정하고, 모델링하는 능력이다.		
개발 날짜	2016. 06.	개발 기관	한국기계산업진흥회

□ 직무 책임 및 역할

주요업무	책임 및 역할
3D형상모델링 작업 준비하기	○ 명령어를 이용하여 3D CAD 프로그램을 사용자 환경에 맞도록 설정할 수 있다. ○ 3D형상모델링에 필요한 부가 명령을 설정할 수 있다. ○ 작업 환경에 적합한 템플릿을 제작하여 도면의 형식을 균일화 시킬 수 있다.
3D형상모델링 작업하기	○ KS 및 ISO 관련 규격을 준수하여 형상을 모델링할 수 있다. ○ 스케치 도구를 이용하여 디자인을 형상화할 수 있다. ○ 디자인에 치수를 기입하여 치수에 맞게 형상을 수정할 수 있다. ○ 기하학적 형상을 구속하여 원하는 형상을 유지시키거나 선택되는 요소에 다양한 구속 조건을 설정할 수 있다. ○ 특징형상 설계를 이용하여 요구되는 3D형상모델링을 완성할 수 있다. ○ 연관복사 기능을 이용하여 원하는 형상으로 편집하고 변환할 수 있다. ○ 요구되는 형상과 비교, 검토하여 오류를 확인하고 발견되는 오류를 수정할 수 있다.

□ 직무수행 요건

구분	상세내용	
학습경험	· 고등학교 졸업	(전공 : 기계관련 학과)
	·	(분야 : 기계)
자 격 증	· 전산응용기계제도기능사	
지식 · 기술	· 3D형상모델링에 관한 기초지식 · 3D CAD 프로그램 환경설정 능력 · 3D CAD 프로그램 활용 능력 · 3D 투상능력 · KS 및 ISO 규격 등 산업규격의 이해와 활용방법 · 제도 규격에 관한 지식	
사전직무경험	· 2D도면작업, 2D도면관리	
직무숙련기간	· 약 1년	

8. 출제기준

□ 개발목적

○ 각종 자격의 시험문제 작성 시 활용하는 기준을 국가직무능력표준에 따라 제시하기 위하여 출제기준(시안)* 개발

* 출제기준(시안) : 출제기준의 경우에는 이를 확정하는 절차를 법령으로 정하여 운영함에 따라 확정된'출제기준'과 국가직무능력표준을 근거로 마련된 출제기준을 구분하기 위하여'출제기준(시안)'용어 사용

□ 활용대상

○ 국가기술자격법에 따른 국가기술자격

○ 개별법령에 따른 국가전문자격

○ 자격기본법에 따른 공인민간자격, 민간자격

○ 고용보험법에 따른 사업 내 자격

□ 활용(예시)

○ 자격 및 자격취득자 특성에 따라 능력단위별 출제기준(시안)을 조합하여 출제기준으로 활용

〈방법〉 국가직무능력표준 개발 시 관련자격 개선 의견(예시)로 제시된 내용을 그대로 활용

자격 종목	능력 단위		수준
	분류 번호	명칭	
궤도기능사 (가칭)	14220603_12v1	궤도부설	5
	14220602_12v1	레일용접	4
	14220605_12v1	부대공사	3

출제기준 (시안)

Ⅰ. 자격개요

1. 자격 정의

대분류	15.기계	중분류	01.기계설계	소분류	02.기계설계
자격종목명		기계요소설계		분류번호	15010201_16v3
자격종목정의		기계요소설계는 기계를 구성하고 있는 단위요소를 설계하기 위하여 창의적인 기능품의 선정과 제조방법을 고려한 요소의 강도, 형상, 구조를 결정하여 적합한 규격을 검토 및 설계하는 능력이다.			

II. 능력단위별 출제기준(시안)

<table>
<tr><td>능력단위</td><td>3D형상모델링 작업</td><td rowspan="2">능력단위 수준</td><td rowspan="2">2수준</td></tr>
<tr><td>분류번호</td><td>1501020113_16v3</td></tr>
<tr><td>능력단위 정의</td><td colspan="3"></td></tr>
<tr><td rowspan="2">평가방법</td><td>지필평가 : -</td><td>시간</td><td>-</td></tr>
<tr><td>실무평가 : 도면제작</td><td>시간</td><td>180분</td></tr>
</table>

<table>
<tr><td rowspan="3">평가
내용</td><td>능력단위요소
(세부항목)</td><td>수행준거
(세세항목)</td></tr>
<tr><td>1501020113_
16v3.1
3D형상모델링
작업 준비하기</td><td>1.1 명령어를 이용하여 3D CAD 프로그램을 사용자 환경에 맞도록 설정할 수 있다.
1.2 3D형상모델링에 필요한 부가 명령을 설정할 수 있다.
1.3 작업 환경에 적합한 템플릿을 제작하여 도면의 형식을 균일화 시킬 수 있다.</td></tr>
<tr><td>1501020113_
16v3.2
3D형상모델링
작업하기</td><td>2.1 KS 및 ISO 관련 규격을 준수하여 형상을 모델링할 수 있다.
2.2 스케치 도구를 이용하여 디자인을 형상화할 수 있다.
2.3 디자인에 치수를 기입하여 치수에 맞게 형상을 수정할 수 있다.
2.4 기하학적 형상을 구속하여 원하는 형상을 유지시키거나 선택되는 요소에 다양한 구속 조건을 설정할 수 있다.
2.5 특징형상 설계를 이용하여 요구되는 3D형상모델링을 완성할 수 있다.
2.6 연관복사 기능을 이용하여 원하는 형상으로 편집하고 변환할 수 있다.
2.7 요구되는 형상과 비교, 검토하여 오류를 확인하고 발견되는 오류를 수정할 수 있다.</td></tr>
<tr><td>관련
지식</td><td colspan="2">- 3D형상모델링에 관한 기초지식
- KS 및 ISO 규격 등 산업규격의 이해와 활용방법
- 제도 규격에 관한 지식</td></tr>
<tr><td>평가
시설/
장비</td><td colspan="2">- 컴퓨터 - 프린터, 플로터
- 측정용구
- CAD 프로그램</td></tr>
</table>

저자와의
협의에 의해
인지 생략

R21/20xx

CATIA V5 3D형상모델링작업

2판 1쇄 2019년 2월 20일

저 자 이현재 / 백영창
발행인 송광헌
발행처 복두출판사
주 소 서울특별시 영등포구 경인로82길 3-4
센터플러스 807호
(우) 07371
전 화 02-2164-2580
FAX 02-2164-2584
등 록 1993. 11. 22. 제 10-902 호

정가 : 18,000원

ISBN : 979-11-5906-485-2 93550

한국과학기술출판협회 회원사